ACCESO GRATIS *a la Lectura en la Nube*

Para visualizar el libro electrónico en la nube de lectura envíe junto a su nombre y apellidos una fotografía del código de barras situado en la contraportada del libro y otra del ticket de compra a la dirección:

ebooktirant@tirant.com

En un máximo de 72 horas laborales le enviaremos el código de acceso con sus instrucciones.

EL CONTROL PENAL DE LAS DROGAS

EL CONTROL PENAL DE LAS DROGAS

MARÍA ALEJANDRA PASTRANA SÁNCHEZ

tirant lo blanch
Valencia, 2024

En caso de erratas y actualizaciones, la Editorial Tirant lo Blanch publicará la pertinente corrección en la página web www.tirant.com.

Financiado por la Unión Europea-Next GenerationEU, mediante una ayuda Margarita Salas para jóvenes doctores (concedida por Resolución del Rector de la Universidad de Cádiz UCA/R155REC/2021, de 2 de julio). La investigación se realizó en la Facultad de Derecho de la Universidad Carlos III de Madrid

EDITA: TIRANT LO BLANCH
C/ Artes Gráficas, 14 - 46010 - Valencia
TELFS.: 96/361 00 48 - 50
FAX: 96/369 41 51
Email: tlb@tirant.com
www.tirant.com
Librería virtual: www.tirant.es
DEPÓSITO LEGAL: V-995-2024
ISBN: 978-84-1056-686-6

Si tiene alguna queja o sugerencia, envíenos un mail a: *atencioncliente@tirant.com*. En caso de no ser atendida su sugerencia, por favor, lea en *www.tirant.net/index.php/empresa/politicas-de-empresa* nuestro procedimiento de quejas.

Responsabilidad Social Corporativa: http://www.tirant.net/Docs/RSCTirant.pdf

A mis padres y mi hermano

Índice

ABREVIATURAS

AAN	Auto de la Audiencia Nacional
ATS	Auto del Tribunal Supremo
CE	Constitución española
CP	Código Penal
DM	Decisión Marco
FGE	Fiscalía General del Estado
LECRIM	Ley de Enjuiciamiento Criminal
LO	Ley Orgánica
LOPSC	Ley Orgánica 4/2015, de 30 de marzo, de Protección de la Seguridad Ciudadana
ONU	Organización de Naciones Unidas
RD	Real Decreto
SAN/SSAN	Sentencia/s de la Audiencia Nacional
SAP/SSAP	Sentencia/s de la Audiencia Provincial
STC/SSTC	Sentencia/s del Tribunal Constitucional
STS/SSTS	Sentencia/s del Tribunal Supremo
STSJ	Sentencia/s del Tribunal Superior de Justicia
TC	Tribunal Constitucional
TJUE	Tribunal de Justicia de la Unión Europea
TS	Tribunal Supremo
UE	Unión Europea
UNODC	Oficina de Naciones Unidas contra la Droga y el Delito

I. EL PROHIBICIONISMO EN TORNO A LAS DROGAS

1. CONSIDERACIONES GENERALES

De acuerdo con las Memorias de la Fiscalía General del Estado, en 1988 se incoaron en España 12.214 procesos por tráfico de drogas. Para el año 2008, casi se habían duplicado, alcanzándose los 22.070 procesos. Los datos más recientes, de 2019, recogen un volumen de 30.085 procesos por tráfico de drogas (y 76 procesos más por tráfico de precursores). Con respecto a las incautaciones, fueron confiscados 480 kg de heroína en 1988, 226 kg en 2008, y 232 kg en 2019. En el caso de la cocaína, las cifras fueron de 3.461 kg en 1998, de 33.783 kg en 2008, y 37.768 kg en 2019. Si cambiamos la sustancia por hachís, en 1998 se incautarían 90.940 kg, en 2008 682.671 kg, y en 2019 352.342 kg, año en el que además se decomisaron 32.586 kg. de marihuana. Asimismo, en 2021 fueron destruidos 551.177,62 kg de droga (cantidad solo superada en el año 2018) y 222.303,18 kg/l. de precursores (lo que constituye una cifra récord)[1].

Con respecto a las personas privadas de libertad por causas relacionadas con el tráfico de drogas y precursores, en el año 2021 se encontraban en las cárceles españolas 12.531 personas cumpliendo penas de prisión por delitos contra la salud pública, cifra ligeramente inferior a la del año 2012 (13.243), pero bastante superior a la de 2007 (8.490)[2]. En 2019, el 20% de la población reclusa española

---

1 CENTRO DE INTELIGENCIA CONTRA EL TERRORISMO Y EL CRIMEN ORGANIZADO, *Estadística Anual sobre Drogas*, Ministerio del Interior, 2020.

2 Datos del INE en colaboración con el Ministerio de Justicia, Estadística de condenados adultos, año 2021. Es cierto que debe tenerse en cuenta la introducción del tipo atenuado de tráfico de drogas (párrafo segundo del artículo 368 CP) en el año 2010, que produjo una considerable revisión de condenas y otras tantas excarcelaciones. Ello también ha supuesto que, al menos en el caso de los delincuentes primarios, se pueda —en algunos supuestos— evitar el paso por prisión.

estaba constituida por penados y preventivos por estos delitos, cuyas características dejan patente la realidad criminológica que se desprende de la política prohibicionista seguida hasta el momento: el perfil predominante de los sujetos que son enjuiciados conforme a esta legislación penal no responde ni mucho menos al del gran narcotraficante; los condenados son, en su mayoría, individuos sustituibles dentro del enorme engranaje del tráfico de drogas que está destinado a enriquecer a los jefes de la organización[3]. El panorama no es mejor en otros países europeos: cifras similares se presentan en Chipre o Portugal; en otros estados, como Grecia, Italia o Malta[4], el porcentaje de la población reclusa por estos delitos supera el 30%.

Basta echar un vistazo a estos datos para comprobar que la tendencia no es coyuntural. Y es que desde hace décadas se viene insistiendo en la idea del gran fracaso del prohibicionismo en materia de drogas, pues no hay ninguna prueba palpable que permita concluir que estas políticas disminuyen la oferta o demanda de estas sustancias, sino todo lo contrario[5]. También es un hecho constatado que el prohibicionismo genera, además, altos costes para la sociedad, que se traducen por ejemplo en mayores niveles de corrupción, circulación descontrolada de drogas cortadas con sustancias venenosas, marginalización de los sujetos consumidores, desprotección de menores y otras personas vulnerables frente al narcotráfico, etc. El Grupo de Estudios de Política Criminal (GEPC) ya puso de manifiesto esta rea-

---

3 GIL NOBAJAS, M. S., "Tráfico de drogas y estado de necesidad: análisis y revisión de la doctrina jurisprudencial en relación con los correos de la droga", en D. BENITO SÁNCHEZ, M. S. GIL NOBAJAS (coord.), *Alternativas político-criminales frente al Derecho Penal de la aporofobia*, vol. 14, Tirant lo Blanch, Valencia, 2022, pp. 457-497.

4 BRANDARIZ, J. Á., "El lento declive del populismo penal en materia de drogas", en M. ABEL SOUTO, *et al.* (Coords.), *Estudios penales en homenaje al profesor José Manuel Lorenzo Salgado,* Tirant lo Blanch, Valencia, 2021, p. 104.

5 El fracaso no es del modelo español, sino del régimen prohibicionista mundial. Al respecto, véase KHAN, D.-E., LANDWEHR, O., "'Legalize It!?' - Opportunities and Challenges for the Regulation of Cannabis under European Law. Is legalization legal?", *EUCRIM*, núm. 1 (2023), pp. 89-99. Disponible en: https://doi.org/10.30709/eucrim-2023-004

lidad en 1991[6] y las cifras actuales avalan que poco o nada ha cambiado desde entonces.

Entre otros problemas actuales, la Memoria de la Fiscalía General del Estado correspondiente a 2021 hace referencia, a su vez, a dos cuestiones esenciales que están llamando la atención de los tribunales en los últimos años. La primera de ellas radica en las sorprendentes cifras de incautación de cannabis, que en 2020 superó el millón de plantas. Ello concuerda con el dato que se muestra en la Encuesta sobre alcohol, drogas y otras adicciones en España de 2019/2020, donde se señala que casi el 60% de la población afirma poder conseguir en 24 horas, de manera fácil o muy fácil, cannabis, percibiéndose como la droga más disponible. También coincide con el perfil de las infracciones, tanto en el caso español como europeo: el cannabis es la droga que más sanciones genera, seguida de lejos por la cocaína[7].

La segunda cuestión a la que hace referencia la Fiscalía General del Estado es la enorme proliferación, observada en los últimos tiempos, de organizaciones y grupos criminales dedicados no ya a cultivar estas sustancias, sino a sustraer las cosechas de terceros, utilizando para ello altas cotas de violencia, incluido el uso de armas de fuego. En estas mismas organizaciones, constituidas por personas de diversas nacionalidades, se reproducen comportamientos propios de la trata de personas para su explotación laboral, dedicada en estos casos al cultivo y producción de drogas que son destinadas a la exportación a terceros países.

No es solo que el sistema prohibicionista no haya servido para reducir significativamente la oferta y la demanda de estupefacientes. Es que además son sus altos costos sociales los que verdaderamente acaban afectando negativamente a quienes los consumen. En este sentido, señalaba BARATTA que "la mayor parte de los efectos más

---

6 GRUPO DE ESTUDIOS DE POLÍTICA CRIMINAL (GEPC), *Una alternativa a la actual política criminal sobre drogas*, Tirant lo Blanch, Valencia, 1991. Amplia es la doctrina que ha sostenido a lo largo de los años la necesidad de la legalización. Véase, por ejemplo, ÁLVAREZ GARCÍA, F. J., "La necesidad de un cambio de paradigmas en el tráfico de drogas: la urgencia de su legalización", *Cuadernos de Política Criminal*, núm. 105 (2011), pp. 199-245

7 BRANDARIZ, J. Á., *op. cit.*, p. 104.

graves de la droga sobre la salud y el status social del drogadicto dependen de las condiciones en las que el consumo de la droga ilícita se realiza en un régimen de prohibición; la calidad de las sustancias que llegan a la calle, no controladas, por el hecho de ser una mercancía ilícita; las condiciones higiénicas y de vida en las que el consumo se realiza. Y que añaden muchos nuevos riesgos a los efectos primarios; los precios elevados de la droga, que tienden a colocar a los adictos en los ámbitos criminales del comercio para procurársela, o a determinar otros comportamientos ilícitos con la misma finalidad"[8]. Habida cuenta de lo anterior, en la actualidad es necesario replantearse en términos generales hasta qué punto resulta legítima una política criminal en materia de drogas basada en la adopción de medidas penales, que perjudican en la práctica seriamente a quienes las consumen, con el fin teórico de proteger la "salud pública".

Se trata, además, de una política criminal que parte de varias premisas equivocadas: la equiparación del consumo de estupefacientes con la drogadicción; la concepción del drogadicto como delincuente; la presunción de que el consumo de drogas ilegales en público incrementa el número de sus consumidores. Con todo ello, las políticas prohibicionistas fácilmente pueden convertirse en una forma de reprimir un determinado modo de vida o una particular elección personal, alejándose de la concepción de individuo en la que se basa el sistema democrático y la propia noción de Derechos Humanos: un sujeto caracterizado por su libre determinación y autonomía personal, notas que solo deberían restringirse en caso de daño a terceros[9].

Al respecto, desde las instituciones públicas a menudo se hace referencia al *problema de inseguridad general* que proviene de la drogadicción, cuando lo cierto resulta ser, más bien, que dicha inseguridad radica antes en la propia prohibición que en el consumo. Por lo demás, si cualquier intervención para el tratamiento de la drogadicción (como cualquier otro tratamiento de salud) que pretende ser efectivo se basa, como pilar fundamental, en el previo consentimiento de quien la padece, no parece de recibo imponer a la fuerza la abstinen-

---

8 BARATTA, A., "Introducción a la criminología de la droga", *Nuevo Foro Penal*, núm. 41 (1988), pp. 329-346.

9 SILVA FORNÉ, D., *Regulación de la marihuana. Drogas y Estado de Derecho. El modelo regulatorio de Uruguay. La situación en España*, Dykinson, Madrid, 2018, p. 502.

cia de determinadas drogas (las declaradas ilegales) a toda la población en general. En este contexto, la posición del Estado debería ser prioritariamente educativa, de naturaleza similar a la que mantiene en relación con ciertas drogas legales (tabaco, alcohol), cuyos efectos pueden ser a menudo más graves para la salud de los ciudadanos, o ciertos hábitos (obesidad, sedentarismo) capaces asimismo de afectar muy negativamente al bienestar de los ciudadanos. No parece que exista un fundamento sólido que justifique la quiebra, cuando se trata de determinadas drogas declaradas ilegales, del principio de que la salud solo puede ser protegida con el consentimiento de la persona afectada[10]. Es cierto que en España no es delictivo el consumo de estas sustancias ni su tenencia para el autoconsumo, pero sería realmente hipócrita desconocer hasta qué punto la penalización de todo acto de cultivo, compraventa o intercambio de drogas coarta la libertad de los ciudadanos en general, y margina al ciudadano consumidor en particular.

Urge, en definitiva, la legalización.

En este sentido, el panorama de los últimos años parece halagüeño: A finales de 2022 ya es legal el consumo de cannabis para su uso recreativo en 18 estados de los Estados Unidos[11], así como en Canadá, Uruguay, México, Países Bajos, Malta, Georgia, Suiza, Tailandia, Sudáfrica, Jamaica. Colombia está en proceso de reforma constitucional para aprobarlo, Luxemburgo ha anunciado su próxima aprobación,

---

10 GRUPO DE ESTUDIOS DE POLÍTICA CRIMINAL (GEPC), *op. cit.*

11 En Estados Unidos, en el mes de octubre de 2022, el presidente Biden realizó dos importantes comunicados, destinados a cumplir algunas sus promesas electorales: el primero de ellos se refería a la concesión del indulto para todos aquellos que estuvieran cumpliendo condena por el delito federal de posesión de marihuana (instando asimismo a los gobernadores de los estados a hacer lo propio con los delitos estatales); en el segundo comunicado, solicitaba al Fiscal General y al Secretario de Salud que hicieran lo preciso para repensar el enfoque y la clasificación de la marihuana dentro de las sustancias fiscalizadas por la *Controlled Substances Act*. Cfr. https://www.whitehouse.gov/briefing-room/statements-releases/2022/10/06/statement-from-president-biden-on-marijuana-reform/ y https://www.whitehouse.gov/briefing-room/presidential-actions/2022/10/06/granting-pardon-for-the-offense-of-simple-possession-of-marijuana/

y Alemania está trabajando intensamente en ello[12]. Por otro lado, el consumo terapéutico (esto es, uso medicinal con mayores o menores restricciones) del cannabis está legalmente asistido en 37 estados de los Estados Unidos, y en otros países como Costa Rica, Puerto Rico, Argentina, Brasil, Colombia, Chile, Ecuador, México, Perú, Panamá, Paraguay, República Checa, Croacia, Dinamarca, Reino Unido, Irlanda, Alemania, Portugal, Sri Lanka, Tailandia y Australia. En España, tras la aprobación de un dictamen en este sentido por la Comisión de Sanidad del Congreso a finales de julio de 2022, era de suponer que las medidas para permitir tal consumo terapéutico se tomarían en breve, vaticinándose que podían estar aprobadas para final de ese año. Sin embargo, al cierre de estas líneas, no hay noticias de ningún texto al respecto[13].

Uno de los argumentos más recurrentes en contra de la legalización del cannabis radica en el presunto riesgo de que con ello su consumo se vuelva masivo. Pero frente a tal argumento, basta a estas alturas con recordar los datos registrados en aquellos países donde las políticas más permisivas son un hecho: en Holanda, las cifras de consumo son inferiores a las del resto de Europa[14]; en Uruguay (donde el consumo recreativo y medicinal está legalizado desde finales de

---

12 En el verano de 2022 se reunieron representantes de Luxemburgo, Malta, Países Bajos y Alemania para poner en común las oportunidades y retos que representa la legalización del cannabis para uso recreativo. Alemania, por su parte, emprendió en el año 2022 los trámites necesarios para sacar adelante una propuesta de legalización del cannabis, que se pretende que incluya la legalización del mismo desde su cultivo hasta su venta. Cfr. https://www.bundesgesundheitsministerium.de/fileadmin/Dateien/3_Downloads/Gesetze_und_Verordnungen/GuV/C/Kabinettvorlage_Eckpunktepapier_Abgabe_Cannabis.pdf Este documento de trabajo fue enviado a la prensa en octubre de 2022. En abril de 2023 confirmó el Ministerio de Salud alemán que para final de año estarán aprobadas las medidas. Vid. https://www.elmundo.es/ciencia-y-salud/salud/2023/04/12/6436863f21efa0e90b8b4592.html. Al cierre de estas páginas (octubre de 2023), el proyecto aprobado está siendo leído el *Bundestag*, para su entrada en vigor a principios del 2024. https://www.bundesgesundheitsministerium.de/fileadmin/Dateien/3_Downloads/Gesetze_und_Verordnungen/GuV/C/Cannabisgesetz-CanG_RefE.pdf

13 https://www.eldiario.es/sociedad/pasa-cannabis-medicinal-regulacion-atasca-sanidad-pacientes-temen-gobierno-pare_1_9994007.html

14 MANJÓN-CABEZA OLMEDA, A., *La solución. La legalización de las drogas,* Debate, Barcelona, 2012, p. 23.

2013, acompañado de canales legales de suministro), la prevalencia de consumo no ha variado significativamente y, por contra, se ha elevado la percepción del riesgo derivado de su consumo frecuente u ocasional, además de descender la comisión de delitos para obtener la sustancia y de aquellas conductas que conllevan involucrarse en el narcotráfico[15].

Desde luego, excede de las pretensiones de este trabajo determinar cómo debe llevarse a cabo esa legalización. Pero sin duda las bases esenciales de este posible cambio radical en la política en materia de drogas ya se incluían en las precisiones que hizo al respecto el Grupo de Estudios de Política Criminal en 1991[16]: destipificar el tráfico entre adultos (siempre que se haga por los cauces legales que deberían ser habilitados), dejando indemne el castigo para el suministro a menores de edad y estableciendo aquellas precauciones y procedimientos que resulten oportunos.

Mientras tanto, el contexto internacional, y una lógica elemental, parecen obligar a realizar una interpretación restrictiva de las disposiciones vigentes en materia de drogas ilegales que resulte acorde con la Constitución y los límites al *ius puniendi* que de ella derivan, para, en definitiva, garantizar también este ámbito, la observancia de garantías elementales como son los principios de proporcionalidad de las penas y exclusiva protección de bienes jurídicos. Junto a ello, en la aplicación de estos tipos, como en la de cualquier otro, debe también prestarse atención a las reglas de parte general que contempla nuestro Código Penal: aquéllas que obligan, por ejemplo, a distinguir entre delito consumado y tentativa, o entre autores y partícipes. Algo que, por lo demás, puede resultar especialmente complejo en algunos supuestos, dado el empeño que ha puesto el legislador en penalizarlo *todo* sin incluir demasiados matices, cuando se trata de drogas ilegales y de sus precursores.

---

15 Observatorio Uruguayo de Drogas, VII Encuesta Nacional sobre Consumo de Drogas en Población General, Informe de Investigación. Año 2019, p. 137.

16 GRUPO DE ESTUDIOS DE POLÍTICA CRIMINAL (GEPC), *op. cit.*

2. EL CONCEPTO DE DROGA Y SU TRATAMIENTO HISTÓRICO

Cuando a día de hoy los hispanohablantes utilizamos el término "droga" solemos hacerlo como sinónimo de "droga tóxica" o "droga de abuso", pero en general droga es cualquier sustancia con aplicaciones en la industria (de ahí la palabra "droguería"), el arte o la medicina[17]. Otro uso menos común, el utilizado para referirse a los medicamentos, proviene del inglés *drugs*, que efectivamente comparte esa doble acepción de medicamento y droga tóxica[18]. La droga entendida como medicamento es aquella sustancia, o combinación de sustancias, con propiedades para el tratamiento o prevención de enfermedades, mientras que lo que se considera droga tóxica es una sustancia con capacidad psicoactiva estimulante, depresiva o alucinógena, que produce dependencia física o psíquica, con daño para el individuo y la sociedad, siendo sinónimo de narcótico y estupefaciente[19]. La palabra fármaco, por su parte, proviene del griego *phármakon* que es, a su vez, medicamento y veneno, pues se trata de aquella sustancia que al interactuar con el organismo produce una respuesta, ya sea beneficiosa o tóxica. En este sentido, el fármaco —la droga— puede tener consecuencias favorables o desfavorables, mientras que las del medicamento solo beneficiosas. Sin embargo, ya Paracelso afirmaba (y con razón) que "nada es veneno, todo es veneno: la diferencia está en la dosis"[20]. Y es que la palabra "droga" es de esos términos cuyo único uso que se mantiene con claridad es el peyorativo, como consecuencia de un relato culturalmente impuesto (con razón o sin ella) por los países más influyentes en el panorama internacional. Al respecto, sirva como muestra un botón: es común encontrar en textos legales, nacionales e internacionales, y en la jurisprudencia española, la simple remisión a las sustancias que apare-

---

17 REAL ACADEMIA ESPAÑOLA, Diccionario de la lengua española, 23.ª ed., [versión 23.6 en línea].

18 *Cambridge Advanced Learner's Dictionary & Thesaurus,* Cambridge University Press, 4th edition, 2022.

19 REAL ACADEMIA NACIONAL DE MEDICINA DE ESPAÑA, Diccionario de Términos Médicos, 2012.

20 MANJÓN-CABEZA OLMEDA, A., *La solución. La legalización de las drogas,* cit., p. 17.

cen en las convenciones de Naciones Unidas a la hora de determinar qué se entiende por "droga".

No siempre la respuesta de la sociedad frente a las drogas ha sido la misma. Hasta comienzos del siglo XX, la situación de las instituciones en relación a estas sustancias era, en general, de tolerancia o indiferencia hacia ellas y sus consumidores. Estados Unidos cambiaría esa tendencia, más que por razones de salud pública o individual por otros intereses económicos y políticos, y acabaría, con el paso de los años, por movilizar a todos los países del globo en su guerra contra las drogas. En Europa, la motivación propia por la existencia de un problema real relacionado con el consumo no comenzaría hasta la década de los años 60 del siglo pasado, retrasándose en España hasta la década siguiente.

La primera prohibición de adulteración de drogas que se conoce se encuentra en el Código de Hammurabi (s. XVIII a. C), que ordenaba ejecutar a la tabernera que rebajara la calidad de la bebida[21]. La posición de las sociedades frente a las drogas ha ido oscilando, parejo a sus decisiones sobre si la moral es algo en lo que debe inmiscuirse el poder estatal. De esta manera, cuando en las sociedades occidentales la unidad entre Iglesia y Estado desapareció, o al menos se hizo más tenue, la idea de gobernar el comportamiento del ciudadano adulto en cuestiones morales *por su bien*, se tornó más difícil de defender[22]. No obstante, hacia 1900 comenzaría una nueva tendencia en Estados Unidos, que se hallaban por aquel entonces embebidos de una ola de puritanismo, donde el uso de ciertas drogas se empezó a relacionar con el crimen y ciertas clases y razas —marginales e inmigrantes—, convirtiendo a su usuario en el enemigo-criminal. En este contexto, el sector de los profesionales "terapéuticos" quiso asumir parte del poder que ya no ostentaban los grupos religiosos. De esta manera, la asociación médica y farmacéutica norteamericana creyó tener la posibilidad de obtener mayores cotas de influencia uniéndose a la ola de puritanismo. La consecuencia de ambos envites será la famosa Ley Volstead, aprobada en 1919 (más conocida como la Ley Seca), que

[21] ESCOHOTADO, A., *Historia elemental de las drogas*, La Emboscadura Editorial, Madrid, 2018, p. 21.

[22] *Ibid.* p. 75.

convirtió de la noche a la mañana a miles de personas en criminales, y que sin embargo no consiguió condenar a los grandes traficantes de alcohol (al respecto, es de sobra conocido el caso de Al Capone, que solo pudo ser condenado por evasión fiscal[23]). Esta Ley resultó ser un completo fracaso, generó un mercado negro con poderosas bandas criminales[24] y suscitó graves problemas de salud pública entre la población estadounidense, dadas, entre otras circunstancias, las enormes cantidades de alcohol casero que se produjeron y consumieron clandestinamente durante la prohibición, sin ningún tipo de control administrativo o sanitario. Todo ello provocó, en definitiva, su derogación[25].

No sería hasta mucho después cuando el presidente Nixon declararía la guerra a las drogas. La situación excepcional que plantean todas las "guerras contra el delito", serviría como justificación para el intervencionismo norteamericano[26]. En los años ochenta del s. XX, Reagan convertirá esa guerra contra las drogas en el nuevo enemigo para la seguridad nacional[27], como ya ocurriera en el pasado con el comunismo, u ocurre ahora con el terrorismo islámico[28]. Los costes a pagar como consecuencia de esa guerra contra las drogas fueron (y son) muy altos: corrupción generalizada, violencia social, e inestabilidad institucional en América Latina, donde además se produjo la militarización del conflicto, agregando aún más violencia (como ejemplos ilustrativos, basta con recordar la situación de Colombia en el s. XX o de México en el s. XXI, o pararse a observar la coyuntura en la que permanecen anclados los países de tránsito de drogas de Centroamérica, que experimentan por esta causa los niveles más altos de criminalidad a nivel mundial).

Como una de las vertientes de su guerra contra las drogas, Estados Unidos implantó una política de "certificación", en cuya virtud son

---

23 https://es.wikipedia.org/wiki/Al_Capone

24 SILVA FORNÉ, D., cit. pp. 28-29.

25 MANJÓN-CABEZA OLMEDA, A., *La solución. La legalización de las drogas*, cit., p. 42.

26 Vid. ÁLVAREZ GARCÍA, F. J., cit., 2011, pp. 211 y ss.

27 SILVA FORNÉ, D., *op. cit.* pp. 55-56.

28 MANJÓN-CABEZA OLMEDA, A., *La solución. La legalización de las drogas*, cit. p. 28.

objeto de evaluación y, en su caso, certificación los esfuerzos realizados por terceros países para alcanzar los objetivos norteamericanos antidroga, condicionando a la obtención de tales certificaciones el otorgamiento de financiación (Ley de Ayuda Exterior, 1961), y demostrando con ello —una vez más— un total desprecio por la soberanía —y culturas— de esos países[29]. Este tratamiento no lo ha dispensado el gigante norteamericano solo a aquellos estados que consideraba involucrados en el tráfico de drogas (productores o de tránsito), sino que lo ha hecho extensivo, aunque un modo más sutil, al resto del mundo.

De hecho, el régimen internacional del prohibicionismo ha estado marcado desde siempre por los ritmos impuestos por Estados Unidos. Así, las primeras conferencias celebradas en La Haya sobre la materia a principios del s. XX estuvieron auspiciadas por Estados Unidos, y a ellas le seguirían las Convenciones de Ginebra de 1925, 1931 y 1936, que constituyen el origen del actual sistema vigente a nivel internacional: las Convención Única de Nueva York sobre Estupefacientes de 1961, el Convenio de Viena sobre Sustancias Psicotrópicas de 1971, y la Convención de Viena contra el Tráfico Ilícito de Estupefacientes y Sustancias Psicotrópicas de 1988.

A pesar de que las consecuencias de esta *guerra* contra las drogas ya han sido muchísimo más nefastas de las que se produjeron como efecto de la promulgación de la Ley Seca; de la drámatica situación en la que ha puesto a buena parte de los estados latinoamericanos; y de las numerosas evidencias que demuestran su completa ineficacia para conseguir los propósitos que teóricamente persigue (la erradicación del consumo de las drogas declaradas ilegales), Naciones Unidas sigue abanderando el prohibicionismo[30].

---

29 *Cfr.* ÁLVAREZ GARCÍA, F. J., VENTURA PÜSCHEL, A., "Violencia e impunidad: examen al Estado", en P. DE LA CUESTA AGUADO, *et al.* (Coords.), *Liber Amicorum: estudios jurídicos en homenaje al profesor doctor Juan M. Terradillos Basoco*, Tirant lo Blanch, 2018, pp. 525-566.

30 Parece claro que los "principios" sobre la política de drogas responden más a intereses económicos, que terminan siendo geopolíticos, que a preocupaciones sobre salud pública o, incluso, sobre moral pública (concepto que utiliza la Convención UN 1961). Ejemplo paradigmático de ello puede encontrarse en las Guerras del Opio.

La evolución histórica de la regulación penal del tráfico de drogas en España, si bien parecida, se ha producido más lentamente que en otros países. No obstante, una regulación administrativa sobre el tráfico de drogas existía en nuestro país incluso antes de los primeros Códigos Penales. En este sentido, las primeras normas españolas de tal carácter fueron las Ordenanzas de Farmacia de 1800, que servían para determinar las sustancias prohibidas con carácter general y el protocolo de actuación establecido respecto del personal autorizado para su venta. Esta norma fue sustituida por las Ordenanzas para el Ejercicio de la Profesión de Farmacia, Comercio de Drogas y Venta de Plantas Medicinales, de 18 de abril de 1860 (que estuvieron vigentes hasta finales del siglo XX, cuando fueron derogadas por la Ley 25/1990, de 20 de diciembre, del Medicamento)[31].

En todo caso, al comienzo del siglo pasado, en nuestro país las drogas disponibles se vendían en farmacia y herbolarios, sin que en principio se necesitara más que pedirlas. No obstante, a partir de las primeras limitaciones normativas, impuestas después del fin de la Primera Guerra Mundial, comenzaría a operar el mercado negro, al prohibirse la posesión de opio[32]. La prohibición de la heroína se estableció en 1932, pero en 1955 las farmacias seguían vendiendo anfetaminas (de hecho, determinados compuestos con derivados anfetamínicos continuaron a la venta hasta el año 2001). En la década de los 70, el mercado ilegal de *heroína prohibida* hacía su aparición, y en las últimas tres décadas del siglo pasado morirían en torno a entre 20.000 y 25.000 muertes por sobredosis, en más del 90% de los casos con implicación de heroína[33]. No es preciso hacer demasiadas cábalas para valorar las trágicas consecuencias que tuvo la prohibición en un país donde, de 1920 a 1930, se dispensaba con y sin receta opio,

---

31 MOLINA MANSILLA, M. C., *El delito de tráfico de drogas: análisis detallado y nueva perspectiva. Adaptado a las últimas reformas legislativas y resoluciones del Tribunal Supremo y de la Fiscalía General del Estado,* Editorial Jurídica Sepín, Madrid, 2021, p. 45.

32 MANJÓN-CABEZA OLMEDA, A., *La solución. La legalización de las drogas*, cit., pp. 204-205

33 Cfr. DE LA FUENTE, L., BRUGAL, M. T., DOMINGO-SALVANY, A., BRAVO, M. J., NEIRA-LEÓN, M., BARRIO, G., Más de treinta años de drogas ilegales en España: una amarga historia con algunos consejos para el futuro, *Revista Española de Salud Pública*, núm. 5 (2006).

morfina y cocaína, produciéndose solo 6 muertes registradas por sobredosis, de las cuales 5 fueron suicidios[34].

3. EL SISTEMA DE FISCALIZACIÓN INTERNACIONAL

Una de las características del sistema de prohibición de las drogas es su marcado carácter internacional. De manera que, para realizar un análisis de nuestra legislación interna, es necesario el previo estudio de los textos internacionales suscritos por el Estado español.

Según el Informe Mundial de Drogas de la Oficina de Naciones Unidas contra la Droga y el Delito de 2021, 275 millones de personas consumieron drogas en 2020, de las cuales 36 millones sufrieron trastornos por su consumo. Entre los años 2010 y 2019, el número de personas consumidoras aumentó en un 22%, crecimiento que es debido, en parte, a que la población mundial aumentó en ese mismo período en un 10%. Se estima que los principales mercados de drogas de la *dark web* ya ingresan en ventas anuales, al menos, 315 millones de dólares. La producción de cocaína parece haber alcanzado sus mayores cotas el año 2020, pero continúan siendo los opioides quienes ostentan la categoría de ganadores en tasa de morbilidad. El cannabis, por su parte, ostenta el récord de la sustancia más consumida, alcanzando el 4% de la población mundial en 2019, droga que además ha incrementado su potencia, multiplicando los niveles de tetrahidrocannabinol (THC) presentes en las plantas incautadas. Sobre los opioides en general (lo que incluye a los medicamentos "legales" —esto es, que pueden ser prescritos con receta médica— basados en esta sustancia), el Informe afirma que, en 2019, 62 millones de personas los utilizaron sin razones médicas (siendo Norteamérica la región con mayor tasa de uso) frente a los 20 millones de usuarios de cocaína[35].

---

34 ESCOHOTADO, A., cit., p. 111.

35 UNODC, World Drug Report, 2021.

3.1. El sistema de Naciones Unidas

El sistema establecido en el ámbito internacional en relación al tráfico de drogas ilegales parte de un planteamiento claramente prohibicionista, y está compuesto fundamentalmente por tres tratados de la Organización de Naciones Unidas, que buscan eliminar el consumo general de las drogas incluidas en su ámbito, limitando su uso en función de sus utilidades médicas o científicas. El resto de finalidades del consumo se consideran ilícitas y son, mayoritariamente, criminalizadas en la Convención Única de 1961 sobre Estupefacientes enmendada por el Protocolo de 1972; el Convenio sobre Sustancias Psicotrópicas de 1971, y la Convención de las Naciones Unidas contra el Tráfico Ilícito de Estupefacientes y Sustancias Psicotrópicas de 1988[36].

3.1.1. La Convención de 1961

Inspirada supuestamente por la *preocupación por la salud física y moral de la humanidad*, la Convención Única sobre Estupefacientes de 30 de marzo de 1961 (Nueva York)[37] tenía como meta sustituir los múltiples tratados hasta entonces existentes sobre drogas por una convención de aplicación general que fiscalizara el uso de los estupefacientes a nivel global, articulando una cooperación y fiscalización conjunta para todos los países.

La Convención creó a su vez la Junta Internacional de Fiscalización de Estupefacientes (JIFE) y la Comisión de Estupefacientes del Consejo Económico y Social de las Naciones Unidas. La Junta es un

---

[36] Estos tratados, desde luego, no fueron los primeros textos internacionales destinados a regular el comercio de las drogas. Versan sobre la misma materia otros instrumentos internacionales anteriores, como el Convenio de La Haya de 1912 (ratificado por España en 1918) y el posterior Convenio Internacional de Ginebra de 1925 (que fue ratificado en 1928). En cualquier caso, la tendencia ha sido claramente la de establecer prohibiciones cada vez más duras. *Cfr.* SUÁREZ-MIRA RODRÍGUEZ, C. (Dir./Coord.), *Manual de Derecho penal. Tomo II. Parte especial*, Thomson Reuters, Navarra, 2020, p. 575.

[37] El ordenamiento español incorporó las previsiones de esta Convención mediante la Ley 17/1967, de 8 de abril, por la que se actualizaban las normas vigentes sobre estupefacientes, adaptándolas a lo establecido en el Convenio de 1961 de las Naciones Unidas.

órgano independiente constituido por expertos, integrada por 13 miembros que son elegidos por el Consejo Económico y Social de Naciones Unidas, y que, en colaboración con los gobiernos, trata de reducir los cultivos y la producción de estupefacientes, limitándolos a la cantidad necesaria para los fines médicos y científicos.

De esta manera, articula un sistema de previsiones —destinado a regular cuánto puede producir cada país para los fines científicos y médicos—, y un sistema de información estadística, para controlar el nivel de seguimiento o la aplicación de las medidas impuestas en los diferentes países. Si la Junta observa desviaciones de lo pactado con los Estados, puede solicitar a los gobiernos que tomen medidas correctivas, e incluso requerir la intervención del Consejo o de la Asamblea General, si entiende que el Estado no está tomando medidas eficaces. La Comisión de Estupefacientes, por su parte, es el órgano rector de las Convenciones en materia de drogas y tiene varios objetivos, entre ellos el de realizar peticiones a la Junta para que elabore los análisis y estudios pertinentes, estudiar las cuestiones relativas a la modificación de las listas de drogas prohibidas, hacer sugerencias para la mejor aplicación de las Convenciones o recomendar programas científicos.

Tanto la JIFE como la Comisión de Estupefacientes, en sus pronunciamientos más recientes, advierten de necesidades parecidas. Así, muestran su preocupación por la búsqueda de estrategias más sostenibles de control de cultivos y programas de desarrollo alternativo, de manera que las comunidades puedan mejorar y proteger sus medios de subsistencia, promoviendo alternativas económicas viables, y evitando la deforestación y contaminación de suelos y agua. Otra de las preocupaciones que aparecen en su Informe de 2022 se refieren a la necesidad de fortalecer la cooperación internacional para abordar los vínculos entre el tráfico de drogas ilegales y el tráfico ilícito de armas de fuego, y a hacer frente a la desviación de sustancias químicas que no son fiscalizadas, pero que se utilizan frecuentemente en la fabricación ilegal de drogas y precursores de diseño. En relación a esta última cuestión, se alienta a los Estados a aplicar las medidas fiscalizadoras también a sustancias químicas conexas que pueden convertirse fácilmente en una sustancia prohibida o sustituirla, en un intento, quizá, de ponerle puertas al campo. Por otra parte, ambas instituciones también se comprometen a ampliar la capacidad y disponibilidad de prevención temprana para aquellas personas vulnerables, ya estén en esa situación fruto de la pandemia COVID o por situaciones de conflicto armado. Como es habitual, también proponen la inclusión de nuevas sustancias como la brorfina (Lista I), el metonitaceno (Lista I) o la eutilona (Lista II).

La Convención de 1961 impone limitaciones para la fabricación y la importación de las sustancias reguladas por la misma, además de un sistema de licencias para su fabricación, comercio y distribución, que dependerá del tipo de sustancia al que se haga referencia. La Convención no dispone de una definición de "droga" o "estupefaciente", sino que simplemente se remite a las sustancias que aparecen en sus listas anexas (*schedules* o *scheduling decisions*), ya sean naturales o sintéticas. Con ello, la Convención de 1961 instauraba el sistema de listas de estupefacientes y psicotrópicos y cuadros de sustancias utilizadas frecuentemente en su fabricación ilícita (también conocidas como precursores), que son sometidas a distintos tratamientos y medidas establecidas en la Convención.

Las listas se articulan en función del mayor o menor carácter restrictivo que posean las medidas a adoptar (prohibición absoluta-permisión restringida para determinados usos). Así, en la Lista I aparecen aquellas sustancias altamente adictivas y que comportan gran riesgo de acabar en abuso, junto a aquellas otras que producen efectos parecidos a las anteriores o que son susceptibles de ser convertidas en las anteriores. La Lista IV sería, en realidad, una sub-lista de la primera, donde encajarían aquellas sustancias que además de tener las características anteriores, rara o escasamente poseen utilidad médica. Por su parte, la Lista II contiene sustancias menos adictivas y menos tendentes a su abuso, mientras que la Lista III incluye aquellos preparados que contienen narcóticos con fines médicos y que es menos probable su uso abusivo. De esta manera, la Lista I enumera sustancias cuyo uso se declara prohibido en todo caso, salvo para fines científicos y médicos muy limitados, mientras que el empleo de las incluidas en las Listas II y III es sometido a ciertas licencias y a la prescripción de recetas médicas, en el caso de que se destinen al uso de particulares.

Además de lo anterior, los Estados también tendrán que hacer todo lo posible por aplicar las mismas medidas a aquellas sustancias que no aparecen en las listas, pero que pueden ser también utilizadas para la fabricación de estupefacientes. La Convención articula su propio sistema de modificación de las listas de sustancias, a través de la proposición de las Partes o de la Organización Mundial de la Salud.

Uno de los problemas que sin duda suscita el sistema de listas es que no hay un criterio determinante por el cual unas sustancias deban aparecer en una de ellas, y no en otras, pues aunque sobre el papel existen algunas precisiones al respecto, estas no se corresponden con criterios médicos reales, los cuales en muchas ocasiones además son obviados. Así, por ejemplo, la Lista I del Convenio de 1961 contiene sustancias como la cocaína, la heroína o la morfina, pero también el cannabis, su resina, extractos y tinturas, a pesar de la diversidad de sus efectos y posibles daños para salud humana. Esta equiparación parece aún más anómala si se tiene en cuenta que, en la lista IV, se incluye asimismo el cannabis y su resina, por considerarse que no desempeña ningún uso médico. Además de lo poco que estas sustancias tienen en común desde el punto de vista adictivo o de las consecuencias para la salud (que se supone son los criterios que deciden dónde se clasifican las mismas), debe mencionarse que el cannabis fue introducido en las listas sin la previa recomendación de la OMS[38], y desde 2020, permanece en ellas en contra de su criterio. En efecto, tras una revisión crítica realizada por el Comité de Expertos en Farmacodependencia, la OMS presentó en enero de 2019 a la Comisión ocho recomendaciones sobre el cannabis y sus derivados. El 2 de diciembre de 2020, la Comisión tomó medidas sobre estas recomendaciones, eliminando a estos de la Lista IV de la Convención de 1961, por 27 votos contra 25 y una abstención, pero rechazó el resto de las recomendaciones, permaneciendo por ello estas sustancias en la Lista I de la Convención de 1961 y, por lo tanto, quedando sujetas a todos los niveles de control que prevé dicho Tratado[39]. Es más:

---

38 DEL CARPIO DELGADO, J., "Las consecuencias de la reclasificación del cánnabis en los tratados internacionales" en A. I. PÉREZ MACHÍO, J. L. DE LA CUESTA ARZAMENDI (dirs.), *Contra la política criminal de la tolerancia cero. Libro-Homenaje al Profesor Dr. Ignacio Muñagorri Laguía*, Aranzadi, Pamplona, 2021, pp. 147-175, p. 149.

39 COMISIÓN DE ESTUPEFACIENTES, *Aplicación de los tratados de fiscalización internacional de drogas*, 2020. Disponible en: https://documents-dds-ny.un.org/doc/UNDOC/LTD/V20/071/98/PDF/V2007198.pdf?OpenElement

en relación con el cannabis, la JIFE en 2021 continuaba reiterando su "preocupación" por el hecho de que ciertas regiones lo hubieran legalizado para fines recreativos, y recordaba (o advertía) que "la Convención de 1961 en su forma enmendada, el Convenio de 1971 y la Convención de 1988 limitan el consumo de todas las sustancias sujetas a fiscalización exclusivamente a fines médicos y científicos"[40].

Por lo demás, parece que la entrada, permanencia o salida de sustancias de una determinada lista del Convenio de 1961 obedece, más que a su relativa toxicidad, a los usos sociales imperantes en los estados con más poder en el panorama internacional, a la cabeza de los cuales se encuentran los países occidentales y, sobre todo, los Estados Unidos, que muestran un notorio desprecio hacia los usos rituales o tradicionales que se hace de ciertas sustancias en algunas regiones de países mucho menos influyentes a nivel mundial. Ello explica la falta de asideros científicos o médicos para la clasificación de las mismas, y la preterición del ámbito del Convenio de sustancias que son igualmente nocivas para la salud y que poseen una enorme capacidad de crear adeptos, como el alcohol o los productos derivados del tabaco.

La Convención de 1961 también incluye disposiciones penales. Así, su artículo 36 establece que, a reserva de lo dispuesto por las Constituciones de los respectivos estados, las partes deben adoptar las medidas necesarias para que *el cultivo, la producción, la fabricación, la extracción, la preparación, la posesión, la oferta, distribución, compra, venta, despacho, corretaje, expedición, transporte, importación y exportación de estupefacientes,* fuera de los cauces legales que marca la Convención, y siempre que sean intencionales, se tipifiquen como delito. Las respuestas penales para estos comportamientos no están predeterminadas, pero sí se añade que aquellos que sean graves deberán estar castigados de forma adecuada con penas de prisión o, al menos, de privación de libertad. En el caso de que personas "que hagan un uso indebido de estupefacientes" sean las autoras de los delitos, los estados podrán decidir en lugar de declararlas culpables o sancionarlas, someterlas a medidas de "tratamiento, educación, o rehabilitación".

---

40 Vid. JUNTA INTERNACIONAL DE FISCALIZACIÓN DE ESTUPEFACIENTES, Informe 2021. Disponible en: https://www.incb.org/documents/Publications/AnnualReports/AR2021/Annual_Report/E_INCB_2021_1_spa.pdf

El texto internacional también remarca la necesidad de castigar la participación, los actos preparatorios y la tentativa de los mismos delitos. De la misma manera, la Convención dispone, para todos los delitos que se contienen en la misma, la posibilidad de decomisar tanto los estupefacientes como las sustancias y los utensilios empleados en la comisión de los mismos.

En los últimos años, la JIFE ha "matizado" estas precisiones, recordando la posibilidad de "descriminalizar", en el sentido de retirar el control penal, o al menos no aplicar sanciones privativas de libertad, en aquellos casos de uso y posesión para consumo personal de pequeñas cantidades de drogas. Pero no así otro tipo de medidas, sancionadoras administrativas o civiles (denominadas por la JIFE como despenalización o legalización).

3.1.2. El Convenio de 1971

El Convenio sobre Sustancias Sicotrópicas (Viena, 21 de febrero de 1971) pormenorizó el proceso que debe seguir la Organización Mundial de la Salud a la hora de elaborar los informes para la fiscalización de nuevas sustancias. Así, dentro de los parámetros establecidos a tal efecto, el Convenio de 1971 establece que la OMS deberá comprobar si la sustancia en cuestión puede producir (1) un estado de dependencia y la estimulación o depresión del sistema nervioso central o (2) un *uso indebido análogo y efectos nocivos parecidos* a las sustancias que ya se encuentran en las listas; o bien que la sustancia puede ser objeto de un uso indebido que constituya un problema sanitario y social. El Convenio determina que estos dictámenes de la OMS serán determinantes para la Comisión, al menos en lo que concierte a los aspectos médicos y científicos[41].

Con respecto a las disposiciones penales, su artículo 22 ordenaba la tipificación de cualquier acto intencional contrario a las reyes o reglamentos que se adoptaran por los Estados en cumplimiento del Convenio, pero a la vez permitía que, si la persona en cuestión era

---

41 En España, el Real Decreto 2829/1977, de 6 de octubre, por el que se regulan las sustancias y preparados medicinales psicotrópicos, así como la fiscalización e inspección de su fabricación, distribución, prescripción y dispensación, sería el encargado de recoger los contenidos de las listas de este Convenio.

consumidora (o en la terminología de la Convención: las personas que *hicieran uso indebido de sustancias sicotrópicas)*, cada Estado podía decidir no declararla culpable o no sancionarla penalmente. También se exigía la tipificación de la participación, la conspiración, los actos preparatorios, las operaciones financieras relativas a los delitos, así como el reconocimiento de las sentencias condenatorias extranjeras.

3.1.3. La Convención de 1988

El último texto que conforma junto a los anteriores el sistema internacional de fiscalización de drogas es la Convención de Naciones Unidas contra el Tráfico Ilícito de Estupefacientes y Sustancias Psicotrópicas (Viena, 20 de diciembre de 1988), donde se expone que los gobiernos continúan "*profundamente preocupados por la magnitud y la tendencia creciente de la producción, la demanda y el tráfico ilícito de estupefacientes y sustancias psicotrópicas*", *ante la "sostenida y creciente penetración del tráfico ilícito*". Y es que, aunque para entonces habían transcurrido casi tres décadas desde que comenzaran a utilizarse medidas de fiscalización y represión a nivel mundial y en un mismo sentido, las tendencias no solo no se habían detenido, sino que se habían intensificado: la población penitenciaria condenada por delitos relacionados con drogas continuaba creciendo y comenzaba a ser, tanto en los Estados Unidos como en los países de Europa del Sur, un porcentaje muy significativo del total de reclusos, lo que parecía demostrar que tales medidas habían sido inanes, al menos en este ámbito. En este sentido, la Convención también afirma que *el tráfico ilícito genera considerables rendimientos financieros y grandes fortunas que permiten a las organizaciones delictivas trasnacionales invadir, contaminar y corromper las estructuras de la administración pública*, admitiendo de este modo el gran poder que el prohibicionismo ha brindado a la criminalidad organizada.

A pesar del reconocimiento del fracaso de las políticas emprendidas hasta ese momento en el escenario internacional, la Convención de 1988 continuaría en la misma senda prohibicionista y centrada en las mismas estrategias, aunque redoblando los esfuerzos de cooperación y el punitivismo. De esta manera, se añade a la lista de delitos que los países firmantes deben perseguir la conversión o transferencia de bienes, a sabiendas de que estos provienen de alguna de las conductas relacionadas con drogas ya tipificadas, o con objeto de ocultar o encubrir su origen ilícito. Asimismo, esta Convención exigió la penalización de la instigación o inducción, dirigida ya no solo a la comisión de delitos sino también al uso ilícito de las sustancias; esto es, a su consumo. Y lo que es más importante: también impuso el castigo, por primera vez, de la posesión, adquisición, cultivo de estupefacientes o sustancias psicotrópicas para el consumo personal.

No obstante, de la Convención no surge obligación directa de tipificar el consumo personal para todos los estados parte, pues esta prohibición estaría sujeta a lo que permitieran sus respectivos ordenamientos jurídicos, según sus principios constitucionales y los conceptos fundamentales de su marco legal general. Eso sí: para aquellos países que decidieran solo castigar la posesión para tráfico, el texto internacional se encargaba de dejar bien atada la cuestión de determinar cuándo las sustancias están orientadas al tráfico o al consumo personal, decantándose por la primera opción a través de inferencias: "*El conocimiento, la intención o la finalidad requeridos como elementos de cualquiera de los delitos enunciados en el párrafo 1 del presente artículo podrán inferirse de las circunstancias objetivas del caso*" (art. 3.3 de la Convención de 1988).

En el ámbito de las penas, la Convención de 1988 abre la posibilidad de que, en los casos de infracciones de carácter leve, las partes puedan aplicar otras medidas no sancionadoras, como las de educación o rehabilitación, además de contemplar otras peculiaridades que deberán tenerse en cuenta en a la hora de imponer la pena: la pertenencia del autor a un grupo delictivo organizado u otras actividades delictivas internacionales organizadas, o la participación del delincuente en otras actividades ilícitas cuya ejecución se vea facilitada por la comisión del delito (por ejemplo, narcotráfico para financiar terrorismo); el recurso del autor a la violencia o empleo de armas; que el autor ostente un cargo público; la victimización o utilización de menores de edad, y su comisión en establecimientos penitenciarios, instituciones educativas o centros asistenciales y la reincidencia[42].

---

42 Baste echar un vistazo a los artículos 369 y 370 del CP español para comprobar el reflejo de todas estas disposiciones.

Con respecto al decomiso, en la Convención de 1988 se determina mucho más pormenorizadamente el procedimiento a seguir para la incautación y, además, se permite que las Partes puedan invertir la carga de la prueba respecto del supuesto origen ilícito del producto u otros bienes sujetos a decomiso[43]. En relación a ello, esta Convención sería el primer instrumento internacional que respaldaría el uso de las entregas vigiladas, que tiene como principal ventaja el permitir, en ocasiones, la investigación de los principales responsables de la comisión de los delitos, en lugar de quedarse en los eslabones más bajos de la cadena delictiva.

3.1.4. El sistema internacional en la actualidad

Las tendencias actuales de la comunidad internacional frente al tráfico de drogas quedaron plasmadas en el Documento final del período extraordinario de sesiones de la Asamblea General de las Naciones Unidas sobre el problema mundial de las drogas celebrado en 2016[44] y en la Declaración Ministerial de 2019 de la Comisión de Estupefacientes de Viena[45] donde puede comprobarse que los compromisos continúan siendo los mismos cuarenta años más tarde.

De esta manera, se reafirman las metas y objetivos de los tres tratados de fiscalización internacional de drogas, pero asumiendo el gran problema que supone la falta de disponibilidad para fines médicos de algunas de las drogas sometidas a dicha fiscalización, pues escasean en muchas partes del mundo debido a las prohibiciones. Como novedad, se incluye el compromiso de acoger los objetivos de la Agenda

---

43 Cuestión que en 2015 también sería introducida en el ordenamiento español.

44 UNODC, Documento final del período extraordinario de sesiones de la Asamblea General de las Naciones Unidas sobre el problema mundial de las drogas celebrado en 2016 Nueva York, 19-21 de abril de 2016. Resolución S-30/1 de la Asamblea General, anexo. Aprobada el 19 de abril de 2016. Disponible en: https://www.unodc.org/documents/postungass2016/outcome/V1603304-S.pdf.

45 UNODC, Comisión de estupefacientes de Viena, Declaración Ministerial de 2019, Viena, 2019. Disponible en: https://www.unodc.org/documents/commissions/CND/Subsidiary_Bodies/HONLAC/2019/Ministerial_Declaration_2019/Declaracion_Ministerial_2019_V1906702.pdf.

2030 para el Desarrollo Sostenible y someterse a la perspectiva de género a la hora de formular la política internacional sobre drogas[46].

Aunque las nuevas recomendaciones continúan con el mismo espíritu (prevención del uso indebido de drogas y el tratamiento de trastornos relacionados con su consumo; reducción de la oferta mediante respuestas sancionadoras frente a la delincuencia; lucha contra el blanqueo de dinero y la corrupción...) también incluyen, aunque tímidamente, algunas preocupaciones relacionadas con los Derechos Humanos, por ejemplo a la hora de garantizar que las medidas que se adopten para prevenir el cultivo ilícito y erradicar las plantas utilizadas para la producción de estupefacientes y sustancias psicotrópicas los respeten, teniendo debidamente en cuenta los usos lícitos tradicionales y la protección del medio ambiente, con especial énfasis en la Declaración de las Naciones Unidas sobre los Derechos de los Pueblos Indígenas.

3.2. El sistema europeo

La Unión Europea, aunque con un mayor enfoque de "reducción de daños", ha seguido los mandatos procedentes de la ONU. Ya en el año 1992, el Tratado de Maastricht, al sentar las bases del llamado tercer pilar para la construcción europea, proclamó el interés comunitario en la cooperación policial en ciertos ámbitos de la delincuencia, entre ellos, el tráfico de drogas[47]. En la actualidad, es el artículo 83 del Tratado de Funcionamiento de la Unión Europea (TFUE) el encargado de establecer la capacidad de la UE de dictar normas mínimas sobre ciertos ámbitos del Derecho penal —aquellos

---

46 Según el Informe de Drogas del año 2021, el consumo general de estupefacientes y psicotrópicos sigue siendo bajo entre mujeres. A nivel mundial, estas tienen tres veces menos probabilidades que los hombres de consumir cannabis, cocaína o anfetaminas, y solo una de cada cinco personas que se inyectan sustancias tóxicas son mujeres. Sin embargo, abusan de los fármacos con mayor frecuencia, en particular de los opioides y tranquilizantes farmacéuticos. Por otro lado, solo una de cada seis personas en tratamiento son mujeres, entre otras razones porque encuentran numerosas barreras para acceder a tales servicios, debido sobre todo al estigma social que representa para la mujer el uso de estupefacientes ante su papel impuesto de "cuidadora".

47 BRANDARIZ, J. Á., cit., p. 265.

que se ocupan de los comportamientos más graves con trascendencia trasnacional—, entre los que se encuentra igualmente el tráfico de drogas[48]. Otras tantas manifestaciones delictivas que son concurrentes o consecuencia del tráfico de drogas también aparecen dentro de los campos de interés de la Unión Europea. Así, la corrupción, el blanqueo de capitales y, en general, la delincuencia organizada. Por otra parte, la protección de la salud pública es otra de las preocupaciones de la Unión, como bien se plasma en el Título XIV del TFUE, encaminándose en este contexto la política en materia de estupefacientes hacia la reducción de daños y la prevención de su consumo[49].

3.2.1. Las drogas en el contexto europeo

La situación actual en torno a las drogas en la Unión Europea es objeto de análisis detallado en el *Informe Europeo sobre Drogas. Tendencias y novedades*, que es publicado anualmente por el Observatorio Europeo de las drogas y las toxicomanías[50].

---

48 Artículo 83 del Tratado de Funcionamiento de la Unión Europea: "*1. El Parlamento Europeo y el Consejo podrán establecer, mediante directivas adoptadas con arreglo al procedimiento legislativo ordinario, normas mínimas relativas a la definición de las infracciones penales y de las sanciones en ámbitos delictivos que sean de especial gravedad y tengan una dimensión transfronteriza derivada del carácter o de las repercusiones de dichas infracciones o de una necesidad particular de combatirlas según criterios comunes. Estos ámbitos delictivos son los siguientes: el terrorismo, la trata de seres humanos y la explotación sexual de mujeres y niños, el tráfico ilícito de drogas, el tráfico ilícito de armas, el blanqueo de capitales, la corrupción, la falsificación de medios de pago, la delincuencia informática y la delincuencia organizada*".

49 Tratado de Funcionamiento de la Unión Europea. TÍTULO XIV. SALUD PÚBLICA. Artículo 168: "*1. Al definirse y ejecutarse todas las políticas y acciones de la Unión se garantizará un alto nivel de protección de la salud humana. La acción de la Unión, que complementará las políticas nacionales, se encaminará a mejorar la salud pública, prevenir las enfermedades humanas y evitar las fuentes de peligro para la salud física y psíquica. Dicha acción abarcará la lucha contra las enfermedades más graves y ampliamente difundidas, apoyando la investigación de su etiología, de su transmisión y de su prevención, así como la información y la educación sanitarias, y la vigilancia de las amenazas transfronterizas graves para la salud, la alerta en caso de tales amenazas y la lucha contra ellas. La Unión complementará la acción de los Estados miembros dirigida a reducir los daños a la salud producidos por las drogas, incluidas la información y la prevención*".

50 OBSERVATORIO EUROPEO DE LAS DROGAS Y TOXICOMANÍAS, "Informe Europeo sobre Drogas. Tendencias y novedades", 2022. Oficina de Publicacio-

Especialmente interesantes son los datos relativos a la situación durante y tras la pandemia de la COVID-19: aunque en un primer momento disminuyeron las cifras de consumo y cambiaron los hábitos (tal fue el caso, por ejemplo, de la cocaína y otras sustancias que son preferentemente consumidas en determinados entornos sociales y lugares de encuentro, que estuvieron vedados durante el tiempo de confinamiento), los números habituales no solo han vuelto a restablecerse con la llegada de la nueva normalidad, sino que en el caso de algunas sustancias se han incrementado (el consumo de *crack*, también llamado *cocaína de los pobres*, ha aumentado entre la población marginal)[51].

La restricción de movimientos decretada como consecuencia de la pandemia de la COVID-19 provocó asimismo que disminuyera la entrada de *cannabis* por los Balcanes y Marruecos, dando prioridad al producto español, que parece estarse convirtiendo, según los datos de incautaciones, en el máximo proveedor de la UE. Otra de las circunstancias que pueden estar incidiendo en estos flujos son los recientes cambios sociopolíticos acontecidos en Afganistán, el mayor productor mundial de opio y heroína ilegales y la principal fuente de esta sustancia presente en Europa[52]; o la crisis provocada por la guerra de Ucrania, que puede generar nuevos retos para los servicios europeos antidroga, dadas las alteraciones de las rutas de contrabando. En todo caso, las cifras apuntan a la existencia de un procesamiento a gran escala de la cocaína en Europa, lo que permitió decomisar 213 toneladas en el año 2020. Las cantidades de todas las drogas han aumentado en el periodo 2010-2020, dándose las mayores cifras entre

---

nes de la Unión Europea, Luxemburgo; OBSERVATORIO EUROPEO DE LAS DROGAS Y TOXICOMANÍAS, "Informe Europeo sobre Drogas. Tendencias y novedades", 2023. Oficina de Publicaciones de la Unión Europea, Luxemburgo.

51 De hecho, en el Informe de 2023 se mantiene que están siendo incautadas cantidades récord de drogas ilícitas. OBSERVATORIO EUROPEO DE LAS DROGAS Y TOXICOMANÍAS, "Informe Europeo sobre Drogas. Tendencias y novedades", 2023. Oficina de Publicaciones de la Unión Europea, Luxemburgo.

52 Los Talibanes prohibieron el cultivo de adormidera en abril de 2022, lo que ha despertado el miedo de que la heroína sea sustiuida por opioides sintéticos.

la metanfetamina (+477%), anfetamina (+391%), hierba de cannabis (+278%)[53], cocaína (+266%) y MDMA (+200%).

Con respecto al consumo y la disponibilidad de estas sustancias ilegales dentro de las fronteras europeas, estas mantienen una presencia notable en todos los países. Así, tres cuartas partes de las sobredosis mortales que se notificaron en la UE durante 2020 lo fueron a causa de los opioides, a menudo combinados con otras sustancias[54]. En 2021, la cocaína fue la sustancia asociada con mayor frecuencia a cuadros de intoxicación aguda. Este consumo estaría relacionado, según el Observatorio Europeo de las drogas y las toxicomanías[55], con la amplia gama de problemas sanitarios y sociales que resultan más acuciantes en la actualidad (dificultades a la hora de tratar adecuadamente las enfermedades mentales, falta de viviendas dignas, delincuencia juvenil, explotación de personas, vulnerabilidad de determinados grupos de población).

La composición de las sustancias ilegales ha ido variando, para adaptarse a las prohibiciones y al surgimiento de nuevos químicos. Así, por ejemplo, en el caso del *cannabis*, actualmente el contenido de THC de la resina es casi el doble que el contenido en la hierba, al contrario de lo que sucedía antes. Por otro lado, desde que en 2020 el Tribunal de Justicia de la Unión Europea declarara que el

---

53 Según el Informe de 2023, las cantidades de resina y hierba de cannabis incautadas en la UE alcanzaron su nivel más alto en una década (con 816 y 256 toneladas respectivamente). OBSERVATORIO EUROPEO DE LAS DROGAS Y TOXICOMANÍAS, "Informe Europeo sobre Drogas. Tendencias y novedades", 2023. Oficina de Publicaciones de la Unión Europea, Luxemburgo.

54 La heroína sigue siendo el opioide más consumido en Europa, pero ya ha comenzado la preocupación por los opioides sintéticos. Según el Informe de 2023, los opioides sintéticos como el fentanilo aún representan un papel pequeño en el mercado europeo de drogas, aunque ya se han relacionado con un aumento de las muertes por sobredosis en los países bálticos. OBSERVATORIO EUROPEO DE LAS DROGAS Y TOXICOMANÍAS, "Informe Europeo sobre Drogas. Tendencias y novedades", 2023. Oficina de Publicaciones de la Unión Europea, Luxemburgo.

55 OBSERVATORIO EUROPEO DE LAS DROGAS Y TOXICOMANÍAS, "Informe Europeo sobre Drogas. Tendencias y novedades", 2022. Oficina de Publicaciones de la Unión Europea, Luxemburgo.

cannabidiol (CBD)[56] no podía considerarse una droga ilegal, por la ausencia de propiedades psicoactivas o efectos nocivos para la salud humana[57], los traficantes han descubierto nuevas posibilidades de negocio: dado que el cáñamo industrial es físicamente muy parecido al cannabis ilícito pero con un precio muy inferior, el primero puede ser adulterado con cannabinoides sintéticos que permiten con muy poca cantidad producir efectos muy intensos. Ello puede suscitar un nuevo problema de salud pública, si el consumidor desconoce lo que está consumiendo: lógicamente, la droga ilegal no es analizada en un laboratorio, de modo que no puede saberse si su contenido es natural o si se trata de esta mezcla sintética[58]. Esta es la razón por la que la Directiva Delegada (UE) 2021/802 ha introducido estos productos sintéticos dentro de las sustancias prohibidas[59].

---

56 El CBD, al contrario que el THC, funciona como antagonista de los cannabinoides. Vid. https://es.wikipedia.org/wiki/Cannabidiol

57 Sentencia TJUE, Sala Cuarta, de 19 de noviembre de 2020, asunto C-663/18.

58 Es probable que en los próximos tiempos veamos la prohibición de una nueva sustancia semisintética, el hexahidrocannabinol (HHC). El HHC es similar en su composición al THC, y también está presente en la misma planta, pero en muy bajas cantidades. El HHC se potencia en los laboratorios, por eso se habla de una sustancia semi-sintética. Los síntomas de su consumo son similares, pero sin que haya aun estudios suficientes sobre las consecuencias de su consumo. Como sustancia que aún no está regulada puede encontrarse en muchas de las tiendas donde se vende legalmente CBD. Cfr. OBSERVATORIO EUROPEO DE LAS DROGAS Y TOXICOMANÍAS, "Informe Europeo sobre Drogas. Tendencias y novedades", 2023. Oficina de Publicaciones de la Unión Europea, Luxemburgo. Véase sobre la situación en España: https://www.elsaltodiario.com/drogas/hhc-marihuana-legal-prolifera-tiendas

59 Directiva Delegada (UE) 2021/802 de la Comisión de 12 de marzo de 2021 por la que se modifica el anexo de la Decisión Marco 2004/757/JAI del Consejo en lo que respecta a la inclusión de las nuevas sustancias psicotrópicas metilo 3,3-dimetil-2-{[1-pent-4-en-1-il)-1H-indazol-3-carbonil]amino}butanoato (MDMB-4en-PINACA) y metilo 2-{[1-4-fluorobutil)-1H-indol-3-carbonil]amino}-3,3-dimetilbutanoato (4F-MDMB-BICA) en la definición de «droga». Considerando segundo: "Las sustancias MDM B-4en-PINACA y 4F-MDMB-BICA son agonistas sintéticos de los receptores cannabinoides (cannabinoides sintéticos). Tienen efectos similares al tetrahidrocannabinol (THC), responsable de los principales efectos psicoactivos del cannabis, pero con una toxicidad adicional potencialmente mortal. La alta potencia de sustancias constituye un alto riesgo de intoxicación".

Por lo que respecta a las infracciones detectadas de la legislación sobre drogas han aumentado un 15% desde 2010. BRANDARIZ GARCÍA remarca la existencia de una clara divergencia entre el número creciente de delitos relacionados con drogas ilegales y la tendencia a la baja en el número de condenados por estas conductas, lo que apuntaría a una disminución en las últimas décadas de la punitividad, pero no de la criminalidad[60].

Frente a esta realidad, algunos Estados Miembros están comenzando a desarrollar políticas de tolerancia hacia el consumo recreativo del cannabis: así Malta en 2021; Luxemburgo, Alemania y Suiza (país fuera de la UE), han iniciado de algún modo el proceso hacia la regulación de esta sustancia, y Holanda está probando un nuevo sistema para suministrar a los *coffee shops* de manera regulada por parte del Estado[61].

Concretamente, Alemania apunta directamente a la legalización para finales de 2023 o principios de 2024[62], apostando por un régimen de cultivo y distribución legal entre los propios consumidores, además de plantearse la posibilidad de comenzar proyectos sobre la distribución comercializada[63]. En este contexto, el Ministro Federal de Salud presentó en octubre de 2022 un resumen ejecutivo elaborado por el Gobierno Federal para renovar la política de drogas, introduciendo la venta controlada de cannabis recreativo a adultos[64], con el fin de contribuir a una mejor protección de los menores y la salud

---

60 BRANDARIZ, J. Á., cit., p. 266.

61 https://www.emcdda.europa.eu/publications/european-drug-report/2023/drug-situation-in-europe-up-to-2023_es

62 https://www.elmundo.es/ciencia-y-salud/salud/2023/04/12/6436863f21efa0e90b8b4592.html

63 Puede consultarse el borrador de trabajo del Ministerio de Sanidad: https://www.bundesgesundheitsministerium.de/fileadmin/Dateien/3_Downloads/Gesetze_und_Verordnungen/GuV/C/Kabinettvorlage_Eckpunktepapier_Abgabe_Cannabis.pdf

64 Tras las consultas a la Comisión Europea, se ha decidido comenzar por el suministro a través de clubes o asociaciones cannábicas Cfr. https://www.publico.es/sociedad/jueces-abren-exculpar-clubes-cannabis-espana-no-regula-alemania-toma-modelo.html. El modelo de distribución comercial parece que continuará en regiones piloto, como Colonia: https://www1.wdr.de/nachrichten/rheinland/koeln-soll-cannabis-modellstadt-werden-100.html#:~:text=Die%20Stadt%20Köln%20soll%20Modellregion,mit%20großer%20Mehrheit%20da-

de los consumidores en general, además de frenar el mercado negro, sin olvidar por ello el sostenimiento de sus medidas a nivel internacional. Así, se plantea elaborar una propuesta de ley que, sumada a un documento donde se ofrezca una interpretación del bloque internacional, será presentada a la Comisión Europea (siguiendo la Directiva de Transparencia RL [UE] 2015/1535). La Doctrina alemana se está encargando de buscar las alternativas que al respecto ofrece el marco legal europeo. De este modo, se están estudiando las posi-

---

für%20gestimmt.&text=%22%20Gute%20Politik%20beginnt%20mit%20der,%2C%20Ralf%20Unna%20(Grüne).
El texto del proyecto (que se conoce como *Can-G*, por el acortamiento de *Cannabis Gesetz*) que se está discutiendo ahora mismo en las Cámaras (que puede consultarse en: https://www.bundesgesundheitsministerium.de/fileadmin/Dateien/3_Downloads/Gesetze_und_Verordnungen/GuV/C/Cannabisgesetz-CanG_RefE.pdf) incluye la creación de asociaciones de consumidores sin ánimo de lucro donde adquirir las cantidades precisas para el consumo y también, pero esto aún no está desarrollado y tendrá que discurrir en una iniciativa posterior, un proyecto piloto de ámbito regional, con la creación de canales de distribución con licencia. Así, el gobierno legal legalizará el autocultivo privado de cannabis para consumo personal en adultos, así como el autocultivo comunitario y no comercial a través de asociaciones de cultivo sin ánimo de lucro. Según puede leerse en el proyecto, los clubes deberán organizarse como cooperativas, necesitan un permiso y podrán tener un máximo de 500 socios. Cada miembro podrá comprar un máximo de 25 gramos por día y, a su vez, un máximo de 50 gramos por mes. Los más jóvenes (entre 18 y 21 años) podrán consumir un máximo de 30 gramos al mes. Las plantas se cultivarán en los clubes de forma "comunitaria" y "no comercial" y se financiarán mediante una cuota de afiliación. Los invernaderos deberán estar protegidos contra robos, así como tener una mampara de privacidad. Los clubes tampoco podrán realizar publicidad ni ningún tipo de patrocinio. Además, no podrá consumirse cannabis en el interior ni en los exteriores del club, como muy cerca a 200 metros del mismo. Esto también se aplica a escuelas, instalaciones infantiles y juveniles, parques infantiles e instalaciones deportivas de acceso público. Por otra parte, cada club deberá preocuparse por la protección de la salud y la juventud, designando a un responsable de prevención y adicciones, que tendrá que recibir formación y asistir periódicamente a cursos de actualización. Al mismo tiempo, deberán lanzarse grandes campañas de concienciación a gran escala para alertar de los peligros del consumo de THC en niños y en adolescentes, y se ampliarán los correspondientes programas de prevención, para que la legalización no venga acompañada de una falsa sensación de seguridad, que es lo que achaca la oposición de la coalición semáforo (ya pueden verse los materiales de la primera campaña en: https://www.bundesgesundheitsministerium.de/infos-cannabis.html).

bilidades de legalización del cannabis para uso recreativo a través de la (re)interpretación del artículo 2 de la Decisión Marco 2004/757/JAI del Consejo, de 25 de octubre de 2004[65], que incluye la cláusula *"contrariamente a Derecho"*, lo que podría interpretarse como que los Estados Miembros pueden acordar la legalización de ciertas sustancias dentro de su territorio, de manera que su tráfico —a través de los canales organizados y regulados estatalmente— dejaría de ser contrario a su Derecho interno[66].

3.2.2. El marco jurídico en Europa

En comparación con otras materias, el abordaje jurídico penal de las conductas relacionadas con drogas ilegales por parte de la Unión Europea ha sido escaso. En este contexto, el principal instrumento normativo es la *Decisión Marco 2004/757/JAI del Consejo, de 25 de octubre de 2004, relativa al establecimiento de disposiciones mínimas de los elementos constitutivos de delitos y las penas aplicables en el ámbito del trágico ilícito de drogas.* Esta Decisión Marco ha sufrido varias modificaciones (en

---

65 Artículo 2 de la Decisión Marco 2004/757/JAI del Consejo, de 25 de octubre de 2004: "1. Cada uno de los Estados miembros adoptará las medidas necesarias para garantizar la punibilidad de las siguientes conductas intencionales cuando se cometan *contrariamente a Derecho*: a) la producción, la fabricación, la extracción, la preparación, la oferta, (...)".

66 En profundidad sobre ello: KHAN, D.-E., LANDWEHR, O., "'Legalize It!?' - Opportunities and Challenges for the Regulation of Cannabis under European Law. Is legalization legal?", *EUCRIM*, núm. 1 (2023), pp. 89-99. Disponible en: https://doi.org/10.30709/eucrim-2023-004. VAN KEMPEN y FEDOROVA son conscientes de que, por mucho que se interprete de forma laxa la letra de la Decisión Marco, esta posible regulación sería de todo punto contraria a la estricta política antidrogas de Naciones Unidas. Para hacer frente a este escollo proponen una serie de medidas, que deberían ser tomadas de forma pactada por todos los Estados que se muestren a favor de la regularización del cannabis, sin necesidad de renunciar de forma íntegra al sistema de fiscalización de Naciones Unidas. Tales medidas consistirían, en esencia, en la denuncia de las Convenciones de Naciones Unidas sobre las drogas, basándose en las obligaciones derivadas del respeto a los Derechos Humanos que atañen a los Estados, a la vez que se crean acuerdos entre los países afines para una regulación en la materia, y posteriormente, pedir la entrada de nuevo en el sistema de Convenciones de Naciones Unidas, pero haciendo valer las reservas que resulten precisas para permitir la regulación del cannabis recreativo.

concreto en los años 2017, 2018, 2020 y 2021), pero únicamente en el sentido de introducir nuevas sustancias prohibidas.

Así, la Decisión Marco del año 2004, en su redacción original, solo contemplaba como drogas y precursores ilegales a aquellas sustancias declaradas como tales por las Convenciones de las Naciones Unidas (vid. Art. 1, 1) y 2) de la DM 2004 redacción original). Sin embargo, tan solo un año más tarde, se aprobó la *Decisión 2005/387 JAI del Consejo, de 10 de mayo de 2005, relativa al intercambio de información, la evaluación del riesgo y el control de las nuevas sustancias psicotrópicas*, destinada a aquellas no recogidas en el sistema internacional, como forma de hacer frente a la rapidez con la que se desarrollan nuevas sustancias adictivas. Habría que esperar hasta el año 2017 para que la *Directiva (UE) 2017/2103 del Parlamento Europeo y del Consejo, de 15 de noviembre de 2017,* declarara aplicables las disposiciones de la DM 2004 a las nuevas sustancias que van apareciendo y a las que hace referencia la Decisión de 2005. Además de lo anterior, esta Directiva de 2017 venía a acompañar al nuevo *Reglamento (UE) 2017/2101 del Parlamento Europeo y el Consejo*, de 15 de noviembre de 2017, que estableció el actual marco de intercambio de información y evaluación de nuevas sustancias, reemplazando a la Decisión de 2005. De esta manera, todos los estupefacientes, psicotrópicos y precursores que vayan identificándose conforme al procedimiento y criterios establecidos por el nuevo Reglamento de 2017 van conformando dinámicamente los conceptos de "droga", "precursores", "nueva sustancia psicoactiva" y "preparado" que aparecen en el texto vigente del renovado artículo 1 de la DM 2004. Además, a partir de 2017 y, siguiendo lo dispuesto en el Considerando 7, se delegan en la Comisión "*los poderes para adoptar actos con arreglo a lo dispuesto en el artículo 290 del Tratado de Funcionamiento de la Unión Europea por lo que respecta a la modificación de dicho anexo para incluir nuevas sustancias psicotrópicas en la definición de droga*", lo que conforma un procedimiento mucho más rápido que el necesario para la aprobación de las directivas del Parlamento y del Consejo[67].

---

[67] Conforme a lo anterior, las siguientes modificaciones de la DM 2004 se llevaron a cabo a través de las Directivas Delegadas (UE) 2019/369 de la Comisión de 13 de diciembre de 2018; la 2020/1687 de 2 de septiembre de 2020; y la 2021/802 de 12 de marzo de 2021, que introdujeron las siguientes sustancias entre las

En general, la Decisión Marco de 2004 se dedica, como no puede ser de otro modo, al establecimiento de unas normas comunes mínimas con respecto a los delitos y penas aplicables por los Estados miembros al tráfico ilícito de drogas y precursores, de manera que además de los esfuerzos aunados en el ámbito de investigación, también se eviten problemas de cooperación entre las autoridades judiciales y otros organismos con funciones coercitivas de los diferentes países de la UE. En los aspectos de fondo, la Decisión Marco no prohíbe el consumo personal de estupefacientes, pero aclara en su Considerando (4) que ello no es una *orientación* sobre cómo deben abordar este asunto los Estados Miembros, a pesar de que podría considerarse que se trata de una cuestión que atañe a los derechos a la intimidad y al libre desarrollo de los ciudadanos y que, por tanto, resulta amparada por el Convenio Europeo de Derechos Fundamentales. Por lo que respecta a los comportamientos sancionados, estos no difieren sustancialmente de los que recoge el ordenamiento español, ni tampoco lo relativo al castigo de los actos preparatorios, la autoría y participación o el *iter criminis*[68].

Con respecto a las sanciones, la Decisión Marco dispone la ya consabida cláusula sobre proporcionalidad, efectividad y efecto disuasorio que deben tener las mismas. De manera más concreta, la disposición, recogida en el artículo 4, establece que los textos nacionales deberán concretar las sanciones teniendo en cuenta las cantidades y la naturaleza de las drogas, además de si el delito fue cometido en el marco de una organización delictiva. En lo referente a las atenuaciones, estas podrán resultar aplicables si el autor colabora con las

---

prohibidas: furanilfentanilo, ADB-CHMINICA, CUMIL-4CN-BINACA, ciclopropilfentanilo y metoxiacetilfentanilo (2018); el analgésico opioide sintético isotonitaceno (2020), y los agonistas sintéticos de los receptores cannabinoides MDMB-4en-PINACA y 4F-MDMB-BICA (2021). A estas sustancias hay que sumar, además de todas las que se incluyen en los Convenios de Naciones Unidas, las que aparecen en el Anexo de la Directiva (UE) 2017/20103 del Parlamento Europeo y del Consejo de 15 de noviembre de 2017.

68 Aunque se indica que los Estados pueden decidir no castigar la tentativa de posesión, oferta o preparación de drogas, comportamientos que el legislador español ha optado por considerar en general típicos, pues como se verá cualquier acción destinada a "facilitar" el consumo puede tener encaje en el artículo 368 CP.

autoridades proporcionándoles información útil, siempre y cuando el mismo renuncie a sus actividades delictivas. Por otro lado, y en el marco de la responsabilidad de las personas jurídicas, ya en el año 2004 se destacaba la necesidad de contar con una respuesta penal para estas entidades[69]. El texto europeo tampoco olvida las disposiciones relacionadas con la confiscación del producto de estos delitos, lo que incluye el decomiso de las sustancias, los instrumentos utilizados y los productos de los comportamientos delictivos o, en su caso, el embargo de bienes cuyo valor corresponda al de dichos productos, sustancias o instrumentos.

Fuera ya del marco normativo comunitario, pero dentro de esta misma preocupación por el tráfico de drogas, el Consejo de la Unión Europea viene aprobando periódicamente desde el año 2000 la *Estrategia en materia de lucha contra la Droga*, que sirve como base a su *Plan de Acción*. Los últimos en vigor hacen referencia al período 2021-2025[70], y tienen como sustrato además de las Convenciones de la ONU, el *Documento Final del Período Extraordinario de Sesiones de la Asamblea General de las Naciones Unidas sobre el problema mundial de las drogas celebrado en 2016: "Nuestro compromiso conjunto de abordar y contrarrestar eficazmente el problema mundial de la droga"* (UNGASS 2016)[71], y la *Declaración Ministerial de 2019: "Fortalecer nuestras acciones a nivel nacional, regional e internacional para acelerar la implementación de nuestros compromisos conjuntos para abordar y contrarrestar el problema mundial de las drogas*[72]"; y los objetivos de la *Agenda 2030 para el Desarrollo Sostenible.*

En la Estrategia prevista para el período 2021-2025, aparece una especial preocupación por la lucha contra la violencia que emerge de estos delitos, así como por limitar la corrupción y la explotación de grupos vulnerables, poniendo el foco en la persecución de la gran

---

69 Aunque en España no se establecería dicha cláusula hasta el año 2010.

70 CONSEJO DE LA UNIÓN EUROPEA, *Plan de acción de la UE sobre drogas 2021-2025*, Secretaría General del Consejo, Oficina de Publicaciones de la Unión Europea, 2022.

71 UNODC, Documento final del período extraordinario de sesiones de la Asamblea General de las Naciones Unidas sobre el problema mundial de las drogas celebrado en 2016 Nueva York, 19-21 de abril de 2016. Resolución S-30/1 de la Asamblea General, anexo. Aprobada el 19 de abril de 2016.

72 UNODC, Comisión de estupefacientes de Viena, Declaración Ministerial de 2019, Viena, 2019.

cantidad de activos que se obtienen del tráfico de drogas, sobre todo por parte de los grupos organizados. Por otra parte, a pesar de la realidad tozuda que se empeña en demostrar la imposibilidad de disminuir la oferta y la demanda a través del prohibicionismo, la Estrategia sigue apuntando a los mismos tres ámbitos de actuación: I. Reducción de la oferta de la droga a través de la mejora de la seguridad (sobre todo centrada en aumentar la detección del tráfico ilícito en los puntos de entrada y salida de la UE, y la explotación de canales digitales —redes sociales, aplicaciones, *deep web* o compraventa con criptomonedas—, así como el aumento de los controles en los puertos marítimos, fluviales o aeropuertos pequeños o locales); II. Reducción de la demanda de droga a través de servicios de prevención, tratamiento y asistencia (especialmente en el interior de las prisiones —la Estrategia estima que el consumo afecta al 70% de los presos europeos—, e incidiendo en la falta de acceso a medicamentos en el tercer mundo); y III. El abordaje de los daños (incluidos los medioambientales).

Otra de las cuestiones que se remarcan es la necesidad de ofrecer alternativas a las sanciones para aquellas personas detenidas por poseer drogas para consumo propio. Así, la Unión Europea subraya que existen Estados donde la posesión para el consumo o la tenencia de pequeñas cantidades de drogas no conlleva responsabilidad penal o, al menos, es posible en ocasiones abstenerse de imponer sanciones de esta naturaleza (no perseguir, no presentar cargos, suspender la condena a cambio de someterse a tratamientos de deshabituación…), y se compromete a obtener más información sobre estas formas de responder a tales comportamientos.

II. ¿QUÉ PRETENDE PROTEGER LA REGULACIÓN PENAL DE LAS DROGAS?

En nuestro ordenamiento, los delitos relativos al tráfico de drogas se encuentran recogidos en el Título XVII "*De los delitos contra la seguridad colectiva*", en su Capítulo III "*De los delitos contra la salud pública*", junto a otros delitos de muy diversa naturaleza, como puede ser la venta de género corrompido, la elaboración de medicamentos falsificados, la alteración de sustancias y bebidas destinadas al comercio alimentario, o el envenenamiento de aguas potables.

A partir de lo anterior, la Doctrina ha llegado a dos conclusiones: la primera de ellas es que la amplitud de los delitos contenidos en este Capítulo, así como la cantidad de preceptos que afectan exclusivamente al tráfico de drogas, debería haber constituido un argumento más que suficiente para otorgar a esta regulación un capítulo específico y separado del resto de conductas delictivas que se recogen en la misma ubicación[73]. En segundo lugar, pone de manifiesto la existencia de sutiles —pero importantes— diferencias a la hora de abordar la protección de la salud pública cuando se trata de delitos de tráfico de drogas que los distinguen del resto de delitos contenidos en el Capítulo III: así, junto a ciertas conductas típicas que protegen a los consumidores frente a sustancias que se encuentran en condiciones que no son las apropiadas para el consumo y que pueden tener consecuencias nocivas para su salud, en el caso de tráfico de drogas se pretende proteger, entre otras cosas, la salud de aquellos consumidores que quieren utilizar esas sustancias aun a sabiendas del daño que

---

73 ACALE SÁNCHEZ, M., *Salud pública y drogas tóxicas*, Tirant lo Blanch, Valencia, 2002. Aunque se les reconoce autonomía doctrinal, vid. RAMÓN RIBAS, E., "Artículo 368" en G. QUINTERO OLIVARES (dir.), *Comentarios al Código Penal Español. Tomo II*, Thomson Reuters Aranzadi, Navarra, 2016, p. 1038. Sobre el cambio de ubicación en el Código Penal de 1995 vid. CANTILLO ARCÓN, J. C., "Mirada retrospectiva a la aportación de Diego-Manuel Luzón Peña en el debate de los años 80 sobre el tráfico de drogas" en J. DE VICENTE REMESAL, M. DÍAZ Y GARCÍA CONLLEDO, *et al.*, (dirs.). *Libro homenaje al profesor Diego-Manuel Luzón Peña con motivo de su 70º aniversario,* vol. II, Reus editorial, Madrid, 2020, pp. 1507-1517, p. 1514.

pueden provocarles[74], de modo que en el primer grupo de delitos se pretende asegurar que los ciudadanos puedan confiar en los productos que consumen, porque normalmente llegan al mercado a través de procedimientos regulados y otro tipo de controles[75], circunstancia que no puede darse en el caso de las drogas ilegales.

En relación a ello, cabe preguntarse qué justificación tiene castigar ciertas conductas relacionadas con las drogas, esto es, su legitimidad externa, en el sentido propuesto por FERRAJOLI[76]. En muchas ocasiones su penalización se ha considerado legítima conforme a dos factores: por un lado, la comunicabilidad de la drogadicción (produciendo el *contagio* del uso y abuso de la droga) y, por otro, la "existencia de un nexo entre drogas y criminalidad", dado que el consumo no solo genera daños individuales sino también sociales. De esta manera, su prohibición iría destinada también a evitar la delincuencia inducida (por la desinhibición o por los efectos psicóticos que puede generar el consumo de drogas ilegales), la delincuencia funcional (aquella que es utilizada para poder consumir), y la relacional o sistémica (la que es, paradójicamente, producto del mismo prohibicionismo, como la producción y tráfico de sustancias, o la violencia generada en el mercado ilegal). Pues bien: lo cierto es que la prohibición por sí sola genera grandes dosis de violencia relacional o sistémica (frente a unas residuales tasas de delincuencia inducida y funcional), además de acrecentar el problema de sobrepoblación en las prisiones y provocar altos costes también para la democracia, que a veces puede verse afectada por la corrupción que procede de los grandes beneficios del negocio del narcotráfico. Por otro lado, tampoco puede considerarse de ningún modo irrefutable la premisa de que el uso de drogas es igual a delincuencia. En este sentido, la Criminología, mediante la teoría del autocontrol, ha apuntado hacia una relación espuria entre delincuencia y consumo de drogas, dada

---

74 Así lo señalaba ACALE SÁNCHEZ, M., cit. p. 22.

75 SILVA FORNÉ, D., cit. p. 502.

76 FERRAJOLI, L., *Derecho y Razón. Teoría del garantismo penal*, Madrid, Trotta, 2000, p. 213. Sobre esta cuestión, DÍAZ CORTÉS, L. M., Las razones de la legitimidad de las políticas criminales frente a las drogas ilícitas: análisis a partir de los modelos de control jurídico, en ZÚÑIGA RODRÍGUEZ, L., BALLESTEROS SÁNCHEZ, J., Criminalidad organizada trasnacional: una amenaza a la seguridad de los Estados democráticos, Tirant lo Blanch, Valencia, 2017, p. 380 y ss.

la existencia de una variable previa, esto es, la ausencia de autocontrol, que sería la verdadera causa del delito (y también del consumo desmedido de drogas)[77].

En efecto, los productos o bienes de consumo que encajan en los distintos tipos anteriores tienen un mercado lícito, con controles estatales sobre la calidad de las sustancias y productos, pero cuando se trata de las drogas a que se hace referencia en los artículos 368 y siguientes CP, el consumidor no se encuentra amparado por el mismo régimen[78]. Lo anterior provoca que los usuarios de drogas ilegales no puedan tener ninguna certeza sobre qué es lo que están consumiendo, quedando con ello a merced de una eventual dosis venenosa o letal (por su adulteración con productos tóxicos, o por la extrema pureza de la sustancia) que puede no solo lesionar su salud —yendo mucho más allá del riesgo aceptado—, sino también su vida.

A pesar de lo anterior, tanto en la Doctrina como en la Jurisprudencia actuales parece existir consenso sobre que el bien jurídico protegido en los delitos de tráfico de drogas es la salud pública[79], pero continúa resultando problemático concretar una definición exacta de este bien jurídico y, aún más, delimitar su contorno, esto es, determinar qué comportamientos lesionan o al menos ponen en peligro a la salud pública y cuáles no. Se trataría de este modo de un bien jurídico colectivo que carece de una definición penal concre-

---

77 SERRANO MAÍLLO, A., *Teoría criminológica. La explicación del delito en la sociedad contemporánea*, 2ª ed., Dykinson, Madrid, 2021, p. 49.

78 Sí que puede encontrarse comercio lícito de algunas *drogas* que son a su vez medicamentos, pero sus usuarios no podrán conseguirlos de manera legal para un uso recreativo, pues están sometidos a control bajo receta médica.

79 Entre otros: PEDREIRA GONZÁLEZ, F., "Capítulo I", en F. J. ÁLVAREZ GARCÍA, (dir.), *El delito de tráfico de drogas*, Tirant lo Blanch, Valencia, 2009. ORTS BERENGER, E., "Delitos relativos a las drogas tóxicas, estupefacientes y sustancias psicotrópicas", en J. L. GONZÁLEZ CUSSAC, (coord.), *Derecho penal. Parte especial*, 6ª ed., Tirant lo Blanch, Valencia, 2019, p. 613. SÁNCHEZ LÁZARO, F. G., "Deconstruyendo el riesgo permitido. Delitos contra la salud pública, principio de precaución, delitos contra la seguridad vial", *Revista penal*, núm. 25 (2010), p. 139. MOLINA MANSILLA, M. C., *El delito de tráfico de drogas: análisis detallado y nueva perspectiva. Adaptado a las últimas reformas legislativas y resoluciones del Tribunal Supremo y de la Fiscalía General del Estado*, cit.
En la jurisprudencia, véase SSTS 598/2022, 15-6 *(Tol 9045462)*; STS 671/2018, 19-12 (*Tol 6977339*).

ta[80], pero que encuentra su fundamento en el artículo 43 de la Constitución española[81], que obliga a los poderes públicos a tutelarlo.

No obstante, la anterior no es la única interpretación posible: también se ha considerado por parte de un sector doctrinal minoritario que es la protección de la seguridad colectiva la finalidad perseguida por la regulación penal de las drogas ilegales, dado el Título donde se encuentra, justificándolo en la prevención de la delincuencia que tiene origen en el uso de las drogas o en la que se deriva del propio tráfico ilícito[82].

Otros autores se refieren a la libertad del individuo como el objeto de tutela penal, que quedaría mermada o anulada cuando el consumidor de la sustancia se vuelve adicto, perdiendo la capacidad de autodeterminarse[83].

También se ha señalado en ocasiones al interés estatal en la producción y el comercio de los estupefacientes, o más generalmente a los intereses fiscales del Estado. Pero todas ellas han quedado mayoritariamente desfasadas.

---

80 SUÁREZ-MIRA lo describe como un bien jurídico difuso. SUÁREZ-MIRA RODRÍGUEZ, C. cit., pp. 575-576. Sobre bien jurídico colectivo y salud pública vid. PÉREZ-SAUQUILLO MUÑOZ, C., "Una teoría sobre los bienes jurídicos colectivos: reflexiones al hilo del ejemplo de la salud pública", *Revista de la Fundación Internacional de Ciencias Penales*, núm. 11 (2022), pp. 304- 323, pp. 307 y ss.

81 Art. 43 CE: "1. Se reconoce el derecho a la protección de la salud. 2. Compete a los poderes públicos organizar y tutelar la salud pública a través de medidas preventivas y de las prestaciones y servicios necesarios. La ley establecerá los derechos y deberes de todos al respecto (…)".

82 Vid. esta opinión en STS 609/2008, 10-10 (*Tol 1401647*).

83 El problema principal de esta consideración es que, en un Estado Social y Democrático de Derecho, cabe discusión sobre si uno puede decidir, con base en su propia dignidad e individualidad, "degradarse" si es lo que desea. Otra cosa distinta sucede en los casos de menores, incapaces o personas que están en tratamiento de deshabituación, quienes evidentemente sí tienen limitadas estas capacidades. En este sentido, MANJÓN-CABEZA propugna la creación de un tipo concreto de suministro de drogas a menores, incapaces y personas en situación de deshabituación, alejada de la necesidad de constatar la puesta en peligro de la salud pública. MANJÓN-CABEZA OLMEDA, A., "Tráfico de drogas: (I)" en F. J. ÁLVAREZ GARCÍA, (Dir.), *Derecho Penal español. Parte Especial. Parte Especial (II)*, Tirant lo Blanch, 2011.

El consenso en torno a la salud pública como bien jurídico protegido en los delitos relacionados con las drogas ilegales no ha sido siempre pacífico[84]. Ello se debe a que junto al bien jurídico salud pública aparecen una serie de intereses político-criminales que auspician, con más o menos acierto, la prohibición de las drogas[85]. Así, junto a la preocupación por la salud, individual o colectiva, aparece también el desasosiego social que generan o podrían generar los problemas derivados de la drogadicción y del mercado ilícito de drogas: esto es, la anteriormente mencionada delincuencia por y para la droga. Pero ello no debe confundirse con el bien jurídico protegido.

Por otra parte, es necesario señalar las especialidades que en torno a la salud pública se plasman en los delitos relacionados con drogas ilegales, frente a otros delitos del mismo Capítulo. Así, debería quedar claro que, si bien la salud pública es un concepto distinto a la mera suma de "saludes" individuales, ha de mantener como referencia ineludible la salud de cada ciudadano, pues parece obvio que, si algo no tiene capacidad para dañar la salud de una persona, carecerá de lesividad para perjudicar la salud pública, cualquiera que sea el significado de esta[86].

Es por ello que el artículo 368 CP diferencia a efectos penológicos en función de si el objeto del delito afecta gravemente o no a la salud individual (pues la salud colectiva no puede menoscabarse físicamente), castigando el tráfico de drogas "duras" con prisión de tres a seis años, y de uno a tres años si se trata de drogas "blandas".

Lo anterior no quiere decir que la regulación penal entienda dañada la salud pública en la medida en que resulte menoscabada la

---

84 BRETONES ALCARAZ, F. J., *El delito de tráfico de drogas cometido por personas que pertenecen a una organización delictiva*, Dykinson, Madrid, 2020, p. 44.

85 MANJÓN-CABEZA OLMEDA, A., "Tráfico de drogas: (I)", cit.; NÚÑEZ PAZ, M. A., GUILLÉN LÓPEZ, G., "Moderna revisión del delito de tráfico de drogas: estudio actual del art. 368 del Código Penal", *Revista penal*, núm. 22, (2008), pp. 80-108, pp. 82 y ss.; BRETONES ALCARAZ, F. J., cit., p. 44 y ss.

86 Véase, en la jurisprudencia, SAP Cádiz 325/2017, de 27-11 *(Tol 6659655)*: "La salud pública como bien jurídico protegido no coincide con la salud individual de quienes pueden verse directamente afectados por el hecho, de modo que este último bien jurídico no es el objeto de protección de esta figura delictiva, sino de otras. Pero ha de referirse a una valoración sobre la salud del conjunto de los miembros de la sociedad de que se trate".

salud "privada" de alguno de los individuos que componen la comunidad. Justo al contrario: los delitos de tráfico de drogas y estupefacientes se configuran como delitos de peligro abstracto[87], lo que supone un adelantamiento de la barrera de punición a momentos muy anteriores a que se produzca la efectiva lesión e incluso puesta en peligro concreto del bien jurídico protegido. Se trata, por tanto, de un delito que protege los llamados bienes jurídicos supraindividuales con referente individual[88].

Si, además, se daña de forma directa la salud individual, se estará ante un concurso de delitos. Piénsese por ejemplo en la expendición de una cantidad de droga de inusitada pureza que lleva a la muerte inmediata por sobredosis del consumidor, aunque no haya superado la dosis habitual de uso, o la venta de una droga adulterada con una sustancia letal.

Aun así, lo que no puede hacerse es vaciar de contenido material la norma penal, contradiciendo de lleno el principio de lesividad. Esto es, el peligro que conforma el injusto penal, aunque sea abstracto, debe representar *algo* contra el bien jurídico. De lo contrario solo cabría una interpretación de estos delitos como de mera desobediencia a la norma[89], prohibidos en un Estado Social y Democrático de Derecho. Lo anterior deberá tenerse en cuenta cuando, por ejemplo, el contenido de la sustancia coincida con el *nomen* de una conocida droga, pero esté tan adulterada con otros compuestos inocuos para la salud que no pueda ni tan siquiera considerarse que estamos ante

---

87 Por todos: NÚÑEZ PAZ, M. A., GUILLÉN LÓPEZ, G., cit., p. 87. SUÁREZ-MIRA RODRÍGUEZ, C. cit, pp. 575-576. RAMÓN RIBAS, E., cit., p. 1054. ACALE SÁNCHEZ, M., cit., p. 25; SÁNCHEZ LÁZARO, F. G., cit, p. 139. En la jurisprudencia véase la SAP Cádiz, 325/2017, de 27-12.

88 Así los considera GÓMEZ MARTÍN, V., "El delito de fabricación, puesta en circulación y tenencia de medios destinados a la neutralización de dispositivos protectores de programas informáticos (art. 270, párr. 3º CP). A la vez, un estudio sobre los delitos de emprendimiento o preparación en el CP de 1995", *Revista Electrónica de Ciencia Penal y Criminología*, 4-16 (2002), pp. 2-46, p. 6.

89 TERRADILLOS BASOCO, J. M., "La satisfacción de necesidades como criterio de determinación del objeto de tutela jurídico-penal", *Revista de Derecho penal*, núm. 25 (2017), pp. 663-684, p. 668; DÍEZ RIPOLLÉS, J. L., "El bien jurídico protegido en un Derecho penal garantista", *Jueces para la democracia*, núm. 30 (1997), pp. 10-19, p. 12.

una droga tóxica[90]. En tales casos, no solo no habrá antijuricidad material en la conducta de tráfico de semejante sustancia, sino que tampoco podremos considerar la existencia de objeto material del delito.

Mención aparte merece la cuestión de la venta de una pequeña cantidad mínima de droga y el principio de insignificancia, cuestión que guarda relación directa con el concepto de dosis mínima psicoactiva acuñado a iniciativa del propio Tribunal Supremo. En efecto, a principios del s. XXI, la Sala de lo Penal de este órgano judicial requirió al Instituto Nacional de Toxicología para que expresara unos criterios firmes que permitieran determinar cuál es la dosis mínima de cada sustancia ilegal que produce efectos psicoactivos[91]. Estos criterios se plasmaron en el Pleno de la Sala Segunda del Tribunal Supremo celebrado el 3 de febrero de 2005[92], basado en el Informe elaborado por el Instituto Nacional de Toxicología a tal efecto[93].

Tomando como base las resoluciones anteriores, algunos pronunciamientos jurisprudenciales excluyeron la aplicación del tipo penal en supuestos de venta de cantidades mínimas de droga, aunque estuvieran por encima de la dosis mínima psicoactiva, por aplicación del principio de insignificancia y la escasa capacidad de difusión del hecho. Pero la situación cambió tras la reforma del artículo 368 operada por Ley Orgánica 5/2010, de 22 de junio, por la que se modifica la Ley Orgánica 10/1995, de 23 de noviembre, del Código Penal, la cual incluyó una atenuación en el apartado 2º del precepto, cuya aplicación depende de la escasa entidad del hecho y las circunstancias personales del autor. A partir de esa modificación legal, se utilizaría esta modalidad atenuada para castigar el menudeo o microtráfico, la delincuencia de bagatela, es decir, el tan mencionado

---

90 Entiende que no existe peligro, ni tan siquiera abstracto, careciendo la conducta de antijuricidad material, SEQUEROS SAZATORNIL, F., *El tráfico de drogas ante el ordenamiento jurídico: (evolución normativa, doctrinal y jurisprudencial)*, Wolters Kluwer España, Madrid, 2000.

91 Dosis que desde luego no es equivalente a la cantidad mínima de uso, y por tanto tampoco sirve para valorar en qué casos hay abuso o dependencia.

92 "Continuar manteniendo el criterio del Instituto Nacional de Toxicología relativo a las dosis mínimas psicoactivas, hasta tanto se produzca una reforma legal o se adopte otro criterio o alternativa".

93 Informe del Servicio de Información Toxicológico del Instituto Nacional de Toxicología 12691/03 de 22 de diciembre del 2003.

"último eslabón" de la cadena de la droga. Y, bajo un criterio errado, se continúa acudiendo al principio de insignificancia cuando la cantidad de sustancia está por debajo de la dosis mínima psicoactiva[94]. Tal proceder es incorrecto, porque el criterio de insignificancia debe aplicarse allí donde existe tipicidad o antijuricidad formal, pero el ataque al bien jurídico protegido es tan nimio que debe descartarse la aplicación del Derecho penal[95]. Sin embargo, en aquellos casos en que la cantidad de sustancia objeto del comportamiento resulte, por exigua, inidónea para causar efectos en el sistema nervioso central, no tendrá sentido considerarla "droga tóxica" conforme a lo establecido en el artículo 368 CP, de modo que la actuación carecería de objeto material típico. Y sin objeto no cabe hablar de principio de insignificancia[96].

---

94 Vid., por ejemplo, SSTS 916/2016, 2-12 *(Tol 5912784)*; STS 380/2020, 8-7 *(Tol 8080179)*; 812/2021, 26-10 *(Tol 8643083)*.

95 FLÁVIO GOMES, L., "Infracciones de bagatela y principio de insignificancia", en L. RODRÍGUEZ RAMOS, F. BUENO ARÚS, *Derecho penal y criminología como fundamento de la política criminal*, Dykinson, Madrid, 2008, pp. 753-765.

96 En este mismo sentido apuntado, la STS 199/2020, 20-5 *(Tol 7960878)*, afirma que el término insignificancia debería sustituirse por el de "toxicidad" en estos delitos, ya que "lo que caería fuera del tipo penal serían las transmisiones de sustancias que por su falta de lesividad no entrañaran el riesgo (abstracto) de su transmisión a personas (riesgo concreto). Este criterio de lesividad lo proporcionará, evidentemente, la prueba pericial que determine la dosis activa de la correspondiente sustancia tóxica (…) esta doctrina ha de aplicarse de forma excepcional y restrictiva y concretamente en casos de tráfico de absoluta insignificancia que determinan la atipicidad por falta de objeto, en supuestos en que la desnaturalización cualitativa o la extrema nimiedad cuantitativa de la sustancia entregada determina que ésta carezca absolutamente de los efectos potencialmente dañinos que sirven de fundamento a la prohibición penal". En este mismo sentido también se pronuncia la STS 877/2016, 22-11 *(Tol 5892505)*. Cfr. también la STS 1441/2000, 22-9 *(Tol 4920360)*: "Pese a la amplitud de los términos utilizados por el art. 368 CP para definir el delito contra la salud pública en relación con las sustancias estupefacientes o psicotrópicas, la jurisprudencia de esta Sala, de modo muy reiterado a partir del año 1993, viene considerando la inexistencia de delito en determinados supuestos en que concurren particulares circunstancias relacionadas con la mínima cuantía de la droga, con la adicción de todos los implicados y con las relaciones personales entre quien la suministra y quien la recibe, por razones que se vienen expresando con argumentos diferentes que podríamos reducir a dos: 1ª La insignificancia del hecho que se traduce en la irrelevancia de la conducta en cuanto al bien jurídico protegido, la salud pública. El Derecho penal actual ya no admite la existencia de

Por tanto, para afectar de forma penalmente relevante a la salud pública debe ponerse en peligro los presupuestos que necesitan los individuos de una sociedad para encontrar un estado óptimo de salud[97]. Lo que significa que los delitos tipificados en los artículos 368 y siguientes del Código Penal, deberían estar encaminados indirectamente a impedir (o al menos a dificultar) el consumo "ilegal" de drogas tóxicas, esto es, a remover la generación de un hábito insalubre. Ahora bien, estos tipos penales no castigan el consumo individual, sino aquellos comportamientos que lo promueven. Y esto es importante porque hay que escindir las conductas de consumo (atípicas) de las conductas de oferta, que llevan implícita la difusión de drogas a terceros indeterminados.

No se castiga, en el modelo español, ni el consumo propio, ni la tenencia para dicho consumo. El Derecho penal tiene que observar ciertos límites y entre ellos está, sin duda, el principio del daño. No se entendería otra forma de comprender la salud pública dentro del marco constitucional. De manera que el *ius puniendi* tendrá que evitar castigar actitudes desde la moral o el paternalismo, que se reservarán, en su caso, para otras actividades estatales como la educación o las campañas de sensibilización, que pretenden orientar a los ciudadanos hacia una serie de actitudes, pero no las imponen. Lo anterior, como es lógico, depende del modelo de Estado del que emerja el concreto ordenamiento penal, razón por la cual no es difícil encontrar en otras partes del globo modelos prohibicionistas que prevean penas para el mero consumidor. No obstante, es evidente

---

delitos meramente formales o de simple desobediencia a la norma. Ha de existir necesariamente una lesión o un peligro respecto del bien jurídico protegido. (…) 2ª Entendiendo, desde una perspectiva subjetiva, que el delito del art. 368 CP, aunque ello no aparezca en su texto, exige, además del dolo necesario en toda infracción dolosa, un especial elemento subjetivo del injusto consistente en la intención del autor relativa al favorecimiento o expansión del consumo ilícito de la sustancia tóxica, intención que queda excluida en estos supuestos en que el círculo cerrado en que se desenvuelve la conducta, o la mínima cuantía de la droga, así lo justifica. (…)".

97 NÚÑEZ PAZ, M. A., GUILLÉN LÓPEZ, G., cit, p. 86. MUÑOZ CONDE, F., *Derecho penal. Parte especial*, 23ª ed., Tirant lo Blanch, Valencia, 2021, p. 621. GARCÍA ALBERO, R., "De los delitos contra la salud pública" en G. QUINTERO OLIVARES, (dir.), *Comentarios al Código Penal Español. Tomo II*, Thomson Reuters Aranzadi, Navarra, 2016, p. 955.

que con el castigo del llamado "ciclo de la droga" se pretende evitar, también en nuestro ordenamiento, que los individuos se acerquen al consumo de drogas.

En cualquier caso, y por lo que respecta al ordenamiento penal español, quedan al margen del ámbito de la tipicidad los actos de consumo ilegal de psicotrópicos o estupefacientes y todos aquellos que permanecen dentro de ese rango, esto es, fuera de lo que se considera "oferta y distribución" en el mercado de la droga: el consumo compartido —en convivencia o pareja—, la invitación en el momento del consumo, los supuestos de compra compartida o con bolsa común, las donaciones compasivas o altruistas, y aquellas actividades de cultivo o posesión destinadas al consumo propio y no a su distribución indiscriminada[98]. Así, DOPICO GÓMEZ-ALLER expone al respecto: "Quien adquiere droga con un "fondo común" para luego consumirla con los que aportaron el dinero, no participa en la distribución criminalizada de drogas, sino que se organiza del lado de los consumidores. Lo mismo ha de decirse de invitaciones atípicas, donaciones altruistas o compasivas por parte de allegados, etc. Este parece ser el modo más sencillo de integrar el elemento de lesividad supraindividual que define el bien jurídico "salud pública". (...) No trafica con géneros corrompidos (art. 363.3 CP) quien le sirve a unos amigos una cena elaborada con carne en mal estado (...)"[99].

---

98 Especial mención merece la elaboración teórica del fundamento de estas causas de atipicidad expuesto por DIEZ RIPOLLÉS y MUÑOZ SÁNCHEZ (2012). De esta manera, entienden que el "consumo ilegal" (expresión utilizada por el mismo precepto) capaz de afectar al bien jurídico protegido "salud pública", son determinados consumos, fomentados por una oferta pública de drogas, y que terminan en el consumo abusivo de las mismas que son, efectivamente, los consumos que pueden producir un daño en la salud pública como interés colectivo (además de un daño a la salud individual que permanece también como bien de referencia protegido en el artículo 368), además de otros bienes como pueden ser la seguridad ciudadana (de ahí la prohibición de consumo en lugares públicos que permanece en la LOPSC). DÍEZ RIPOLLÉS, J. L., MUÑOZ SÁNCHEZ, J., "Licitud de la autoorganización para el consumo de drogas", *Jueces para la Democracia*, núm. 75 (2012) pp. 49-77.

99 *Transmisiones atípicas de drogas. Crítica a la jurisprudencia de la excepcionalidad*, Tirant lo Blanch, Valencia, 2013, p. 18. Como se ha comentado anteriormente, cuestión ligeramente distinta es la relativa a los comportamientos de venta de pequeñas cantidades de droga (entendida como una única o escasas dosis de uso), donde sí puede existir un peligro (nimio y abstracto) para la salud pública

En nada debe incidir la contraprestación monetaria o de otro tipo que se dé a cambio de la obtención de las drogas[100], pues el precio no es requisito de tipicidad. Así lo confirman numerosas sentencias, como la STS 380/2020, 8-7 (*Tol 8080179*): "En principio el riesgo para la salud pública generado, si es que se produce, no varía por razón del móvil que anima al autor (...) El objeto de protección no es el patrimonio o la capacidad económica del consumidor de estupefacientes"[101]. Lo mismo ocurre con la existencia de un destinatario de la droga dependiente o consumidor: no son requisitos de tipicidad, y en principio es irrelevante para la existencia de peligro para el bien jurídico salud pública (aunque existen precedentes aislados, que si consideran atípicas las entregas a personas ya dependientes o consumidoras[102]). Ahora bien, ambas cuestiones pueden

---

en cuanto promueven la difusión del producto. Aunque ello no impide que la conducta pueda considerarse como cuantitativamente insignificante. Por lo demás, y a diferencia del ejemplo, en el que se "envenena" a los comensales sin su consentimiento, en el caso de las drogas los efectos tóxicos son conocidos y aceptados por el tercero al que se le ofrece (que es el titular del derecho a la salud, y ejerce ese derecho).

100 NÚÑEZ PAZ, M. A., GUILLÉN LÓPEZ, G., cit., p. 88. ACALE SÁNCHEZ, M., cit. p. 20.

101 En el mismo sentido la STS 188/1991, 16-10 (*Tol 2427996*), que especifica que ese bien jurídico se lesiona o se pone en peligro "por la transmisión de la droga tóxica a otra persona, siendo indiferente que se haga a título oneroso o lucrativo, habida cuenta de que en estos casos el desvalor de acción nada tiene que ver con el ánimo de lucro de su autor".

102 Vid., por ejemplo, la STS 1483/2003, 13-11 (*Tol 352300*): "Es evidente que concurren los elementos típicos considerados en abstracto. Ahora bien, las circunstancias del caso análogas a muchas otras, valoradas por una línea doctrinal de esta Sala, nos lleva a considerar que no existe más que una mera antijuricidad formal que no se corresponde con la antijuricidad material, que se derivaría de la lesión al bien jurídico protegido, que no es otro que la salud publica en general. No se puede automatizar la respuesta penal hasta extremos que resulten exagerados y exasperantes, ya que se pierde de vista el principio de proporcionalidad tan requerido por la jurisprudencia de esta Sala y del Tribunal Constitucional y entra en juego una política reactiva, que no atiende a las circunstancias del caso y que no analiza ni profundiza, en la concurrencia o no de la lesión a la salud de la persona a quien se proporciona tan exigua cantidad de droga.
3.– Para combatir esta tesis se han manejado teorías que sostienen que, la heroína, cualquiera que sea su cantidad o composición, supone de por sí, un daño para la salud del potencial consumidor, desconociendo que existen otros productos, que están catalogados como tóxicos y venenosos, que forman parte de

ser analizadas a la hora de valorar la existencia de causas de atipicidad en determinados supuestos como, por ejemplo, las donaciones compasivas.

En todo caso, cuando el artículo 68 del Código Penal menciona el "consumo ilegal" está haciendo referencia a un consumo no autorizado. En este sentido, hay que estar a lo dispuesto en la Ley de Estupefacientes (Ley 17/1967, de 8 de abril, por la que se actualizan las normas vigentes sobre estupefacientes y adaptándolas a lo establecido en el convenio de 1961 de las Naciones Unidas) y el Real Decreto 2829/1977, de 6 de octubre, por el que se regulan las sustancias y preparados medicinales psicotrópicos, así como la fiscalización e inspección de su fabricación, distribución, prescripción y dispensación.

Distinto es el castigo que se establece en la Ley Orgánica 4/2015, de 30 de marzo, de Protección de la Seguridad Ciudadana, la cual, como heredera de la anterior del mismo nombre, sigue recogiendo entre sus infracciones aquellos comportamientos relacionados con las drogas tóxicas que se hagan públicamente, entendiendo que tienen la capacidad de "difundir" o "promover" el consumo de drogas tóxicas[103].

---

productos medicinales si bien, como es lógico, en proporciones infinitesimales. Por ello como apuntó incluso el Ministerio Fiscal, es necesario ponderar las circunstancias, tanto genéricas como específicas de los sujetos intervinientes, para llegar a la conclusión de si nos encontramos ante un supuesto de venta aislada, que no sugiere, siquiera, la pertenencia o integración en una actividad habitual. Si el consumidor es ya un adicto al que se facilita la droga, verdaderamente, lo que se le proporciona es un paliativo que no aporta nada al deterioro de su salud en particular. En el caso presente no existe duda, que el comprador es consumidor habitual, como el mismo declara en el acto del juicio oral, por lo que no se puede alegar la existencia de una actividad que pueda ser tachada de difusión o iniciación en el consumo de drogas".

[103] De esta opinión, DÍAZ CORTÉS, L. M., cit. p. 408. Al respecto, véase el artículo 36, numerales 16 a 19, de la LO 4/2015, donde se castiga como infracciones graves el consumo o la tenencia en lugares públicos (resulta difícil de comprender cómo la tenencia de droga no destinada al tráfico puede promover al uso de drogas más allá del propio consumidor); el abandono de los instrumentos en aquellos lugares; el transporte de personas para el acceso a drogas tóxicas (los conocidos como *kundas*) siempre que no sean constitutivos de delito; los actos de plantación y cultivo en lugares visibles al público (no delictivos, esto es, que no sean para tráfico), o la tolerancia del consumo ilegal en locales o establecimientos públicos, incluso cuando sean producto de la falta de diligencia

Por último, es necesario recordar que la droga debe estar destinada, de forma más o menos cercana, al consumo humano, de modo que, si el fin del comportamiento es, por ejemplo, destinar la sustancia a un uso científico, la conducta no quedará abarcada dentro de la tipicidad de los artículos 368 y siguientes, aunque dicho uso no esté autorizado.

---

de los propietarios, administradores o encargados. El número de infracciones detectadas por consumo o tenencia en lugares públicos en el año 2021 fue de 168.525; por transporte, 85; por plantaciones, 285; y por tolerancia al consumo, 66. Hay que tener en cuenta que los datos reales de infracciones cometidas serán superiores: Los datos proceden de los expedientes tramitados en las Delegaciones y Subdelegaciones de Gobierno. En algunas comunidades autónomas (Cataluña, Navarra y País Vasco), al tener competencias las autoridades autonómicas en esta materia, sólo se poseen datos de los expedientes tramitados por la Administración Central del Estado). Datos del Ministerio del Interior, Sistema Estadístico de Criminalidad. Disponible en: https://estadisticasdecriminalidad.ses.mir.es/publico/portalestadistico/portal/datos.html?type=pcaxis&path=/Datos10/&file=pcaxis

III. EL TIPO BÁSICO

1. NATURALEZA DEL TRÁFICO DE DROGAS

Cuando se hace referencia al tipo básico del artículo 368 CP, este suele denominarse "tráfico de drogas", pero lo cierto es que dicho precepto no solo contiene previsiones aplicables a la venta de drogas ilegales; como se ha mencionado anteriormente, también incluye aquellas entregas que no se producen a cambio de precio o contraprestación, así como el cultivo, la elaboración, la posesión (siempre que sea para tráfico), y cualesquiera otros comportamientos que promuevan, favorezcan o faciliten el consumo ilegal (lo que significa, recuérdese, un consumo no autorizado administrativamente).

Esta redacción del precepto otorga una gran amplitud al tipo penal, con el objetivo final de impedir, de forma más o menos directa, la difusión del uso de determinadas sustancias tóxicas. De esta forma, el legislador penal aspira a castigar cualquier acercamiento a estos usos, ordenando la represión de todos los comportamientos que integran el llamado "ciclo de la droga" (esto es, desde el cultivo que necesitan algunas de ellas, hasta su fabricación o transformación para el consumo e, incluso, la posesión de la misma para su entrega a terceros), pero también cualquier otra forma que "promueva", "favorezca" o "facilite" su consumo ilegal. Es evidente que casi cualquier comportamiento que se dirija a acercar la droga a los consumidores puede ser calificado como promoción, favorecimiento o facilitación del consumo[104], configurándose el artículo 368 CP, como un tipo indeterminado. Estos últimos comportamientos no tienen por qué estar dentro de ese ciclo de producción, sino que más bien constituirán actividades auxiliares.

Se trata, por tanto, de un tipo "atrapalotodo", que complica la tarea de distinguir las conductas de autoría de las de participación (pues tanto el que trafica como el que "favorece" el tráfico reciben

---

104 Así, STS 887/2021, 11-3 (*Tol 8630553*).

la misma respuesta sancionadora por parte del artículo 368 CP), así como aquellos comportamientos que, de tener el tipo una redacción distinta, quedarían en tentativas de un ulterior tráfico (por ejemplo, tenencia para la difusión, cultivo para la venta...). A este respecto, son muchas las sentencias que indican la presencia de un concepto extensivo de autor en este delito, relegando la complicidad a supuestos de contribuciones mínimas, que se entienden como el "favorecimiento del favorecedor"[105].

Estos aspectos del delito ya resultan caros al principio de proporcionalidad de las penas, pero esta no es la única máxima del Derecho penal constitucional que el legislador olvida en la redacción del precepto, puesto que los comportamientos que pueden promover, facilitar o promover el consumo son tan complejos de limitar que se trata de conceptos que proporcionan altas cotas de inseguridad jurídica[106].

Desde el punto de vista de la afectación al bien jurídico, se trata de un delito que no requiere resultado lesivo para el bien jurídico, configurándose como un delito de peligro abstracto, pues tampoco se necesita de sujetos determinados sobre los que se haya proyectado

---

105 STS 2216/2022, 26-5 (*Tol 9002511*) o STS 887/2021, 11-3 (*Tol 8630553*). La dificultad de que este delito se cometa en grado de tentativa o cualquier otra forma imperfecta de ejecución (NÚÑEZ PAZ, M. A., GUILLÉN LÓPEZ, G., cit. p. 88), ha hecho que sea denominado como un tipo de progresión delictiva (utiliza este término JOSHI JUBERT, U., *Los delitos de tráfico de drogas I: un estudio analítico del art. 368 CP: (grupos de casos y tratamientos jurisprudenciales)*, JM Bosch, Barcelona, 1999), por contener todas las fases de afectación del bien jurídico: en cualquiera de las acciones típicas descritas en el artículo 368 CP, el momento consumativo se anticipa, adelantando la barrera penal hasta comportamientos previos a los que propiamente serían actos de tráfico (vid. STS 1339/2022, 31-3 [*Tol 8909018*]). A pesar de ello, el legislador también ha decidido castigar los actos preparatorios (artículo 373 CP). Tanto parte de la Doctrina como de la Jurisprudencia han entendido que debe hacerse una interpretación restrictiva del tipo, que permita que ciertos comportamientos que podrían formalmente cumplir los requisitos típicos del 368 CP a título de autoría y como delito consumado, se califiquen como comportamientos auxiliares y anteriores al momento consumativo. Véase *infra*, apartados "autoría y participación" e "*iter criminis*".

106 En este sentido, ABEL SOUTO, M., "Luces y sombras en la reforma penal española sobre drogas de 2010", *Revista Penal México*, núm. 2 (2011), pp. 9-29, p. 11.

el peligro en el caso concreto[107]. Ello ha sido ratificado por numerosas sentencias[108] y también existe acuerdo en la Doctrina[109].

En principio, y por exigencia del principio de exclusiva protección de bienes jurídicos, deberían quedar excluidos de castigo aquellos casos en los que, aun cuando aparentemente se realice la conducta típica (presencia de antijuricidad formal), por las circunstancias que concurren en el supuesto concreto, puede descartarse totalmente la generación de riesgo alguno para el bien jurídico protegido (ausencia de antijuricidad material). Como se apuntaba anteriormente, el legislador exige la toxicidad de la sustancia por lo que, si en el caso concreto la cantidad de sustancia es tan insignificante que no puede producir resultado negativo alguno en la salud, habría que descartar no solo el injusto sino, en un estadio previo, también la tipicidad, por ausencia de objeto material[110]. También cabría apreciar la ausencia de peligro en aquellas ocasiones en que las sucesivas adulteraciones de la sustancia hagan a esta desprenderse completamente de su toxicidad. En definitiva, debe recordarse que, sin que ello suponga convertirlos en tipos de peligro concreto, los delitos de peligro abstracto también requieren la prueba de la peligrosidad de la conducta[111].

Como delito de peligro abstracto, el artículo 368 CP sanciona conductas capaces de crear un riesgo no permitido para el bien jurídico protegido, adelantando las barreras de protección, sin exigir la producción de un resultado lesivo ni la concreción de ese peligro como proximidad de lesión. Por ello se trata, a su vez, de un delito de resultado cortado o de consumación anticipada: no es necesario que se produzca el efectivo consumo por parte de un sujeto o sujetos concretos, poniendo en riesgo la salud pública o tan siquiera la salud individual, sino que basta con la mera aptitud de la sustancia para ello.

---

107 RAMÓN RIBAS, E., cit., p. 1054.

108 Por todas: SSTS 373/2018, 19-7 *(Tol 6677654)*; STS 353/2007, 7-5 *(Tol 1075992)*.

109 Por todos, SUÁREZ-MIRA RODRÍGUEZ, C., cit., pp. 575-576; ACALE SÁNCHEZ, M., cit., p. 26; PEDREIRA GONZÁLEZ, F., cit.

110 Algunas sentencias apuntan en este sentido al principio de insignificancia, pero otras tantas, ya mayoritarias, afirman que cualquier dosis por encima de los mínimos psicoactivos es suficiente para colmatar el peligro exigido; así, STS 15/2011, 28-1 (*Tol 2039191*).

111 ACALE SÁNCHEZ, M., cit., p. 26.

Desde el punto de vista de la estructura de la conducta típica, se trata de un delito de mera actividad, pues no requiere ningún resultado ulterior espacio-temporalmente separable de la mera acción del sujeto activo. Así se ha pronunciado la Jurisprudencia[112] y la Doctrina[113]. Algunas de las modalidades típicas que se recogen en el artículo 368 CP responden a la estructura de los delitos permanentes, como es el caso de la posesión para tráfico, donde la comisión se mantiene por la voluntad delictiva del autor tanto tiempo como subsista el estado antijurídico creado por el mismo.

Aunque las resoluciones judiciales no han incidido en este punto, también puede decirse que el artículo 368 CP es el paradigma de los llamados delitos de emprendimiento (*Unternehmungsdelikte*) o preparación (*Vorbereitungsdelikte*), que son aquellos que se caracterizan precisamente por la presencia de un *iter criminis* "global", lo que significa que cualquier contribución representa una aportación total que se reputará finalmente como consumación, pues cualquiera de los comportamientos que pueden afectar al bien jurídico se han equiparado a nivel típico[114].

Por otro lado, la referencia del tipo a la comisión de "actos" en plural, lo configura como un delito de tracto sucesivo: por su descripción típica, varios comportamientos, en la mayoría de las ocasiones, no integrarán varias infracciones delictivas, y por tanto tampoco daría lugar a la aplicación de la regla penológica del delito continuado[115].

Al respecto, señala la STS 854/2022, 3-3 (*Tol 8871902*): "Se razonaba en la STS 556/2015 de 2 de octubre, con cita de la STS 974/2012 de 5 de diciembre, que (...) en la construcción de los correspon-

---

112 SSTS 854/2022, 3-3 (*Tol 8871902*); 778/2016, 19-10.

113 Por todos, MUÑOZ CONDE, F., cit.; PEDREIRA GONZÁLEZ, F., cit.

114 GÓMEZ MARTÍN, V., cit., pp. 7-8: "la conducta típica de los delitos de preparación constituye materialmente un acto preparatorio de la ejecución del "ciclo total" en que consisten algunos atentados contra ciertos bienes jurídicos. La conducta típica de los delitos de emprendimiento o de preparación se encuentra preordenada o dirigida a la de otros tipos principales. (...) Desde un punto de vista formal, la conducta típica de los delitos de emprendimiento constituye un *iter criminis* completo.

115 Aunque se admite a veces. Véase por ejemplo la STS 112/2014, 3-2 *(Tol 4122919)*. En contra, entre otras muchas, las SSTS 730/2012, 26-9 *(Tol 2659936)*, o la 491/2019, 10-10.

dientes tipos penales el legislador a veces utiliza conceptos globales, es decir, expresiones que abarcan tanto una sola acción prohibida como varias del mismo tenor, de modo que con una sola de ellas ya queda perfeccionado el delito y su repetición no implica otro delito a añadir. (...) Así ocurre con el delito del artículo 368 CP cuando nos habla de *actos de cultivo, elaboración o tráfico* en relación con las sustancias estupefacientes (...). En definitiva, actividades plurales que nos obligan a que tengamos forzosamente que considerar integrados en esta figura criminal, como delito único, la pluralidad de conductas homogéneas que, de otro modo, habrían de constituir un delito continuado, insistiendo la STS 595/2005, 9 de mayo, en que una pluralidad de actos realizados por el mismo sujeto que favorece el tráfico o el consumo ilegal por otras personas constituye un solo delito aunque esté integrado por varias acciones, en cuanto sirven para conformar la descripción típica de *los que ejecuten actos de cultivo, elaboración, tráfico...*".

Por el contrario, la STS 112/2014, 3-2 (*Tol 4122919*), expone que: "...la utilización en el art. 368 del Código Penal del término 'actos' en plural no debe conducir a un equívoco en relación con la unidad de acción exigida por el tipo penal, pues no se trata de un supuesto de unidad típica de acción, dado que tal entendimiento implica que el legislador aglutina diversos actos y los conforma como un objeto único de valoración, considerando esencial la realización de esa diversidad de acciones para que las conductas se subsuman en el tipo penal. Esta inteligencia —se dice— llevaría al absurdo de considerar que la realización de un solo acto puede no ser típica. Por el contrario, el tipo penal del artículo 368 debe ser considerado como un tipo que se cumple con la ejecución de un solo acto (por ejemplo, basta un solo acto de tráfico) para que la conducta sea subsumible en él. La utilización del plural no es indicativo de una unidad jurídica prevista por el legislador sino que es un recurso (o una necesidad lingüística) derivado (o impuesto) por la diversidad de verbos típicos que el legislador establece en la redacción de la oración. De acuerdo con lo anterior, entiende esta segunda opción jurisprudencial que en aquellos casos en los que puede observarse entre los distintos actos la existencia de una conexión espacio-temporal y una sustancial coincidencia en la actuación en la que el hecho se configura como una unidad, han de ser considerados bajo la idea de la unidad de acción.

Esto significa que el tipo penal del artículo 368 puede llevarse a cabo mediante un solo acto que configura una acción o, mediante una diversidad de actos, siempre que en tales casos pueda considerarse que concurre una sola acción en sentido natural. Por lo cual, cabrían tres posibilidades jurídicas: una primera, cuando una persona realiza diversos actos que puedan considerarse como una única acción natural que configure un único delito; una segunda, cuando una persona realiza diversas acciones que dan lugar a varias subsunciones en el mismo tipo penal; y, por último, cuando los casos en que se dan una pluralidad de acciones que infringen el mismo precepto son considerados una unidad jurídica de acción por continuación, siempre que exista un nexo de continuidad (...)".

La entrega de droga continuada a varios sujetos no constituirá, en la mayoría de las ocasiones, varios delitos, sino uno solo que puede dar lugar, por la cantidad de droga total, a la aplicación del subtipo agravado de notoria importancia[116]. Aunque las drogas objeto de tráfico sean distintas, tampoco constituirán varios delitos, y si estas son de distinta gravedad, se aplicará el precepto en su modalidad de droga que causa grave daño a la salud[117].

Pero lo anterior no quiere decir que, si se produce una clara interrupción de la acción que permita afirmar que la conducta ha finalizado y se ha iniciado una nueva, no pueda considerarse que se esté ante la comisión de varios delitos. Ello ocurre, por ejemplo, cuando el sujeto es detenido o imputado por la comisión de estos delitos y, una vez en libertad, continúa con su actividad delictiva. Así, por ejemplo, analiza un caso de estas características la STS 854/2022, 3-3 (*Tol 8871902*): "A estos efectos se ha admitido la interrupción provocada por el cese de la actividad determinada por la detención o imputación por parte de las autoridades. El dato clave (precisaba la STS 297/2016 de 11 de abril con cita de la 730/2012 de 26 de septiembre) 'estriba en el momento en que el sujeto activo es objeto

116 En este sentido, STS 854/2022, 3-3 (*Tol 8871902*).

117 Así, STS 327/2010, 12-4 (*Tol 1848584*): "las distintas clases de sustancias, forman el efecto alternativo, de manera que, siendo de varias clases —de mayor a menor incidencia (gravedad) en la salud de las personas— se utilizan las más graves para calificar los hechos, absorbiéndose el delito de menor entidad por el mayor, conforme a la regla de la alternatividad".

de detención o de una imputación o citación para defenderse en la investigación seguida por unos hechos. En ese instante se produce la ruptura desde el punto de vista jurídico; la solución de continuidad. Ya no habrá un punto y seguido; sino un punto y aparte. Quien vende droga todos los días y es sorprendido, detenido e ingresado en prisión solo habrá cometido un único delito contra la salud pública. Sin embargo si quien ha sido sorprendido vendiendo una dosis de cocaína, es detenido y al ser puesto en libertad vuelve a vender otra papelina, habrá cometido dos delitos contra la salud pública. Otra tesis llevaría a la paradoja de que quien ya conoce que contra él se sigue causa penal vea en ella una licencia para seguir la actividad delictiva, al menos hasta que recaiga sentencia'... la jurisprudencia de esta Sala ha concluido que existe solución de continuidad no solo cuando se ha dictado una sentencia sobre los hechos anteriores, sino también hasta cuando el sujeto activo es objeto de detención o de una imputación o citación para defenderse en la investigación seguida por unos hechos (...)"[118].

Por último, y con respecto a la comisión de "actos", el artículo 368 CP también se configura como un tipo mixto alternativo, pues basta con la ejecución de alguno de los verbos típicos (cultivar, poseer, facilitar...) para entender que el delito está consumado[119]. Como se afirmaba anteriormente, el Código Penal castiga todo el ciclo de la droga, desde el cultivo a la venta pasando por todas las acciones intermedias: si el sujeto cultiva y posteriormente vende, la venta consume las acciones anteriores, ya sean cultivo, fabricación o posesión.

Con respecto al sujeto activo del delito, el artículo 368 CP se configura como un delito común: ninguna de las conductas típicas contempladas requiere que concurra alguna cualidad especial en el sujeto activo. No obstante, se aplican penas agravadas para aquellos culpables que, ejecutando los hechos en el ejercicio de su cargo, fueren autoridad, funcionario público, facultativo, trabajador social, docentes o educadores, responsables de un establecimiento abierto al

---

118 En el mismo sentido se han pronunciado las SSTS 773/2017, 30-11 *(Tol 6454970)*; STS 355/2018, 16-7 *(Tol 6677079)*; STS 376/2018, 23-7 *(Tol 6793443)*; STS 87/2019, 19-2 *(Tol 7083450)*; STS 491/2019, 16-10 *(Tol 7564536)*; o 205/2020, 21-5 *(Tol 7952878)*.

119 NÚÑEZ PAZ, M. A., GUILLÉN LÓPEZ, G., cit., p. 90.

público o sus empleados; y también se contemplan penas accesorias de inhabilitación especial para empleo o cargo público, profesión u oficio, en el caso de sujetos que sean empresarios, intermediarios en el sector financiero, facultativos, funcionarios públicos, trabajadores sociales, docentes o educadores (artículo 372 CP). El mismo artículo hace una interpretación auténtica de lo que considera facultativos, entendiendo por tales a los médicos, psicólogos, personas en posesión del título sanitario, los veterinarios, farmacéuticos y sus dependientes. Por otro lado, también se establece la pena de inhabilitación absoluta de entre diez y veinte años cuando el sujeto activo fuera autoridad o agente de la misma.

En el caso del sujeto pasivo, hay que recordar que no es una persona concreta, sino "el colectivo social cuyo bienestar sanitario es el objeto de protección de la norma"[120], quedando fuera del tipo penal aquellos daños a la salud que se produzcan en individuos concretos[121]. No obstante, cuando la acción recae sobre determinados sujetos, esta circunstancia también tiene consecuencias agravatorias para la pena. Es el caso del artículo 369.4ª CP, que se refiere a aquellos casos en los que las sustancias se facilitan a menores de 18 años, a "disminuidos psíquicos" (*sic.*) o a personas sometidas a tratamiento de deshabituación o rehabilitación.

2. EL OBJETO MATERIAL

2.1. Drogas tóxicas, estupefacientes o sustancias psicotrópicas

El artículo 368 CP hace referencia a conductas que tienen como objeto las "drogas tóxicas", los "estupefacientes" y las "sustancias psicotrópicas", y dependiendo de ciertas características que presenten estos objetos pueden producirse atenuaciones o agravaciones de la

---

120 STS 723/2017, 7-11 *(Tol 6436360)*: "(...) en esta figura delictiva el sujeto pasivo no es la persona concreta, receptora y consumidora de la sustancia prohibida, sino el colectivo social cuyo bienestar sanitario es el objeto de protección de la norma, por lo que los resultados dañosos que dicho consumo produzca en el consumidor del producto quedan extramuros del marco del tipo penal (STS 781/2003, de 27 de mayo)".

121 SUÁREZ-MIRA RODRÍGUEZ, C. cit.

responsabilidad penal. Así, se producen efectos agravatorios en los casos en los que la cantidad de sustancia sea de "notoria importancia" (artículo 369.5.ª CP), y también cuando haya sido mezclada con otras sustancias, o adulterada o manipulada, pudiendo provocar por ello un mayor daño a la salud (artículo 369.6.ª CP), o en aquellas ocasiones en que la cantidad supera, por mucho, las de notoria importancia (segundo párrafo del artículo 370.3º CP). Por otra parte, y conforme a lo dispuesto en el artículo 377 CP, el precio final que se atribuya al objeto material del delito (esto es, la concreta cantidad de droga ilegal) va a ser determinante para determinar la cuantía de las multas a imponer, dado que constituye un bien valorable en el mercado, aunque sea ilícito.

En cambio, cuando la cantidad de droga que es objeto del comportamiento es reducida[122], podrá tener carácter atenuante (si otras circunstancias también avalan la aplicación del párrafo segundo del artículo 368 CP), o, incluso, provocar la atipicidad del comportamiento por estar dicha cantidad por debajo de la denominada dosis mínima psicoactiva, lo que implicaría la ausencia de un verdaero instrumento o medio típico (la droga en cantidad necesaria para ser considerada tal, es decir, para ser considerada peligrosa —para la salud pública—. También, y ello se tratará más adelante, la penalidad dependerá del daño a la salud que pueda provocar cada sustancia.

2.1.1. Ausencia de tipicidad: la dosis mínima psicoactiva

La cuestión de la *dosis mínima psicoactiva* como límite de la tipicidad es un punto verdaderamente discutido[123]. Como se afirmaba anteriormente, cierta Doctrina aboga por una interpretación restrictiva, considerando que no existe el término "droga" en general a efectos del Código Penal, pues este lleva el apellido de tóxica, y esa toxicidad es inexistente a todas luces por debajo de la dosis mínima

---

[122] Vid. *infra*, sobre tipo atenuado.

[123] Véase el comienzo de esta discusión *supra*, en el *apartado II. ¿Qué pretende proteger la regulación penal de las drogas?*

psicoactiva, pues en tales casos ni tan siquiera puede producir efectos en la psique o cuerpo humanos[124].

Sin ánimo de ahondar en cuestiones ya tratadas, en relación con el concepto que se maneja por el Instituto Nacional de Toxicología[125], se considera dosis mínima psicoactiva aquella cantidad necesaria para afectar a las funciones físicas o psíquicas. Pero ese efecto, mínimo, no es el que el sujeto consumidor de droga busca.

De hecho, la *dosis de abuso* (que evidentemente cambia de una persona a otra, e incluso tratándose de la misma persona evolucionará con el tiempo y consumo) está muy por encima de la misma[126]. Junto a la anterior se encontraría la *dosis terapéutica*, que es la necesaria para tratar una dolencia, y que también puede variar dependiendo de la fase del proceso curativo, paliativo o deshabituante, y de una persona a otra, pero que por supuesto será superior a la dosis mínima psicoactiva. Por último, debe mencionarse la *dosis letal*, que sería aquella que puede producir la muerte de un sujeto y que, evidentemente, es superior a la dosis mínima psicoactiva. La peligrosidad de la sustancia dependerá de lo amplio o estrecho que sea el margen existente entre la dosis de abuso (esto es, la buscada por el sujeto consumidor que tiene una adicción) y la dosis letal.

Siguiendo la misma Doctrina restrictiva, y en relación la *dosis de uso*, este sector sostiene que tampoco existiría un comportamiento desvalorado por el Ordenamiento penal: en los casos de venta de una sola dosis indivisible (por su exigua cantidad), no hay posibilidad de difusión, por lo que tal comportamiento no podría causar mella en el bien jurídico protegido "salud pública". Desde esta perspectiva se afirma que, si quisieran castigarse las entregas de una sola dosis de droga, sería necesario la creación de un nuevo tipo penal dirigido a

---

124 Así, MANJÓN CABEZA afirma que "la toxicidad no puede ser un atributo de lo inexistente"). MANJÓN-CABEZA OLMEDA, A., "11. 1. La venta de una pequeña cantidad de droga. La dosis mínima psicoactiva", F. J. ÁLVAREZ GARCÍA, (dir.), *El delito de tráfico de drogas*, Tirant lo Blanch, Valencia, 2009, p. 135.

125 Que se plasma en el Informe "Cuadros de cantidades de notoria importancia y dosis mínimas psicoactivas de las principales sustancias tóxicas objeto de tráfico de drogas, actualmente vigentes". Disponible en: https://pnsd.sanidad.gob.es/ciudadanos/legislacion/delitos/pdf/20210730_INTF_dosis_minimas_psicoactivas_trafico_de_drogas.pdf

126 Id.

tutelar la salud individual[127]. No obstante, la Jurisprudencia mayoritaria no ha aceptado esta interpretación, ofreciendo argumentos bastante cuestionables, como la necesidad de mantener la vigencia de la norma, la inaplicabilidad del principio de insignificancia a los delitos graves, o el desprecio a la antijuricidad material frente a la formal, pues de lo contrario, "se estaría vaciando la capacidad del poder legislativo"[128].

En todo caso, hay que recordar que la dosis mínima psicoactiva es una creación jurisprudencial (con origen en el Acuerdo del Pleno no Jurisdiccional de la Sala Segunda del Tribunal Supremo, de 3 de febrero de 2005) que serviría, en principio, nada más que para evitar la aplicación del principio de insignificancia cuando la cantidad de droga es superior a esa dosis mínima, pero aun así escasa (acabando con aquella línea jurisprudencial absolutoria por la venta de una sola

---

127 MANJÓN-CABEZA OLMEDA, A., "Tráfico de drogas: (I)", cit., 2011.

128 En este sentido, véase la STS 409/2013, 21-5 *(Tol 3752972)*: "Es por tal que conductas cuya peligrosidad individual solo tienen carácter marginal, son también peligrosas para la vigencia de la norma, cuando se permite su generalización y acumulación (...). E igualmente se ha recordado que la antigua teoría que distinguía entre la antijuricidad formal y la material previó expresamente la posibilidad de conflicto entre ambas formas de la contrariedad al derecho y postuló, basándose en la división de poderes, la primacía de la primera. Por lo tanto, se dijo, en tales supuestos el juez debe aplicar la ley formal contradicha por el hecho, dado que dar carácter excluyente a la antijuricidad material comportaría una reforma de la Ley, que solo corresponde al Legislador, señalando al mismo tiempo que el principio de insignificancia, en el derecho comparado y en la teoría, no tiene aplicación respecto de delitos en sí mismo graves. Por ello, la última corriente jurisprudencial afirma que en el caso de los delitos graves, como los delitos de tráfico de drogas, no cabe invocar, ni siquiera de lege ferenda, un 'principio de insignificancia que podría excluir la tipicidad, cuando ésta, formalmente, ha sido constatada u opera como causa supralegal de justificación, o bien, en todo caso, excluir de alguna manera la punibilidad. La necesidad preventiva de ratificación de la norma no desaparece, en los delitos graves, sólo por el reducido alcance de la acción'. Esta Sentencia también afirma que, aunque se trate de cantidades por debajo de la dosis mínima psicoactiva, siempre existirá injusto cuando la droga se suministra a menores "teniendo en cuenta la especial protección que conllevan (...). Y que ese suministro si genera un favorecimiento de las mismas, ciertamente a no inmediata toxicidad pero si entraña ese potencial riesgo para la salud pública".

dosis), manteniendo la confusión de lo que es psicoactividad con lo que significa toxicidad[129].

Cuadro de dosis mínimas psicoactivas de las principales sustancias tóxicas objeto de tráfico de drogas

SUSTANCIA TÓXICA	HEROÍNA	COCAÍNA	HACHÍS	LSD	MDMA	MORFINA
Dosis mínima psicoactiva	0,66 mg.	50 mg.	5 grs.	20 mg.	20 mg.	2 mg.

SUSTANCIA TÓXICA	MARI-HUANA	ANFETA-MINA	KETAMI-NA	METANFE-TAMINA	MDEA/ MDA	FENTANI-LO
Dosis mínima psicoactiva	15-20 grs.	180 mgs.	10 mg.	20 mg.	20 mg.	2 mg.

Fuente: Instituto Nacional de Toxicología (Revisado a 1 de agosto de 2021[130].

Pese a lo afirmado sobre la necesidad de superar la dosis mínima psicoactiva para poder exigir responsabilidad penal, estas cantidades pueden modularse: es el caso de la administración de sustancias a niños de corta edad[131].

Para terminar, puede ocurrir que no quede probado el peso exacto de la droga. En tales casos el Tribunal Supremo tampoco encuentra obstáculos para condenar, siempre que a través de los indicios pueda llegarse a la conclusión de que la cantidad era mayor a la dosis mínima psicoactiva (v. gr., STS 380/2009, 16-4 [*Tol 1509893*])[132].

---

129 En este sentido, afirmando que toda cantidad por encima de la dosis mínima psicoactiva es típica y antijurídica, se pronuncia, por ejemplo, las SSTS 409/2013, 21-5 *(Tol 3752972)*, y 812/2021, 26-10 *(Tol 8643083)*.

130 Puede consultarse la tabla completa en: https://pnsd.sanidad.gob.es/ciudadanos/legislacion/delitos/pdf/20210730_INTF_dosis_minimas_psicoactivas_trafico_de_drogas.pdf

131 Así, la STS 409/2013, 21-5 *(Tol 3752972)*, condena a unos sujetos que administraron benzodiazepina (alprazolam) a niños menores de un año en una guardería, aunque fueron cantidades menores de la dosis mínima psicoactiva, pues dicha dosis está calculada para adultos. Ver más sobre esta cuestión *infra*.

132 Cfr. BRETONES ALCARAZ, F. J., cit., p. 68.

2.1.2. ¿Concepto penal autónomo de droga o vinculación a las Listas de las Convenciones Internacionales?

A efectos de lo dispuesto en los artículos 368 y siguientes del Código Penal, resulta necesario definir los conceptos de droga tóxica, estupefaciente o sustancia psicotrópica, pues el texto punitivo no los ofrece, y no es esta tampoco una cuestión ajena al debate en el seno de la Doctrina y en la Jurisprudencia. De hecho, son muchas las posibles nociones de droga que pueden ofrecerse, con base en variados criterios médicos y científicos[133].

La Organización Mundial de la Salud describe las *drogas psicoactivas* como "aquellas sustancias que, una vez ingeridas o administradas en el organismo, afectan a los procesos mentales, por ejemplo, la percepción, la conciencia, las capacidades cognitivas, o el estado de ánimo o las emociones", diferenciándolas de otras sustancias que asimismo generan psicoactividad, pero que, a su criterio, no son drogas: "las drogas psicoactivas pertenecen a una categoría más amplia de sustancias psicoactivas que incluyen también al alcohol y la nicotina". Sobre las características afirma: "la psicoactividad no implica necesariamente que produzca dependencia"[134].

En realidad, y por lo que aquí interesa, las distintas definiciones formuladas (ya sean médicas o científicas) quizá no son del todo relevantes para determinar exactamente qué sustancias van a ser perseguidas conforme a lo establecido en el artículo 368 CP. Pues, en el contexto jurídico penal, hay una cuestión previa a dilucidar que parte de la siguiente disyuntiva: ¿Es necesaria la creación de un concepto autónomo de droga (creado doctrinal o jurisprudencialmente, atendiendo a la posibilidad de lesión del bien jurídico) o, simplemente, los operadores deben remitirse a los Convenios internacionales y a las disposiciones europeas sobre la materia, que obligan a perseguir aquellas sustancias que incluyen en sus anexos?

---

133 En este sentido, puede consultarse MOLINA MANSILLA, M. C., "Evolución histórica del consumo de drogas. Concepto, clasificación e implicaciones del consumo prolongado", *International e-Journal of Criminal Sciences*, núm. 2 (2008).

134 Puede consultarse esta definición en el portal —en inglés— sobre drogas de la misma Organización. En su Informe Técnico n.º 407/1969, define las drogas como: "toda sustancia que, introducida en un organismo vivo, puede modificar una o varias funciones de este".

A la hora de responder a tal disyuntiva, la Doctrina se divide entre los partidarios de entender que los conceptos de droga tóxica, estupefacientes y sustancias psicotrópicas son elementos del tipo que deben interpretarse en relación con el bien jurídico protegido (teniendo las Listas de los Convenios de Naciones Unidas o los provenientes de la Unión Europea como mera referencia), y aquellos que consideran que el artículo 368 CP es una norma penal en blanco que debe completarse con otros textos legales para determinar qué sustancias pueden constituir el objeto material del delito, esto es, cuáles son las drogas, las sustancias psicotrópicas o los estupefacientes que protagonizan las conductas típicas[135].

En relación con esta problemática, hay que reconocer que el artículo 368 CP no contiene una remisión expresa a las listas de los Convenios de Naciones Unidas ni a ningún otro texto legal (cosa que sí ocurre, en contraposición, en el artículo 371 CP, sobre el tráfico de precursores)[136]. Pero la concepción del tipo como norma penal en blanco (redactado conforme a la técnica de la accesoriedad conceptual) adquiere sentido si se tiene en cuenta que el artículo 368 CP gira teleológicamente en torno a la noción de *consumo ilegal*, y el consumo solo puede ser declarado ilegal por otras normas ajenas al propio Código Penal, pues este no lo tipifica ni describe. Es por tanto a esas otras normas extrapenales a las que deberemos acudir para comprobar cuáles son las sustancias prohibidas a estos efectos[137].

---

135 Han existido multitud de argumentos a favor de unas y otras, además de otras tantas posiciones intermedias. Pueden encontrarse todas estas posturas, pormenorizadas en recientes análisis en MOLINA MANSILLA, M. C., 2021, pp. 17 y ss.; y BRETONES ALCARAZ, F. J., cit., pp. 61 y ss.

136 Hace eco de esta problemática ACALE SÁNCHEZ, M., cit., pp. 66-67.

137 En este sentido, resulta relevante lo dispuesto en la Ley 17/1967, de 8 de abril, por la que se actualizan las normas vigentes sobre estupefacientes y adaptándolas a lo establecido en el convenio de 1961 de las Naciones Unidas, que deroga el Real Decreto-ley de 30 de abril de 1928, y que en su artículo 22 establece: "… considerándose prohibidos cualquier cambio o consumo…" que no sean para el permitido (y dicta el mismo precepto: usos industriales, terapéuticos, científicos y docentes) —en este sentido vid. SILVA FORNÉ, D., cit., p. 329—. Esta norma no hace otra cosa que no sea remitirse a las listas I y II del Convenio Único de 1961 de las Naciones Unidas. Años más tarde, se aprueba el Real Decreto 1194/2011, de 19 de agosto, por el que se establece el procedimiento para que una sustancia sea considerada estupefaciente en el ámbito nacional, y que, se-

En sentido contrario, de entender que el objeto debe delimitarse apartándose de lo anterior y basándose únicamente en la necesidad de protección del bien jurídico, debería considerarse incluidas dentro del ámbito de lo típico sustancias tales como el alcohol[138], la cafeína, el tabaco[139] o el azúcar, pudiendo salvarse únicamente la tipicidad por mor del volátil principio de adecuación social. Y si este fuera el caso, debería al menos plantearse la adecuación social del consumo de cannabis en una Europa donde casi el 30% de los adultos ha consumido esta sustancia a lo largo de su vida[140], máxime en España, donde el 40,9% de la población reconoce haber consumido cannabis alguna vez en la vida y el 56,9% afirma que puede conseguirla con facilidad en menos de 24 horas[141]. En ese mismo entendi-

---

gún su artículo uno, tiene como objeto: "establecer el procedimiento mediante el cual una sustancia natural o sintética, no incluida en las listas I y II de las anexas al Convenio Único de 1961 de las Naciones Unidas o que no haya adquirido tal consideración en el ámbito internacional, sea considerada estupefaciente en el ámbito nacional (…)". Con ello, además de prever la posibilidad de dar el mismo trato a otras sustancias cuyo consumo el Estado español considere oportuno prohibir, se sanciona, a través de un procedimiento interno, el uso de aquellas sustancias que la Unión Europea vaya incorporando a sus listados. Así, la disposición adicional única del Real Decreto otorga la consideración del estupefaciente a la sustancia tapentadol, en tanto que la disposición final segunda de la misma norma habilita a la persona titular del Ministerio de Sanidad para modificar el contenido de la disposición adicional anterior. En relación a dicho procedimiento, y sobre todo al tipo de instrumento legal necesario para la incorporación de nuevas sustancias, parte de la Doctrina ha señalado, no sin razón, el problema de legalidad que ello suscita.

138 El consumo de alcohol produjo anualmente 15.489 muertes durante el periodo 2010-2017. Observatorio español de las drogas y las adicciones, *Monografía Alcohol 2021. Consumo y Consecuencias*, p. 6. Disponible en: https://pnsd.sanidad.gob.es/profesionales/publicaciones/catalogo/catalogoPNSD/publicaciones/pdf/2021_Monografia_Alcohol_consumos_y_consecuencias.pdf

139 Según el Grupo de Trabajo de Tabaquismo de la Sociedad Española de Epidemiología, todavía en 2023 mueren aproximadamente 63000 personas al año en España como consecuencia del consumo de tabaco. Vid. https://seepidemiologia.es/wp-content/uploads/2023/04/20230427_TabacoSEE.pdf

140 Confrontar https://www.emcdda.europa.eu/system/files/publications/13238/TD0420439ESN.pdf. Consultado: 17.1.23.

141 MINISTERIO DE SANIDAD, Encuesta sobre alcohol y otras drogas en España (EDADES) 1995-2022. Delegación del Gobierno para el Plan Nacional sobre Drogas, 2022. Disponible en: https://pnsd.sanidad.gob.es/profesionales/sistemasInformacion/sistemaInformacion/pdf/2022_Informe_EDADES.pdf. El

miento de la concepción de droga, también deberían considerarse atípicas, por ejemplo, aquellas conductas relacionadas con la hoja de coca, que cuenta con unos efectos psicoactivos muy parecidos a la cafeína, y cuyos usos tradicionales (infusión de hierbas, mascado de la hoja), no inciden negativamente en la salud. Sin embargo, tanto la ONU como la Unión Europea obligan a su persecución, por lo que España queda conminada a tipificar su tráfico. Aquellos que optan por esta última vertiente afirman que las listas de los Convenios o instrumentos normativos provenientes de Naciones Unidas o de la Unión Europea tendrían un valor referencial pero no exclusivo, pues de lo contrario quedarían fuera del ámbito de lo punible aquellas drogas tóxicas que van surgiendo rápidamente, y que aún no han sido incluidas en dichos listados.

Cierto es que los anexos se actualizan con mucha frecuencia, y que dada la celeridad con la que el mercado de la droga actúa, se han propuesto procedimientos de actualización más o menos ágiles. De este modo, en aras de salvaguardar el principio de seguridad jurídica, y habida cuenta de lo anterior, no parece que sea un sacrificio demasiado elevado el no poder perseguir nuevas sustancias en el escaso margen temporal entre una actualización y la siguiente. Además, es menester recordar que el Real Decreto 1194/2011, de 19 de agosto, por el que se establece el procedimiento para que una sustancia sea considerada estupefaciente en el ámbito nacional, permite añadir cualquier sustancia mediante una simple orden ministerial, otorgándole el mismo rango que al resto de las drogas de los listados internacionales[142]. Por su parte, la Jurisprudencia se ha pronuncia-

porcentaje de percepción de disponibilidad sube hasta casi el 61% entre los estudiantes de entre 14 y 18 años. OBSERVATORIO ESPAÑOL DE LAS DROGAS Y LAS ADICCIONES. Monografía Cannabis 2022. Consumo y consecuencias. Madrid: Ministerio de Sanidad. Delegación del Gobierno para el Plan Nacional sobre Drogas, 2022. Disponible en: https://pnsd.sanidad.gob.es/profesionales/publicaciones/catalogo/catalogoPNSD/publicaciones/pdf/2022_OEDA_Monografia_Cannabis.pdf

142 A pesar de ello, la Doctrina ha apuntado desde hace años la imposibilidad de perseguir penalmente conductas relacionadas con sustancias como la Salvia Divinorum, que desde 2004 aparece recogida en la Orden SCO/190/2004, de 28 de enero, por la que se establece la lista de plantas cuya venta al público queda prohibida o restringida por razón de su toxicidad, pero de la que nada dicen los

do escasamente sobre qué hacer en esta clase de casos, en los que se procede penalmente contra sustancias que no están recogidas en los listados internacionales. Puede observarse esto, por ejemplo, en los pronunciamientos sobre la ketamina, antes de que esta fuera introducida en dichos listados. Así, en la STS 1071/2011, 11-10 (*Tol 2269638*), el Tribunal Supremo elude la cuestión al afirmar que la condena por el artículo 368 CP se fundamenta en el tráfico de las otras sustancias que se mencionaban en el relato fáctico, pero a la vez añade: "que el consumo de la sustancia ketamina pueda causar daño a la salud no resulta desvirtuado (...). Lo cierto es que el perito competente, en el acto del juicio oral, hace expresa mención de las graves consecuencias que puede ocasionar el consumo de ketamina, anestésico que produce depresión en el sistema nervioso central y que en casos excepcionales puede llegar a causar la muerte"[143].

En otras resoluciones (como la STS 29/2020, 4-2 [*Tol 7734572*]), el Tribunal Supremo se ha pronunciado afirmando la existencia de un concurso de normas entre el artículo 359 CP (aplicable a aquellas drogas de diseño novedoso, con efectos parecidos a otras que aparecen recogidas en los Convenios) y el 368 CP (para aquellas drogas que sí se encontraban en los Convenios), en el supuesto de un alijo de sustancias de varios tipos. En este caso, el razonamiento parte de entender que dentro del artículo 359 CP encajarían todas aquellas conductas que se encuentran castigadas por el artículo 368 CP (pues todas son sustancias nocivas para la salud), pero, sin embargo, no podría aplicarse el primer precepto en el supuesto de sustancias que se encuentren dentro de las listas internacionales, pues conforme al principio de especialidad el artículo 368 CP sería norma preferente. No obstante, el Tribunal no deja claro si aplica el principio de especialidad o el de subsidiariedad, pues afirma que: "el tipo penal recogido en el artículo 359.1 del Código Penal, al referirse a todas las sustancias nocivas para la salud humana, abarcaría también a aquellas conductas delictivas que se materializan sobre las drogas tóxicas, estupefacientes o sustancias psicotrópicas a las que se refiere el ar-

---

tratados internacionales, los textos europeos, u otras normas internas de rango superior, a pesar de que posee efectos parecidos a los del LSD.

143 Con similar criterio ante la misma sustancia se pronuncia la STS 713/2013, 24-9 (*Tol 3963527*).

tículo 368 del Código Penal, superponiéndose este precepto como una previsión especial que engloba a aquel —y con una penalidad agravada—, en atención precisamente al riesgo específico que respecto al bien objeto de protección introducen las drogas, tanto por los efectos secundarios inherentes a su consumo, como por la fuerza adictiva que arrastran (...) el principio de absorción entraña que el injusto material de una infracción, acoge en sí injustos menores cuando estos se sitúan en una relación cuantitativa de inferioridad o subordinación respecto de aquella; lo que puede contemplarse —entre otros supuestos— cuando se aborda la elaboración o comercialización de una pluralidad de sustancias lesivas para la salud pero que, por su heterogeneidad, no todas ellas pueden quedar integradas en la previsión penológica del artículo 368 del Código Penal". En cualquier caso, la solución del concurso de normas parece coherente, pues el Tribunal Supremo interpreta que debe castigarse por un solo delito cuando se encuentra un alijo con varias sustancias del artículo 368 CP. Por tanto, no tendría consistencia lógica castigar por separado en aquellos casos de alijos de sustancias del artículo 368 y del 359, ya que daría lugar a una penalidad mayor ante hechos que podrían considerarse de una gravedad, en principio, materialmente inferior[144].

En todo caso, son mayoritarias las posiciones doctrinales y jurisprudenciales que abogan por entender el artículo 368 CP como una norma penal en blanco con remisión a las listas de los Convenios internacionales y los textos de la Unión Europea[145]. Así que, en sínte-

---

144 En el caso concreto se hacía referencia a sustancias nuevas con efectos muy parecidos a aquellas fiscalizadas, de manera que el TS hace referencia a que las mismas tenían "actividad cannabimimética" o que tenían "relación estructural" con el diazepam. De igual forma se ha aplicado el artículo 359 a la venta de óxido nitroso o "gas de la risa". Sobre esta última sustancia, BRETONES ALCARAZ, F. J., cit.

145 Vid., en la Doctrina, por todos, PEDREIRA GONZÁLEZ, F., cit.; GERMÁN MANCEBO, I., "La realización del tipo penal del artículo 368 CP por las asociaciones de cannabis: expectativas sociales versus aplicación del Derecho", en A. I. PÉREZ MACHÍO, J. L. DE LA CUESTA ARZAMENDI, (dirs.), *Contra la política criminal de la tolerancia cero. Libro-Homenaje al Profesor Dr. Ignacio Muñagorri Laguía*, Aranzadi, Navarra, 2021, pp. 607-620; MUÑOZ CONDE, F., cit., p. 645; QUINTERO OLIVARES, G., *Compendio de la Parte Especial del Derecho Penal*, Cizur Menor, Lex Nova, Madrid, 2016, p. 350. SUÁREZ-MIRA RODRÍGUEZ, C. cit. En

sis, el objeto del delito del artículo 368 CP vendría conformado por los listados de la Convención Única de 1961 sobre estupefacientes (enmendada por el Protocolo que modifica la Convención única de 1961 sobre estupefacientes), y del Convenio sobre sustancias sicotrópicas de 1971; las sustancias que se recogen en el Anexo de la Directiva (UE) 2017/20103 del Parlamento Europeo y del Consejo de 15 de noviembre de 2017; las sustancias que aparecen en el anexo dinámico de la Decisión Marco 2004/757 del Consejo, de 25 de octubre de 2004, que se va nutriendo del contenido de las Directivas Delegadas de la Comisión; y, por último, aquellas sustancias que España considere mediante el procedimiento del Real Decreto 1194/2011, de 19 de agosto, por el que se establece el procedimiento para que una sustancia sea considerada estupefaciente en el ámbito nacional.

Desde hace años la Doctrina viene considerando que este proceder provoca ciertos problemas de legalidad penal[146], dado que la incorporación de las sustancias señaladas por normativa internacional se hace mediante órdenes ministeriales, lo que implica un incumplimiento de la reserva legal para la materia penal. No obstante, este problema fue abordado hace ya tiempo por la Jurisprudencia, y desde entonces ha repetido en muchas ocasiones que los Tratados Internacionales, una vez celebrados y publicados oficialmente, son parte del Ordenamiento interno español, y que la utilización de las órdenes ministeriales no infringe cuestiones de legalidad penal, dado que no son "más que la norma por la que se ordena su publicación"[147].

---

la Jurisprudencia, véase SSTS 713/2013, 24-9 *(Tol 3963527)*, 363/2001, 7-3 *(Tol 4925890)*. Aunque también existen algunos pronunciamientos aislados que defienden el concepto autónomo de droga: así, STS 474/2000, 24-3 (*Tol 4923770*). Sobre estas vacilaciones de la Jurisprudencia véase MARTÍNEZ PARDO, V. J., *Los delitos de tráfico de drogas: estudio jurisprudencial*, Edisofer, Madrid, 2013, p. 20.

146 Vid. SÁNCHEZ TOMÁS, J. M., "Análisis crítico de la transposición al Derecho español de las actualizaciones de los listados de estupefacientes y psicotrópicos a efectos penales", en E. CONDE PÉREZ (coord.), *Ensayos para un nuevo paradigma en la política de drogas*, Occasional Papers ICEI, Madrid, 2020, pp. 49-54, pp. 50-53. Disponible en: https://www.ucm.es/icei/file/op0420; y en otras materias, como las armas, HAVA GARCÍA, E., *El control penal de las armas. Análisis del Capítulo V del Título XXII del Código Penal*, Tirant lo Blanch, Valencia, 2019, p. 87.

147 Véase, v. gr., SSTS 223/1997, 18-3 *(Tol 408349)*, y 363/2001, 7-3 *(Tol 4925890)*. En contra de esta interpretación y sobre la problemática, vid. MANJÓN-CABEZA

Con respecto a la diferenciación entre drogas, estupefacientes y sustancias psicotrópicas, parte de la Doctrina[148] considera, con acierto, que los tres términos son igualmente drogas, estimándolos sinónimos a efectos legales, porque aunque existen diferencias científicas entre estos conceptos (por ejemplo, los estupefacientes causan estupor, sueño, narcosis… y, mayoritariamente, los psicótropos originan efectos contrarios, como activadores del sistema nervioso), las Convenciones mezclan tales sustancias en sus listados sin tener en cuenta estas peculiaridades. Así, la Convención de 1961 declaraba estupefacientes ciertas sustancias que, al adoptarse la Convención de 1971, se consideró que debían trasladarse a las listas de psicotrópicos (por ejemplo, la cocaína), aunque finalmente dichos cambios no se llevaron a cabo. Por ello, habrá de entenderse que todas se consideran drogas que deben ser perseguidas, con independencia del *nomen* bajo el que se las clasifique[149].

Es más: el Código no hace diferencias entre unas y otras, sino entre los conceptos de *drogas que causan grave daño a la salud* y *los demás casos*.

OLMEDA, A., *El tráfico de precursores: fiscalización internacional y delito del artículo 371 del Código Penal español*, Tirant lo Blanch, Valencia, 2022, pp. 164 y ss.

148 ACALE SÁNCHEZ, M. cit.; MARTÍNEZ PARDO, V. J., cit.; MANJÓN-CABEZA OLMEDA, A., El tráfico de precursores: fiscalización internacional y delito del artículo 371 del Código Penal español, cit.

149 Con otra opinión, SÁNCHEZ TOMÁS, que defiende la siguiente postura: aquellas drogas que aparecen en la Convención única de 1961 serían estupefacientes, pues así lo considera el texto, mientras el Convenio de 1971 describe las sustancias recogidas como sustancias psicotrópicas. Las drogas tóxicas serían un tercer objeto que puede completarse con aquellas sustancias que doctrinal y jurisprudencialmente se considere que atentan contra el bien jurídico protegido. Esto es, las sustancias psicotrópicas y los estupefacientes serían conceptos normativos y las drogas tóxicas sería simplemente un concepto descriptivo. SÁNCHEZ TOMÁS, J. M., "Análisis crítico de la transposición al Derecho español de las actualizaciones de los listados de estupefacientes y psicotrópicos a efectos penales", cit.

2.2. *Drogas que causen grave daño a la salud y drogas que no causen grave daño a la salud*

Otra de las cuestiones importantes en torno al objeto de delito es la categorización del mismo, de la que dependerá la respuesta penológica del Código. Así, el artículo 368 CP contempla dos penalidades distintas: prisión de tres a seis años y multa del tanto al triplo del valor de la droga objeto del delito si se tratare de sustancias o productos que causen grave daño a la salud, y prisión de uno a tres años y multa del tanto al duplo en los demás casos.

El Código penal no esclarece qué sustancias son las que causan grave daño a la salud y cuáles no, y tampoco se encuentra esta división en los textos internacionales sobre la materia. Es la Jurisprudencia la que ha ido construyendo y delimitando, con base en las pruebas periciales sobre las sustancias, el concepto de droga que causa grave daño a la salud (también conocida por la expresión "droga dura", en contraposición a lo que se identifica como "droga blanda").

Así, la STS 1462/2000, 23-10, aclaraba que esos informes técnicos son los instrumentos adecuados para acreditar tanto la naturaleza de la sustancia como el grado de afectación que la misma provoca sobre la salud[150]. Estos informes son innecesarios cuando el consumo de la sustancia es ya común, y los pronunciamientos judiciales sobre la misma han sido numerosos (es por ejemplo el caso del hachís, la cocaína o el LSD), pero tienen indudable relevancia cuando se trata de sustancias o preparados nuevos que van emergiendo. En algunas ocasiones, a través de pronunciamientos no jurisdiccionales o circulares de la Fiscalía, se ha determinado la relativa gravedad de una sustancia.

---

150 Aunque los informes podrán ser impugnados. Sobre esto véase el artículo 788.3 LECrim y el Acuerdo de la Sala Segunda del Tribunal Supremo de 25 de mayo de 2005: "La manifestación de la defensa consistente en la mera impugnación de los análisis sobre drogas elaborados por centros oficiales, no impide la valoración del resultado de aquellos como prueba de cargo, cuando haya sido introducido en el juicio oral como prueba documental, siempre que se cumplan las condiciones previstas en el art. 788.2 LECri. La proposición de pruebas periciales se sujetará a las reglas generales sobre pertinencia y necesidad. Las previsiones del art. 788.2 de la LECri. son aplicables exclusivamente a los casos expresamente contemplados en el mismo. La aplicación de este art. no es extensible a otros procesos o pruebas, por lo que sus previsiones son aplicables exclusivamente a los casos expresamente contemplados en el mismo".

Así, se ha decidido que la heroína, la cocaína y el LSD constituyen sustancias que causan grave daño, mientras que el hachís, el aceite de hachís, las semillas o plantas de cannabis serían todas ellas sustancias que no causan grave daño[151]. En el mismo sentido el Tribunal Supremo decidió en Acuerdo de Pleno no Jurisdiccional que el GHB causa grave daño (12 de diciembre de 2004)[152].

Conforme a lo anterior, deberán considerarse como sustancias que causan grave daño a la salud, la cocaína, el éxtasis, la heroína, el LSD, el speed, la ketamina, la morfina, la metadona y la mescalina, así como las anfetaminas y sus derivados, como el MDMA. De forma paralela, habrá que considerar que son sustancias que no causan grave daño el cannabis (recientemente, sobre la marihuana, STS 617/2020, 18-11 [*Tol 8217357*]), y sus derivados, las benzodiazepinas (como el Rohipnol, el Tranxilium, o el Tranquimazín-flunitrazepam) y la hoja de coca (STS 104/2015, 25-2 [*Tol 4777040*]).

---

151 Cuyo grado de incidencia en la salud fue sistematizado por la circular de la Fiscalía General del Estado de 4 de junio de 1984. "La jurisprudencia del Tribunal Supremo en la interpretación del actual artículo 344 mantiene una línea uniforme cuando se trata de apreciar los estupefacientes o psicotrópicos que deben incluirse en una u otra categoría. Todos los derivados de la cannabis se han reputado sustancias cuyo consumo no causa un grave daño a la salud. Así el hachís está considerado como perjudicial para la salud, sin grave daño, en las sentencias de 4-10-1983, 7-11-1983, 10-11-1983, 16-11-1983, 21-11-1983, 30-11-1983, 2-12-1983, 3-12-1983, 2-1-1984, 16-1-1984, 17-1-1984, 18-1-1984, 24-1-1984, 26-1-1984, 31-1-1984, 6-2-1984, 11-2-1984, 20-2-1984, 23-2-1984, 9-3-1984, 12-3-1984, 13-3-1984, 20-3-1984, 28-3-1984. Lo mismo el aceite de hachís (Sentencias de 4-10-1983, 7-11-1983 y 20-2-1984), las semillas de cannabis (Sentencia de 24-1-1984) y las plantas (Sentencia de 3-12-1983). Sin excepciones, la heroína es considerada como sustancia que ocasiona grave daño a la salud (Sentencias de 29-10-1983, 15-12-1983, 26-12-1983, 23-2-1984, 24-2-1984, 5-3-1984 y 17-3-1984). Igual calificativo han merecido la cocaína (Sentencias de 25-10-1983, 11-11-1983, 13-3-1984 y 23-3-1984) y el ácido lisérgico o L.S.D. (Sentencias de 5-10-1983 y 8-2-1984), porque ocasiona daños mentales e incluso genéticos a sus adictos (Sentencia de 20-12-1983)".

152 "Cuestión: Sustancia GHB (gammahidroxibutirato y ácido gammahidroxibutirico). Criterio para poder apreciar la agravante específica de cantidad de notoria importancia. Acuerdo: sustancia que debe considerarse causa grave daño a la salud. (...) Igual criterio debe seguirse para la sustancia denominada GBL, abreviatura de gammabutirolactona".

Para evaluar si la droga causa mayor o menor daño a la salud, la Jurisprudencia emplea varios criterios. Así, aquellas sustancias que se consideran más dañinas se corresponderían con las que generan mayor tolerancia y dependencia física y psíquica (STS 1214/2005, 6-10 [*Tol 731556*]), aunque también se tiene en cuenta si provocan deterioro grave en el organismo humano, si producen síndrome de abstinencia, si se consumen por vía parenteral o si poseen la capacidad de producir la muerte en pequeñas dosis (STS 360/2004, del 18 de marzo)[153].

Al respecto de esta cuestión no debe obviarse la aportación de SÁNCHEZ TOMÁS: si la diferenciación de las drogas entre sustancias que causan grave daño a la salud y las que no (drogas blandas y duras) se hiciera realmente en relación al bien jurídico protegido, esto es, sobre la salud pública y no sobre la salud individual, la valoración sobre si la droga afecta de una manera u otra debería hacerse priorizando las "consideraciones epidemiológicas sobre las estrictamente orgánicas"[154], pues la Jurisprudencia es unánime en considerar que la "salud pública" es algo más que la mera suma de la salud individual de cada sujeto. Ello nos llevaría a estimar que las drogas que afectan gravemente a la salud deberían ser aquellas que ocasionaran una gran transmisibilidad por su capacidad de generar adicción, pero también aquellas cuyo uso las lleva a alcanzar la consideración de epidémicas/pandémicas, por su afectación al sistema sociosanitario. Lo anterior tendría como consecuencia que las benzodiacepinas —por su uso intensivo— deberían reintroducirse entre aquellas que causan grave daño a la salud pública, y al contrario, deberían calificarse como sustancias menos gravosas ciertos psicofármacos y a las llamadas drogas de diseño.

Diferentes cuestiones pueden surgir de los casos concretos. La Jurisprudencia, prolija, ha resuelto la mayoría de ellas. Así, en el caso de existencia de alijo con los dos tipos de sustancias, como se vio anteriormente, la Jurisprudencia castiga por un solo delito del artículo

---

153 MUÑOZ CONDE, F., cit. No obstante, todos los criterios anteriores son meramente orientativos, de modo que no tienen por qué darse todos para calificar una sustancia como más gravosa para la salud.

154 *Derecho de las drogas y las drogodependencias*, Fundación de Ayuda contra la Drogadicción (FAD), 2002, p. 121.

368 CP en su modalidad de sustancias que causan grave daño a la salud; la Doctrina considera que esa solución parte de entender que se trataría de un concurso de normas a resolver por el artículo 8. 4ª CP, que aplica el precepto más grave y excluye aquellos castigados con pena menor[155]. Por otra parte, en aquellos casos donde no conste la pureza o la cantidad concreta, o dicha pureza sea muy escasa, este dato no implicará que la naturaleza de la droga pase a ser de dura a blanda, bastando con la presencia del principio activo[156]. No ocurre así en el caso del tipo agravado por la notoria importancia, donde es necesario constatar no solo la cantidad de droga, sino también la pureza.

Al respecto, la STS 328/2014, 28-4 (*Tol 4280978*), aclara que, dependiendo de las circunstancias del caso, sí puede ser necesario determinar el porcentaje de pureza, por ejemplo, en el caso de autos, donde se encontraron 27 comprimidos sin que fuera posible saber qué cantidad de principio activo contenían. Esto es así porque en muchas ocasiones estos comprimidos presentan solamente trazas del mismo. En relación a ello, el Tribunal Supremo afirma en esta misma sentencia que "estas apreciaciones resaltan la importancia que, en algunas ocasiones, en función de las circunstancias de cada caso, reviste la precisión analítica referida, no solo a la naturaleza de la sustancia, sino también a la proporción del principio activo contenido en la sustancia intervenida. Es un aspecto -dice la STS. 1478/2004 de 10.12, que debe ser resuelto en la instancia, cuando las circunstancias del caso, entre ellas la cantidad de sustancia, puedan introducir dudas acerca de la naturaleza de lo incautado o acerca de su destino al tráfico o al consumo del poseedor o poseedores".

En el caso que no conste la concreta naturaleza, se presume que la droga no causa grave daño a la salud[157].

---

155 BRETONES ALCARAZ, F. J., cit., p. 69.

156 STS 154/2004, 13-2 (*Tol 4970582*); STS 210/2005, 22-2 *(Tol 603663).*

157 SSTS 1184/1999, 16-7 *(Tol 5134240)*; 474/2000 (*Tol 4923770*).

3. CONDUCTAS TÍPICAS

Las conductas típicas que aparecen en el artículo 368 CP pueden clasificarse en dos grandes grupos: en el primero se encontrarían aquellas conductas —amplísimas— que promueven, favorecen o facilitan el consumo ilegal (lo que incluye el cultivo, la elaboración o el tráfico, que son verbos típicos que aparecen no solo a título ejemplificativo, sino también para marcar el punto temporal en el que comienza la tipicidad del ciclo de la droga), mientras que el segundo núcleo se identificaría con la posesión de drogas para aquellos fines (esto es, para promover, favorecer o facilitar el consumo ilegal[158]). Esta es la interpretación gramatical del precepto, si se tiene en cuenta que el legislador ha utilizado la expresión "*o de otro modo* promueven, favorezcan o faciliten", que sigue en el texto a la ejecución de actos de cultivo, elaboración o tráfico[159].

Una vez más debe destacarse la gran amplitud con la que se describe el tipo conocido como tráfico de drogas, no solo por abarcar todo el ciclo de la droga —elevando a categoría de delito autónomo lo que en realidad podrían considerarse como actos preparatorios (atípicos, con carácter general) de un verdadero delito de tráfico (el cultivo, la elaboración de las sustancias o su mera posesión)—, sino también por su falta de determinación, al incluir verbos como promover, favorecer o facilitar, que posibilitan la inclusión en el mismo de numerosos comportamientos capaces de alcanzar esas finalidades.

Si se toma como referencia una línea temporal, los límites de lo punible del artículo 368 CP se encuentran al inicio en el cultivo (pues los actos anteriores solo podrían considerarse actos preparatorios o, en su caso, como un delito de tráfico de precursores del artículo 371 CP) y, hacia el final (más difícil de determinar por la amplitud de los verbos), en la posesión de las drogas tóxicas destinadas al tráfico, o la transmisión de esas sustancias a otras personas; de este modo, el consumo de las drogas tóxicas por terceros sería la finalidad última que

158 ACALE SÁNCHEZ, M., cit., p. 30.

159 Art. 368 CP: "Los que ejecuten actos de cultivo, elaboración o tráfico, o de otro modo promuevan, favorezcan o faciliten el consumo ilegal de drogas tóxicas, estupefacientes o sustancias psicotrópicas, o las posean con aquellos fines, serán castigados con las penas (...)".

el artículo 368 CP está llamado a evitar, pero sin constituir, en ningún caso, un requisito típico para la aplicación del mismo. Conforme a ello, las acciones típicas que encajan en el delito del 368 CP deben estar encaminadas al consumo, pero este no tiene porqué producirse. Cabe recordar que ese consumo ilegal último que menciona el artículo es siempre el de terceros, en la medida en que el consumo propio (y sus actos previos: así, por ejemplo, el cultivo si se trata de autoabastecimiento) resulta atípico, pues sin riesgo de difusión no puede alterarse la salud pública.

3.1. Cultivo, elaboración y tráfico

El cultivo y la elaboración son los primeros pasos del ciclo de la droga. En el caso de aquellas sustancias que tienen origen vegetal, su cultivo (en términos generales, la preparación de la tierra, la siembra, los cuidados pertinentes y la posterior recogida de la cosecha) será el origen de la producción de la misma. No es el caso de algunas sustancias sintéticas, que tendrán su origen directo en la elaboración química. En la mayoría de ocasiones serán necesarios ambos pasos, como sucede con la "cocaína", que necesita el cultivo del arbusto de coca, pero también el sometimiento de sus hojas a varios procesos químicos, en orden a obtener el clorhidrato de cocaína. Con el término "elaboración" también pueden entenderse incluidos en el ámbito del tipo aquellos tratamientos químicos destinados a la "recuperación" de las drogas, que en ocasiones son mezcladas con otros productos para hacerlas pasar inadvertidas a la inspección de las autoridades.

La Convención Única de 1961 y la Convención de las Naciones Unidas contra el tráfico ilícito de estupefacientes y sustancias psicotrópicas de 1988 refieren el cultivo únicamente para los casos de plantaciones de adormidera, arbusto de coca y planta de cannabis. Por su parte, el término "elaboración" no se utiliza en los textos internacionales, aunque en la Convención Única de 1961 sí puede encontrarse la expresión "producción", que es definida como "*la separación del opio, de las hojas de coca, de la cannabis y de la resina de cannabis de las plantas de que se obtienen*". También utiliza el término "fabricación" (de estupefacientes o preparados), aplicándolo al tratamiento de la paja de adormidera. La Ley 17/1967, de 8 de abril, *por la que se actua-*

lizan las normas vigentes sobre estupefacientes y adaptándolas a lo establecido en el convenio de 1961 de las Naciones Unidas, no ofrece una definición de cultivo (utilizando sin más aclaración la expresión "cultivo de plantas destinadas a la producción de sustancias estupefacientes"), pero sí describe la "fabricación" como el "conjunto de operaciones de obtención de los mismos a partir de la materia prima bruta, su purificación y la transformación de unos productos en otros, así como la obtención de dichos productos mediante síntesis química".

3.1.1. Cultivo

Con relación al cultivo de drogas, la Doctrina y la Jurisprudencia se han mostrado dubitativas al respecto del alcance típico del verbo "cultivar". Así, algunos apuntan a que la consumación se alcanza con la simple plantación o semillado[160], mientras que otros, acertadamente, consideran que el cultivo debe ser algo más que la mera plantación, pues si después de esta el sujeto activo se desentiende de lo plantado y no se produce lo esperado (por ejemplo, no germina) no hay consumación del cultivo, sino tan solo su tentativa[161].

En tentativa también quedarán aquellos casos en que lo plantado no genere calidad suficiente para elaborar droga tóxica. Véase así la STS 2054/2022, 9-12 (*Tol 8905660*): "la tipicidad que se predica de todo cultivo, en tanto que pone en peligro el bien jurídico protegido, no significa sin más que el delito alcance el grado de consumación por la sola acción de su plantación o semillado: se requiere que tal cultivo se encuentre en condiciones de servir a la finalidad que se persigue con el mismo, cual es la extracción de los productos naturales necesarios para obtener su fruto, en este caso, el látex necesario de la cápsula de donde extraer el opio; hasta ese momento, el bien jurídico protegido estará en peligro, y por consiguiente, será posible la tentativa, pero no se habrá alcanzado aún el grado de la consumación delictiva. Ahora bien, en el caso sometido a nuestra consideración casacional, hemos de ver que las plantas se encontraban en tan escaso grado de desarrollo que se certificó por el Área de Sanidad

---

160 BRETONES ALCARAZ, F. J., cit., p. 77.

161 Así, JOSHI JUBERT, U., cit.; ACALE SÁNCHEZ, M., cit.; MARTÍNEZ PARDO, cit.

de la Subdelegación del Gobierno en Zaragoza que "no hay látex en la cápsula de la que se extrae el opio" (folio 15), al punto que "se desconoce la cantidad de sustancia que se puede extraer de las plantas decomisadas una vez desarrolladas completamente (folio 28). En consecuencia, el delito se ha cometido, pero el grado de desenvolvimiento lo será en tentativa"[162].

Para considerar que lo cultivado no es *idóneo,* y por tanto, atípico, no basta con que la droga obtenida tuviera poca concentración o fuera de baja calidad, sino que es necesario que la calidad sea tan ínfima que no pueda desarrollarse posteriormente droga tóxica (p. ej., STS 306/2022, 25-3 [*Tol 8905660*]: "hemos considerado en múltiples resoluciones que el cultivo de la marihuana [aunque su nivel de THC no llegue al 0,40 por 100], es revelador de forma unívoca y de manera clara de la voluntad de cometer el delito contra la salud pública objeto de acusación, incluso en casos de THC 0,3%, de las plantas de marihuana intervenidas existe una proximidad espacio-temporal respecto de lo que, en el plan del autor supone la consumación del delito contra la salud pública"[163]).

En orden a valorar la cantidad de droga incautada en los cultivos, el pesado deberá llevarse a cabo siguiendo algunas precisiones. Así, es necesario separar de todo el cultivo aquella parte de la planta válida para la elaboración de la sustancia tóxica, y calcular qué peso final podría tener la droga final lista para consumo. Por ejemplo, en el caso del cannabis, debe procederse al pesado de las sumidades[164] ya secas, pues el resto de la planta no tiene capacidad psicotrópica[165].

---

162 Con la misma opinión, vid. STS 306/2022, 25-3 *(Tol 8905660).* Sobre el requerimiento de acciones posteriores al mero semillado o plantado, véase también la misma STS 306/2022, 25-3 *(Tol 8905660)*: "En suma, el proceso de cultivo no es un acto momentáneo, sino progresivo, que obedece a la elaboración de un vegetal, necesita tiempo, de manera que cuando el art. 368 del Código Penal incluye en su tipicidad actos de cultivo, está contemplando un proceso natural de las características del señalado en los hechos probados de la sentencia recurrida".

163 En el mismo sentido, vid. STS 306/2022, 25-3 *(Tol 8905660).*

164 La sumidad florida o floral es un término botánico que hace referencia a una rama con flores o botones florales de las plantas. Cfr. https://www.infojardin.com/glosario/suelo/sumidad-florida-sumidad-floral.htm

165 MONTERO LA RUBIA, F. J., *Delitos contra la salud pública, Estudio práctico de la jurisprudencia del TS sobre el tráfico de drogas tóxicas*, Bosch, Barcelona, 2007, p. 11.

En la jurisprudencia véase la STS 306/2022, 25-3 (*Tol 8905660*): "De ahí que el peso de la droga incautada solo se refiera a las hojas secas, que contienen sustancia activa, evidenciándose así que se ha procedido con corrección en el pesaje de la marihuana"[166].

Por otra parte, también se han planteado dudas al respecto de si la mera tenencia de semillas o de otros materiales necesarios para el cultivo (bombillas de calor, maceteros…) pueden considerarse ya como tentativa de cultivo. La respuesta de la Jurisprudencia se ha inclinado por considerarlos actos preparatorios impunes[167]. Sin embargo, algún autor se ha mostrado favorable a interpretar la tenencia de semillas como tentativa inacabada[168]. Mientras que otros[169], por el contrario, consideran acertadamente que solo después del cultivo o el tratamiento necesario las plantas contendrán el principio activo que constituirá el objeto material del delito y, en este sentido, las semillas no podrían lesionar el bien jurídico protegido[170]. En similar sentido, resuelve la Doctrina aquellos actos de abonado o preparación del terreno, considerándolos también actos preparatorios impunes[171].

---

166 En el mismo sentido vid. SAP Guipúzcoa 229/2019, 8-11 *(Tol 7791467)*: "raíces, tallos y hojas y semillas no pueden catalogase como cannabis apto para su consumo como sustancia estupefaciente. Estamos en disposición de afirmar que el pesaje realizado por parte de la Dependencia de Sanidad se ha realizado sobre las partes aptas (cogollos) y partes no aptas para el consumo (restos) por lo que el pesaje no se llevó a cabo conforme a criterios jurisprudenciales".

167 Así la STS STS 306/2022, 25-3 *(Tol 8905660)*: "Incautándose, además, dos aparatos de aire acondicionado marcas Babe y Home, dos regletas de luz, dos ventiladores, 14 equipos Horti Light, dos consolas de aire acondicionado Climatic, una consola de aire Samsung, un cuadro eléctrico, un saco de cableado, una lámpara, 112 macetas con tierra, 233 maceteros de plástico vacíos, tres filtros grandes y una caja de herramientas, objetos todo ellos aptos para el cultivo de las plantas (…) tales instrumentos incautados al acusado constituyen un acto preparatorio impune".

168 MOLINA MANSILLA, M. C., *El delito de tráfico de drogas: análisis detallado y nueva perspectiva. Adaptado a las últimas reformas legislativas y resoluciones del Tribunal Supremo y de la Fiscalía General del Estado,* cit., p. 40.

169 JOSHI JUBERT, U., cit.

170 STS 1886/2001, 9-12 *(Tol 3309519)*.

171 Vid. BRETONES ALCARAZ, F. J., cit., p. 76; NÚÑEZ PAZ, M. A., GUILLÉN LÓPEZ, G., cit., p. 92; PEDREIRA GONZÁLEZ, F., cit., p. 39; MOLINA MANSILLA, M. C., *El delito de tráfico de drogas: análisis detallado y nueva perspectiva. Adaptado a las últimas reformas legislativas y resoluciones del Tribunal Supremo y de la Fiscalía General del Estado,* cit., p. 40.

Además, la Jurisprudencia ha aclarado que, aunque el cultivo típico sea únicamente aquel que está destinado al tráfico, esto no significa que el mismo tenga que ser una plantación extensiva de tipo industrial (así, STS 457/2007, 29-5 [*Tol 1081774*]).

Como fruto de la interpretación teleológica del precepto, quedarán fuera de la tipicidad los cultivos autorizados; aquellos que no estén destinados a consumo (coleccionismo, investigación...) aunque no estuvieran autorizados (a salvo quedan las posibles sanciones por su cultivo o elaboración sin permiso administrativo); los cultivos que sean de calidad insuficiente para utilizarse como droga tóxica, y los cultivos destinados al autoabastecimiento del propio consumidor[172]. En este sentido, la STS 373/2018, 19-7 (*Tol 6677654*), señala: "El cultivo es una de las acciones expresamente mencionadas. Cuando su objetivo final es ese consumo contrario a la legalidad, se convierte en conducta típica. Aunque hay que apresurarse a recortar la excesiva consecuencia —el cultivo no autorizado siempre es delictivo— que de forma precipitada podría extraerse de esa aseveración. No es así: al igual que todas las actuaciones personales que van destinadas al propio consumo (ilegal, pero no penalmente prohibido) son atípicas en nuestro ordenamiento, aunque supongan facilitar o promover un consumo ilegal (la adquisición, la solicitud, incluso la producción...), también el cultivo es atípico cuando no se detecte alteridad presupuesto de la intervención penal: facilitar o favorecer el consumo de otros. El cultivo para el exclusivo consumo personal es contrario a la legalidad, pero carece de relieve penal".

Por último, es lógico entender que también incurrirán en responsabilidad por un delito de cultivo típico aquellos que, facultados administrativamente para cultivar, lo hagan para su tráfico ilegal[173].

3.1.2. Elaboración

La elaboración por su parte puede referirse tanto a actuaciones simples sobre las mismas plantas que provienen del cultivo (por ejemplo, el secado, prensado o picado de las hojas de cannabis) como a

---

172 Vid. *infra*, sobre los criterios para entender la posesión como propia del autoconsumo, que son extensibles a las conductas de cultivo y elaboración

173 NÚÑEZ PAZ, M. A., GUILLÉN LÓPEZ, G., cit., p. 94.

otro tipo de procesos más complejos o basados en reacciones químicas (v. gr., la extracción de componentes del cannabis para elaborar hachís; añadir cal a las hojas de coca fermentadas como primer paso para obtener pasta base de cocaína). En cualquier caso, la finalidad ha de ser adaptar o crear las sustancias para el consumo humano, haciendo que la misma produzca los efectos narcóticos deseados por el consumidor.

Una vez la sustancia ha sido elaborada y está lista para el consumo, en ocasiones también se somete a procesos diversos para su "camuflaje" en distintos objetos y presentaciones, con el fin de transportarla escondida y eludir a las autoridades. Este proceso es muy común para la cocaína. Por ejemplo, en estado líquido, se puede impregnar en distintos objetos (sobre todo telas), para hacerla pasar por equipaje al uso. Luego, tras un proceso de decantación y filtrado vuelve a estar lista para su consumo[174]. Esta segunda preparación también podría entenderse como "elaboración".

Deben trasladarse aquí las precisiones que se han realizado sobre el cultivo para el propio consumo y los cultivos autorizados: tanto la elaboración para el autoabastecimiento como aquellas elaboraciones autorizadas serán atípicas.

3.1.3. Tráfico

Como ya se afirmó con anterioridad, el tipo contenido en el artículo 368 CP constituye un delito de tracto sucesivo, por lo que, si aquel que cultiva o elabora, posteriormente posee las sustancias para traficar y, finalmente, lleva a cabo acciones efectivas de tráfico, será castigado por un solo delito, respecto del cual los plazos de prescripción se iniciarían desde la consumación de la última de las modalidades típicas[175].

---

174 Y esta es solo una de las posibilidades variopintas que los aguzados narcotraficantes utilizan para el disfraz de la sustancia. Vid. https://www.clarin.com/policiales/negra-roja-liquida-impregnada-ropa-mil-disfraces-cocaina_0_Bk4e3PZJAte.html o https://www.servimedia.es/noticias/una-banda-transformaba-cocaina-particulas-colores-para-camuflarla-envios-plastico/2899335

175 ACALE SÁNCHEZ, M., cit., p. 37.

Aunque las convenciones internacionales sobre drogas coinciden en la necesidad de perseguir el tráfico de drogas, ninguna ofrece una definición útil que deslinde esta modalidad delictiva permitiendo separarla de los demás comportamientos prohibidos. Así, mientras que la *Convención Única de Estupefacientes* (1961) y el *Convenio sobre Sustancias Psicotrópicas* (1971) se limitan a mencionar el término tráfico, la *Convención de las Naciones Unidas contra el Tráfico ilícito de estupefacientes y sustancias psicotrópicas* (1988) define como tráfico ilícito casi la totalidad de los delitos que recoge en su artículo 3, por lo que no solo considera "tráfico" comportamientos tales como el cultivo o la fabricación, sino también delitos que, aunque tienen relación con el narcotráfico, en nada inciden sobre la salud pública, como puede ser el blanqueo de capitales.

La mayoría de la Doctrina[176] y la Jurisprudencia están de acuerdo en que el concepto de tráfico a efectos penales debe ir más allá de lo que puede entenderse en una concepción meramente mercantil, siendo innecesarias cuestiones como que medie precio o sea una actividad habitual. De esta forma, dentro de esta modalidad delictiva cabrían comportamientos tan dispares como la donación, la permuta o el transporte; es decir, todo aquello que traslade el dominio o posesión de la droga. Por el contrario, otras voces doctrinales ciñen, no sin razón, el tráfico a aquellas conductas de difusión de droga a cambio de algo que puede ser precio, otras drogas o cualquier otra prestación[177]. En cualquier caso, esta discusión es inane desde el punto de vista de sus consecuencias, puesto que los comportamientos de difusión sin contraprestación, aunque puedan no ser considerados actos de tráfico, sin duda serán calificados como favorecimiento o facilitación del consumo ilegal. Discusiones aparte, lo que parece claro es que en ningún caso la tipicidad del artículo 368 CP se condiciona a la existencia de precio[178].

---

176 Así por ejemplo BRETONEZ ALCARAZ, F. J., cit., p. 81; NÚÑEZ PAZ, M. A., GUILLÉN LÓPEZ, G., cit., p. 95; PEDREIRA GONZÁLEZ, F., cit., p. 35)

177 ACALE SÁNCHEZ, cit., p. 44)

178 Sin embargo, la Jurisprudencia viene requiriendo, sin base sólida, la inexistencia de precio para declarar la atipicidad en algunos supuestos. Véase *infra* sobre supuestos de atipicidad.

En cualquier caso, el mero acuerdo de compraventa podría considerarse tentativa de la modalidad delictiva de tráfico, pero la Jurisprudencia suele estimarlo como un delito consumado de favorecimiento o facilitación del consumo ilegal. Así puede observarse de nuevo cómo las diferencias punitivas en el recorrido natural del delito o *iter criminis* se diluyen, pues se castiga lo que podría considerarse un intento de transmisión con la misma pena que el tráfico consumado.

Existen diferencias entre la modalidad de tráfico y las modalidades de cultivo, elaboración o posesión por lo que respecta a la parte subjetiva del tipo. Mientras estas últimas presentan un elemento teleológico, como elemento subjetivo adicional al dolo (esto es, no basta con que el elemento volitivo y el cognoscitivo recaigan exclusivamente sobre el hecho de que se están elaborando, cultivando o poseyendo drogas tóxicas, sino que, además, se requiere que se haga con una finalidad ulterior, que es la difusión de éstas para su consumo ilegal por terceros), en la modalidad de tráfico se prescinde, como es lógico, de referencias a elementos adicionales, pues en este caso el riesgo típico de difusión conforma simplemente su elemento subjetivo (saber y querer que se están difundiendo drogas tóxicas para su consumo ilícito).

Al igual que ocurre con el cultivo o elaboración, no se requiere la profesionalización o industrialización. Bastará así con una única distribución de droga (aún de una sola dosis, como indica la Jurisprudencia) para considerarse un comportamiento típico[179].

Por último, cabe recordar que los comportamientos penados son aquellos que realizan los distribuidores o vendedores, y no los consumidores de la misma. La compra de drogas es un acto impune si quien la compra la destina a su propio consumo, pero lógicamente será típica si dicha compra se lleva a cabo para lucrarse con su posterior reventa.

---

179 MOLINA MANSILLA, M. C., *El delito de tráfico de drogas: análisis detallado y nueva perspectiva. Adaptado a las últimas reformas legislativas y resoluciones del Tribunal Supremo y de la del Estado,* cit. p. 40, ACALE SÁNCHEZ, M., cit., p. 36.

3.2. Promoción, favorecimiento o facilitación del consumo ilegal

Como se adelantaba en páginas precedentes, el tipo básico queda abierto con la fórmula *"o de otro modo promuevan, favorezcan o faciliten el consumo ilegal de drogas tóxicas"*, la cual, despreciando los principios de seguridad jurídica y *lex certa*[180], deja al albur del juzgador el posible castigo de un sinfín de comportamientos[181] que de otra manera hubieran sido castigados como tentativa de otras modalidades delictivas, como complicidad en el delito de otro, o simplemente hubieran devenido atípicas.

Del texto legislativo podría deducirse la necesidad de castigar, independientemente de la desproporción en términos de pena resultante, cualquier tipo de contribución al ciclo de la droga. Es por ello que parte de la Doctrina ha tratado de elaborar interpretaciones restrictivas frente a la que parece imponer la literalidad del precepto. Así, SÁNCHEZ TOMÁS opta por considerar que las contribuciones tienen que ser de similar entidad al tráfico, cultivo y elaboración[182]; por su parte, JOSHI JUBERT propone restringir la aplicación del tipo penal a aquellos comportamientos que estén encaminados directamente a la promoción, favorecimiento o facilitación del consumo ilegal, de manera que las restantes conductas deberían calificarse como formas de complicidad[183].

En cualquier caso, la Jurisprudencia no se ha mostrado partidaria de elaborar ninguna interpretación distinta a la gramatical, considerando típico a efectos de esta modalidad, cualquiera de los actos, que de forma más o menos directa, posibiliten acercar la droga al consumidor final. Así, son múltiples las sentencias que afirman que es difícil que "cualquier acción dirigida a acercar el estupefaciente al consumidor no pueda subsumirse en alguno de los verbos generales de 'promover', 'facilitar' o 'favorecer' el consumo de sustancias tóxicas previstos en el tipo penal"[184].

---

180 En similares términos se expresa ABEL SOUTO, M., cit., p. 11.

181 ORTS BERENGER, E., cit., p. 613.

182 SÁNCHEZ TOMÁS, J. M., *Derecho de las drogas y las drogodependencias*, cit.

183 JOSHI JUBERT, U., cit.

184 STS 887/2021, 11-3 (*Tol 8630553*); o STS 2588/2022, 22-6.

En este sentido, y a título ejemplificativo, la Jurisprudencia ha considerado la comisión de un delito del artículo 368 CP en su modalidad de promoción, facilitación o favorecimiento, cuando se han observado las siguientes conductas: alquilar un local para guardar un cargamento de cocaína que provenía de Costa Rica, para su posterior remisión a terceros[185]; el transporte de drogas de un lugar a otro, ya sea por territorio nacional, ya internacional, ya sea como paso intermedio para la distribución al por mayor o al por menor: recoger en coche un cargamento de MDMA, haciendo un trayecto Madrid-Rotterdam y vuelta[186]; también cuando el transporte se hace dentro del cuerpo humano (los conocidos como mulas o burros) mediante su ingesta o introducción por otras cavidades[187]; la recepción o envío por paquetería postal[188]; la importación o exportación de mercancía con droga disimulada en el envío[189]; ser capitán o tripulación de embarcación pesquera cargada con estupefacientes[190]; servir de intermediario, por ejemplo, ofreciendo señas de dónde comprar droga a los viandantes[191]; ofrecer "protección" y suministrar información confidencial a organizaciones de narcotraficantes[192]; realizar labores de vigilancia en las inmediaciones de una nave donde se va a receptar un cargamento de droga, a fin de detectar y avisar de la posible presencia policial[193]; la invitación a consumir drogas o su donación[194]; indicar a los que deben descargar la droga dónde hacerlo, dar apoyo a los clientes para desplazarse a España a efectuar compras o recogidas de drogas, y otras cuestiones de logística de una organización dedicada a la venta de estupefacientes[195]. La Jurisprudencia más reciente al respecto de las llamadas asociaciones cannábicas es

---

185 STS 1339/2022, 31-3 (*Tol 8909018*).
186 STS 635/2019, 20-12 *(Tol 7673748)*.
187 SAP Madrid 522/2018, 10-7 *(Tol 6777147)*; STS 631/2016, 14-7 *(Tol 5784327)*.
188 SAP Guipúzcoa 245/2018, 24-10 *(Tol 7068403)*.
189 STS 904/2016, 30-11 *(Tol 5904712)*; o SAN 13/2021, 21-6 *(Tol 8501526)*.
190 STS 931/2022, 30-11 *(Tol 9307128)*.
191 ATS 930/2019, 12-9 *(Tol 7571561)*.
192 SAN 10/2019, 5-4 *(Tol 7167636)*.
193 STS 3990/2022, 27-10 (*Tol 9291632*).
194 STS 2987/2020, 23-9 (*Tol 8096526*).
195 STS 692/2019, 11-3 (*Tol 7995941*).

asimismo partidaria de condenar a sus responsables por un delito de facilitación del consumo ilegal[196].

La Doctrina también ha considerado otras modalidades, como la facilitación de dinero o préstamos para adquisición de drogas[197] e, incluso, la posibilidad de favorecer por omisión, cuando el titular de un local o establecimiento abierto al público, o de un domicilio privado, no impide la venta de droga en el mismo[198]. Véase, la STS 1877/2000, 7-12 (*Tol 4922445*), donde se condena a un padre que no impidió que su hija traficara con drogas en el domicilio familiar, condenándose a ambos como autores de un delito del artículo 368 CP, a ella por la modalidad de tráfico y a él por facilitar el consumo ilegal, al no impedir el uso de su domicilio a estos fines. Con razón, ACALE SÁNCHEZ[199] señala que, en esos casos, "no existe ningún deber específico respecto de la realización de la acción esperada del que pudiera derivarse la posición de garante necesaria para que tal omisión pudiera ser considerada como normativamente equivalente a la paralela acción prohibida por el legislador penal". Jurisprudencia reciente asume esta opinión como la correcta: "residir en la misma vivienda donde se ubicaba el laboratorio de extracción y adulteración secundaria de "cocaína" no permite inculpar a una persona por las operaciones de tráfico que probadamente realizan otras, pues aunque la convivencia permite afirmar el conocimiento acerca de esas actividades, en ese ámbito no es obligatorio denuncia, ni es punible el encubrimiento (art. 454 CP), ni la mera omisión puede valorarse tampoco como coautoría omisiva ya que no se acredita la condición de garante"[200].

Las posibilidades son, en definitiva, prácticamente infinitas: casi cualquier contribución al ciclo de la droga puede considerarse dentro de esta modalidad delictiva[201]. Aquí por ejemplo podrían en-

---

196 Vid. *infra*, sobre asociaciones cannábicas y supuestos de atipicidad.

197 ACALE SÁNCHEZ, M., cit., p. 49.

198 PEDREIRA GONZÁLEZ, F., cit.

199 ACALE SÁNCHEZ, M., cit., p. 71.

200 STS 25/2008, 29-1 *(Tol 1292773)*; STS 631/2013, 7-6 *(Tol 3887953)*. En el mismo sentido SAP Castellón 274/2021, 1-10 *(Tol 9139640)*. Véase más en el apartado sobre autoría y participación.

201 A salvo quedan, como en el resto de modalidades, aquellas acciones que no están destinadas al consumo ilegal: así por ejemplo, las que recaigan del lado de

cuadrarse, si no se consideran tráfico, todas aquellas actividades que transfieren la posesión de droga, ya sea la donación[202] o la entrega a cambio de cualquier bien, servicio o prestación. También serían subsumibles en esta modalidad todas aquellas actuaciones que sirven como paso previo y necesario para la comercialización: guarda, custodia o transporte, así como las gestiones pertinentes para llevarlas a cabo (alquiler de locales o vehículos, por ejemplo)[203].

Una buena definición de gran parte de los comportamientos que encajan en esta modalidad la elabora MOLINA MANSILLA, que afirma que, como cualquier otra empresa, la distribución de drogas conlleva numerosas actividades, algunas de ellas difíciles de incluir en las nociones de "cultivo", "elaboración" y "tráfico", pero que, en cualquier caso, sí encajan dentro de los verbos típicos "favorecer", "facilitar" o "promover". Menciona, así, aquellas actividades que supondrían la "planificación estratégica del negocio" y su "logística": "También hay que tener en cuenta los procesos de gestión de recursos humanos, en cuanto a reclutamiento de empleados, encargados de realizar la actividad productiva, logística o comercial, así como los procesos de compras, para adquirir la materia prima o productos intermedios, que servirán para disponer del producto terminado"[204].

3.2.1. Transporte de drogas

El transporte de drogas entre intermediarios, o del intermediario al vendedor final, también se ha considerado por gran parte de la Jurisprudencia como actos de facilitación del consumo ilegal. Aunque los Convenios internacionales mencionan expresamente el transpor-

---

los consumidores para su autoabastecimiento (v. gr., la entrega de dinero para compra mediante una bolsa común para su posterior consumo compartido, vid. infra cuestiones de atipicidad).

202 Menos lo referente a las entregas compasivas, vid. *Infra* cuestiones de atipicidad.

203 Aunque la mera guarda y custodia puede encajar mejor en la modalidad de posesión.

204 MOLINA MANSILLA, M. C., *El delito de tráfico de drogas: análisis detallado y nueva perspectiva. Adaptado a las últimas reformas legislativas y resoluciones del Tribunal Supremo y de la Fiscalía General del Estado*, cit.

te como una de las modalidades que deben castigarse[205], no ocurre así en el ordenamiento penal español, en el que se ha decidido penalizarlo bajo el amplio paraguas de los "actos que de otro modo promuevan, favorezcan o faciliten el consumo ilegal". En todo caso, se trata de una modalidad que tiene notable presencia en pronunciamientos judiciales, pues España no es solo país de destino, sino que también se configura, por su posición geográfica, como un importante punto de paso de la droga hacia Europa, proveniente tanto de África como de América[206].

Las modalidades de transporte pueden ser de distinto calado. Así, pueden consistir simplemente en el desplazamiento de la posesión de la droga desde el "fabricante" al vendedor que lo distribuye al por menor, o tratarse de una interceptación para la posterior puesta a disposición de otro que la distribuye o la adquiere finalmente (por ejemplo, B recoge el cargamento que ha remitido A, y lo lleva a una nave industrial donde lo recoge C, comprador). Se incluyen dentro de esta modalidad los envíos postales de drogas, la importación y exportación "industrial" (normalmente camuflada entre mercaderías legales), así como la introducción en el territorio o su distribución por él, mediante embarcaciones o con vehículos que cuentan con receptáculos creados para esconder las drogas. También dentro de esta modalidad se encuentran aquellas personas que transportan las sustancias dentro de su propio cuerpo.

3.2.2. Porte de droga en el propio cuerpo

Uno de los fenómenos criminales peculiares que presenta el tráfico de drogas frente a otros comportamientos delictivos está representado por aquellos traslados de drogas que se hacen utilizando como "recipiente" el propio cuerpo humano (aquellos realizados por sujetos que son conocidos como mulas o *body packers).* En la mayoría de los supuestos, estas personas reciben una cantidad de dinero (bastante menor al valor de mercado de lo transportado), por introducir en otro país, normalmente en avión, determinadas cantidades de droga envuelta en

---

205 V. gr., art. 36 de la Convención Única de 1961, o el 3 de la Convención contra el Tráfico Ilícito de Estupefacientes y Sustancias Sicotrópicas de 1988.

206 BRETONES ALCARAZ, cit., p. 85.

envases de plástico (preservativos, guantes de látex) que previamente han ingerido o introducido en su cuerpo por otras cavidades. Estos hechos son muy riesgosos para la vida humana, pues la rotura de uno o varios de los envases (o la filtración de su contenido) puede llevar fácilmente a la muerte por intoxicación aguda o sobredosis.

Cuando se trata de juzgar casos de esta naturaleza, parte de la Jurisprudencia ha considerado tener en cuenta el riesgo que conlleva tal actividad para el propio sujeto que la realiza a la hora de individualizar la pena a imponer. Así, la SAP Madrid 522/2018, 10-7 *(Tol 6777147)*, que juzgó los hechos cometidos por una persona que portaba en su cuerpo 91 cilindros llenos de heroína, afirmó, en sede de determinación de la pena, que "en este caso se ha de valorar el riesgo que para la salud del acusado supuso el transporte de la sustancia intervenida". En otros casos, cuando se produjo la temida apertura de los envoltorios dentro del cuerpo, la Jurisprudencia también lo ha tenido en consideración, entendiendo que debía valorarse la "pena natural" que el sujeto activo ya había sufrido[207].

3.2.3. Actos preparatorios de venta y entregas vigiladas

El principal problema dogmático que plantean estas modalidades es determinar cuándo se produce la consumación del delito. Desde luego no es necesario, a efectos típicos, la detentación material de la droga, pues de lo contrario quedarían impunes los grandes narcotraficantes que nunca suelen tener en su poder las sustancias, sino que dirigen u organizan en la distancia las operaciones de trasiego de las mismas: desde su elaboración a la distribución final por los vendedores minoristas. Bastará únicamente con ostentar el *dominio fáctico* (aunque no necesariamente físico) de la sustancia, quedando su destino sujeto a la voluntad del traficante.

Cuestión distinta es si el mero acto de disposición pactado, sin que se haya procedido a la ejecución de la entrega, ya puede considerarse un delito de facilitación consumado, o tan solo una tentativa[208]. Des-

---

207 Véase también infra sobre aplicación del estado de necesidad o el miedo insuperable en estos casos).

208 ORTS BERENGER se hace eco de esta problemática: "En algunas sentencias del Tribunal Supremo se ha apreciado tentativa cuando el sujeto no ha conseguido

de el punto de vista de la redacción típica del artículo 368 CP podría considerarse que, aunque sean actos preparatorios de una posterior venta, estos son delitos autónomos consumados bajo la modalidad de facilitación. Así lo ha considerado la mayoría de la Jurisprudencia, estimando, por ejemplo, que quedaría consumado el delito con el mero pacto de voluntades, sin que tan siquiera hayan comenzado los actos ejecutivos de la transmisión de la posesión y con ello, al menos, la disponibilidad que es necesaria para poder, tan siquiera, poner en riesgo la salud pública. Máxime cuando desde el pacto hasta la posterior entrega, todos los actos se han sucedido ante presencial policial mediante las denominadas "entregas vigiladas".

Véase en este sentido la STS 1339/2022, de 31-3 (*Tol 8909018*): "cuando la conducta imputada consiste en actos de favorecimiento del tráfico, que resultan típicos conforme al art. 368 CP y que, por sus propias características no suponen ni precisa de la posesión material de la droga el delito se consuma para el favorecedor con la aportación al plan de los mismos actos relevantes que integran tal favorecimiento. (...) Por ello, tratándose de envíos de droga por correo o por otro sistema de transporte es doctrina consolidada que si el acusado hubiese participado en la solicitud u operación de importación, o bien figurase como destinatario de la misma, debe estimársele autor de un delito consumado, por tener la posesión mediata de la droga remitida y por constituir un cooperador necesario en una operación de tráfico (...). Resumiendo esta doctrina la sentencia de esta Sala 2354/2001 de 12.12, señala que en los supuestos de envío de droga desde el extranjero la tentativa es admisible cuando se estime acreditado por la Sala sentenciadora que la intervención del acusado no tuvo lugar hasta después de que la droga se encontrase ya en nuestro país, habiéndose solicitado por un tercero la colaboración del acusado para que participase, de un modo accesorio y secundario, en los pasos previos a la recepción de la mercancía por sus originales destinatarios, pero: 1°) sin haber intervenido en la operación previa destinada a traer la droga desde el extranjero; 2°) sin ser el destinatario de la mercancía; 3°) sin que llegue a tener disponibilidad efectiva de la droga intervenida, por

---

la posesión material de la droga, incluso cuando no se obtiene porque no se llega a un acuerdo, apreciación discutible porque castiga un hecho que no pone en peligro el bien jurídico". Cfr. ORTS BERENGER, E., cit., p. 617.

ser detenido antes de hacerse cargo efectivo de la misma (…) Con claridad la STS. 205/2008 de 24.4, resume la anterior doctrina: "…se deben distinguir dos posiciones distintas: a) Si el acusado ha participado en la solicitud o en la operación de importación, o figura como destinatario de la sustancia, es autor del delito en grado de consumación, por tener la posesión mediata de la droga y ser un cooperador necesario y voluntario en una operación de tráfico; b) Si la intervención del acusado tiene lugar después de que la sustancia se encuentre en nuestro país, habiéndose solicitado su colaboración por un tercero, sin haber intervenido en la operación previa, sin ser destinatario de la mercancía y sin llegar a tener la disponibilidad de la droga intervenida, se trata de un delito intentado".

Como puede comprobarse, la Jurisprudencia mezcla los planos de autoría y participación con el *iter criminis*, conjugando criterios de ambas para restringir la aplicación de la tentativa. En este contexto, debe recordarse que la prueba de la antijuricidad material es en todo caso necesaria, y en su virtud debe exigirse, al menos, que se ponga en peligro un bien jurídico para afirmar la consumación delictiva[209]. Y no parece que esto suceda en aquellos supuestos en los que miembros de los cuerpos y fuerzas de seguridad vigilan la operación desde la entrada en escena del sujeto activo, por mucho que esperen a que tal sujeto detente físicamente la droga para detenerle. Ello deberá tenerse en cuenta para la consideración de estos hechos como mera tentativa, independientemente de si la actuación del sujeto ha sido a título de autor o de un mero partícipe.

En sentido contrario, la Jurisprudencia[210] afirma que "no se puede escudar en un hecho ajeno a la conducta del autor para introducir un factor externo como interruptivo de la comisión", refiriéndose a la operación policial en torno a la entrega de los estupefacientes; o

---

209 Aunque es cierto que en los delitos de peligro abstracto "no es necesario comprobar la puesta en peligro de una parcela o manifestación concreta del bien jurídico", también es cierto que "el peligro, también el abstracto, supone remoción o aminoración de la situación de seguridad previamente existente". En ningún caso puede admitirse la comisión de un injusto donde no se haya generado, al menos, un peligro para algún bien jurídico. De esta opinión, TERRADILLOS BASOCO, J. M., "Peligro abstracto y garantías penales", *Nuevo Foro Penal*, núm. 62 (1999), pp. 85-92.

210 Vid. STS 1339/2022, 31-3 (*Tol 8909018*).

"es inaceptable la idea de que "la intervención de los agentes de policía degrade la acción favorecedora del consumo ilegal de drogas tóxicas al grado de tentativa. La singular configuración del delito previsto (...) determina que de ordinario, los actos de favorecimiento habrán quedado ya consumados en el momento en el que se acuerda la autorización de circulación y entrega contralada"[211].

Debe insistirse en que la tentativa, sobre todo la acabada, puede castigarse con una pena prácticamente equivalente a la del delito consumado (en su límite inferior), si así lo aconseja *el peligro inherente al intento y al grado de ejecución alcanzado* (artículo 62 CP), de modo que optar por la calificación de tentativa en los supuestos de vigilancia policial no equivale ni mucho menos a dejar impunes tales hechos. Tan solo se trata de poner de relieve que dicha vigilancia impediría que el delito llegara a consumarse, por mucho que este sea de peligro y se refiera a una modalidad adelantada de ejecución. De este modo, si recibir un envío que contiene droga ya es una modalidad que se castiga como un delito autónomo de favorecimiento o facilitación (recuérdese, con la misma pena que el que suministra directamente la droga al consumidor final, o el que la fabrica, distribuye a gran escala, o se dedica al menudeo...), al menos deberá exigirse la efectiva recepción para estimar su consumación.

En definitiva: ni la conceptualización del tipo penal como un delito de peligro, ni la previsión en el precepto de modalidades autónomas previas al verdadero tráfico, permiten castigar como delito consumado aquellos comportamientos que de ningún modo lo son, como el mero acuerdo de voluntades (tentativa inacabada), o la espera de un envío ya realizado (tentativa acabada).

Distinta será en cambio la calificación del comportamiento del sujeto que envía, pues en tal supuesto la consumación del delito se producirá cuando culmine toda la preparación para el envío y lo entregue para su transporte, momento en el que pierde la disponibilidad real de la droga (salvo en aquellos casos donde, de nuevo, se trate desde el inicio de una entrega vigilada, por absoluta incapaci-

---

211 Cfr. STS 1103/2005, 29-9 *(Tol 725609)*.

dad para la lesión del bien jurídico[212]). Por lo demás, el Código Penal ha establecido modalidades específicas de comportamientos que suponen el adelantamiento de la barrera penal (la mera posesión, el cultivo, la fabricación), pero nada ha expresado sobre el acuerdo de voluntades para cualquiera de los comportamientos posteriores, cuando ni tan siquiera han dado inicio. Ello permite, por tanto y a lo sumo, su castigo como meras tentativas.

Sea cual fuere la opinión jurídica respecto de lo anterior, lo cierto es que la Jurisprudencia mayoritaria viene condenando como delito consumado siempre que "el acusado hubiera participado en la solicitud u operación de importación, o bien figurase como destinatario de la misma, (...), por tener la posesión mediata de la droga remitida. En los envíos de droga el delito se consuma siempre que existe un pacto o convenio entre los implicados para llevar a efecto la operación, puesto que, en virtud del acuerdo, la droga queda sujeta a la solicitud de los destinatarios, siendo indiferente que no se hubiese materializado la detentación física de la sustancia prohibida. El haber proporcionado un domicilio y un destinatario del envío de la droga implica una colaboración que facilita la comisión del delito". La tentativa solo podrá ser aplicable si no se ha participado en las operaciones previas al transporte, ni se llega a tener la disponibilidad efectiva de la droga: "Se trata, pues, del supuesto de quien o quienes, totalmente ajenos al concierto inicial para el transporte, intervienen después mediante una actividad netamente diferenciada"[213]. Sería el caso, por ejemplo, en el que, tras el concierto entre el remitente (A) y el destinatario (B), envían a un tercero (C) a recoger el paquete a Correos. Pero el mismo (C) no llega a recoger la mercancía porque la intervención policial lo detiene antes de que pongan la caja en sus manos. Según la Jurisprudencia, tanto (A) como (B) habrían consumado el delito.

---

212 En este texto se sostiene una concepción dualista del injusto (también en el intentado), por lo que se considera que lo relevante en la tentativa es la peligrosidad objetiva *ex ante* de la acción para el bien jurídico protegido. Sobre este asunto, vid. BARDAVÍO ANTÓN, C., "Fundamento de punibilidad de la tentativa: A la vez consideraciones sobre la punibilidad de la tentativa inidónea", *ADPCP*, Vol. LXXV (2022), pp. 450-457.

213 En este sentido y remarcándolo como Jurisprudencia consolidada: STS 635/2019, 20-12 *(Tol 7673748)*; STS 887/2021, 11-3 (*Tol 8630553*); SAN 13/2021 *(Tol 8501526)*, 21-6; STS 3508/2022, 22-9; STS 2588/2022, 22-6.

Aunque también se encuentran pronunciamientos en otro sentido: la STS 689/2014, 21-10 (*Tol 4567291*), declaró que "(...) si ya hubiera comenzado la ejecución por medio de actos dirigidos a la adquisición de la sustancia, a través de una actividad unívoca y próxima que habría de conducir a la tenencia de la droga de continuar hasta su final sin interrupción, nos hallaríamos ante una tentativa inacabada; por ejemplo, cuando ya se ha iniciado el traslado de los adquirentes al lugar donde la droga habría de entregarse y ello no se consuma porque la policía detiene antes a los vendedores de la mercancía que así queda ocupada (...)". O la STS 635/2019, 20-12 (*Tol 7673748*): "en el presente caso se ha declarado probado que el día 23 de marzo de 2015 el agente encubierto "Corsario" recibió una llamada de Aurelio, persona que dirigía la operación, en el que le decía que "habían surgido problemas en Holanda, pues al parecer la policía había detenido a un socio suyo de allí y había desmantelado un laboratorio, por lo que era mejor regresar a Madrid y esperar a que todo se tranquilizase para evitar correr riesgos en la recepción y traslado de la sustancia estupefaciente". Esa fue la razón por la que el hoy recurrente y el agente encubierto regresaron a Madrid y dieron poner fin al viaje y a la ilícita operación. A partir de estos datos no cabe sino concluir que los autores iniciaron la ejecución del hecho y lo dieron por concluido sin desarrollar el plan previsto, sin llegar al lugar en que estaba la droga y sin tomar contacto con la misma. La operación se concluyó en una fase embrionaria y, como señala la sentencia impugnada acogiendo las tesis del Ministerio Público, en el momento en que se dio por finalizada la operación no hubo contacto o disponibilidad de la droga ya que, por causas ajenas a su voluntad y por medidas de seguridad, decidieron dar por concluida la operación. En este caso puede calificarse la tentativa de inacabada ya que no se llegaron a ejecutar todos los actos planeados y que deberían dar lugar a la consumación del delito antes de su forzada interrupción...". La sentencia decide mantener el pronunciamiento de instancia, que rebaja la condena sólo en un grado, pues: "no se rebaja la pena en dos grados en atención a la relevancia y multiplicidad de las acciones ejecutadas por el condenado, quien no sólo asumió el papel de transportista de la droga sino también el de supervisor en la adquisición del vehículo que se pretendía conducir hasta Holanda. Los diversos y relevantes actos ejecutados para el desarrollo del plan así como la proximidad con la consumación, que se habría producido en los días subsiguientes, con la ocupación de la droga y el inicio del transporte propiamente dicho, justifican la penalidad impuesta"[214].

Por otra parte, la Jurisprudencia ha considerado que en aquellos casos donde terceros acuden a la costa al desembarque de la droga para su traslado por tierra podrán apreciarse la tentativa cuando son interceptados bajo una operación controlada[215].

3.2.4. Otras conductas de favorecimiento, promoción o facilitación

Un último grupo de supuestos que la Jurisprudencia ha considerado delictivos a efectos del artículo 368 CP, como favorecimiento o facilitación del consumo de drogas, son aquellos casos en los que un sujeto hace a otro consumir drogas, sin su conocimiento o con su oposición directa: 1) "Caso guardería": suministra benzodiazepinas (alprazolam) a niños menores de un año en una guardería[216]; 2) "Caso del secuestro": se suministran benzodiazepinas (clonazepam) a un secuestrado para mantenerlo sedado[217]; 3) "Caso trabajadoras del sexo (I)": pese a sus negativas expresas al consumo de drogas, el cliente decide echar en sus copas, de manera subrepticia, cocaína y éxtasis[218]; 4) "Caso trabajadoras del sexo (II)": el sujeto acaba con la vida de varias víctimas después de proceder a introducirles por vía vaginal y anal grandes cantidades de cocaína de extraordinaria pureza, sin el consentimiento de las mismas para estas prácticas concretas y en esas dosis[219].

Todos estos casos tienen en común el suministro de drogas a terceros, pero no con la intención de difundir la práctica del consumo

---

214 También se encuentra algún pronunciamiento minoritario que castiga por tentativa (delito frustrado) cuando hay recogida de un paquete mediando una entrega controlada: cfr. STS 1321/1997, 4-11 (*Tol 5136791*).

215 STS 241/2009, 13-3 (*Tol 1486844*). Similar pronunciamiento se produjo en la STS 7385/1995, 27-2 (*Tol 5103798*), en la que la operación de desembarque también controlada, produjo la condena como delito consumado para los conductores de la lancha cargada con droga, pero en tentativa para aquellos que esperaban en costa para el desembarque.

216 STS 409/2013, 21-5 *(Tol 3752972)*.

217 STS 469/2015, 30-6 *(Tol 5391081)*.

218 SAP A Coruña 110/2018 28-9 *(Tol 6917331)*.

219 SAP Valencia 440/2022, 1-9 *(Tol 9223100)*.

de drogas, sino para otros fines que nada tienen que ver con la persecución internacional del tráfico de drogas en la que tiene causa el artículo 368 CP. En este sentido, el hecho de utilizar sustancias psicotrópicas como “arma” contra una víctima concreta parece difícilmente encajable en las expresiones de promoción, favorecimiento o facilitación del consumo ilegal. Los anteriores comportamientos relatan agresiones a bienes jurídicos individuales, no colectivos, y si el legislador quisiera castigar este tipo de comportamientos debería tipificar un nuevo delito de peligro contra la salud individual. Por el momento, estas actuaciones encajarían mejor en las coacciones (en el caso de administrar la droga con violencia), las lesiones, o directamente, el asesinato u homicidio; quedarían por tanto impunes los comportamientos de suministro involuntario de droga que no fueran violentos y no tuvieran capacidad para producir lesión en la salud individual, salvo que pudieran considerarse dentro de los delitos contra la integridad moral.

De esta opinión (minoritaria en la Jurisprudencia) es la sentencia del caso del secuestro (2): “el delito de tráfico de drogas allí tipificado exige que las conductas subsumibles en los múltiples verbos típicos (cultivar, elaborar, traficar, promover, favorecer o facilitar el consumo ilegal) tiene un indudable componente de aliorrelatividad, en el sentido de que la acción del sujeto se dirige, de manera más o menos directa, a un comportamiento de recepción, gratuita u onerosa, por parte de otro sujeto, cuyo consumo se fomenta, cuando no se provoca, de modo tal que es la salud pública el bien jurídico protegido conjurándose su daño, no tanto en cuanto originado por el comportamiento de aquel que puede ver padecer la suya, sino por la promoción del daño que supone la actuación del sujeto autor. Como esa relación al otro, en cuanto activo partícipe en el desencadenamiento, más o menos inmediato, del riesgo para su salud no existe por el mero hecho de llevar a cabo una administración de determinadas sustancias, a pesar de que éstas contienen principios activos tóxicos (incluidos en los listados de drogas tóxicas de internacional confección) no se tipifica en el artículo 368 sino, a falta de toda previsión de recepción voluntaria de un tercero, en el correspondiente delito que proteja la salud individual o la integridad física de aquel al que, compeliéndole para conjurar su resistencia, se le suministra. Acto que no es de tráfico sino de agresión, pudiendo constituir figuras delictivas no incluidas en la acusación".

Sin embargo, el resto de las sentencias mencionadas apuntan en el sentido contrario, considerando completamente aplicable el artículo 368 CP, en su modalidad de "facilitar". Así en el caso (3) trabajadoras del sexo (I), la sentencia afirma que "la acción supone la difusión de una práctica social peligrosa para la comunidad por el deterioro que puede causar en la población (suministro clandestino de drogas a dos personas con los problemas que ello puede suponer para las mismas en cuanto a su salud y en relación creación, recaída y refuerzo de posibles adiciones). Y no solo ha tenido una aptitud generadora de peligro, sino que ha causado daño físico a dos personas". En el caso (3) trabajadoras del sexo (II), se indica que la petición de "fiestas blancas" promueve el consumo de estupefacientes.

Por lo que respecta al caso (1) de la guardería, se afirma que "se trata de una conducta que constituye una forma de difusión del consumo de drogas tóxicas, que la norma quiere evitar atacando, precisamente, toda manifestación individual de comportamiento que acumulativamente llegarían a poner en peligro real la salud de muchas personas. (...) Es por tal que conductas cuya peligrosidad individual solo tienen carácter marginal, son también peligrosas para la vigencia de la norma, cuando se permite su generalización y acumulación". En el caso se administraron, por cierto, cantidades por debajo de la dosis mínima psicoactiva, pues se trataba de niños menores de un año y el fin perseguido no era provocar la muerte de los sujetos sino solo su aturdimiento. De esta manera, la Sentencia decide aplicar el 368 CP pero no el 369.1.4ª CP, subtipo agravado por suministro a menores, porque entiende que, si esta acción es típica a pesar de no superar los mínimos psicoactivos, es precisamente, porque son menores de corta edad. Por ello estima que aplicar la agravación sería un supuesto de *bis in ídem*: "es claro que la tipicidad tiene lugar por la especial consideraron como menores de los destinatarios del fármaco, luego si además se aplicare el subtipo agravado, el mismo hecho seria objeto de una doble consideración penológica". Mismo argumentario se encuentra en la STS 1426/2004, 13-12 (*Tol 564829*), por suministrar golosinas que contenían THC (en cantidades por debajo de la dosis mínima psicoactiva) a menores de edad[220].

3.3. Posesión

La amplísima tipificación de comportamientos punibles se cierra con la mera tenencia de drogas, estupefacientes o psicotrópicos cuando la finalidad sea su transmisión a terceros[221]. Es en esta modalidad donde se observa con mayor claridad la existencia de un elemento subjetivo adicional al dolo: el tipo penal expresa "*las posean con aquellos fines*", esto es, se responde penalmente por la posesión de drogas tóxicas, estupefacientes o sustancias psicotrópicas siempre que su fin sea promover, favorecer o facilitar el consumo ilegal. Son estos fines que aparecen específicamente redactados en el tipo los que han dado lugar a una aplicación "restrictiva" (que en realidad no es restrictiva sino gramatical) de la modalidad de posesión, que resulta únicamente típica si puede probarse que la posesión era paso previo (aunque no tenga porqué producirse) a promover, facilitar o favorecer el consumo ilegal de terceros. Ello quiere decir que la posesión puede tener como destino el tráfico, pero no solo[222].

---

220 Por otra parte, también podrían citarse aquí aquellos casos que sin promover, favorecer o facilitar directamente el consumo ilegal, auxilian a quien ejecuta los verdaderos actos típicos conforme al citado artículo 368 (vid. p. ej., STS 3990/2022, 27-10 [*Tol 9291632*]). Así ocurre en ocasiones con aquellos que acompañan o indican a otros dónde pueden obtener estupefacientes. Se estudiarán en epígrafes posteriores como actos considerados como complicidad por la Jurisprudencia. En algunos de ellos puede observarse cierta dualidad: en unas ocasiones, ciertos comportamientos son considerados participación en el delito de otro, y en otras, esos mismos comportamientos se castigan a título de autoría (de un delito autónomo de facilitación). La Jurisprudencia ha utilizado el término "favorecimiento del favorecedor" para hacer referencia a aquellos favorecimientos secundarios que pueden ser considerados como complicidad.

221 Puede comprobarse, una vez más, el "propósito totalizador del legislador a la hora de perseguir el consumo de drogas tóxicas". SUÁREZ-MIRA RODRÍGUEZ, C., cit., p. 577.

222 Véase, por ejemplo, la STS 723/2017, 7-11 *(Tol 6436360)*, donde se condena a dos consumidores habituales que guardaban en su domicilio parte de las drogas (y también dinero resultante de las ventas) de un distribuidor, a cambio de recibir un trato de favor a la hora de comprar para su consumo.

Por tanto, en esta modalidad se observa un elemento objetivo —que exige la tenencia o posesión de la droga—, y uno subjetivo o tendencial —que es la preordenación al tráfico o su transmisión a terceros—[223], lo que claramente permite considerarlo un delito de tendencia[224]. Este elemento subjetivo o tendencial plantea problemas de prueba, pues no es susceptible de constatación física; no obstante, no se trata de un problema exclusivo de los delitos contra la salud pública, sino de los elementos subjetivos en general, pues como señala PEDREIRA GONZÁLEZ: "no podemos introducirnos en la mente de los demás, sino que [su prueba] ha de obtenerse de circunstancias exteriores y verificables, (...) y no por ello se relajan tanto las exigencias probatorias como en materia de drogas"[225].

Dadas las dificultades que entraña la prueba de este elemento subjetivo, la Jurisprudencia ha creado toda una batería de presunciones en relación con la denominada "posesión para tráfico". De esta manera, la STS 724/2014, 13-11 (*Tol 4550872*), afirma: "Debemos recordar que el propósito con que se posee una determinada cantidad de droga, en los supuestos normales en que el mismo no es explicitado por el poseedor, es un hecho de conciencia, que no puede ser puesto de manifiesto por una prueba directa sino sólo deducido de la constelación de circunstancias que rodean la tenencia, de manera que es una deducción o inferencia del juzgador, lo que permite afirmar, en orden a la consideración del hecho como típico o atípico, que él presunto culpable se proponía traficar con la droga, o por el contrario consumirla"[226].

---

223 Con esta terminología: NÚÑEZ PAZ, M. A., GUILLÉN LÓPEZ, G., cit., p. 99.

224 SUÁREZ-MIRA RODRÍGUEZ, C. cit., p. 578.

225 PEDREIRA GONZÁLEZ, F., cit.

226 En este mismo sentido, véase la STS 724/2014, 13-11 *(Tol 4550872)*: "El propósito (...) solo deducido de la constelación de circunstancias que rodean la tenencia"; o la STS 328/2014, 28-4 *(Tol 4280978)*: "con respecto a la concurrencia del elemento subjetivo del tipo de la finalidad de facilitar a terceros las sustancias estupefacientes, este animo tendencial que en la posesión de droga se exige para considerarla delictiva es un elemento subjetivo, cuya probanza puede venir de la mano de una prueba directa, como sucede en los casos de confesión del propio sujeto, o testigos que compraron la sustancia prohibida o la vieron ofrecer en venta o de cómo conocieron tal intención de entrega a terceros y así lo declaran. Sin embargo, lo más frecuente es que tales pruebas no existan y se acuda al mecanismo de la prueba indirecta o de indicios, por medio de la

En cualquier caso, la finalidad o el destino de la droga poseída nunca puede presumirse en contra del acusado, pues de no haber en la causa prueba suficiente (aunque esta tenga que ser indiciaria) para desvirtuar la presunción de inocencia, deberá considerarse que la droga se poseía para el consumo propio. No obstante, aunque el Tribunal Supremo es constante en repetir la necesidad de obrar en este sentido, no son pocos los pronunciamientos en los que parece recaer sobre el acusado la carga de demostrar que la droga tenía como finalidad satisfacer su consumo propio, o cualquiera de los otros fines atípicos.

Los indicios que la Jurisprudencia maneja para considerar que la tenencia estaba destinada a su distribución a terceros parecen repetirse frecuentemente en diversos pronunciamientos judiciales, lo que permite considerarlos criterios ya consolidados.

Así, las SSTS 891/2010, 28-9, y STS 609/2008, 10-10 (*Tol 1401647*), señalan como criterios que permiten deducir que la tenencia es para ulterior facilitación: la cantidad, pureza y variedad de las sustancias, las modalidades de la posesión o forma de presentarse la droga, el lugar en que se encuentra la droga, la tenencia de útiles, materiales o instrumentos para la propagación, elaboración o comercialización, la capacidad adquisitiva del acusado en relación con el valor de droga, la ocupación de dinero en moneda fraccionada, la forma de reaccionar ante la presencia policial, el intento disimulado de deshacerse de ella o de ocultarla. Por su parte, la STS 328/2014, 28-4 (*Tol 4280978*), añade también "la falta de acreditamiento de la previa dependencia [del acusado], entendiendo de lo más significativo la no constancia de la adicción al consumo de drogas (...) e incluso se ha aludido en alguna ocasión a las circunstancias o características personales del acusado, capacidad adquisitiva y forma de vida en relación a los ingresos acreditados".

En efecto, muchas sentencias afirman la necesidad de constatar que el sujeto sea consumidor a la hora de plantear que la tenencia pueda ser para su consumo, pero ello no basta para presumir que todas las sustancias que se hallan en su poder están destinadas úni-

---

cual, a través de ciertos hechos básicos plenamente acreditados, por vía de un razonamiento lógico se llega a deducir dicha intención".

camente a tal fin, pues es frecuente que los consumidores trafiquen para financiarse su propia adicción[227].

La cantidad de droga poseída es otro de los indicios a los que la Jurisprudencia le da un peso, en muchas ocasiones, determinante, a la hora de deducir cuál era la finalidad de su tenencia. Así, parece claro que grandes cantidades de producto pueden ser inferencia suficiente para considerar que el único destino viable debe ser la distribución (por ejemplo, una cifra desmesurada de kilos de estupefacientes, hallazgo que no resulta inusual en algunas intervenciones policiales). Pero, dejando a un lado estos supuestos, la cantidad no debería ser el único indicio del que desprender de forma automática el objetivo final de la posesión de la sustancia[228].

A pesar de lo anterior, la Jurisprudencia ha formulado *presunciones dentro de las presunciones* para determinar cuándo la cantidad de droga incautada al sujeto puede ser compatible con el consumo periódico de un usuario, utilizando para ello lo que se ha venido a denominar

---

227 Véase, en este sentido, la STS 384/2005, 11-3 *(Tol 622926)*, o la STS 288/2017, 20-4 *(Tol 6067132)*: "Ahora bien, la cuestión del destino de la sustancia sólo puede ser objeto de controversia si el tenedor de la misma es consumidor, debiendo inferirse de ella su destino o no al autoconsumo, mientras que cuando se trata de no consumidores en principio debe deducirse su destino al tráfico (SSTS 1003/2002 de 1 de junio, 1240/2002 de 3 julio) (...)". En efecto la tenencia de droga por un no consumidor resulta típica, dado que la misma no puede estar destinada al autoconsumo y es, en sí misma generadora del peligro abstracto de difusión de la droga que la norma quiere evitar (SSTS 129/2003 8-2; 207/2003, 10-7 *[Tol 4921202]*); también la STS 328/2014, 28-4 *(Tol 4280978)*: "la jurisprudencia tiene declarado que el ser consumidor no excluye de manera absoluta el propósito de traficar y aun en los casos de que el tenedor de la sustancia estupefaciente sea consumidor, debe ponderarse en la medida en que la droga aprehendida exceda de las previsiones de un consumo normal y así ha venido considerando que la droga está destinada al tráfico, cuando la cuantía de la misma exceda del acopio medio durante 5 días".

228 La valoración de si la cantidad está destinada al tráfico es un juicio de inferencia que puede revisarse en casación. Así lo afirma reiteradamente la Jurisprudencia: "una deducción que el tribunal realiza desde los elementos objetivos acreditados respecto a los que el tribunal encargado del conocimiento de la revisión debe comprobar que la inferencia, la deducción es lógica y racional" (STS 1142/2001, 12-6).

como *días de acopio* o dosis media de consumo[229]. De esta manera, se multiplica la cantidad media que se presume que un consumidor necesitaría a diario por un número de días próximo (de tres a cinco, dependiendo de las circunstancias del caso). La cantidad media diaria de cada estupefaciente aparece ya calculada por el Instituto Nacional de Toxicología, y fueron incorporadas por el Pleno no Jurisdiccional del Tribunal Supremo de 19 de octubre de 2001.

Cuadro de previsión de consumo de las principales sustancias tóxicas objeto de tráfico de drogas

SUSTANCIA TÓXICA	HEROÍNA	COCAÍNA	HACHÍS	LSD	MDMA
Previsión (3-5 días de consumo)	3 grs.	7,5 grs.	25 grs.	0,003 grs.	2, 4 grs.

SUSTANCIA TÓXICA	MARIHUANA	ANFETAMINAS	METANFETAMINAS	MDEA/MDA
Previsión (3-5 días de consumo)	100 grs.	0,9 grs.	0,3 grs.	2,4 grs.

Fuente: Instituto Nacional de Toxicología (Revisado a 1 de agosto de 2021. Para consultar la tabla completa de sustancias: https://pnsd.sanidad.gob.es/ciudadanos/legislacion/delitos/pdf/20210730_INTF_dosis_minimas_psicoactivas_trafico_de_drogas.pdf

Estas estimaciones relativas a las cantidades que se consideran "normales" para un autoconsumo medio no son, obviamente, vinculantes para los tribunales, que pueden y deben combinar ese indicio con tantos otros que puedan aparecer en el caso concreto[230]. En

229 Podrá tenerse en consideración también la pauta de consumo del poseedor, pues no manejan las mismas cantidades el consumidor esporádico que el consumidor diario o gran consumidor. La STS 328/2014, 28-4 *(Tol 4280978)*, menciona "la pauta de consumo del detentador" como uno de los datos a valorar.

230 Cfr. STS 288/2017, 20-4 *(Tol 6067132)*: "este criterio, el del exceso de las necesidades del autoconsumo, es meramente orientativo y muy discutible y de dudosa eficacia si se quiere implantar de modo genérico. No cabe, consecuentemente, considerar que la detentación de una determinada cantidad de sustancia tóxica, evidencia, sin más su destino al tráfico, pues se hace preciso comprobar en cada caso concreto las circunstancias concurrentes. Entre ellas, el lugar de la

todo caso, presumir que lo que excede de la cantidad de cinco días de consumo "ordinario" está destinado al tráfico promueve un contacto continuo del consumidor con el mercado ilegal, obligándole a comunicarse con su distribuidor entre cuatro y cinco veces al mes si quiere evitar problemas con la justicia penal. Ello parece, desde luego, contrario no solo al sentido común, sino también a los fines que las normas antidrogas debieran estar llamadas a cumplir.

Estas presunciones parecen aún menos aceptables cuando se dan determinadas circunstancias en el caso concreto: por ejemplo, si el consumidor está de viaje o se ha desplazado por otro motivo, perdiendo los contactos habituales de la distribución; o si se trata de consumo en un centro penitenciario, donde la posibilidad de acceder a las drogas es menor y, habitualmente, no se sabe cuándo van a producirse de nuevo las condiciones que permitan obtener nuevas cantidades de estupefacientes (un vis a vis, un permiso de salida…)[231].

---

detención, la distribución de la sustancia, las pautas de consumo del detentador, etc. a través de las cuales declarar razonable su destino al tráfico basado en la mera ocupación de la sustancia. Como decíamos en la STS. 1262/2000 de 14.7: 'La cantidad de droga poseída es un elemento para la prueba del elemento subjetivo del delito, esto es el ánimo de destinarla al tráfico, pero no el elemento subjetivo del delito, pues si fuera así bastaría con la comprobación de que la cantidad detentada superaba el baremo legal que permite su acreditación' (…). Consecuentemente puede concluirse en relación a la cantidad de droga ocupada, que debe excluirse que pueda apreciarse de un modo automático su destino al tráfico cada vez que se comprueba la tenencia de una cantidad más o menos similar a la fijada por la jurisprudencia, por cuanto tal entendimiento supondría, en realidad una modificación del tipo objetivo del delito extendiendo a supuestos de tenencia de determinadas cantidades, lo que en realidad implicaría una verdadera extensión analógica del tipo penal, ya que lo que la Ley incrimina es la tenencia para el tráfico, no la tenencia de una determinada cantidad, aunque sea para el propio consumo. Por ello, siendo el fin de tráfico un elemento del tipo debe quedar tan acreditado como cualquier otro, sin que pueda deducirse mecánicamente de una cantidad que aparentemente excede del propio consumo". En este mismo sentido cfr. SSTS 492/1999, 26-3 *(Tol 5134510)*; 2371/2001, 5-12 *(Tol 4976049)*; 900/2003, 17-6 6 *(Tol 4926558)*; STS 328/2014, 28-4 *(Tol 4280978)*.

231 Sin embargo, la STS 288/2017, 20-4 *(Tol 6067132)*, condena a un interno en un centro penitenciario por poseer heroína para aproximadamente 25 días (según las cantidades que ofrece el Instituto de Toxicología).

Dado el tenor literal y la ubicación sistemática del precepto, debe considerarse atípica a tenor de lo dispuesto en el artículo 368 CP la posesión de precursores u otros elementos que no sean drogas (p. ej., semillas o acetona para la elaboración de cocaína), pudiendo remitirse su sanción a los delitos del art. 371 CP, o bien a los actos preparatorios o tentativas de las modalidades de cultivo o elaboración.

Con respecto al conocimiento del sujeto, éste debe saber que posee drogas: en caso contrario deberá aplicarse el error de tipo, que dará como resultado, en cualquier supuesto (vencible o invencible), a la ausencia de responsabilidad penal, pues no se ha tipificado el tráfico de drogas imprudente. No obstante, la Jurisprudencia es reacia a la aplicación del error de tipo. En los casos donde existen dudas sobre el conocimiento del autor, los Tribunales suelen recurrir a la construcción de la ignorancia deliberada. Ello no es, *per se*, contrario a la presunción de inocencia, siempre que esta sea una verdadera inferencia lógica de los hechos del caso. El problema se presenta cuando la no apreciación del posible error se convierte en una cuestión casi automática, haciendo recaer sobre el acusado la carga de probar fehacientemente su inocencia[232].

Cabe recordar una vez más las dificultades de aplicar el artículo 368 CP en grado de tentativa: la posesión es una muestra más de ello, pues convierte lo que es un acto previo a la distribución en un delito autónomo. Tanto la Doctrina como la Jurisprudencia se preguntan si es posible apreciar esta modalidad de posesión en tentativa: MUÑOZ CONDE[233] acepta esta posibilidad excepcionalmente, como hace la STS 362/2011, 6-5 (*Tol 2124044*), en aquellos casos en que se intenta adquirir la tenencia para el tráfico, pero no se logra por razones ajenas a la voluntad del autor. Estos comportamientos, en realidad, encajan mejor en la modalidad de facilitación, tratándose, en ese caso, de delitos consumados (siempre y cuando, como se apreciaba en el apartado anterior, haya —al menos— disponibilidad potencial de la droga[234]).

---

232 Véase, *infra*, sobre el tipo subjetivo.

233 MUÑOZ CONDE, F., cit., p. 650.

234 Vid. sobre la posesión de armas, pero trasladable a este campo: HAVA GARCÍA, E., cit., pp. 97-98: "además de la necesaria voluntad de poseer y un mínimo de conciencia en relación con la cosa poseída (como estándar subjetivo mínimo), 'el ejercicio de control personal del poseedor sobre el objeto' debe considerarse

La tipicidad se conforma, por tanto, con la posesión mediata: de lo contrario podrían quedar impunes los destinatarios finales (los distribuidores para el consumidor final) mientras no las poseyeran efectivamente. En cualquier caso, esos destinatarios o distribuidores finales podrían ser castigados como autores de otras modalidades[235].

En el caso del servidor de la posesión en los supuestos de "bolsa común" (grupo de consumidores que constituyen un fondo común para la adquisición de drogas, designando a uno de ellos como encargado de la compra) resultará atípica esa posesión, pues los demás son poseedores mediatos de sus cantidades para propio consumo, que utilizan al comprador como mero instrumento del ejercicio de la posesión. No así cuando se trata de servidores de la posesión para tráfico[236].

Por lo demás, cabe apreciar la coposesión, pero siempre que esté acreditada. Así, no se considera de este modo la mera convivencia, cuando no existen más datos que permitan para la atribución de responsabilidad penal a todos los convivientes[237].

4. AUTORÍA Y PARTICIPACIÓN

El artículo 368 CP, al ampliar el círculo de comportamientos punibles con la expresión *"[los que]de otro modo promueven, favorezcan o faciliten"*, logra que cualquier conducta de asistencia al narcotráfico deba ser penalizada a título de autoría, cercenando —en principio— las posibilidades de actuar como partícipe en el delito de otro y, por tanto, de aplicar la pena inferior en grado, tal y como permite el artículo 63 CP.

---

elemento constitutivo de todo delito de posesión, lo que requerirá la constatación de un control real, no bastando a tales efectos uno meramente potencial". Ya específicamente sobre posesión para tráfico, cfr. RAMÓN RIBAS, E., cit.: "en los supuestos de tenencia para el tráfico únicamente es apreciable la tentativa cuando el acusado no ha llegado ni a tener la disponibilidad potencial de la droga; cuando no ha estado ni en su posesión mediata, ni inmediata".

235 Así esos distribuidores finales, que aún no poseen la droga, pero lo harán próximamente, encajarían con mayor fidelidad en la modalidad consumada de favorecimiento que en una tentativa de posesión.

236 Véase, por ejemplo, la STS 723/2017, 7-11 *(Tol 6436360)*, que condenó a dos consumidores habituales que guardaban sustancias estupefacientes a cambio de un trato de favor en la venta para su consumo.

237 STS 199/2011, 30-3 (*Tol 087983*).

4.1. Complicidad, inducción y cooperación necesaria

La Jurisprudencia ha tomado nota de la senda marcada por el legislador, afirmando en numerosas sentencias que en el delito de tráfico de drogas "al ser un delito de mera actividad, de resultado cortado, o de consumación anticipada, además de un delito de peligro abstracto, rige una descripción extensiva del concepto de autor que abarca a todos los que realizan actos de favorecimiento para el tráfico y que, en principio, excluiría las formas accesorias de la participación"[238].

Sin embargo, ello no ha resultado en una completa inoperatividad del artículo 29 CP en este delito contra la salud pública. Más bien al contrario, los tribunales han afirmado que nada obsta para la posible apreciación de la complicidad, que aplican, eso sí, de forma excepcional. De este modo, la norma general lleva a que cualquier comportamiento que auxilie al tráfico de drogas o que, en definitiva, ayude a la difusión del consumo ilegal de estupefacientes, sea castigado a título de autor en la modalidad de facilitación, favorecimiento o promoción. La excepción se dará, por tanto, en aquellos auxilios mínimos o de segundo orden, que no están dirigidos directamente a "facilitar el consumo" sino a facilitar la comisión delictiva de un tercero que sí está "promoviendo, favoreciendo o facilitando el consumo". Es lo que la Jurisprudencia ha tenido a bien llamar la doctrina del "favorecimiento del favorecedor"[239]. No obstante esta doctrina resulta inaplicable a aquellos que estén integrados como miembros de una organización delictiva[240]. La doctrina del

---

238 STS 692/2019, 11-3 (*Tol 7995941*). SUÁREZ-MIRA se hace eco de esta consideración jurisprudencial, aunque matiza que más que un concepto extensivo de autor se trata de un concepto unitario del mismo. SUÁREZ-MIRA, C., cit., p. 580.

239 Cfr. STS 692/2019, 11-3 (*Tol 7995941*): "La jurisprudencia de esta Sala ha identificado que el favorecimiento o facilitación del tráfico prohibido determina la responsabilidad por este delito, si bien, de manera excepcional, hemos reconocido formas accesorias de participación en supuestos de colaboración mínima, esto es, cuando se realizan conductas auxiliares de segundo orden en beneficio del verdadero traficante. El favorecimiento al favorecedor del tráfico, mediante la aportación de conductas complementarias, subordinadas y de poca entidad respecto de la acción principal, cuando el partícipe conoce el destino de su colaboración pero no se encuentra vinculado al negocio de la droga, permite contemplar una participación en grado de complicidad".

240 Así continúa la misma sentencia: "No obstante, una cosa es que alguien pueda actuar cumpliendo encargos y al servicio de otros, sin ocupar un escalón direc-

"favorecimiento del favorecedor" está ampliamente consolidada en la Jurisprudencia[241].

No obstante, en muchas ocasiones resulta difícil distinguir aquellas actuaciones que son secundarias o accesorias a una facilitación, de las que constituyen ya propiamente una facilitación, lo que provoca resultados diferentes ante comportamientos iguales o de entidad semejante. No sin razón, ello ha sido criticado por la Doctrina[242]. Como ya se vio en el apartado relativo a los comportamientos de facilitación, promoción y favorecimiento, aquellos que llevan a cabo actos

---

tivo sino auxiliar o de mero peón, y otra muy distinta es que en las actuaciones conjuntas y concertadas con pluralidad de partícipes se esté obligado a separar a los principales (para considerarles autores) de los subalternos, considerándose a estos cómplices pese a que su contribución objetivamente implique actos que el artículo 368 considera de autoría por facilitar o favorecer el tráfico y el consumo ilegal de drogas". Pero esto no quiere decir que la "promoción, favorecimiento o facilitación" se pueda apreciar únicamente en aquellos comportamientos de personas integradas en organizaciones delictivas: "La jurisprudencia de esta Sala ha identificado que el favorecimiento o facilitación causal del tráfico prohibido determina la responsabilidad por este delito, identificando como supuestos de coautoría, no solo las participaciones en actuaciones abordadas desde una organización delictiva, sino también los actos de posesión, guarda o almacenaje de la droga para su ulterior venta; los de promoción o financiación de su adquisición; los de organización del tráfico; los de vigilancia de los alijos; los de entrega, recepción u ocultación de la droga; los de transporte o de descarga de los alijos; o los de manipulación de las sustancias que van a destinarse al tráfico. Entre estos comportamientos de facilitación causal, la jurisprudencia de esta Sala considera también una actuación principal configuradora de la responsabilidad en concepto de autor, a quienes participan en el desarrollo de la actividad delictiva asumiendo funciones de simple intermediación entre partícipes en el comercio ilícito, así como a los que ponen en contacto a compradores y vendedores (SSTS 346/08, de 12 de junio o 573/12, de 28 de junio, entre muchas otras), además de las actuaciones de vigilancia, cuando hay concierto para la actuación en el ilícito criminal y una distribución de funciones, entre ellas la vigilancia para prevenir las dificultades derivadas de una intervención policial (STS 154/07, de 1 de marzo)".

241 Véase así: STS 3990/2022, 27-10 (*Tol 9291632*); STS 635/2019, 20-12 *(Tol 7673748)*; STS 520/2022, 26-5 *(Tol 9002511)*; o STS 887/2021, 11-3 (*Tol 8630553*). Los pronunciamientos en este sentido se remontan hasta el año 2002: SSTS 1036/2003, 2-9 *(Tol 452884)*; 93/2005, 31-1 *(Tol 591061)*; STS 115/2010, 18-2 *(Tol 1788401)*; 473/2010, 27-4 (*Tol 1878817*); STS 1115/2011, 17-11 *(Tol 2341934)*; y 207/2012, 12-3 *(Tol 2507802)*.

242 En este sentido MONTERO LA RUBIA, F. J., cit., pp. 41-42.

de vigilancia suelen ser castigados como autores de un delito del 368 CP en su modalidad de facilitación. Sin embargo, algunas resoluciones condenan por complicidad: es el caso de la STS 1276/2009, 21-12 (*Tol 1762105*), en el que un sujeto ejercía funciones de vigilancia en una plaza donde otro se dedicaba a la venta al menudeo, para avisarle si se acercaba alguna patrulla policial. Normalmente, los casos de vigilancia que se castigan como autoría suelen ser aquellos donde un sujeto vigila un cargamento de droga alojado en algún lugar, o hace de "escolta" de quienes están transportando drogas. En realidad, ambos tipos de comportamientos facilitan, promueven o favorecen el consumo ilegal y podrían ser castigados a título de autoría sin mayor problema, dada la redacción del artículo 368 CP, a pesar de ser actuaciones de auxilio en la comisión delictiva de otro/s, que en la mayoría de los casos no debieran siquiera calificarse como cooperaciones necesarias.

Pero como indica MUÑOZ CONDE, "la jurisprudencia se mueve aquí más por principios de proporcionalidad y de necesidad de pena, que por consideraciones estrictamente dogmáticas"[243]. Esto es, se permite aplicar la complicidad basándose en cuestiones de justicia material, "en los supuestos de mínima importancia o relevancia de la aportación de un partícipe a la aplicación analógica *in bonam partem* del art. 29 del C. Penal"[244]. Es por ello que RAMÓN RIBAS considera que "todos los actos calificados como complicidad por nuestros jueces son actos de favorecimiento, facilitación o promoción (…) por lo que ha sido una doctrina absolutamente voluntarista y excepcional (…) la que ha permitido atenuar, en determinados casos, las graves penas"[245]. SÁNCHEZ TOMÁS, sin embargo, afirma que son verdade-

---

243 MUÑOZ CONDE, F., cit., p. 650.

244 STS 468/2020, 23-9 *(Tol 8096526)*.

245 RAMÓN RIBAS, E., cit., p. 1045. Aun así, el autor es crítico con los pronunciamientos condenatorios por complicidad: "Resulta loable la aceptación jurisprudencial de la complicidad en los delitos de tráfico de drogas por razones de justicia material, esto es, para evitar considerar autor a quien contribuyo con una aportación de naturaleza secundaria, ello no debe impedir, que se exija en todo caso que dicha aportación sea útil, eficaz, es decir, que favorezca o facilite la ejecución del delito de modo significativo. (…) Si la conducta de quien participa es, desde una perspectiva, objetiva, absolutamente insignificante, debe estimarse penalmente atípica". Véase también la p. 1048.

ros actos de complicidad, pues "el mero acompañamiento, facilitar dinero o información donde puede obtenerse la sustancia, etc., son conductas que favorecen el consumo ilegal, pero no constituyen el núcleo de la prohibición, pues son tan solo meras aportaciones relevantes para la conducta del autor"[246].

En definitiva, en los casos de asistencia al menudeo, la Jurisprudencia estima, por lo general, que la respuesta penal es demasiado exacerbada. Pero no así cuando la asistencia se realiza a escalas intermedias del narcotráfico[247].

Para salvar las dificultades que suscita la apreciación de otras formas de participación distintas a la de autoría en el delito de tráfico de drogas, la Jurisprudencia ha intentado establecer un listado de las conductas que pueden dar lugar a responsabilidad a título de cómplice; listado que se repite en todos los pronunciamientos donde se discute la posibilidad de aplicación de la complicidad, bien sea para negar o para confirmar su apreciación. Esta lista puede verse, por ejemplo, en la STS 3990/2022, 27-10 (*Tol 9291632*): "A modo simplemente enunciativo se han considerado como supuestos de complicidad los siguientes: a) el mero acompañamiento a los compradores con indicación del lugar donde puedan hallar a los vendedores; b) la ocultación ocasional y de poca duración de una pequeña cantidad de droga que otro poseía; c) la simple cesión del domicilio a los autores

---

246 SÁNCHEZ TOMÁS, J. M., *Derecho de las drogas y las drogodependencias*, cit., p. 130.

247 Confrontar, por ejemplo, con la STS 851/2022, 27-10 *(Tol 9291632)*, que condena como autores de un delito del 368 CP en la modalidad de facilitación con los siguientes hechos probados: "En este caso se declara que el recurrente realizó labores de vigilancia en la operación de recepción del cargamento de droga. La sentencia describe la conducta en los siguientes términos: 'A lo largo de esa noche, los también acusados Millán conduciendo el Renault Megane matricula GYD e Justiniano, conduciendo el Renault Megane matrícula FWC, desplazados a las inmediaciones de la nave, realizaron labores de vigilancia a fin de detectar y avisar de la posible presencia policial'". Sigue la sentencia: "Partiendo de estos criterios, las labores de vigilancia han sido consideradas actos de 'tráfico', en cuanto centrales y necesarios en el caso concreto para la materialización de la operación de comercio ilegal que estaba en curso de realización (STS 37/2008, de 25 de enero). La vigilancia para evitar el control y presencia policial no puede considerarse una contribución de segundo orden, accesoria o periférica, sino una contribución necesaria para la culminación de la operación desarrollada por los distintos coautores".

por pura amistad para reunirse sin levantar sospechas; d) la labor de recepción y desciframiento de los mensajes en clave sobre el curso de la operación; e) facilitar el teléfono del suministrador y precio de la droga; f) realizar llamadas telefónicas para convencer y acordar con tercero el transporte de la droga; g) acompañar y trasladar en su vehículo a un hermano en sus contactos para adquisición y tráfico; h) la colaboración de un tercero en los pasos previos para la recepción de la droga enviada desde el extranjero, sin ser destinatario ni tener disponibilidad efectiva de la misma (SSTS 312/2007, de 20 de abril; 960/2009, de 16-10; 656/2015, de 10-11; y 292/2016, de 7-4) [...]"[248].

Con respecto al inductor y al cooperador necesario, la Doctrina no encuentra generalmente problemas para su aplicación, en cuanto la respuesta penológica es la misma que para la autoría[249], aunque desde luego ello no quiere decir que en términos estrictos el artículo 368 CP admita estas otras formas de participación en el delito. De hecho, la Jurisprudencia ha afirmado que "todas las formas de favorecimiento o de facilitación del consumo de sustancias estupefacientes

248 Así, puede verse recientemente en STS 887/2021, 11-3 (*Tol 8630553*); STS 812/2021, 26-10 *(Tol 8643083)*; STS 1001/2021, 16-12 *(Tol 8713069)*; STS 375/2021, 5-5 *(Tol 8422142)*; STS 111/2010, 24-2 *(Tol 1798229)*; STS 782/2022, 22-9 *(Tol 9251986)*, que añade dos supuestos más: "A ellas podemos añadir la sustitución puntual en alguna entrega a quien realiza de manera periódica la actividad de venta y mantiene el control sobre la misma, que es el caso apreciado en la STS 2001/2021 antes citada; o a quien tuvo como única misión vigilar el inmueble donde se iba a hospedar la persona que transportaba la cocaína con el fin de avisar telefónicamente de su llegada al destinatario, que es el supuesto apreciado en la STS 473/2010, de 7 de mayo". Al igual que la anterior, la STS 468/2020, 23-11, añade al listado dos supuestos más, que ya se han comentado en este epígrafe, y sobre los que no hay consenso: "También se ha aplicado la complicidad delictiva en el tráfico de drogas recientemente a dos acusados que acompañaban con un vehículo "a modo de escolta" a aquel en el que se transportaba la droga, descripción que, por sí sola, indica —dice la STS 1230/2009, de 23-11— ya la realización de un papel secundario, sin dominio alguno del hecho y plenamente sustituible o fungible, incluso hasta prescindible. Actuar "de escolta" —matiza la referida sentencia— es descripción de una acción que incorpora, por ende, todos los requisitos propios de la accesoriedad que caracteriza la intervención del cómplice. Y también se le aplicó la condición de cómplice a quien se limitó a vigilar para avisar al vendedor de la sustancia cuando viera aparecer por allí a la policía y así pudo ayudarle en dos ocasiones concretas (STS 1276/2009, 21-12 *[Tol 1762105]*)".

249 De esta opinión MARTÍNEZ PARDO, V. J., cit., p. 113.

constituyen indiferenciadamente supuestos de autoría, excluyendo así para esta clase de delitos contra la salud pública la distinción entre coautoría, participación necesaria y complicidad"[250].

4.2. Coautoría y autoría mediata

La coautoría, por su parte, sí observa las reglas generales. La Jurisprudencia se ha limitado en estos casos a recordar algunas normas que facilitan la comprensión de los requisitos mínimos para entender aplicable esta figura, sobre todo en dos grupos de casos: 1) imputación de tráfico o posesión a varias personas por el mero hecho de la convivencia en el lugar donde se producen los hechos; y 2) supuestos en los que varios sujetos trasladan drogas de forma separada, pero formando parte de una sola operación de transporte orquestada por la misma organización.

La respuesta general al primer grupo de supuestos es que la mera convivencia no puede, *per se*, dar lugar a coautoría, por lo que deberá haber material probatorio suficiente, más allá del conocimiento de las circunstancias dada la convivencia, para considerar que los convivientes han realizado conjuntamente el tipo del artículo 368 CP. Véase, por ejemplo, la SAP Castellón, 274/2021, 1-10: "pues aunque la convivencia permite afirmar el conocimiento acerca de esas actividades, en ese ámbito no es obligatorio denunciar, ni es punible el encubrimiento (art. 454 CP), ni la mera omisión puede valorarse tampoco como coautoría omisiva ya que no se acredita la condición de garante". Las mismas consideraciones ha planteado la Doctrina[251].

---

250 STS 55/2010, 26-1 (*Tol 1808655*).

251 Cfr. SUÁREZ-MIRA RODRÍGUEZ, C., cit., p. 583: "STS 21.1.2003 estima que el simple conocimiento de las actividades delictivas del marido no transforma a la mujer en favorecedora o cómplice de aquel, o la STS de 30.10.2007 al recordar que los cónyuges o asimilados no son garantes de que el otro no cometa el delito. En la STS 30.3.2011 se mantiene la misma línea jurisprudencia y además se indica que lo contrario no solo supondría convertir en garante al conviviente, sino que iría en contra de los preceptos como el art. 416 LECRIM que no exigen la denuncia de la persona con la que existen vínculos matrimoniales y el art. 454 que considera impune el encubrimiento entre parientes". De la misma opinión MARTÍNEZ PARDO, V. J., cit., p. 109.

La Jurisprudencia mantiene idéntica postura, aunque se trate de personas sobre las cuales no existen exenciones frente al encubrimiento o los deberes de denunciar o testificar. Es el caso, por ejemplo, de la STS 1001/2021, 16-12 (*Tol 8713069*), donde los convivientes eran primos: "El recurrente es primo de Maximiliano, quien según el relato de hechos probados pilotaba la actividad de distribución de droga que se realizaba desde el domicilio que ambos compartían. Se trata de un parentesco que excede al ámbito de exclusión del deber de denunciar y testificar que respectivamente establecen los artículos 261 y 416 LECRIM para los familiares. También del círculo para el que se excluye la aplicación del delito de encubrimiento del artículo 454 CP. Ahora bien, aunque ello pudiera establecer respecto al mismo ciertas responsabilidades, que ahora no es caso de analizar, por respaldar con su silencio la actividad delictiva que se desarrollaba en su entorno, no es suficiente para conformar una participación en la misma. Conocer no es actuar y el conocimiento de la acción realizada por otros no constituye una 'activa participación' en el delito".

Tampoco la convivencia basta para afirmar la coautoría en la posesión de la droga. Véase así la STS 465/2011, 31-5 (*Tol 2151628*): "En el supuesto de la tenencia de drogas con propósito de tráfico, previsto en el art. 368 CP el acceso a la droga que tiene el cónyuge, el padre, hijo o persona que convive con otra de manera análoga no puede comportar por si sola la realización del tipo penal. Naturalmente que en este delito es posible compartir la tenencia y que esto es posible también cuando se la comparte entre cónyuge o entre padres e hijos, o demás moradores de la vivienda. Pero en la medida en que es preciso excluir la responsabilidad penal por hechos ajenos, se requerirán que en estos casos se acrediten circunstancias adicionales que vayan más allá de la mera convivencia familiar y que permitan deducir la coautoría en el sentido de real coposesión de las drogas. Estas circunstancias pueden ser muy diversas, en cada caso y difícilmente se podrían reducir a un catálogo cerrado, no obstante lo cual exigirán una comprobación positiva de los elementos que diferencian la convivencia familiar con el autor respecto de la coautoría misma, pues la sola relación familiar no puede ser fundamento válido de la coautoría de la tenencia. En efecto la posesión ilícita no puede deducirse del solo hecho de la convivencia bajo el mismo techo, aunque en el domicilio se ocupen drogas y determinados útiles para su manipulación, si no aparecen otras pruebas o indicios. En el Derecho Penal instaurado y basado en el principio de culpabilidad, art. 1 CP, no puede admitirse ningún tipo de presunción de participación por aquella vida en común, incluso por el conocimiento que uno de los convivientes tenga del tráfico que el otro realiza"[252].

En el segundo grupo de casos, aquellos en los que varias personas deciden realizar un transporte de sustancias llevando cada una de ellas una porción del total, la Jurisprudencia ha emitido pronunciamientos en diversos sentidos: algunos condenan en coautoría, estimando por tanto un monto total de sustancia aplicable a todos[253]; otros, sin embargo, estiman que, aunque conozcan de la actividad

---

252 Continúa la STS: "De otra manera en dichos delitos se burlaría por esta vía de exclusión de la obligación de denunciar a los allegados o de declarar contra el pariente, art. 416 LECrim, o incluso de la prohibición de encubrir, art. 454 CP, que ha dispuesto el legislador, reemplazándola por una autoría fundada en la mera convivencia familiar (SSTS. 4.12.91, 4.4.2000, 4.2.2002), que dice textualmente: "el conocimiento de la futura comisión del delito por quien según la jurisprudencia de esta Sala citada en la sentencia recurrida, no es garante de impedir su realización es completamente insuficiente para justificar su condena por el delito de tráfico de drogas. En efecto, el conocimiento de la acción realizada por otros no constituye una "activa participación" en el delito, como lo entendió la Audiencia, dado que conocer no es actuar y que el conocimiento, sin la realización de la acción da lugar a una omisión de actuar, que solo sería relevante en el caso que el omitente fuera garante. En relación con este extremo hemos dicho en STS. 443/2010 de 19.5, que el derecho vigente establece, naturalmente, deberes de solidaridad entre los cónyuges que pueden ser fundamento de una posición de garante. Pero es también indudable, que a tales deberes de solidaridad, precisamente por su naturaleza, no pueden proporcionar ninguna base al establecimiento de una posición de garante respecto de bienes jurídicos ajenos. Estos deberes de solidaridad, por el contrario, se refieren solo a los bienes jurídicos propios del otro cónyuge, pero no determinan una especial coautoría. Con razón ha señalado la doctrina que ello implicaría una forma de "responsabilidad familiar", que contradice el carácter personal de la pena en el derecho moderno. La realización del tipo penal, posibilita compartir la tenencia, pero se requerirá que se acrediten circunstancias que vayan más allá de la convivencia familiar para acreditar el ánimo de tráfico, "el simple conocimiento de esta actividad, aunque racionalmente presumible e incluso reconocido, no es fundamento por sí solo para fundar la autoría", insistiéndose en la STS. 94/2006 de 10.2, en que no puede fundarse la responsabilidad en la comisión por omisión del delito ya que los cónyuges no son garantes de que el otro no cometa el delito".

253 Véase así la STS 873/2003, 13-6 *(Tol 4926586)*.

ilícita del resto de individuos implicados, ello no significa que tengan la posibilidad de disponer del objeto del delito transportado por los demás (STS 747/2003, 21-5 [*Tol 4926560*][254]).

Por otra parte, y en teoría, son posibles los casos de autoría mediata, tanto mediante la utilización de un instrumento no doloso (por ejemplo, escoger a alguien que va a realizar un viaje para que porte drogas sin su conocimiento) como a través de un instrumento doloso no culpable (ya sea inimputable, ya actúe con miedo insuperable o error de prohibición provocado por el autor mediato)[255].

4.3. Agente encubierto y agente provocador

Otra de las cuestiones espinosas en el enjuiciamiento del delito del artículo 368 CP es la utilización del agente encubierto, figura recogida en el artículo 282 *bis* de la Ley de Enjuiciamiento Criminal[256], y muy utilizada en el caso de los delitos de tráfico de drogas, por su evidente utilidad en la investigación criminal. Sin excederse del objeto de estudio de estas páginas, es necesario realizar algunas pre-

---

254 Afirma esta última sentencia que: "No se trata, por lo tanto, de un supuesto en el que varias personas simplemente coinciden en la ejecución de un transporte de unas cantidades de droga ocultas, en el interior de sus respectivos organismos, sin conciencia de su participación en una sola operación a la que aportan su actuación personal, en cuyo caso podría plantearse si responden únicamente por aquello que transportan, al cuestionar la existencia de dominio del hecho respecto de lo transportado por los demás. Por el contrario, en el caso actual, según se desprende de la sentencia impugnada, las dos recurrentes y Lucio actuaban conjuntamente de modo consciente en una sola operación, que alcanzaba al total de droga transportada, que los tres conocían de antemano, prestándose a colaborar, cada uno con su aportación personal, en un plan previamente establecido. El dominio del hecho en este caso es un dominio conjunto y la participación de cada uno constituye coautoría de un solo hecho criminal".

255 De esta opinión MARTÍNEZ PARDO, V. J., cit., p. 107.

256 Art. 282 *bis* 5. LECrim: "El agente encubierto estará exento de responsabilidad criminal por aquellas actuaciones que sean consecuencia necesaria del desarrollo de la investigación, siempre que guarden la debida proporcionalidad con la finalidad de la misma y no constituyan una provocación al delito. Para poder proceder penalmente contra el mismo por las actuaciones realizadas a los fines de la investigación, el Juez competente para conocer la causa deberá, tan pronto tenga conocimiento de la actuación de algún agente encubierto en la misma, requerir informe relativo a tal circunstancia de quien hubiere autorizado la identidad supuesta, en atención al cual resolverá lo que a su criterio proceda"

cisiones respecto de la posible comisión delictiva por parte de estos agentes y tantos otros, que, sin estar formalmente actuando en un caso autorizado de investigador encubierto, pueden llegar a provocar la comisión de delitos para obtener pruebas concluyentes sobre las actividades ilícitas de ciertas personas[257].

La Jurisprudencia ha diferenciado distintos grupos de supuestos. En primer lugar, aquellos en los que el sujeto se limita a tener una actitud pasiva ante el delito que se está cometiendo y que iba a producirse igualmente, aun sin su "cooperación", puesto que la resolución delictiva ya había sido tomada por los sujetos en cuestión. En esos casos, también llamados de "delito comprobado", donde el agente de la autoridad puede que haya participado en la comisión delictiva (no sólo a título de partícipe, sino también posiblemente —dada la amplitud del 368 CP— como autor), su comportamiento quedará impune[258]. Quienes responderán por el delito cometido serán, sin duda, aquellas otras personas que han organizado, efectuado o colaborado en la comisión delictiva.

Distinta respuesta obtienen los llamados "delitos provocados", en los que el agente provocador hace surgir la resolución delictiva en un tercero, induciéndolo a delinquir. En esos casos, el inducido por el agente debe ser absuelto[259]. Es más: la exención de pena deberá

---

257 Sobre este tema es imprescindible la obra de CASTELLVÍ MONTSERRAT, C., *Provocar y castigar: el agente provocador y la impunidad del sujeto provocado*, Tirant lo Blanch, Valencia, 2020.

258 En el caso de los agentes encubiertos por así marcarlo específicamente el texto legal de la LECrim. Art. 282 bis. 5 LECrim.

259 Vid. PEDREIRA GONZÁLEZ, F., cit., pp. 48-49. En este sentido: STS 171/2019, 28-3 *(Tol 7239204)*: "La Sentencia de esta Sala nº 690/2010, de 1 de julio, señala que 'en el delito provocado resulta ante todo imprescindible el hecho de la inexistencia previa de cualquier actividad delictiva en trance de comisión del concreto delito de que se trate, de modo que si la ejecución del mismo da comienzo sólo a partir de la intervención del funcionario o agente provocador, pudiendo llegar a afirmarse con seguridad que de no haberse producido tal intervención provocativa el delito no se hubiera llegado a cometer, al menos en las circunstancias concretas en las que el mismo se produjo, sí que deviene procedente la calificación, como 'delito provocado', de esa conducta ilícita y, por consiguiente, con fundamento en lo inadmisible de dicha provocación por parte de las Autoridades entendida como contribución eficaz y determinante a la comisión de un delito, la procedencia de su carácter impune. Pero cuando, como aquí, no es que se hubiese iniciado la ejecución del ilícito sino que los ac-

alcanzar a todos aquellos que hayan participado en el delito, pues "si el delito es provocado y unos intervinientes han sido mera correa de transmisión de la intención delictiva provocada, extendida a su vez a otros, a todos alcanza la impunidad"[260].

En el mismo sentido, afirma la STS 395/2014, 13-5 (*Tol 4358170*), que "en síntesis, el agente provocador (es) quien injerta el dolo de delinquir en la otra persona, por lo que el delito cometido por éste, sería delito provocado. Diferente es la actuación del agente encubierto que con conocimiento de la intención de delinquir ya existente en la persona concernida, trata con su actuación de obtener pruebas del delito que se quiere cometer (...). El delito provocado se integra por tres elementos: a) Un elemento subjetivo constituido por una incitación engañosa a delinquir por parte del agente a quien no está decidido a delinquir. b) Un elemento objetivo teleológico consistente en la detención del sujeto provocado que comete el delito inducido. c) Un elemento material que consiste en la inexistencia de riesgo alguno para el bien jurídico protegido, y como consecuencia la atipicidad de tal acción".

---

tos realizados por los diferentes partícipes, poseyendo y trasladando la sustancia prohibida, ya podían considerarse integrantes de la consumación de semejante infracción, el que uno de los funcionarios, en concreto un guardia civil, objeto de ofrecimientos constitutivos de delito de cohecho activo, simulase, siguiendo instrucciones de sus superiores, atender a dichos requerimientos delictivos, a fin de colaborar en el completo conocimiento, y posterior acreditación, de las actividades de quienes pretendían corromperle, en modo alguno puede significar "provocación" para la comisión de un delito que, como decíamos, ya se había cometido antes de la intervención, por otro lado no buscada por él, del referido guardia que tan ejemplarmente actuó'. Señala la doctrina que en el delito provocado, la intervención se realiza generalmente por un agente policial o un colaborador de los Cuerpos y Fuerzas de Seguridad —el agente provocador— antes de que los posibles autores hayan comenzado la preparación del hecho punible [...] y se realiza en virtud de la inducción engañosa que, con el objetivo de conocer la propensión al delito de una persona sospechosa y con la finalidad de constituir pruebas de un hecho criminal, convence al presunto delincuente para que lleve a cabo la conducta delictiva que se espera [...], incitándole a perpetrar una acción, que previamente no tenía propósito de cometer, de forma que, de no existir ésta, el delito no se habría producido [...], pues la voluntad de delinquir no surge por su propia y libre decisión [...], sino a través de una especie de instigación o inducción [...], en los términos del art. 28. (...)".

260 STS 253/2015, 24-4 (*Tol 5000682*).

En los casos de delito provocado, la Jurisprudencia tiende también a imponer una responsabilidad limitada al agente provocador, a pesar de que se produzca la inducción efectiva del tercero, y ello porque "estaríamos de cualquier forma ante una tentativa inidónea con la necesidad de rebajar la pena uno o dos grados: siempre la fuerza pública mantuvo un control absoluto sobre la operación"[261]. Sin embargo, si efectivamente mantuvo el control absoluto sobre la operación, se considera más adecuada la respuesta que ofrece CASTELLVÍ MONTSERRAT: "Las contribuciones al delito propias de un agente provocador resultarán atípicas cuando no favorezcan la lesión o puesta en peligro del bien jurídico protegido. Fundamentar la participación en la protección del bien jurídico atacado por el autor (teoría del favorecimiento) obliga a exigir que las conductas típicas de inducción, cooperación necesaria y complicidad, además de favorecer efectivamente la ejecución de un delito, contribuyan a lesionar o poner en peligro dicho objeto de protección. (…) El favorecimiento de un delito de peligro abstracto será atípico cuando la conducta del sujeto provocado, pese a resultar peligrosa desde su punto de vista *ex ante*, no puede ser calificada como tal desde la perspectiva propia del agente provocador. En estas infracciones el pronóstico de peligrosidad de la conducta del autor debe ser compartido por el partícipe y, por tanto, las contribuciones del agente provocador a que el sujeto provocado realice un delito (consumado) de peligro abstracto serán atípicas cuando este sea "peligroso" para el segundo y "no peligroso" para el primero. Esto último resulta especialmente relevante en las compras simuladas de drogas, pues niega la responsabilidad penal de quien, aparentando ser un mero comprador, contribuye a que alguien le venda estupefacientes para, inmediatamente, detenerle por ello. En tanto que los actos de venta realizados por el sujeto provocado "promuevan, favorezcan o faciliten el consumo ilegal de drogas tóxicas (art. 368 CP) desde su perspectiva-requisito imprescindible para que su conducta sea delictiva-pero no desde la posición del agente provocador, su favorecimiento deberá estimarse atípico"[262].

---

261 Cfr. ídem.

262 CASTELLVÍ MONTSERRAT, C., *El delito provocado, el agente provocador y la impunidad del sujeto provocado*. Tesis doctoral, Universidad de Barcelona, 2019.

4.4. *Calificación del encubrimiento*

La amplitud de redacción del artículo 368 CP también repercute en algunas actuaciones posteriores a la comisión delictiva: en los casos en los que el encubrimiento de un tercero consista en ocultar la droga, normalmente se niega la posibilidad de aplicar el tipo del artículo 451 CP (encubrimiento), utilizando en su lugar la tipicidad del 368 CP a título de autor, por la mera posesión de la droga.

En este sentido, ACALE SÁNCHEZ[263] apunta a la posibilidad de admitir el encubrimiento cuando de lo que se trata es de la ocultación del dinero obtenido de la venta de estupefacientes u otros utensilios dedicados al tráfico, aunque en el primero de estos supuestos quizá pueda ser más correctamente encuadrable en el delito de blanqueo de capitales del artículo 301 CP. En cualquier caso, hay que recordar que el blanqueo llevado a cabo por el propio traficante es un acto de encubrimiento impune[264].

Por otra parte, podría considerarse aplicable el delito de encubrimiento (en lugar del de tráfico) si el tercero lo único que hace es entrar en contacto momentáneamente con la droga para deshacerse de ella, pues hay que recordar que la posesión típica es aquella que se dirige a su posterior difusión[265].

Disponible en: https://www.tesisenred.net/bitstream/handle/10803/667783/CCM_TESIS.pdf?sequence=1&isAllowed=y. Vid., del mismo autor, *Provocar y castigar: el agente provocador y la impunidad del sujeto provocado*, cit., pp. 244-246.

263 ACALE SÁNCHEZ, M., cit., p. 121.

264 ORTS BERENGER, E., cit., p. 618.

265 Un caso así puede observarse en la STS 1001/2021, 16-12 *(Tol 8713069)*: "La única prueba que queda es el testimonio de los funcionarios de policía que observaron, cuando se dirigían al domicilio de este recurrente para practicar la diligencia de entrada y registro, cómo D. Maximiliano arrojó por la ventana una bolsa que contenía otras tres en cuyo interior se hallaron porciones de cocaína con el siguiente peso y pureza (...); conducta que entiende debe calificarse de encubrimiento, delito por el que no puede resultar condenado, al no haberse formulado acusación respecto al mismo".

5. ITER CRIMINIS

Las características del delito, esto es, su configuración como delito de mera actividad, de peligro abstracto y de emprendimiento, sumado a la amplitud de su redacción típica, no dejan apenas espacio para apreciar formas imperfectas de ejecución[266]. Así, se considera que la configuración del tipo ha adelantado las barreras de punición, colocando el efectivo tráfico o transacción con drogas más allá de la consumación[267].

No obstante, se ha mantenido en páginas precedentes la posibilidad de apreciar la tentativa de forma excepcional, allí donde no llegue a existir disponibilidad real sobre el objeto material. Ello no significa ignorar que se trata de un delito de mera actividad —por lo que el mero actuar que implique comienzo de la ejecución dará lugar a la consumación—, que es además de peligro abstracto —que no requiere de una efectiva lesión del bien jurídico, ni tan siquiera constatar un peligro concreto—, sino comprender que esa actividad recae sobre un objeto material que tiene que estar disponible para el sujeto activo en aras de hacer posible el mero riesgo para el bien jurídico protegido. De lo contrario, lo que se estaría castigando sería

---

266 La Doctrina es prolija al respecto: "La configuración del tráfico de drogas como delito de mera actividad que no necesita para su consumación la consecución material de un resultado que rebase el simple comportamiento típico, dificulta la posibilidad de apreciar en él formas imperfectas de ejecución. Lo anterior se debe a que con la sola realización de los actos con los que se debería sobrevenir el delito, queda éste consumado (...) la tentativa —en caso de ser admitida— acabaría siendo una redundancia: el peligro de un peligro". NÚÑEZ PAZ, M. A., GUILLÉN LÓPEZ, G., cit., p. 104; ": la consumación se produce tan pronto como se lleva a cabo cualquiera de las conductas tipificadas por tanto antes de que el bien jurídico sea efectivamente lesionado (...) hechos que, en puridad no merecen otro calificativo que el de simples actos preparatorios o el de tentativa (...) integran la consumación. De ahí la dificultad de apreciar la ejecución imperfecta". ORTS BERENGER, E., cit., p. 617. "Su configuración como delito de peligro abstracto, no de resultado, dificulte sobremanera la apreciación del delito en grado de tentativa, en la medida en que constituye un delito de mera actividad". RAMÓN RIBAS, E., cit., p. 1050. "La propia Jurisprudencia acepta la calificación de los delitos de tráfico de estupefacientes como de peligro abstracto, lo que pone de manifiesto cómo la admisión de formas imperfectas en la ejecución del tipo penal no tiene fácil encaje en la teoría general del delito". MONTERO LA RUBIA, F. J., cit., p. 63.

267 Así lo expresa MONTERO LA RUBIA, F. J., cit., p. 63.

el riesgo del riesgo o, lo que es lo mismo: la mera probabilidad de llegar a disponer de un objeto que pondría en peligro el bien jurídico.

En todo caso, la Jurisprudencia ha acabado aplicando la tentativa en algunos casos, sobre todo en supuestos de transporte mediante envíos internacionales[268].

---

268 Véase un resumen de la doctrina Jurisprudencial mayoritaria en la STS 635/2019, 20-12 *(Tol 7673748)*: "(...) Este Tribunal se ha pronunciado en numerosas ocasiones sobre las cuestiones que suscita la apreciación de la tentativa en los delitos de tráfico de drogas, pudiendo sintetizarse los criterios y pautas de la jurisprudencia (SSTS 335/2008, de 10-6; 598/2008, de 3-10; 895/2008, de 16-12; 5/2009, de 8-1; 954/2009, de 30-9; 960/2009, de 16-10; 1047/2009, de 4- 11; 1155/2009, de 19-11; 191/2010, de 23-2; 565/2011, de 6-6; 303/2014, de 4-4; y 554/2014, de 16 de junio, entre otras) en los siguientes apartados: a) La posibilidad de concurrencia de formas imperfectas de ejecución en el delito de tráfico de drogas ha sido admitida por esta Sala con criterio restrictivo, por entender que constituye un delito de peligro abstracto y de mera actividad, en el que es difícil admitir la inejecución del resultado propuesto. Y es que en el tipo básico de tráfico de drogas establecido en el art. 368 del CP, la mera posesión de la sustancia tóxica implica comisión del delito, y además es difícil que cualquier acción dirigida a acercar el estupefaciente al consumidor no pueda subsumirse en alguno de los verbos generales de "promover", "facilitar" o "favorecer" el consumo de sustancias tóxicas previstos en el tipo penal. b) De forma excepcional se ha admitido la imperfección delictiva en los supuestos de actos de tráfico atribuidos al adquirente, si este no llegó a alcanzar la posesión inmediata o mediata o una cierta disponibilidad sobre la sustancia estupefaciente, entendiéndose el delito intentado cuando la compraventa de la droga se perfecciona pero no llega a ejecutarse. c) Tratándose de envío de droga por correo u otro sistema de transporte (se incluyen aquí los supuestos de entrega controlada), es doctrina consolidada que si el acusado hubiera participado en la solicitud u operación de importación, o bien figurase como destinatario de la misma, debe considerársele autor de un delito consumado, por tener la posesión mediata de la droga remitida. En los envíos de droga el delito se consuma siempre que existe un pacto o convenio entre los implicados para llevar a efecto la operación, puesto que, en virtud del acuerdo, la droga queda sujeta a la solicitud de los destinatarios, siendo indiferente que no se hubiese materializado la detentación física de la sustancia prohibida. El haber proporcionado un domicilio y un destinatario del envío de la droga implica una colaboración que facilita la comisión del delito. d) El delito existe desde que uno de los autores pone en marcha el mecanismo de transporte de la droga que el receptor había previamente convenido. Comienza, pues, la ejecución del delito con la materialización o realización del plan por uno de los coautores (generalmente desconocido); es decir, con la adquisición de la posesión de la droga con miras a ejecutar el plan común. e) La apreciación de la tentativa requiere, con arreglo a la doctrina jurisprudencial, no haber participado en las operaciones previas al

Dado que la apreciación de la tentativa es excepcional en estos delitos, resulta más importante determinar cuáles son las circunstancias que dan lugar a su apreciación, que concretar cuándo se produce la consumación, que será, por regla general, en el momento en que comiencen los actos ejecutivos destinados al favorecimiento, facilitación o promoción del consumo ilegal de las drogas tóxicas. Para ello habrá que atenerse a las especialidades de cada modalidad típica, según ha ido marcando la Jurisprudencia. En páginas anteriores ya se ha ido desgranando el régimen de cada una de ellas, por lo que aquí sólo se hará un breve resumen de las posturas jurisprudenciales más relevantes, que atañen sobre todo a las modalidades de cultivo y transporte de drogas.

Así, con respecto al cultivo, la consumación va más allá de la mera plantación, pues si después de esta el sujeto activo se desentiende de lo plantado y no se produce lo esperado (por ejemplo, no germina) no hay consumación del cultivo, sino tan solo su tentativa. Lo mismo ocurre en los casos donde lo plantado tenga calidad suficiente para elaborar sustancias estupefacientes. Sin embargo, los actos de recogida de la cosecha ya serían, a efectos del cultivo, pertenecientes a la fase de agotamiento. Por su parte, la tenencia de semillas, los actos de abonado o preparación del terreno serán actos preparatorios impunes de un posterior delito del artículo 368 CP en su modalidad de cultivo.

Con respecto al envío y recepción de drogas, y obviando la postura ya indicada (por ser más respetuosa con los principios de un Derecho penal moderno y garantista), la Jurisprudencia mayoritaria viene condenando como delito consumado siempre que el acusado hubiera participado en la solicitud u operación de importación, o bien figurase como destinatario de la misma por considerar que, esos casos, ya tiene la posesión mediata de la droga remitida. Así, se considera que, en virtud del acuerdo, la droga queda sujeta a la solicitud de los destinatarios, siendo indiferente que no se llegue a materializar la detentación física, pues el simple hecho de proporcionar un domicilio

transporte ni llegar a tener la disponibilidad efectiva de la droga. Se trata, pues, del supuesto de quien o quienes, totalmente ajenos al concierto inicial para el transporte, intervienen después mediante una actividad netamente diferenciada (...)".

y un destinatario del envío de la droga implica ya el favorecimiento del consumo ilegal. Por tanto, la tentativa solo podrá ser aplicable si no se ha participado en las operaciones previas al transporte y no se llega a tener la disponibilidad efectiva de la droga.

Por otra parte, el agotamiento de los efectos del delito, como en la mayoría de las figuras delictivas, no produce consecuencias penales. La particularidad emerge en este tipo penal a la hora de diferenciar qué actos se refieren ya a una fase posterior a la consumación: es el supuesto de los actos posteriores a la posesión, que en muchas ocasiones podrán ser constitutivos de un delito de tráfico consumado, pero que habrán resultado ya anteriormente típicos (y consumados) por la sola tenencia destinada a ese tráfico y, en cualquier caso, todos esos actos conformarán un solo delito del artículo 368 CP.

Por lo demás, hay que recordar que el tipo del artículo 368 CP se configura como un delito de tracto sucesivo o un tipo que incluye conceptos globales[269], de modo que, en la mayoría de los casos, varios comportamientos (por ejemplo, varias ventas de estupefacientes) no darán lugar a la comisión de varias infracciones delictivas sino que se considerará cometido un solo delito de tráfico de drogas del artículo 368 CP. Siguiendo el ejemplo anterior, pudiera ocurrir que esa multiplicidad de comportamientos sí de lugar a la aplicación del tipo agravado por la cantidad de notoria importancia, dada la suma final del volumen total de la droga vendida). Lo anterior también se traduce en la imposibilidad, de forma general, de aplicar el delito continuado.

Como excepción, la Jurisprudencia ha estimado, sin embargo, que podría haber lugar a la apreciación de varios delitos cuando existe un corte temporal lo suficientemente marcado (no desde el punto de vista naturalístico, sino jurídico: mediante la privación de libertad, policial o judicial) como para considerar que se ha iniciado una nueva comisión delictiva distinta a la anterior[270].

---

269 Esta expresión significa que esos tipos se caracterizan por ser "hechos plurales incluidos en una única figura delictiva, lo que obliga a considerar que una variedad de acciones punibles de contenido semejante constituyan, no un delito continuado, sino una sola infracción penal". Cfr. STS 934/2020, de 3 de marzo.

270 La STS 730/2012, 26-9 *(Tol 2659936)*; o la STS 491/2019, 16-10 *(Tol 7564536)*, son buenas muestras de la regla general de inadmitir la aplicación del delito

El artículo 373 CP dispone que la provocación, la conspiración y la proposición para cometer los delitos previstos en los artículos 368 al 372 CP, se sancionarán con la pena inferior en uno a dos grados a la del delito que le corresponda. Su castigo ya aparecía recogido en el Convenio Único sobre Estupefacientes de 1961[271], y posteriormente en la Convención de las Naciones Unidas contra el Tráfico Ilícito de Estupefacientes y Sustancias Psicotrópicas de 1988[272].

Como es fácil imaginar, dada la redacción del 368 CP, con los actos preparatorios ocurre igual que con la tentativa: les corresponde un espacio exiguo, si no inexistente. No obstante, según señala ACALE SÁNCHEZ, la conspiración se ha aplicado en aquellos casos donde ha existido concierto para la comisión delictiva (de actos de tráfico o difusión) pero ha habido un incumplimiento voluntario de lo

---

continuado. Para el caso contrario, vid. STS 112/2014, 3-2 *(Tol 4122919)*: "el núcleo del problema que se suscitó en la instancia y en el que se fundamenta la sentencia recurrida, que no es otro que el planteado por la relevante circunstancia de que la acusada, en los 25 días transcurridos entre la primera secuencia de los hechos (14 y 15 de abril de 2010) y la segunda (10 de mayo), fue detenida el 21 de abril en relación con los hechos relativos al primer episodio y puesta a disposición judicial, acordándose en resolución de 23 de abril su puesta en libertad. Y fue después de hallarse de nuevo en libertad cuando incurrió en el segundo episodio de tráfico de sustancias estupefacientes. Es esa intervención judicial la que determina que la Audiencia, aunque no la considere suficiente para condenar por dos delitos autónomos (concurso real de delitos del art. 368, párrafo penúltimo, del C. Penal), sí entienda, en cambio, que debe catalogarse como un factor desencadenante de la fragmentación o ruptura de la conducta de la acusada desde un punto de vista normativo; de modo que se estima que concurren dos acciones típicas diferentes, aunque termina acoplándolas en la sentencia mediante la modalidad del delito continuado (art. 74 del C. Penal). Con lo cual, se condena a la acusada solo por un delito contra la salud pública con una pena en su mitad superior y no como autora de dos delitos con un arco punitivo cada uno de ellos comprendido entre tres y seis años de prisión". En el mismo sentido: STS 773/2017, 30-11 *(Tol 6454970)*.

271 Art. 36.2.: "*La participación deliberada o la confabulación para cometer cualquiera de esos delitos, así como la tentativa de cometerlos, los actos preparatorios y operaciones financieras, relativos a los delitos de que trata este artículo, se considerarán como delitos* (…)".

272 Art. 3.1.C.: "*iii) Instigar o inducir públicamente a otros, por cualquier medio, a cometer alguno de los delitos tipificados de conformidad con el presente artículo o a utilizar ilícitamente estupefacientes o sustancias sicotrópicas; iv) La participación en la comisión de alguno de los delitos tipificados de conformidad con lo dispuesto en el presente artículo, la asociación y la confabulación para cometerlos, la tentativa de cometerlos y la asistencia, la incitación, la facilitación o el asesoramiento en relación con su comisión*".

pactado por una de las partes (pudiendo plantearse, para quien que se retira, el desistimiento) o en aquellos casos donde no ha podido desarrollarse el concierto por una intervención policial[273] (siempre que no hayan comenzado los actos ejecutivos)[274].

Si se efectúa un repaso a la Jurisprudencia reciente, pueden encontrarse varias condenas por conspiración y, también, aunque muy poco frecuentes, algunas relativas a la proposición y la provocación. Estas últimas suelen hacer siempre referencia a los casos de "delito

273 ACALE SÁNCHEZ, M., cit., pp. 115-117. Lo mismo señala MONTERO LA RUBIA, F. J., cit., p. 71, que trae además como muestra de lo expuesto el caso de la STS de 14 de noviembre de 1984.

274 Sin embargo, se considera tentativa inacabada los hechos que se relatan en la STS 635/2019, 20-12 *(Tol 7673748)*: "En el presente caso se ha declarado probado que el día 23 de marzo de 2015 el agente encubierto "Corsario" recibió una llamada de Aurelio, persona que dirigía la operación, en el que le decía que "habían surgido problemas en Holanda, pues al parecer la policía había detenido a un socio suyo de allí y había desmantelado un laboratorio, por lo que era mejor regresar a Madrid y esperar a que todo se tranquilizase para evitar correr riesgos en la recepción y traslado de la sustancia estupefaciente". Esa fue la razón por la que el hoy recurrente y el agente encubierto regresaron a Madrid y dieron poner fin al viaje y a la ilícita operación. A partir de estos datos no cabe sino concluir que los autores iniciaron la ejecución del hecho y lo dieron por concluido sin desarrollar el plan previsto, sin llegar al lugar en que estaba la droga y sin tomar contacto con la misma. La operación se concluyó en una fase embrionaria y, como señala la sentencia impugnada acogiendo las tesis del Ministerio Público, en el momento en que se dio por finalizada la operación no hubo contacto o disponibilidad de la droga ya que, por causas ajenas a su voluntad y por medidas de seguridad, decidieron dar por concluida la operación. En este caso puede calificarse la tentativa de inacabada, ya que no se llegaron a ejecutar todos los actos planeados y que deberían dar lugar a la consumación del delito antes de su forzada interrupción". A pesar de considerar la tentativa como inacabada, la sentencia decide castigar por la pena inferior en un solo grado: "Argumenta la sentencia que no se rebaja la pena en dos grados en atención a la relevancia y multiplicidad de las acciones ejecutadas por el condenado, quien no sólo asumió el papel de transportista de la droga sino también el de supervisor en la adquisición del vehículo que se pretendía conducir hasta Holanda. Los diversos y relevantes actos ejecutados para el desarrollo del plan así como la proximidad con la consumación, que se habría producido en los días subsiguientes, con la ocupación de la droga y el inicio del transporte propiamente dicho, justifican la penalidad impuesta".

provocado" por parte de miembros de los Cuerpos y Fuerzas de Seguridad del Estado[275].

6. EL TIPO SUBJETIVO

El tráfico de drogas se castiga solo en su modalidad dolosa. En cualquier caso, resultaría contrario a la lógica admitir la posibilidad de conformar un injusto imprudente, dado que el artículo 368 CP recoge un especial elemento tendencial: que la conducta se lleve a cabo con los fines de promover, favorecer o facilitar el consumo ilegal. El tipo se configura, por tanto, como un delito que contiene

---

[275] Así, sobre conspiración: STS 823/2012, 30-10 *(Tol 2689503)*: sujetos que se ponen de acuerdo para dedicarse a la recogida de estupefacientes en alta mar. Construyen un submarino que posteriormente abandonan en una ría por no considerarlo seguro para esa operación, que nunca llega a iniciarse. "De acuerdo con ello, surge la conspiración cuando hay una puesta en común de la ideación criminal. En el presente caso, incluso se superó la fase interna de la mera ideación y resolución en la medida que se adoptaron medidas externas como adquisiciones de medios de transporte, y pagos hechos por los financiadores de la operación, actos todos de naturaleza preparatoria, previos a la ejecución (…).Por lo que se refiere al caso de autos, la construcción de un sumergible no puede ser calificado como acto neutral pues no es actividad socialmente adecuada para ningún fin lícito, y por el contrario, sí lo es para el tráfico de drogas); STS 676/2012, 26-7 *(Tol 2651604)*: sujetos que se ponen de acuerdo para viajar a Marruecos para hacerse con un alijo de droga para su posterior venta. Finalmente, no hacen el viaje porque un agente de la Guardia Civil les avisa de la existencia de control policial en el día de la operación; STS 812/2016, 28-10 *(Tol 5860840)*: sujetos pactan comprar droga en Madrid, para su posterior venta en Almería. Uno de ellos hace el viaje hasta la capital con 35.000€, que le roban nada más llegar. No llega, claro, a efectuar la compra. "Esa intención de compra (en definitiva de tráfico) no llegó ni siquiera iniciarse, con lo que no cabe hablar de tentativa sino de conspiración"; sin embargo, la STS 454/2020, 17-9 (*Tol 8091084*), condena por delito consumado de tráfico a aquel que realiza viajes a Marruecos para concretar los envíos de hachís y estar a disposición para el pilotaje de embarcación, "independientemente que finalmente el envío no se llevara a cabo o la barca no se pilotara". Para casos de proposición vid. STS 824/2004, 2-7 *(Tol 490112)*, que condena a un interno de un centro penitenciario por las cartas que el mismo dirige a un traficante para que le proporcione drogas para traficar dentro del centro, proponiéndole llevarse parte de las ganancias que se generaran.

elementos subjetivos adicionales al dolo (delito incongruente por exceso subjetivo).

Así, junto al dolo, que debe abarcar la conducta en sentido estricto (saber y querer llevar a cabo determinados actos, por ejemplo, poseyendo ilegalmente drogas tóxicas) ha de constatarse que el sujeto actuó con determinada finalidad (esto es, con el objetivo de difundir el consumo ilegal de drogas tóxicas)[276]. A pesar de lo anterior, el Tribunal Supremo parece renegar de la existencia de un elemento subjetivo adicional en este precepto, entendiendo que los fines representan en sí mismos el dolo básico[277]. Lo admite, sin embargo, cuando construye el fundamento de las conductas atípicas[278].

Lo que el tipo subjetivo del artículo 368 CP sí permite es su comisión mediante dolo eventual. De hecho, la Jurisprudencia lo ha admitido con cierta frecuencia, en aquellos casos en que el sujeto desconoce la sustancia en concreto sobre la que recae la acción típica, pero se muestra decidido a cometer el delito del artículo 368 CP. Así ocurre, por ejemplo, en los supuestos en los que un individuo realiza un transporte de drogas transfronterizo, desconociendo el peso exacto o la composición de la sustancia, pero en cualquier caso habiendo aceptado el hecho de que transporta una sustancia tóxica e ilegal[279].

---

276 Así, ACALE SÁNCHEZ, M., cit., p. 82: "el tipo subjetivo del delito de tráfico requiere junto al dolo en la conducta típica de posesión un elemento subjetivo especial consistente en el destino de las drogas poseídas a la promoción, favorecimiento o facilitación del consumo ilegal".

277 ATS 930/2019, 12-9 *(Tol 7571561)*: "se integra por dos elementos: uno objetivo, constituido por la detentación material de la droga, o también por el cultivo, elaboración o fabricación de la droga; y el subjetivo, integrado por la intención o dolo básico de favorecer, promover o facilitar el ilícito consumo".

278 Vid., por ejemplo, STS 1441/2000, 22-9 *(Tol 4920360)*: "Entendiendo, desde una perspectiva subjetiva, que el delito del art. 368 CP, aunque ello no aparezca en su texto, exige, además del dolo necesario en toda infracción dolosa, un especial elemento subjetivo del injusto consistente en la intención del autor relativa al favorecimiento o expansión del consumo ilícito de la sustancia tóxica".

279 Cfr., entre otras SAN 13/2021, 21-6 *(Tol 8501526)*: "En este sentido la propia jurisprudencia (...) viene entendiendo que concurre dolo eventual cuando 'el autor decide la realización de la acción, no obstante haber tenido consistentes y claras sospechas de que se dan en el hecho los elementos del tipo objetivo, manifestando indiferencia respecto de la concurrencia o no de estos'". O SAP Madrid 522/2018, 10-7 *(Tol 6777147)*: "Se sostiene que no sabía qué tipo de

En muchas ocasiones los sujetos alegan desconocer el porte de droga, afirmando en cambio haber creído que lo que transportaban era alguna sustancia de curso legal (o incluso ilegal, como otros bienes de contrabando, pero no drogas tóxicas del artículo 368 CP). Al respecto, es necesario recordar que el error debe ser probado por quien lo alega[280], de modo que no es suficiente con su mero relato, menos aun cuando de las circunstancias del caso parece ilógico deducir que una persona de nivel medio hubiera incurrido en dicho error sobre lo acontecido. Por otro lado, la Jurisprudencia se muestra muy reacia, en general, a admitir la posibilidad del error sobre las circunstancias del hecho, recurriendo en muchas ocasiones, como ya se ha dicho, a la doctrina de la ignorancia deliberada, conforme a la cual, actuará con dolo eventual quien no quiere "saber aquello que puede y debe conocerse, y sin embargo se beneficia de esta situación"[281].

---

droga y en qué cantidad. Sin embargo, cuando se acepta transportar sustancia estupefaciente, se acepta tanto el tipo de sustancia como la cantidad que le es entregada para ser transportada, sin que se pueda apreciar ningún tipo de error en esos elementos, pues la aceptación del transporte incluye la aceptación de la sustancia y la cantidad, máxime cuando se es consciente de haber ingerido un número indeterminado, pero elevado, de cilindros, que llegaron a alcanzar los 91, y aceptando que todos ellos contenían sustancia estupefaciente".

280 Siendo este también un aspecto consolidado por la Jurisprudencia. Vid., sobre el tema, MAGRO SERVET, V., *Guía práctica de la casuística existente en los delitos contra la salud pública*, La Ley, Madrid, 2004, pp. 358-359.

281 STS 1637/1999, 10-1 (*Tol 4924826*). MAGRO SERVET, V., cit., pp. 359-360: "hay que considerar que existe suficiente conocimiento del hecho constitutivo de la infracción criminal cuando el autor duda y pesa a tal duda se decide a actuar mediante la conducta delictiva. Es el caso del individuo que tiene fundadas sospechas sobre si el paquete que se le ha encargado transportar pudiera contener droga y, sin embargo decide transportarlo, circunstancia constitutiva de dolo eventual, no estándose, por tanto, ante la figura del error de tipo o error sobre un hecho constitutivo de la infracción penal". Vid. también, ACALE SÁNCHEZ, M., cit., pp. 85-87: "se tienen conciencia de que se transporta droga (elemento cognitivo) y se está dispuesto a obrar cualquiera que fuera la especie de la misma (elemento volitivo) (…) La jurisprudencia deduce el dolo eventual del dato preciso de recibir una elevada cantidad de dinero por realizar a cambio algo que se dice desconocer; de este indicio se deduce que la persona conoce necesariamente cual es el contenido de la maleta o de la bolsa". Sobre ignorancia deliberada, vid., el artículo de ROSSI, F., que recoge el debate doctrinal sobre el estado de la ignorancia deliberada, y que apunta a la posible consideración de algunos de estos comportamientos (los que denomina de ignorancia deliberada común) como una causa "especial" de *actio libera in causa*, donde el sujeto decide,

La presencia de ciertas precauciones durante el transporte, que evitarían el descubrimiento (cosa que no cabría de tratarse de sustancias legales o mercancías inocuas), haber recibido una generosa cantidad de dinero por la realización del porte o viaje, e incluso la existencia de gran nerviosismo en el sujeto al pasar por los controles de seguridad[282], son algunos de los escenarios que hacen considerar

---

en un momento "anterior", colocarse en una situación de desconocimiento para posteriormente cometer el delito "ignorándolo". ROSSI F., "Un'introduzione al problema dell' 'ignoranza deliberata' nella teoria dell'elemento soggettivo del reato", *La legislazione penale*, 27 de septiembre 2022. Disponible en: https://www.lalegislazionepenale.eu/unintroduzione-al-problema-dellignoranza-deliberata-nella-teoria-dellelemento-soggettivo-del-reato-francesco-rossi/

282 Vid. STS 660/2022, 30-6 *(Tol 9140684)*, que versa sobre una operación de importación de cocaína camuflada en palés. El sujeto alega que creía que lo que transportaban eran esmeraldas: "La pretensión del recurrente no solo no encuentra base alguna en los hechos probados, sino tampoco en las pruebas practicadas. Se trata, simplemente, de una manifestación realizada a través de su defensa, carente de cualquier apoyo probatorio. En cualquier caso, de los hechos probados se desprende sin dificultad que el recurrente sabía desde el primer momento que participaba en una operación ilícita, con altísima probabilidad de que fuera delictiva, dadas las precauciones adoptadas, y decidió aportar su concurso, asumiendo las consecuencias, sin adoptar ninguna medida tendente a verificar la identidad de lo ocultado en la operación de transporte. Por otro lado, todo indicaba que se trataba de tráfico de drogas y no de esmeraldas, conclusión que se alcanza sin dificultad por la complejidad de la operación, la organización de la misma, el lugar de procedencia, los gastos que originaba y el volumen necesario para manejar la sustancia transportada, impropios de un envío de esmeraldas. No hay, por lo tanto, rastro alguno de un error de tipo por desconocimiento de la sustancia transportada, por lo que ambos motivos se desestiman".

Vid. sobre dolo eventual, ignorancia deliberada, e indicios sobre el conocimiento del autor, el ATS 349/2022, 3-3 *(Tol 8908578)*, donde la acusada afirma que un tercero utilizó su dirección, sin su consentimiento, para enviar un paquete con drogas: "El Tribunal Superior de Justicia considera que el error de tipo debe ser descartado, ya que se ha tenido por probado que la recurrente actuó al menos con dolo eventual, es decir, en el conocimiento de la sustancia que transportaba el envío remitido a su nombre, y que ella recogió. En concreto, el Tribunal Superior de Justicia consideró, ratificando a la Audiencia Provincial, que la recurrente sí tenía conocimiento de que el paquete contenía cocaína, y que actuó, al menos, con dolo eventual. Y ello como consecuencia de que, por un lado, ella misma reconoció que acudió en dos ocasiones a la empresa depositaria Geomil para recoger el paquete enviado por Justo a su nombre, al que, según dijo, desconocía; y, por otro, de que ningún sentido habría de tener que el coacusado Marco Antonio la hubiese escogido a ella de forma aleatoria para recoger dicho paquete, sin informarle, sin comprobar su destino, y sin tomar

medidas para controlar el paquete y a la persona que lo transportaba. (...) El Tribunal Superior de Justicia añade que ningún elemento probatorio ha sido aportado por la recurrente para acreditar que, efectivamente, Marco Antonio empleó sus datos sin su consentimiento. (...) Esta Sala estima que no es dable pensar que una sustancia que en el mercado puede llegar a alcanzar, en la venta al por menor, un valor muy elevado, se ponga en poder de una persona que desconoce lo que porta. (...) En este sentido, hemos dicho que "existen datos sobrados para entender que el desarrollo de los hechos permitieron conocer a la recurrente el contenido del paquete o en el mejor de los casos, acudir al dolo eventual, en su modalidad de "ignorancia deliberada", según la cual, si se desconocía el contenido del paquete, debió negarse a realizar la gestión, hasta que no conociera su contenido, ya que si se prestó a ello lo hizo fuera cual fuera el contenido del envío, admitiendo indirectamente que pudiera ser droga. Como bien apunta el Fiscal, "nadie implicado en una operación con mercancía ilícita, cuyo tráfico o mera posesión en esa cantidad constituye delito y con un elevado precio en el mercado, deja al albur de un desconocido la suerte del envío" (...) La jurisprudencia viene sosteniendo que para excluir el error resulta suficiente con que pueda racionalmente inferirse que el sujeto agente tenía conciencia de una alta probabilidad de que concurriese el elemento típico. De modo que, para excluir el error de tipo, no se requiere la plena seguridad sobre la concurrencia de un hecho constitutivo de la infracción, sino que basta con que se tenga conciencia de la alta probabilidad de que dicho elemento concurra y pese a todo se opte consciente y voluntariamente por realizar la acción típica".
Vid. SAP Barcelona 276/2021, 21-4 *(Tol 8513753)*: "Sr. Iván reconoció en el acto de Juicio, sin género de dudas, ni ambigüedades, el transporte del equipaje intervenido en cuyo interior fue hallada la sustancia estupefaciente, negó, sin embargo, que conociera el contenido de la misma y en concreto que se tratara de sustancia estupefaciente, concretamente, cocaína (...) tampoco afirmó conocer el contenido de la maleta, sino únicamente su transporte a cambio de un precio, afirmación de desconocimiento que no resulta creíble al Tribunal atendiendo a las circunstancias concomitantes al propio transporte del equipaje, por cuanto se afirma que se realiza a cambio de una cantidad de dinero, circunstancia indicativa cuanto menos que algo oculto porta en su interior, pues nadie pagaría por el transporte de una maleta vacía (...) la Jurisprudencia tiene afirmado que si bien es cierto que el error sobre un elemento esencial integrante de la infracción o que agrave la pena excluye la responsabilidad criminal o la agravación en su caso, para que ello suceda es, absolutamente, imprescindible que tal extremo se halle demostrado y fundado mediante afirmaciones que lo contengan o evidencien, sin que en ningún modo sean bastante para estimarlo las subjetivas e interesadas declaraciones del acusado, si los hechos probados acreditan lo contrario (...) debe destacarse el alto valor de la droga (181.936 euros), pues las reglas de la lógica y las máximas de la experiencia obligan a inferir que el transporte de droga por un valor tan elevado no se deje en manos de quien desconoce su existencia, pues no adoptaría las precauciones necesarias para evitar su descubrimiento y se haría difícil que la droga llegara a su destino

que se está en un claro caso de tráfico de drogas, desbaratando la posibilidad de atender a la existencia de un error.

En todo caso, los errores más comunes que pueden suscitarse en este delito recaerán sobre el objeto material (esto es, sobre las propias drogas, estupefacientes o sustancias psicotrópicas) consistiendo por lo general en el desconocimiento de la existencia misma de la droga; desconocimiento que, si verdaderamente el sujeto puede probarlo, daría lugar a su impunidad. No obstante, el error puede recaer también sobre otros aspectos relacionados con la dinámica comisiva, como la cantidad concreta de sustancia que es objeto de la acción, o el nivel de afectación a la salud que la misma provoca (esto es, si son drogas que causen grave daño a la salud o no, lo que configuraría un error sobre elemento accidental agravatorio). En el caso de la cantidad, en principio el peso exacto resulta irrelevante para la aplicación del tipo del artículo 368 CP, salvo que quede por debajo de la dosis

---

al introducirse en el ámbito de decisión de una persona que pudiera desconocer cuál fuera ese destino (...) En suma, el acusado, Sr. Iván, conocía o se debió representar, con un elevado grado de probabilidad que lo que debía transportar, no era una sustancia legal, a cambio de la cual recibió una suma de dinero que no ha especificado, pero que sin duda, le tuvo que llevar a considerar que lo que hacía era algo ilícito, así como la gravedad de tal proceder. Pues la duda sobre la posible realización del tipo, cuando se sabe que el objeto transportado es de tenencia prohibida, no es equivalente a error de tipo, sino que el autor obró con dolo eventual, siendo su conducta igualmente punible".

Más reciente, vid. STS 931/2022, 30-11 *(Tol 9307128)*, donde se niega la posibilidad del error, toda vez que el alijo de más de 20 toneladas de hachís no puedo pasar desapercibido por los tres tripulantes del navío, que tuvieron que embarcarlas: "De manera que su culpabilidad es evidente, y no puede alegarse desconocimiento alguno, sin chocar frontalmente con la teoría de la ignorancia deliberada, pues esta Sala ya consideró, en un supuesto análogo, que no puede alegarse la ignorancia de la droga en el interior de la embarcación ante la relevante cantidad dela misma que hacía imposible su manipulación por una sola persona (STS 52/2017, de 3 de febrero) (...) De modo que los tres tripulantes obraron, al menos, con ignorancia deliberada, sin querer saber aquello que podían y debían saber, asumiendo y aceptando las consecuencias de su ilícito proceder, en el que participaron voluntariamente, por lo que obraron con dolo eventual, según afirma la STS 395/2019, del 24 de julio. O, como dice la STS 633/2009, de 10 de junio, quien se encuentra en una situación que se conoce como ceguera voluntaria (willfull blindness), no está excluido de responsabilidad criminal por la acción ejecutada".

mínima psicoactiva, lo que debería dar lugar a la absolución conforme al principio de insignificancia.

Habrá en cambio un supuesto de error de tipo inverso cuando el sujeto crea estar llevando a cabo el tipo del artículo 368 CP, pero realmente no sea así, por ausencia de objeto material idóneo (ya sea porque la sustancia no afecte a la salud, ya sea porque la cantidad sea insuficiente para producir dicha afectación). En tales supuestos, lo más adecuado (y lo más usual en la Jurisprudencia) será declarar la absolución del encausado, por ausencia de antijuricidad material. La otra opción sería aplicar la tentativa, si es que *ex ante* la conducta pudiera ser considerada por el observador externo como peligrosa[283].

---

283 Esta última solución se recoge en el voto particular de la STS 1110/2007, 19-12 *(Tol 1245313)*, que absolvía a la acusada por la venta de una sola papelina con una combinación de peso y pureza menor a la dosis mínima psicoactiva. El magistrado disidente consideraba más correcto la aplicación de la tentativa, toda vez que el sujeto activo quería cometer el delito del artículo 368 y pensaba estar vendiendo una dosis útil al efecto. Propone, por tanto, la imposición de la pena inferior en dos grados, dado lo escaso del peligro inherente al intento. El cuerpo de la sentencia, sin embargo, afirma —de manera más acorde con la solución aquí sostenida— que "no hay delito y, por tanto, no es posible la fragmentación de alguno de sus elementos para llegar a formas imperfectas de consumación cuando no se alcanza a integrar la lesión del bien jurídico protegido. La dogmática no es un bien jurídico en sí mismo, sino que está al servicio de la función social que cumple el derecho penal. En casos como el presente, el Derecho penal se aparta para dejar paso a soluciones más racionales que permitan y eviten la sanción como reproche moral o social. La función social del derecho penal nada tiene que aportar a las conductas que no lesionan el bien jurídico protegido". Similar resolución debería tener la STS 524/2017, 7-7 *(Tol 6206744)*, donde la sustancia, intervenida en una entrega vigilada, es sustituida por las Fuerzas y Cuerpos de Seguridad del Estado por una sustancia inocua, provocando un error de tipo inverso. Se sostiene aquí que, a lo sumo, podría castigarse por una tentativa inidónea, dada la intervención de la operación desde su comienzo, que provoca la inexistencia de objeto material que pueda dañar el bien jurídico protegido. La sentencia, sin embargo, asegura que "el cambio de la sustancia objeto del tráfico no afecta a la tipicidad de la conducta, sino apartar del mercado la peligrosidad del objeto, pero la conducta sigue siendo la misma con la peligrosidad de su intervención respecto al favorecimiento en el consumo de sustancias tóxicas. El hecho de la sustitución de la sustancia para asegurar que no llega al mercado, no supone la desaparición del objeto sobre el que se actúa sino solamente el aseguramiento en la evitación del peligro", obviando la posibilidad del error y condenando por el tipo consumado.

En los casos en los que el error recae sobre la relativa dañosidad de la sustancia, si el sujeto puede probar que verdaderamente incurrió en dicho error y no en el mero desconocimiento por indiferencia (por ejemplo, el sujeto sabe que transporta drogas, pues ha negociado para realizar un porte, pero le es indiferente qué concreta sustancia tóxica traslada), cabrá aplicar el apartado segundo del artículo 14 CP, pues se trataría de un hecho que cualifica la infracción criminal[284].

La Jurisprudencia, sin embargo, considera en ocasiones que se trata de un mero error de subsunción. Véase, así, la muy citada por los tribunales, STS 379/2012, 21-5 (*Tol 2546738*): "los supuestos de alegación de error sobre un elemento que agrave la infracción, concretamente el supuesto desconocimiento de que la sustancia con la que se trafica es susceptible de causar grave daño a la salud, que en realidad constituyen errores de subsunción penalmente irrelevantes. Los supuestos de error sobre la subsunción no afectan a la responsabilidad criminal pues ésta no requiere el conocimiento de una subsunción técnico-jurídica correcta, por lo que dicha responsabilidad solo se ve afectada cuando el autor cree que la acción que subsume erróneamente no se encuentra penalmente prohibida por norma alguna"[285].

Durante la década de 1990 el Tribunal Supremo fue más favorable a admitir la posibilidad del error sobre la gravedad de la sustancia, si el conocimiento del sujeto estaba errado por su propia experiencia del consumo y las sustancias eran de "reciente" aparición[286]. Así, por ejemplo, se aplicó al consumidor esporádico de éxtasis, pues los tribunales consideraron que la experiencia del uso de la droga por el vendedor, sumado a que aún los estudios sobre el mismo no estaban tan avanzados, daban lugar a considerar el error de tipo[287].

---

284 De esta opinión, MAGRO SERVET, V., cit., pp. 360-361; NÚÑEZ PAZ, M. A., GUILLÉN LÓPEZ, G., cit., p. 101.

285 Con igual pronunciamiento: STS 302/2019, 7-6 (*Tol 7278727*), entre otras.

286 SÁNCHEZ TOMÁS, J. M., *Derecho de las drogas y las drogodependencias*, cit., p. 123: "Hoy día, sin embargo, ya no resulta atendible dicha alegación al considerarse un error de subsunción, si bien no tendría por qué descartarse en supuestos de nuevas sustancias".

287 Vid. así STS 849/1995, 7-7: "De cualquier manera, es evidente que la gravedad del daño a la salud constituye —como lo dice acertadamente la Defensa— un

No se aplica, en principio, la doctrina del error de tipo en aquellos supuestos en que la equivocación no recae sobre el objeto mismo (error sobre un hecho constitutivo de la infracción criminal), sino sobre la antijuricidad del comportamiento (lo que se correspondería, en su caso, con un error de prohibición)[288]. Esta separación, que

---

error relevante pues recae sobre un elemento «que agrava la pena» en el sentido del artículo 6 bis.a), primer párrafo CP y, por lo tanto, sobre un elemento del tipo (agravado). En efecto, una circunstancia de la cual depende la gravedad de la pena (por el mayor disvalor del resultado de peligro), en principio, debe formar parte del tipo penal (agravado), dado que implica una mayor gravedad de la ilicitud y el tipo penal es una ilicitud tipificada. Por lo tanto, en la medida en la que la gravedad del efecto de la sustancia sobre la salud es un presupuesto típico de la agravación de la pena, no es correcto considerar el error que recae sobre el mismo como meramente «accidental», es decir, sobre una circunstancia que no forma parte del tipo penal. Es claro que este error de tipo no se ve afectado por el conocimiento genérico de la antijuridad que el autor pueda tener del comportamiento del tipo básico, que la Defensa no discute. Se trata, como se dijo, del desconocimiento de una circunstancia típica que agrava la pena en relación al tipo básico y, por ello, que requiere ser alcanzada por el dolo. En caso contrario, no podría ser imputada al autor". En el mismo sentido, STS 2133/1994, 9-12: "Afirmada, en estos términos, la posibilidad de que el error pueda recaer sobre el elemento normativo indicado, la sentencia de instancia sienta en el relato judicial que el acusado «no conocía» que las pastillas de la droga denominada «éxtasis» pudieran ser gravemente dañosas para la salud, lo que no impide cuestionar, en el recurso de fondo interpuesto, si esta inferencia venía avalada por una razonable actitud mental; y no lo es, por sí sola, la apreciación subjetiva del acusado montada sobre el hecho de que él y sus compañeros la vinieran consumiendo desde hace casi un año sin otros efectos que la simple y temporal euforia, pero si a ello se une, como circunstancia añadida, la inexistencia —en el momento de los hechos— de un criterio decidido y perfectamente caracterizado sobre la nocividad de dicho psicotrópico que había trascendido a las resoluciones judiciales, y al que puso término —en favor del grave daño— la Sentencia de este Tribunal de 1 de junio último (RJ 1994\4509), hay base razonable para mantener el error sobre dicha calificación agravatoria (...) El criterio expuesto, que admite la posibilidad de error respecto del susodicho elemento normativo, como exigencia ineludible del principio de culpabilidad que impide dejar parcelas exentas dentro del tipo penal, no debe abrir un portillo a la impunidad en la represión del tráfico de drogas, porque la invocación del error será de todo punto inane cuando, abstracción de opiniones o apreciaciones subjetivas, se trate de sustancias o productos que tienen acreditada y reconocida nocividad en la experiencia clínica, y tal consideración en las resoluciones de los Tribunales, con notoriedad en la comunidad social".

288 "El error sobre el carácter prohibido de la sustancia determina, en cambio, un error de prohibición. En todo caso, en esta materia la jurisprudencia da poca

resulta meridianamente clara en otros delitos, se vuelve más compleja en el artículo 368 CP, pues su redacción contempla la *ilegalidad del consumo* como uno de los elementos típicos (elemento normativo del tipo). Por este motivo, la Jurisprudencia en aquellos casos en los que se "trafica" creyendo que el comportamiento es atípico (es el caso de los clubes cannábicos, donde los sujetos actúan creyendo que su comportamiento es lícito, pues lo creen subsumible dentro de los supuestos atípicos de consumo compartido), ha vacilado sobre si se trataba de un error de tipo (puesto que recae sobre el elemento "consumo ilegal") o un error de prohibición directo[289].

Finalmente, resulta evidente que no se requiere que el sujeto activo realice un juicio exacto o técnico sobre la cantidad, pureza, naturaleza o incidencia en la salud de las personas. Bastará con el conocimiento básico de la *esfera del profano*[290].

7. SUPUESTOS DE ATIPICIDAD

La Jurisprudencia, consciente de la amplia extensión típica que posee el delito contenido en el artículo 368 CP, indicó desde bien pronto toda una serie de supuestos en los que niega la tipicidad de los comportamientos, basándose en la inexistencia de un riesgo penalmente relevante para el bien jurídico protegido.

Así, por un lado, tendríamos aquellos comportamientos (ya tratados con anterioridad) en los que, por inidoneidad del objeto mate-

---

relevancia al error en cualquiera de sus formas". NÚÑEZ PAZ, M. A., GUILLÉN LÓPEZ, G., cit., p. 101. De acuerdo también con este extremo MOLINA MANSILLA, M. C., *El delito de tráfico de drogas: análisis detallado y nueva perspectiva. Adaptado a las últimas reformas legislativas y resoluciones del Tribunal Supremo y de la Fiscalía General del Estado*, cit., p. 125.

289 Vid. sobre esta problemática: PENA GONZÁLEZ, W., "La problemática de los clubes de cannabis: ¿error de tipo o error de prohibición?", *Revista Aranzadi Doctrinal*, núm. 3 (2019).

290 STS 379/2012, 21-5 (*Tol 2546738*): "En lo que se refiere a la conciencia de los efectos nocivos de la sustancia objeto del tráfico, resulta suficiente el conocimiento propio de la esfera del profano, ya que nos encontramos ante un delito común, que puede ser cometido por cualquiera, y en consecuencia la responsabilidad como autor no precisa específicos conocimientos médicos".

rial, no es posible poner en riesgo el bien jurídico[291], supuestos que ya han sido analizados en páginas precedentes. Se abordará ahora el estudio de los otros dos grupos de casos: en primer lugar, el de ciertas conductas donde —según Jurisprudencia y Doctrina— el fin perseguido no concuerda con el exigido por el tipo penal, esto es, el favorecimiento del consumo ilegal, sino con el de lograr la deshabituación u otro fin pietista, como es el de evitar el síndrome de abstinencia de una persona concreta: son las llamadas "entregas compasivas". En segundo lugar, y dado que el consumo propio de las sustancias es penalmente atípico, se encuentran una serie de supuestos que no serían más que una suma de consumos individuales (esto es, varias personas ejecutando de forma simultánea comportamientos para procurarse su respectivo autoconsumo): son los llamados casos de "consumo compartido" (también llamados de "bolsa común"), donde se incluyen los supuestos de invitación en el momento de consumo)[292].

---

291 Recuérdese que, actualmente, los únicos casos que admiten los tribunales son aquellos donde la cantidad está por debajo de la dosis mínima psicoactiva, por lo que debe tratarse de una cantidad considerablemente inferior a la de una sola dosis de consumo para declarar la atipicidad de la conducta. Véase, *supra*, epígrafe II: ¿Qué pretende proteger la regulación penal de las drogas?

292 GIL GIL afirma que muchos de estos comportamientos afectan al bien jurídico protegido, al menos con la misma intensidad que aquellos de venta al menudeo hacia el consumidor final, tan difíciles de entender fuera del rango del artículo 368 CP, una vez consolidada la doctrina de la dosis mínima psicoactiva (GIL GIL, A., "El tratamiento jurisprudencial de los clubes cannábicos en España: contadicciones y problemas", en K. AMBOS, E. MALARINO, M.-C. FUCHS (eds.), *Drogas ilícitas y narcotráfico. Nuevos desarrollos en América Latina*, Fundación Konrad Adenauer, Madrid, 2017, pp. 379-401). Puede ser por ello por lo que la Jurisprudencia, temerosa de que otros comportamientos que sí quiere castigar se entiendan dentro del mismo razonamiento, construye toda una serie de requisitos para cada supuesto de atipicidad, que muchas veces nada tienen que ver con los fundamentos que deben ser el germen de la atipicidad de estos casos. Es por ello por lo que, GIL GIL entiende que, a pesar del valor del ensayo realizado por Doctrina y Jurisprudencia para no perseguir penalmente determinados actos destinados al consumo (plurales o individuales), muchas de estas conductas sí que favorecen o facilitan el consumo ilegal. Por lo que serían necesarias otras fórmulas legales y, por supuesto, otras medidas de abastecimiento para los consumidores que no les dejara en la dicotomía de mercado ilegal o deshabituación.

Este epígrafe estudia los dos últimos grupos de casos, de los que se analizan los requisitos jurisprudenciales para su aplicación: 1) entregas compasivas y 2) los de consumo/compra compartida (con especial referencia a las asociaciones cannábicas).

7.1. *Entregas compasivas*

Las llamadas "entregas compasivas" o "donaciones altruistas" componen un escenario de casos donde un sujeto entrega a otro una cantidad de droga, sin mediar precio, para su consumo (esto es, el destinatario ya es el consumidor final de la sustancia). Esa entrega se realiza para evitar el síndrome de abstinencia o para ayudar a deshabituar a quien recibe la sustancia (ofreciendo cada vez cantidades más pequeñas de producto)[293].

El fundamento de la atipicidad en esta serie de casos sería la no concurrencia del elemento teleológico que caracteriza al tipo penal del artículo 368 CP: la finalidad de promover, favorecer o facilitar el consumo de drogas, entendiéndola como la intención de difundir el consumo entre terceros indiscriminados. Suelen ser casos donde alguien suministra a otro una cantidad de droga para evitar el síndrome de abstinencia de una persona que tiene dificultades para procurarse por sí mismo la sustancia (por ejemplo, las personas internas en centros penitenciarios), o para conseguir la deshabituación de una persona querida, entregando cada vez dosis más pequeñas, a la vez que se evita su relación con determinados lugares o personas[294].

DOPICO GÓMEZ-ALLER, sin embargo, sí considera que todo aquello que no pueda considerarse oferta criminalizada (considerando que la venta al menudeo sí forma parte de esta) serían conductas de escasa relevancia para el bien jurídico protegido, careciendo de capacidad difusora y de trascendencia social (a salvo quedan, en su opinión, los clubes cannábicos pues sería difícil sostener que los mismos carecen de dicha trascendencia social). Véase así DOPICO GÓMEZ-ALLER, J., *Transmisiones atípicas de drogas. Crítica a la jurisprudencia de la excepcionalidad*, cit., pp. 18 y ss.

293 Cfr. STS 1441/2000, 22-9 *(Tol 4920360)*: "El suministro de droga a una persona allegada para aliviar de inmediato un síndrome de abstinencia, para evitar los riesgos de un consumo clandestino en malas condiciones de salubridad, para procurar su gradual deshabituación, o en supuestos similares".

294 Véase en la Jurisprudencia reciente, por ejemplo, la STS 462/2015, 6-7 *(Tol 5390927)*, donde la acusada entrega a un interno en vis a vis familiar 0,85 gra-

Podría considerarse que en estos casos existe un fundamento de inexigibilidad de otra conducta o de estado de necesidad. Pero ello significaría, como expone DOPICO GÓMEZ-ALLER, que se admite que la compra de la sustancia para autoconsumo, aunque la realice un tercero, es típica a efectos del artículo 368 CP, cuando en realidad el tercero actuaría simplemente como servidor de la posesión (en ocasiones, del que "no puede moverse")[295].

La Jurisprudencia ha establecido una serie de requisitos para considerar atípicas estas entregas de drogas. De esta manera se exige: 1) la adicción previa del destinatario; 2) que la entrega se realice por persona allegada; 3) que no exista riesgo de difusión (porque se entregue escasa cantidad o porque vaya a ser consumida en el momento); 4) que se trate de una cantidad pequeña, terapéutica o algunas dosis de consumo dependiendo del lugar de entrega; 5) que no se exija precio o contraprestación, pues solo así se considera que se está persiguiendo un fin altruista, humanitario o compasivo[296].

---

mos de heroína; o la STS 1471/1991, 29-5 (*Tol 400873*), donde una mujer entregaba a su hija dosis decrecientes de heroína con el fin de deshabituarla de su consumo.

295 DOPICO GÓMEZ-ALLER, J., *Transmisiones atípicas de drogas. Crítica a la jurisprudencia de la excepcionalidad*, cit., pp. 74 y 76-77. Además, tanto la justificación como la exculpación podría dar lugar a la aparición al argumento de la capacidad de utilización de otras vías para impedir el "mal", como el sometimiento a un tratamiento de deshabituación legalmente organizado (íbid. p. 95).

296 Cfr. por ejemplo, la STS 462/2015, 6-7, (*Tol 5390927*): "El propio Fiscal, con cita de nuestra Sentencia de 28 de junio de 2004, enumera tales requisitos que echa en falta si bien, contra esa tesis, con la lectura del relato de hechos probados se advierte la concurrencia de los mismos. En efecto: a) la cantidad de droga entregada no era en absoluto elevada pues, a pesar de que nos hallemos ante la entrega de heroína, la entidad de la misma, 0.33 grs., en modo alguno puede considerarse excesiva, en especial para justificar por sí misma un destino diferente del propio consumo del destinatario. b) En cuanto a la finalidad de perseguir el alivio de la necesidad de consumo de quien recibe la droga, los propios hechos probados, cuya veracidad no puede aquí discutirse, afirman que ese era precisamente el objetivo perseguido en esta ocasión, dando por supuesto con ello la condición de drogodependiente del receptor. c) A su vez, la vinculación de parentesco próximo entre donante y donatario de la substancia es obvia, al hacer referencia el "factum" a que se trataba de unos esposos. d) Y en cuanto a que el consumo de esa heroína iba a realizarlo, en exclusiva, el propio receptor, no sólo la narración fáctica así lo afirma, sino que se apoya para hacerlo en las declaraciones que prestaron en el acto del Juicio oral los funcionarios de prisio-

Con respecto al primero de los requisitos, la adicción previa del destinatario parece una demanda lógica para estos supuestos, pues si el fin es aliviar al adicto o lograr la deshabituación del mismo, no cabría que las sustancias se entregaran a personas que no las consumen con asiduidad.

El segundo, relacionado con la persona que hace la entrega de la droga, parece que viene a establecer una cierta sospecha respecto de aquellos que entregan estupefacientes sin que exista una relación previa de parentesco o amistad con el consumidor: la Jurisprudencia ha decidido que solo esa preexistente relación puede dar lugar a la atipicidad, pues lo contrario se contempla como un indicio de tráfico de drogas. En cualquier caso, no es disparatado argumentar que estos fines pietistas pueden alcanzar a cualquier persona, sin necesidad de relación previa (piénsese, por ejemplo, en el caso de visitas realizadas a un establecimiento penitenciario, donde se conoce que el compañero de celda de la persona allegada sufre del mismo problema y está pasando por momentos difíciles. En la siguiente visita se decide traer también una pequeña cantidad para el compañero).

En el caso del tercer requisito, muy relacionado con el cuarto, se exige que no haya riesgo de que la sustancia se difunda y para ello se requiere que la cantidad sea pequeña o que sea consumida en el momento. En el mismo sentido que se comenta para el requisito anterior, la Jurisprudencia está realizando con ello una especie de presunción *iuris et de iure*: si la cantidad de sustancia es elevada, ello significa que su fin es la distribución a terceros y por tanto es típica a efectos del artículo 368 CP. Tal modo de razonar puede ser válido cuando la cantidad es tan elevada que sea absurdo pretender que su fin es exclusivamente facilitar, por motivos piadosos, el consumo de quien la recibe, pero no en otros casos[297].

---

nes que denunciaron los hechos, a quienes el interno les hizo esa manifestación sin que ellos la pusieran en duda ni existan, según refiere la Sentencia, razones para suscitarla. Estamos, por consiguiente ante un supuesto de entrega altruista y compasiva de substancias estupefacientes, sin contraprestación económica alguna, por parte de quien es la esposa del destinatario, en reducida cantidad de substancia y sin evidencia de que pudiera llegar a ser consumida por terceras personas distintas de quien la recibió".

297 Véase la STS 665/2014, 16-10 *(Tol 4530265)*, donde el acusado proporciona a su hijo elevadas dosis de cocaína, sustancia a la que era adicto. El Tribunal Supre-

No obstante, parece imposible (salvo que se dé el consumo de la dosis en el momento de la entrega y frente al que la suministra) esquivar completamente el riesgo de difusión. Pero que el hecho de que el sujeto que teóricamente va a ser el consumidor de la sustancia decida finalmente dársela (o vendérsela) a un tercero, no puede repercutir en la finalidad con la que el tercero se la entrega. Que exista el producto, aunque sea una sola dosis, significa que también existe el riesgo de que se difunda, de modo que pasa aquí algo parecido a lo que ocurre con respecto a la cantidad: tal criterio podrá operar como un mero indicio de que la finalidad del sujeto no era *paliar* o deshabituar a un consumidor necesitado de ayuda, sino la difusión de la sustancia entre terceros[298].

El problema, como puede comprobarse, radica en que estos indicios suelen utilizarse como verdaderos requisitos que cuya ausencia lleva directamente a considerar la tipicidad de la conducta. Ello pro-

---

mo decide condenar al padre, aun haciendo constar que no existe prueba de que las entregas fueran más allá que para el propio consumo de su descendiente, adicto. Así se hace constar en el relato de hechos probados "sin que se haya demostrado que el acusado adquiriese tales sustancias para destinarlas al tráfico con terceras personas"; "sin que se haya demostrado que tales sustancias fuesen suministradas a Rosendo, con ánimo de obtener un ilícito beneficio económico, por el acusado Matías". Sin embargo el Tribunal considera que no pueden comprenderse los hechos como atípicos, basándose únicamente en la cantidad: "si bien es cierto que esta misma Sala, en las Sentencias mencionada en la Resolución de instancia y en otras anteriores y posteriores a esas, ha venido acogiendo, en efecto, la tesis de la ausencia de antijuridicidad, en ciertos supuestos de entrega de drogas a parientes o allegados, no debe olvidarse que siempre se ha tratado de casos de facilitación de pequeñas cantidades destinadas a aliviar los padecimientos propios del síndrome de abstinencia que sufre el destinatario de la misma y no, como en el propio "factum" de la recurrida se refiere, de un suministro continuado en el tiempo, de una elevada cantidad de droga (105 grs.), lo que no puede en modo alguno aceptarse, en el caso que nos ocupa, ya que ello supone facilitar el mantenimiento de la situación de consumidor del destinatario, existiendo, como existen, otras opciones o alternativas terapéuticas tendentes, a medio o largo plazo, a la superación del trastorno por consumo abusivo de substancias tóxicas de ilícito tráfico que el hijo de Antonio sufría".

298 Al respecto de las entregas a personas privadas de libertad habrá que tener también en consideración las pocas ocasiones donde los sujetos pueden contactar, lo que indica que las cantidades entregadas deben ser mayores que si el sujeto estuviera en libertad.

voca, en palabras de DOPICO GÓMEZ-ALLER[299], un "manejo cuestionable de la carga de la prueba" y la "estandarización de la prueba de descargo", pues existiendo una duda a la hora de decidir entre la hipótesis de cargo y la absolutoria, se condena siempre que el sujeto no puede probar con total certeza la de descargo, teniendo en cuenta, además, que la única manera de probarlo son los requisitos que la Jurisprudencia ha determinado, con o sin asidero legal.

Este modo de proceder parece aún más injusto en relación al último de los requisitos, el de la ausencia de precio, pues ello nada tienen que ver con los elementos típicos del artículo 368 CP (tanto es así que, en otra serie de supuestos, la Jurisprudencia afirma abiertamente la indiferencia de la presencia de ánimo de lucro). En efecto, si la existencia de precio o contraprestación —o el ánimo de lucro— no es un elemento típico, no se entiende por qué debe necesariamente estar ausente para considerar la atipicidad de la conducta[300]. El mismo razonamiento realizado respecto a los criterios anteriores puede hacerse sobre este requisito: la contraprestación puede jugar como indicio de la existencia de tráfico y, conjugada con otras circunstancias, podrá dar lugar a un pronunciamiento condenatorio. Pero en otras ocasiones, su existencia, lejos de ser un indicio determinante de criminalidad, puede aparecer como una necesidad del tercero (carente de recursos) que tiene que adquirir la droga (de valor económico elevado, en muchos casos) para poder luego entregarla.

Finalmente, cuando se trata de entregas piadosas a internos recluidos en prisión, debe advertirse que, desde luego, es importante el mantenimiento del régimen dentro de los centros penitenciarios, y el incumplimiento de tal régimen podrá dar lugar a la aplicación de sanciones administrativas para el interno, pero penalmente no provocará la conversión de lo atípico en típico, porque el daño para la salud pública es el mismo ya esté el sujeto destinatario privado o

---

299 DOPICO GÓMEZ-ALLER, J., "1.9. Los supuestos de atipicidad", en F. J. ÁLVAREZ GARCÍA, (dir.), *El delito de tráfico de drogas*, Tirant lo Blanch, Valencia, 2009, pp. 70-71.

300 MANJÓN-CABEZA OLMEDA, A., "11. 1. La venta de una pequeña cantidad de droga. La dosis mínima psicoactiva", cit., p. 115.

no de libertad[301] (distinto es el fundamento de la agravación de la distribución a gran escala dentro de un centro penitenciario[302]).

7.2. Consumo compartido

Este segundo grupo de casos, más nutrido jurisprudencialmente, incluye aquellas situaciones donde se producen actos de provisión y consumo de drogas, penalmente atípicas, con la particularidad de que se producen en el seno de un grupo de sujetos y no por una única persona. Su fundamentación se basa en la lógica de que si el consumo (y las actividades destinadas a proveerlo) es penalmente atípico, debe serlo también el consumo compartido[303]. También se denominan supuestos de bolsa común o de servidor de la posesión, pues suele ser una persona la que realiza determinados actos (normalmente la adquisición de la droga) para el posterior reparto entre el grupo de consumidores[304].

---

301 DOPICO GÓMEZ-ALLER, J., *Transmisiones atípicas de drogas. Crítica a la jurisprudencia de la excepcionalidad*, cit., p. 111. MANJÓN-CABEZA OLMEDA, A., "Tráfico de drogas: (I)", cit., p. 1287.

302 Vid. infra, art. 369.

303 Véase la STS 596/2015, 5-10 *(Tol 5579452)*: "En realidad la doctrina de la atipicidad del consumo compartido, desarrollada por el espíritu innovador de esta Sala hace dos décadas, viene a mitigar la desmesurada amplitud que alcanzaría el tipo penal en caso de no ser interpretado en función de las necesidades estrictas de tutela del bien jurídico protegido, la salud pública. Los comportamientos típicos deben ser los idóneos para perjudicar la salud pública porque promuevan, favorezcan o faciliten el consumo ilegal de drogas tóxicas o estupefacientes, objetivo o finalidad que debe estar presente en todas las acciones que se incluyen en el tipo, incluida la posesión, el cultivo e incluso la elaboración o el tráfico, pues ni el tráfico legal, en el ámbito farmacéutico por ejemplo, ni el cultivo con fines de investigación o consumo propio, constituyen conductas idóneas para promover, favorecer o facilitar el consumo ilegal por terceros, y en consecuencia no están abarcados por el amplio espectro de conductas que entran en el radio de acción del precepto".

304 Cfr. STS 1441/2000, 22-9 *(Tol 4920360)*: "2. La adquisición para un grupo de personas ya adictas en cantidades menores y para una ocasión determinada, o el hecho mismo de este consumo compartido en tales circunstancias: son modalidades de autoconsumo impune. 3. Los casos de convivencia entre varias personas ya drogadictas (cónyuges, amigos, padres o hijos) en que alguno de ellos proporciona droga a otro, produciéndose también un consumo compartido".

Dentro de este grupo de casos también suelen considerarse los de "invitación socialmente adecuada" o de "invitación al consumo entre convivientes", en los que la persona no ha adquirido la droga como mandatario de otros, pero en el momento del consumo la ofrece a sus allegados presentes o a sus convivientes. Por cuestiones de adecuación social, así como una escasa capacidad de difusión más allá del círculo, estas últimas también se reputarían como atípicas, a pesar de poder ser formalmente subsumidas en el artículo 368 CP[305].

Como en los supuestos de entrega compasiva, también en los de consumo compartido la Jurisprudencia ha marcado una serie de requisitos para considerar si las conductas son o no típicas en el caso concreto. Así, el primero de ellos hace referencia a que 1) los sujetos deberán ser consumidores habituales o adictos de la sustancia en concreto; el segundo está relacionado con el lugar de consumo, pues éste debe 2) llevarse a cabo en lugar cerrado; el tercero vuelve a hacer referencia a los sujetos, indicando que 3) tiene que tratarse de un grupo reducido, con individuos identificables o determinados. 4) Con respecto a la cantidad, esta debe ser reducida, limitada al consumo diario, para su consumo inmediato y no al almacenaje; y, por último, 5) no debe existir precio o contraprestación[306].

---

305 Así STS 715/1993, 25-3 (*Tol 5155921*); o STS 72/1996, 29-1. Se vuelve difícil encontrar Jurisprudencia reciente sobre este particular, siendo más común que se absuelva por cantidad insignificante de la que no hay prueba de la pureza (pudiendo considerarse que dadas las circunstancias —una sola dosis— sin prueba de la pureza, la conducta puede quedar por debajo de la dosis mínima psicoactiva. Así STS 165/2006, 22-2 *(Tol 846371)*.

306 Véase en este sentido las SSTS 816/2021, 27-10 *(Tol 8644780)*; STS 87/2019, 19-2 *(Tol 7083450)*; STS 360/2015, 10-6 *(Tol 5185902)*; 484/2013, 7-9 (*Tol 3988460*): "1o) Los concernidos deben ser consumidores habituales de la sustancia prohibida o adictos que se agrupen para consumirla. Limitación que pretende evitar supuestos de favorecimiento del consumo ilegal por terceros, que es precisamente la conducta que sanciona expresamente el tipo, salvo los que ya fuesen consumidores habituales de la sustancia en cuestión. 2o) El consumo de la sustancia debe llevarse a cabo "en lugar cerrado". La finalidad de esta exigencia es evitar la promoción pública del consumo y la difusión de la sustancia a quienes no forman parte de los inicialmente agrupados. 3o) Deberá circunscribirse el acto a un grupo reducido de adictos o drogodependientes y ser éstos identificables y determinados. 4o) No se incluyen en estos supuestos las cantidades que rebasen la droga necesaria para el consumo inmediato. En consecuencia, solo se aplica a cantidades reducidas, limitadas al consumo diario".

Similares críticas a las vistas en el apartado anterior pueden realizarse respecto de estos requisitos jurisprudenciales. En relación con el primero de ellos, la consideración de que los consumidores deban ser habituales o adictos, la Doctrina se ha mostrado muy crítica: el autoconsumo es penalmente atípico para todos, incluso para quien no ha probado aun la sustancia, y ello a pesar de que el fin del tipo del artículo 368 CP pueda ser evitar la expansión del consumo: este es atípico, aunque sea el del no iniciado. Sin duda, que los sujetos sean consumidores esporádicos, habituales o grandes consumidores puede servir a efectos de determinar la cantidad que necesitarán para satisfacerse; pero nada más allá de eso.

Con respecto a la determinación del lugar donde se produce el consumo, tampoco se entiende por qué éste debe desarrollarse en lugar cerrado: el consumo en público puede dar lugar a la sanción administrativa del consumidor, pero el comportamiento deberá continuar reputándose como penalmente atípico. De este modo, no puede entenderse que, a estos efectos, si el consumo es plural, este deba tener lugar alejado de la mirada de terceros[307].

Parecidas consideraciones deben hacerse respecto de la tenencia en cantidades "que rebasen la droga necesaria para el consumo inmediato". Si para el consumidor individual cabe la posibilidad de establecer una cantidad superior a una dosis, para los llamados "días de acopio", ello también debe ser posible en el caso de varios consumidores. La Jurisprudencia suele tener en cuenta las circunstancias del caso, relajando el requisito de la cantidad si de las circunstancias del caso enjuiciado se desprende que la misma iba a ser consumida por varios individuos en un determinado tiempo[308].

---

307 Cfr. DOPICO GÓMEZ-ALLER, J., *Transmisiones atípicas de drogas. Crítica a la jurisprudencia de la excepcionalidad,* cit., p. 79: "Hoy no existe hipótesis razonable bajo la cual el rasgo 'dar mal ejemplo' sea lo que distinga la conducta atípica de la conducta castigada con una pena que puede alcanzar los nueve años de prisión. Si 'dar mal ejemplo' no es un elemento de la conducta típica, no puede tomarse como elemento objetivo para distinguir la conducta atípica de la típica".

308 Véase así la STS 382/2022 de 20 deabril, donde la acusada fue descubierta con 2,66 gramos de MDMA y de 20,3 grs. de hachís, en las inmediaciones de acceso a un festival de música: "es también razonable la argumentación desarrollada en el recurso, sobre la detención en la puerta del festival, sin dinero que evidenciara actos de venta, sin compartimentar la sustancia, que permitiría conjeturar

7.3. Especial referencia a las asociaciones cannábicas

Es en el marco de la Jurisprudencia sobre consumo compartido donde surge idea de crear asociaciones en las que los consumidores puedan, de común acuerdo, plantar cannabis para su posterior consumo[309], aportando unas cuotas para la producción que luego,

---

sobre la disposición a su comercialización en dosis mínimas de consumo y la expresión de estancia con amigos (4) en un ambiente lúdico". El Tribunal absuelve a la acusada con base en que dadas las circunstancias del caso era posible considerar el relato fáctico de la acusada, siendo el comportamiento, por tanto, atípico.

De destacar es el caso de la STS 1152/2011, de 7 noviembre. En ella el acusado había sido condenado por facilitar el consumo ilegal, a tenor de los siguientes hechos: Un tercero, desconocido que pasaba en vehículo por la zona, le pidió que adquiriera unas dosis de rebujito (mezcla de heroína y cocaína), ofreciéndole a cambio, compartir las dosis con él. El sujeto del vehículo le explicó que tenía problemas con los vendedores, por lo que él no podía ir personalmente a comprarla. El sujeto fue detenido cuando estaba a punto de entregar las dosis compradas al hombre del vehículo. El TS absuelve argumentando que no se trata más que de un acto de (adquisición y) consumo compartido: "ambos sujetos intervinientes en la consecución de la droga son consumidores y no le falta razón, si bien entre ellos se establece una relación muy singular. Para obtener la droga ambas personas, el mandante del encargo y el mandatario, con el fin de satisfacer su adicción, uno contribuye con dinero y otro despliega la actividad dirigida a la obtención de la sustancia tóxica deseada, participando en un objetivo común. Ambos se conciertan para obtener la droga y la consiguen porque ambos son consumidores, y por ende su conducta es impune. De no entenderlo así, el que encomendó la gestión al acusado recurrente también debió ser imputado, juzgado y condenado, porque en última instancia facilitó el consumo a un drogadicto, entregándole parte de la droga comprada, es decir, como pago de la gestión le facilitó una porción de droga para que la consumiera (favorecimiento del consumo). Esta insólita interpretación del suceso nos permite concluir, que sin apartarse del tenor de los hechos probados, ambos obtuvieron la droga para consumirla, dada su condición de drogodependientes con mayor o menor adicción, y por tanto no merece ninguno de ellos la consideración de traficantes o facilitadores de la droga, cuando ambos, de acuerdo con sus medios, la obtuvieron para el propio consumo (autoconsumo), como lo indica la cantidad escasa o poco relevante de la misma".

309 Según MUÑOZ SÁNCHEZ (2015) la idea surge "en el contexto de la política de reducción de daños y riesgos asociados al consumo en el marco de un modelo prohibicionista, que no castiga el consumo ni la posesión para el consumo", y tiene como germen un informe jurídico del año 2000 "un Informe jurídico sobre la viabilidad legal del uso terapéutico del cannabis y del establecimiento de centros donde se pueda adquirir y consumir tal sustancia, encargado por la

una vez recogida la cosecha, podrán retirar para su consumo. Así, de manera general, la plantación de cannabis (ilícita, pues no cuenta con autorización administrativa) se consideraría penalmente atípica, siempre que el fin sea el consumo propio. Y ello podría extenderse también a un grupo de consumidores constituidos en lo que se conoce como asociaciones cannábicas. De hecho, durante más de una década, algunos tribunales estimaron que, cuando los requisitos vistos anteriormente para el consumo compartido se observaran (algunos de manera relajada), estas actuaciones podían formar parte de los actos para obtención de las sustancias que recaen del lado de los consumidores (y, por tanto, serían atípicas).

No obstante, llegó un momento en el que estas asociaciones o clubes dejaron de ser vías rudimentarias para posibilitar el consumo compartido, convirtiéndose en entidades con miles de socios, en las que se plantaba cannabis de forma extensiva (casi industrial), y donde sus numerosos miembros podían retirar cantidades notables a cambio del pago de una cantidad. Los costes en energía eléctrica eran, en muchas ocasiones, tan elevados que las asociaciones "enganchaban" la luz a postes públicos, cometiendo delitos de defraudación de fluido eléctrico, con el fin de hacer frente a los altos costes que requiere un gran invernadero. En ocasiones fue precisamente ese disparatado consumo de energía lo que hizo que las autoridades se personaran en el lugar. Este modo de actuar (obtención de energía para mantener la plantación mediante fraude) es común también en el caso de plantaciones de estupefacientes que nada tienen que ver con las denominadas asociaciones cannábicas[310].

Consejería de Asuntos Sociales de la Junta de Andalucía a la Sección de Málaga del Instituto Andaluz Interuniversitario de Criminología. El citado informe concluyó que tales iniciativas no debían tropezar con problemas legales. A tal conclusión se llegó a partir de la doctrina jurisprudencial de la impunidad del consumo compartido". El informe puede consultarse aquí: http://www.boletin-criminologico.uma.es/lista_boletines.php?edicion=2000 (MUÑOZ SÁNCHEZ, J., SOTO NAVARRO, S., "Uso terapéutico del cannabis y creación de establecimientos para su adquisición y consumo: viabilidad legal", *Boletín Criminológico,* núm. 1/2000, 45). En cualquier caso, ese informe pudo servir de base para las actuaciones a partir del nuevo siglo, pero asociaciones de este tipo ya habían sido estudiadas por la Jurisprudencia a finales de la década de 1990.

310 Cfr. https://elpais.com/economia/2023-04-24/los-cultivos-ilegales-de-marihuana-multiplican-los-casos-de-fraude-electrico-y-golpean-a-las-distribuidoras.

Estas asociaciones estuvieron operativas y fueron creciendo desde finales de la década de 1990 hasta aproximadamente el año 2015[311], funcionando con regularidad, lo que les permitió incluso constar en los registros autonómicos oficiales de asociaciones. Muchas de estas entidades afirmaban abiertamente en la documentación necesaria para el registro que su finalidad u objeto social era la promoción del consumo de cannabis mediante el cultivo y la distribución de esta sustancia entre sus socios, lo que podía causar un conflicto, pues el Reglamento del Registro Nacional de Asociaciones recoge en su artículo 30 el deber del órgano competente de dar traslado al Ministerio Fiscal cuando se encuentren indicios racionales de ilicitud penal. Ello provocó que la Fiscalía General del Estado emitiera la *Instrucción 2/2013, sobre algunas cuestiones relativas a asociaciones promotoras del consumo de cannabis*, en la que se afirmaba: "Dichas actividades de cultivo de la sustancia estupefaciente podrán tener relevancia penal cuando estén pre-ordenadas a su distribución entre terceras personas, incluyendo en este concepto la difusión entre los integrantes de la asociación investigada" y que "en todo caso, el cultivo de cannabis, así como la posesión de esta planta o de sus derivados, aunque sean para uso privado, constituyen actividades ilícitas, salvo que se cuente con las correspondientes autorizaciones administrativas. En su virtud, cuando los Sres. Fiscales no aprecien relevancia penal en el ámbito de sus propias diligencias o en el de las realizadas por los órganos jurisdiccionales respecto de dichas actividades, deberán acordar o, en su caso, instar la deducción de testimonio para su remisión a la co-

html#?rel=mas; https://www.publico.es/sociedad/audiencia-sevilla-absuelve-directivos-asociacion-cannabis-intervino-10-kilos-marihuana.html; https://www.lavanguardia.com/local/vilafranca/20180725/451102185741/detienen-cinco-responsables-asociacion-cannabica-trafico-de-drogas.html; https://www.europasur.es/campo-de-gibraltar/plantaciones-ilegales-marihuana-electricidad_0_1781222269.html; https://elpais.com/espana/catalunya/2023-02-23/las-plantaciones-de-marihuana-causaron-el-ano-pasado-casi-la-mitad-del-fraude-electrico-en-cataluna.html; https://cadenaser.com/castillalamancha/2022/12/12/la-guardia-civil-detiene-a-dos-personas-por-cultivo-de-marihuana-indoor-y-por-defraudacion-de-fluido-electrico-radio-albacete/. En la Jurisprudencia, sobre asociación cannábica y defraudación de fluido eléctrico, por ejemplo, STS 695/2022, 8-7 *(Tol 9124094)*.

311 Según SILVA FORNÉ, hasta 2015, en España llegaron a existir más de mil clubes con un total cerca de 150000 usuarios. SILVA FORNÉ, D., cit., p. 496.

rrespondiente Subdelegación del Gobierno a los efectos procedentes en el ámbito administrativo".

De forma paralela, las Comunidades Autónomas comenzaron a trabajar en textos legales que regularan el funcionamiento de estas asociaciones. La primera en ver la luz fue la *Ley Foral 24/2014, de 2 de diciembre, reguladora de los colectivos de usuarios de cannabis* en Navarra. Ello fue contestado por el ejecutivo, que interpuso el recurso de inconstitucionalidad nº 1534-2015, que culminaría en la STC 144/2017,14-12 *(Tol 6988018)*. No sería la única región que tratara de regular estas actividades: posteriormente se aprobaría *Ley 1/2016 del Parlamento Vasco, de 7 de abril, de Atención Integral de Adicciones y Drogodependencias*[312], que desembocaría en la STC 29/2018, de 8 de marzo; y la *Ley 13/2017, de 6 de julio, de las asociaciones de consumidores de cannabis*, de la Comunidad Autónoma de Cataluña, que daría lugar a la STC 100/2018, 19-9 *(Tol 6816187)*. Las tres sentencias del máximo intérprete de la Constitución declararían la inconstitucionalidad de los textos completos de Navarra y Cataluña y del artículo 68 de la norma vasca, por cuestiones relacionadas con las competencias exclusivas del Estado.

La Jurisprudencia hasta 2015 había ido resolviendo los asuntos sobre asociaciones cannábicas en tres sentidos distintos, que consistían a grandes rasgos en: 1) negar la posibilidad de considerar estas actuaciones dentro del consumo compartido, pues el riesgo de difusión que estas suponían era típico[313]; 2) entender que estas actua-

---

312 Distinta a la anterior, pues el centro de la misma no era la regulación de estas asociaciones, sino en general el tratamiento de las adicciones. Aun así, el art. 68 original trataba de las "entidades de personas consumidoras de cannabis".

313 Véase así la STS 1377/1997, 17-11. DIEZ RIPOLLÉS y MUÑOZ SÁNCHEZ consideran atípicas, generalmente, las actuaciones de las asociaciones cannábicas, en tanto no las consideran comportamientos que encajen en el favorecimiento del "consumo ilegal" que menciona el tipo del 368 CP, en tanto que se trataría de "una difusión limitada de la droga, destinada a un círculo de consumidores acotado, y asegurando unas pautas de consumo responsable. Tales prácticas difícilmente pueden considerarse creadoras de un riesgo relevante para la salud pública". Ello siempre y cuando en la asociación o círculo de consumidores se den los requisitos estimados para ello, esto es, a) que los usuarios sean consumidores estables no abusivos; b) una estructura asociativa de autoorganización; c) una organización que permita permanecer alejado del mercado ilegal de la droga; d) el control por la asociación de la difusión y el consumo. Como se verá

ciones estarían amparadas por la doctrina del consumo compartido y serían, por tanto, atípicas[314]; y 3) la posición —llamémosle intermedia—, que consideraba que dichas conductas eran típicas pero sus autores actuaban con error de prohibición —ya fuera vencible o invencible—[315].

Dado el panorama judicial anterior, el crecimiento exponencial de los clubes en el territorio, y la promulgación de leyes autonómicas que venían a regular el funcionamiento de estas asociaciones, el TS decidió emitir una resolución de Pleno a propósito de la STS 484/2015, 7-9 (*Tol 5496760*), que juzgó los hechos cometidos por los responsables de la *Asociación de Estudios y Usuarios del Cáñamo EBERS*, constituida en el año 2010 y registrada en el Registro General de Asociaciones del País Vasco. Previamente la AP de Bizkaia había absuelto a los acusados, por entender que su comportamiento era atípico, en tanto que "cultivo compartido". Siguiendo sus estatutos, los socios firmaban un "contrato de provisión de consumo"—donde especificaban que eran consumidores y hacían una estimación de cuánto podían llegar a consumir en períodos de tiempo de seis meses— y un "acuerdo de cultivo colectivo". De este modo, EBERS puso en funcionamiento un sistema de cultivo para satisfacer las necesidades expresadas de sus socios, contando con un jardinero para el mantenimiento de las plantas, y preparando posteriormente la sustancia para el consumo, que se envasaba y era entregada a los socios según la previsión del consumo presentada (con un límite de dos gramos diarios, al precio de dos euros/gramo). La Asociación contaba con un reglamento de régimen interno que los socios se comprometían a cumplir (bajo sanción de expulsión), en el que, entre otras normas, se prohibía exhibir en la calle lo adquirido en la asociación, salir del local fumando cannabis, traficar con la sustancia adquirida (a cambio de precio o gratuitamente) o que terceros desconocidos

---

a continuación, se trata de cuestiones que resultan indiferentes a la Jurisprudencia a la hora de asumir como típicas las actividades de estas asociaciones. DÍEZ RIPOLLÉS, J. L., MUÑOZ SÁNCHEZ, J., cit., p. 60 y pp. 69 y ss.

314 Esta interpretación fue muy frecuente en las Audiencias Provinciales. Así SAP Vizcaya 42/2014, 16-6 (*Tol 4479280*); o SAP Barcelona 86/2015, 10-3 (*Tol 4853640*).

315 Véase *infra*, sobre esta posición.

esperaran a los socios en los alrededores del local. En el momento de la intervención policial, la asociación contaba con 290 miembros.

En el momento de su enjuiciamiento, los hechos probados declararon: "No ha quedado acreditado que la asociación tuviera como finalidad, y esa fuera su actividad real, pura y simplemente, la distribución a terceras personas de marihuana o cannabis en cualquiera de sus formas, ni la participación de ninguno de los acusados en dicha actividad. No ha quedado acreditado ningún caso en el que la droga se hubiere entregado, por ninguno de los acusados, a ninguna persona que no tuviera la condición de socio. No ha quedado acreditado que las cantidades obtenidas por las cuotas de inscripción o al adquirirse las cantidades de droga por los socios tuvieran otro destino que el de sufragar la mencionada actividad de abastecimiento por parte de la asociación, en particular no ha sido demostrado ningún enriquecimiento ilícito por parte de ninguno de los acusados en su participación diversa en las actividades de la asociación, ni tampoco por parte de la asociación. No ha quedado acreditado que en ningún caso se hubiera entregado a un socio una cantidad mayor de marihuana que la que le correspondiera en virtud del contrato de previsión de consumo mencionado. Tampoco ha quedado acreditado que ninguno de los acusados tuviera la intención de que la droga fuera difundida entre quienes no fueran socios ni que consintieran o aceptaran la entrega de droga por parte de ningún socio a terceros a título oneroso o gratuito".

Al respecto, el Tribunal Supremo recuerda que el artículo 368 CP "no sanciona el consumo, pero si toda actividad que lo promueve" y que el cultivo es, además, una de las conductas típicas especialmente mencionadas en el tipo. También reconoce que "todas las actuaciones personales que van destinadas al propio consumo (ilegal, pero no penalmente prohibido) son atípicas en nuestro ordenamiento, aunque supongan facilitar o promover un consumo ilegal (la adquisición, la solicitud, incluso la producción…), también el cultivo es atípico cuando no se detecte alteridad presupuesto de la intervención penal: facilitar o favorecer el consumo de otros". Y es precisamente esa alteridad la que concurre, según el Tribunal, en el caso concreto de las asociaciones cannábicas (o al menos en aquellas con características similares a las del caso). Así, en su fundamento jurídico sexto afirma que no puede aplicarse la doctrina del consumo compartido a “iniciativas asociativas como la ahora analizada”, porque la Sala de instancia la ha “estirado hasta llegar a romper sus costuras”. Y ello porque el riesgo de difusión de la sustancia y la incapacidad de controlarlo es patente en la situación creada por los responsables de la misma. Así, insiste el Tribunal en que el salto entre una situación de consumo compartido entre conocidos —supuesto clásico de bolsa común— y estas asociaciones no es únicamente cuantitativo sino cualitativo: se trata de una estructura “metódica, institucionalizada, con vocación de permanencia y abierta a la integración sucesiva y escalonada de un número elevado de persona” que no puede asimilarse a una “reunión entre amigos”[316]. Se trataría, por tanto, de

---

316 Cfr. FJ 10ª STS Pleno 484/2015, 7-9 *(Tol 5496760)*: La magnitud de las cantidades manejadas, el riesgo real y patente de difusión del consumo, la imposibilidad de constatar con plena certidumbre la condición de consumidores o usuarios de la sustancia, así como de controlar el destino que pudieran dar al cannabis sus receptores desbordan no solo los términos más literales en que se desarrolla esa doctrina (que no es lo fundamental como recuerda la sentencia de instancia atinadamente), sino sobre todo su filosofía inspiradora. No se trata de imputar a los responsables de la Asociación el mal uso por parte de algunos socios o el incumplimiento de sus compromisos; es que precisamente esa incapacidad de controlar inherente a la estructura creada comporta el riesgo de difusión que quiere combatir el legislador penal. Por supuesto que a los directivos de la Asociación no se les puede atribuir responsabilidad por el hecho de que un socio haya hecho entrega a persona no consumidora de parte de la sustancia; o si la vende traicionando sus obligaciones asociativas. Pero sí son responsables de crear la fuente de esos riesgos incontrolables y reales cuando se manejan esas cantidades de sustancia que se distribuyen a doscientas noventa personas cuyas actitudes o motivaciones no pueden fiscalizarse. (...) Hay un salto cualitativo y no meramente cuantitativo, como pretende el Tribunal a quo, entre el consumo compartido entre amigos o conocidos, —uno se encarga de conseguir la droga con la aportación de todos para consumirla de manera inmediata juntos, sin ostentación ni publicidad—; y la organización de una estructura metódica, institucionalizada, con vocación de permanencia y abierta a la integración sucesiva y escalonada de un número elevado de personas. Esto segundo —se capta intuitivamente— es muy diferente. Aquello es asimilable al consumo personal. Esta segunda fórmula, en absoluto. Se aproxima más a una cooperativa que a una reunión de amigos que comparte una afición perjudicial para la salud, pero tolerada. Estamos ante una actividad nada espontánea, sino preconcebida y diseñada para ponerse al servicio de un grupo que no puede considerarse “reducido” y que permanece abierto a nuevas y sucesivas incorporaciones. (...) Uno de los requisitos exigidos para considerar la atipicidad del consumo compartido, es la exclusión de actividades de almacenamiento masivo, germen, entre otros, de

una "acción más o menos oficializada o institucionalizada al servicio del consumo de terceros (aunque se la presente como modelo autogestionario)"[317].

ese "peligro" que quiere desterrar el legislador. (...) La filosofía que late tras la doctrina jurisprudencial que sostiene la atipicidad del consumo compartido de sustancias estupefacientes también puede alcanzar, en otro orden de cosas, a la decisión compartida de cultivo de la conocida como marihuana para suministro en exclusiva a ese grupo de consumidores en condiciones congruentes con sus principios rectores que hacen asimilable esa actividad no estrictamente individual al cultivo para el autoconsumo. Se distancia así esa conducta tolerable penalmente de una punible producción por estar puesta al servicio del consumo de un número de personas indeterminado ab initio y abierta a incorporaciones sucesivas de manera más o menos indiscriminada y espaciada, mediante la captación de nuevos socios a los que solo se exige la manifestación de ser usuarios para hacerlos partícipes de ese reparto para un consumo no necesariamente compartido, inmediato o simultáneo. (...) No se trata tanto de definir unos requisitos estrictos más o menos razonables, como de examinar cada supuesto concreto para indagar si estamos ante una acción más o menos oficializada o institucionalizada al servicio del consumo de terceros (aunque se la presente como modelo autogestionario), o más bien ante un supuesto de real cultivo o consumo compartido, más o menos informal pero sin pretensión alguna de convertirse en estructura estable abierta a terceros (FJ 10º).
En el FJ 5º, la sentencia afirmaba: "A nivel europeo es digna de mención alguna reciente iniciativa en Alemania (aunque el grupo que la promueve y el marco normativo europeo imperante hacen presagiar fundadamente que no llegará a puerto) destinada a regular el consumo de Marihuana mediante una Ley específica (Cannabiskontrollgesetz)". Es probable que los nuevos vientos en diversos países europeos, con Alemania a la cabeza, terminen en una reinterpretación del consumo compartido y los clubes cannábicos, más cerca de la Jurisprudencia ahora ya minoritaria.

317 DOPICO GÓMEZ-ALLER, al respecto de la fina línea que separa la doctrina del consumo compartido y la oferta de drogas tóxicas: "siguen siendo un acto colectivo del lado de los consumidores, pero que ya contemplan una 'vertiente social o comunitaria', 'un aspecto de lesividad supraindividual, un componente colectivo socialmente relevante'". DOPICO GÓMEZ-ALLER, J., *Transmisiones atípicas de drogas. Crítica a la jurisprudencia de la excepcionalidad*, cit., pp. 18 y ss.
De la opinión contraria, y en concreto sobre el caso analizado, MUÑOZ SÁCHEZ, J., "La relevancia penal de los clubes sociales de cannabis. Reflexiones sobre la política de cannabis y análisis jurisprudencial", Revista electrónica de Ciencia Penal y Criminología, 17-22, 2015, pp. 47-48: "Efectivamente el cultivo o almacenamiento de una gran cantidad de droga supone un riesgo de su difusión, pero tal riesgo por sí solo no es un riesgo típico. (...) Entendemos que la cantidad de cannabis cultivado o almacenado es un indicio que la droga puede difundirse entre terceras personas. Pero si se atiende al número de socios y al

Una vez declarada la situación como plenamente típica a efectos del artículo 368 CP, la Sentencia analiza lo relativo al error de hecho o de derecho en que podían haber incurrido los acusados en el caso[318], zanjando con ello el debate abierto sobre la posibilidad de considerar las situaciones en las que el sujeto cree estar ante un supuesto de atipicidad cuando en el plano fáctico no es así, como un caso de error de tipo[319]. Para el Tribunal Supremo se trata, sin duda, de un error de prohibición, pues dicho error versa sobre "el conocimiento equivocado sobre el ámbito y alcance de la prohibición"[320]: "No se trataría solo de la creencia de estar ante un consumo legal en contraste con un consumo ilegal, que es la base de la que parte el Fiscal para reconducir el debate al error de tipo. Es otro el enfoque: creer que la notoria prohibición legal de cultivar y distribuir sustancias estupefacientes no abarca en virtud de ciertas interpretaciones judiciales las actividades de esas asociaciones si se atienen a ciertos requisitos, es estar confundido no sobre un elemento fáctico configurador de la conducta típica; ni siquiera sobre una especie de excusa absolutoria o sobre los requisitos de una "anómala" eximente. Versa

espacio de tiempo que iba a consumir tal cantidad resulta proporcionada al consumo que se prevé por los socios. Tampoco consideramos que el hecho de que cada socio pueda disponer libremente de la cantidad de cannabis que le corresponda para su consumo suponga un riesgo típico. La jurisprudencia de forma unánime ha sostenido que la posesión de una pequeña cantidad de droga que no sobrepase la provisión de la cantidad necesaria para el consumo de 5 o 10 días por parte de un consumidor no supone un riesgo de transmisión a terceros y presume que la posesión de la droga es para consumo personal. En el caso que analizamos cada socio solo puede sacar de la asociación 2 gramos diarios. Salvo que sea de peor condición el poseer droga procedente del autocultivo que cuando proviene del mercado ilegal, no se entiende por qué en estos casos se alude a un riesgo típico, y no cuando la droga procede del mercado ilegal".

318 FF JJ 4º y ss. de la segunda sentencia.

319 Al estimar que se trata de un error que recae sobre el elemento del tipo "consumo ilegal", vid. *supra* "6. El tipo subjetivo".

320 En contra de este punto de vista MUÑOZ SÁNCHEZ: "los acusados no ignoran el Derecho, sino que no tiene conciencia de estar realizando los elementos del tipo del artículo 368 del Código penal". MUÑOZ SÁCHEZ, J., "La relevancia penal de los clubes sociales de cannabis. Reflexiones sobre la política de cannabis y análisis jurisprudencial", *Revista electrónica de Ciencia Penal y Criminología*, núm. 17-22 (2015), pp. 47-48.

el conocimiento equivocado sobre el ámbito y alcance de la prohibición (...)".

En cualquier caso, el Tribunal consideró que un tal error podría, a lo sumo, considerarse vencible (en ningún caso invencible), pues el prohibicionismo en materia de drogas forma parte, según el órgano juzgador, del saber común. En este sentido, la posibilidad de error vencible se admite en el caso enjuiciado, pero se deja patente que ello es porque puede desprenderse del relato fáctico, no siendo aplicable directamente a cualquier caso similar, pues dependerá de las circunstancias concretas y siempre que los hechos sean anteriores a esta resolución. Admite, por tanto, que las circunstancias sociales vigentes hasta entonces permitían fundamentar la posibilidad del error en los responsables de estos clubes[321].

No obstante, posteriormente la STC 146/2017, 14-12, declararía que esa sentencia del Tribunal Supremo había vulnerado los derechos de los demandantes a un proceso con todas las garantías y la defensa, por infracción concretamente de la garantía de audiencia personal en segunda instancia. La STS 91/2018, 21-2 (*Tol 6517660*),

---

321 "Era exigible mayor cautela y un mínimo esfuerzo sincero de indagación. Porque, y esto es determinante, lo que resulta patente como se explicó en la anterior sentencia es la contradicción con la legalidad de la actividad desplegada. La conciencia de que sopesaban y se representaron como posible la antijuricidad de su actividad queda evidenciada por la forma en que se redactan los Estatutos de la Asociación. Demuestran conocer mediante cita expresa de algunas sentencias (que, leídas, distan mucho de proporcionar marco legal a la actividad asociativa) los angostos márgenes de la doctrina del consumo compartido. (...) Se suele razonar que una duda, incluso tenue, sobre la licitud de la conducta es suficiente para integrar la primera vertiente. Es más, ese estándar se mitiga con criterios normativos: basta con ser conscientes de circunstancias que aconsejarían verificar la licitud de la conducta. Con esta matización se quiere evitar primar a quien por su actitud de indiferencia hacia el Derecho ni siquiera se plantea si su conducta es o no lícita (el sujeto no duda nada porque el derecho le resulta indiferente).
Se estimará en consecuencia que estamos ante un error vencible de prohibición. Esta no es sin más doctrina generalizable. Es una cuestión de caso concreto, aunque existen unos parámetros sociológicos, políticos y judiciales que, al menos hasta esta sentencia, sí conforman un denominador común de asuntos similares. Pero ello no obsta a que en cada supuesto a la vista de las circunstancias personales y casuística específica se pueda llegar a una respuesta singularizada que no tiene por qué coincidir con la aquí acogida".

que sustituiría a la aquí estudiada, consideró que el error fue invencible para los sujetos acusados, que resultaron por tanto absueltos.

Las recientes STS 534/2021, 17-6 (*Tol 8493843*); 722/2020, 30-12 (*Tol 8280489*); y 508/2021, 10-6 (*Tol 8485099*), reconocen asimismo la invencibilidad del error de los responsables de una asociación de esa naturaleza. No obstante, los hechos probados datan de fechas anteriores a la sentencia ahora analizada. Por su parte, consideró el error de prohibición de carácter vencible las SSTS 219/2022, 9-3 (*Tol 8871716*)[322]; 200/2022, 3-3 (*Tol 8871902*)[323]; y la STS 855/2021, 10-11 (*Tol 8649712*). Por su parte, considera no haber lugar a error —ni vencible ni invencible— la STS 695/2022, 8-7 (*Tol 9124094*), pues aun siendo los hechos anteriores a 2015, el Tribunal considera que de ningún punto de los hechos probados puede extraerse la existencia de un error y que los principales responsables de la asociación no eran legos en Derecho (uno abogado en ejercicio, del otro solo se afirma que tenía una gestoría)[324].

La admisión de la presencia del error de prohibición impedía a su vez la aplicación del delito de asociación ilícita o grupo criminal, pues estas conductas necesitan la constatación en el sujeto activo de la conciencia de que las acciones promovidas por la asociación o gru-

---

322 En la que cabe destacar que "dispusieron de una resolución dictada por la Agencia española de medicamentos y productos sanitarios que 'sin ambages estableció que no era posible conceder la autorización que se pedía para el cultivo del cannabis' por tratarse de un producto incluido en la lista IV de la CV de 1961".

323 También de hechos anteriores a la sentencia de pleno de 2015, cuestión que la misma sentencia tiene en cuenta para considerar el error: "La ilegalidad no era notoria y evidente, sino que permitía albergar con cierto fundamente otras alternativas. Cualquier duda al respecto, lo admite el propio recurso, quedó disipada con la STS del Pleno 484/2015, 7-9 *(Tol 5496760)*, tras la que, según ha acreditado documentalmente, LA MACA cesó su actividad".

324 En el caso de revisión de pronunciamientos de instancia absolutorios por aplicación de error invencible, vid. STS 508/2021, 10-6 *(Tol 8485099)*, que mantiene la absolución; y, por contra, vid. STS 722/2020, 30-12 *(Tol 8280489)*, que reenvía el caso al Tribunal de instancia para que dicte nueva sentencia ("a fin de que dicte otra en la que se recojan en el hecho probado todas las apreciaciones fácticas sobre las circunstancias del hipotético desconocimiento de la ilicitud de la conducta por parte de los acusados (especificando expresamente si las considera probadas, o solo posibles o probables), extrayendo con libertad de criterio las conclusiones jurídicas procedentes, ratificando o variando el anterior pronunciamiento en los términos que considere oportuno").

po son constitutivas de delito. De este modo, el error de prohibición apreciado en el caso del artículo 368 CP se tornaba error de tipo en el supuesto de los artículos 515-517 CP y 570 ter y 570 *quater* CP, pues estas dos figuras penales incorporaban un elemento normativo (*"delitos o faltas"*)[325]; error de tipo que, incluso aunque fuera vencible, no daría lugar a responsabilidad penal, dada la atipicidad de las asociaciones ilícitas o grupos criminales imprudentes[326]. Conforme a ello, el Tribunal Supremo desestimó la pretensión condenatoria del Ministerio Fiscal, que solicitaba la aplicación, en régimen de alternatividad, de estos delitos de organización[327].

La doctrina emanada de esta Sentencia se considera ya consolidada[328]. A modo de resumen: para el Tribunal Supremo, la actividad

---

325 En la redacción en vigor al momento de comisión de los hechos, la justo anterior a la reforma penal del año 2015 que suprimiría las faltas.

326 Este mismo razonamiento puede observarse en la STS 597/2023, 13-7 (*Tol 9647921*).

327 En el mismo sentido y más reciente la STS 695/2022, 8-7 *(Tol 9124094)*. Por otra parte, y aunque no existe casuística en la materia, sería posible atribuir responsabilidad penal directamente a la asociación, vía artículo 31 bis CP. SEGARRA MONFERRER y NÚÑEZ MIRÓ intuyen que es posible que no existan pronunciamientos sobre responsabilidad de la persona jurídica debido a la ausencia de acusación particular en los procedimientos seguidos en la materia y por "la dificultad de abordar y ofrecer una respuesta contundente ante un ilícito "con una amplitud que ha sido justamente tildada de desmesurada e inmatizada". Cfr. SEGARRA MONFERRER, J., NÚÑEZ MIRÓ, A., "Los clubes cannábicos: eventual responsabilidad penal de la persona jurídica y de las personas físicas responsables o gestoras de su actividad", *Revista Aranzadi Doctrinal*, núm. 4 (2020).

328 Véase la STS 695/2022, 8-7 *(Tol 9124094)*: "la STS, Pleno, 484/2015, de 7 de septiembre, la primera que en época reciente, tras la precedente STS 1377/1997, de 17 de noviembre, ha pronunciado este Tribunal respecto al cultivo a gran escala de cannabis destinado a abastecer a consumidores reunidos en asociaciones constituidas al efecto, y que proclamó la tipicidad de los comportamientos concretados en organizar un sistema de cultivo, acopio, o adquisición de sustancias tóxicas con la finalidad de repartirla o entregarla a terceras personas, aunque a los adquirentes se les imponga el requisito de haberse incorporado previamente a una lista, a un club o a una asociación o grupo similar, y aun cuando no concurra ánimo de lucro. Doctrina que, aunque en su inicio no condensó el parecer unánime de todos los Magistrados integrantes de aquel Pleno, dada la finalidad unificadora que como fuente de certeza en la interpretación de las normas incumbe a la jurisprudencia, hoy se encuentra consolidada a través de un importante número de resoluciones que la sentencia recurrida evoca. Listado de resoluciones a las que hay que añadir, para incorporar las más recientes,

de las asociaciones cannábicas crea riesgos típicos. La posibilidad de apreciar error se reduce al error de prohibición pues afecta al ámbito y alcance de la prohibición. A lo sumo podrá apreciarse el error de tipo vencible, pues el prohibicionismo de las drogas se trata de un saber común. En cualquier caso, se error deberá desprenderse de los hechos y no aplicarse de modo automático. La aplicabilidad de ese error desaparece —o se reduce considerablemente— cuando los hechos del caso daten de actividad posterior a la sentencia del año 2015 (Caso asociación EBERS), pues la misma zanjó el "clima social", en parte provocado por alguna Jurisprudencia, que podía confundir sobre los límites de la prohibición[329].

---

las SSTS 87/2019, 19-2 *(Tol 7083450)*; 261/2019, de 24 de mayo; 521/2019, de 30 de octubre; 205/2020, de 21 de mayo; 378/2020 y 380/2020, ambas de 8 de julio; 564/2020, de 30 de octubre; 722/2020, 30 de diciembre; STS 508/2021, 10-6 *(Tol 8485099)*; o STS 534/2021, 17-6 *(Tol 8493843)*". Así también las recentísimas STS 597/2023, 13-7 (*Tol 9647921*); STS 573/2023. 10-7; o STS 497/2023, 22-6.

Para un análisis exhaustivo del viraje en torno al asociacionismo para el autobastecimiento de cannabis vid. SILVA FORNÉ, D., cit., pp. 367-500.

329 Quizá el Tribunal Supremo debería haber emitido (y aún podría hacerlo, aprovechando la resolución de algunos casos que continúan llegando a día de hoy) una nueva sentencia de pleno, en la que explicitara los requisitos en los que el consumo compartido podría amparar a estas asociaciones, como ya se ensayara en el voto particular del magistrado Conde Pumpido (con la adhesión además de varios de los magistrados) en la sentencia del caso EBERS (STS 484/2015, de 7 de septiembre). A modo de resumen, el magistrado proponía una serie de requisitos que hicieran compatibles estas asociaciones con la doctrina del consumo compartido. Así, por una parte, que todos los socios debieran ser previamente consumidores habituales; habría también un período de carencia entre la inscripción y la entrega de sustancias; que el consumo se llevara a cabo en lugar cerrado, exigiendo que debe ser en el interior de la propia asociación. Todo ello, sumado a que las agrupaciones no podrían suministrar cantidades mayores a la dosis necesaria para el consumo inmediato y nunca más del consumo diario máximo, las posibilidades de difusión indiscriminadas son realmente mínimas. El último requisito es que estas asociaciones deberían moverse en grupos muy reducidos donde los sujetos fueran plenamente identificables, sin superar la treintena. Sin embargo, no le falta razón a FERNÁNDEZ BAUTISTA cuando indica que, en cualquier caso, no puede ser la Jurisprudencia la que plantee un cambio de paradigma, cuando es —sin duda— algo que le corresponde al legislador. Cfr. FERNÁNDEZ BAUTISTA, S., *Los clubes sociales del cannabis. Antijuricidad e imputación personal*, Tirant lo Blanch, Valencia, 2021.

8. ESTADO DE NECESIDAD Y MIEDO INSUPERABLE

El tráfico de drogas es una de las materias donde se hace más patente la capacidad del Derecho penal para atacar con contundencia al menesteroso. En efecto, en la aplicación Jurisprudencial de estos delitos, los Tribunales han decidido que tanto el estado de necesidad como el miedo insuperable que tengan como sustrato la penuria económica del sujeto activo son, simple y llanamente, inaplicables[330], admitiéndose únicamente en algunos casos extremos (riesgo de muerte inminente o peligro grave para la salud del autor del delito de tráfico de drogas o alguno de sus allegados; o amenazas directas y graves contra la vida) y solo como medio para atemperar la pena, nunca con carácter eximente de la responsabilidad penal[331].

El principal fundamento que la Jurisprudencia esgrime para no aplicar las mencionadas eximentes es que el mal o los males que producen los delitos de tráfico de drogas son siempre muy superiores a los que el sujeto menesteroso trata de evitar consiguiendo dinero a través de estos ilícitos, y que, por lo demás, de admitirse estas exculpaciones o justificaciones se daría lugar a "impunidades inadmisibles"[332].

---

330 Véase en la Doctrina: MUÑOZ CONDE, F., cit., p. 649; DOPICO GÓMEZ-ALLER, J., *Transmisiones atípicas de drogas. Crítica a la jurisprudencia de la excepcionalidad,* cit., p. 75; MAGRO SERVET, V., cit., p. 254; MARTÍNEZ PARDO, V. J., cit., p. 141; GIL NOBAJAS, S., "La interpretación jurisprudencial de los requisitos de la aplicación del estado de necesidad a los correos de la droga", en D. BENITO SÁNCHEZ, A. I. PÉREZ CEPEDA, (coords.), *Propuestas al legislador y a los operadores de la justicia para el diseño y la aplicación del Derecho penal en clave anti-aporófoba,* Ratio Legis, Salamanca, 2022, pp. 61-66, p. 61; ORTS BERENGER, E., cit., p. 618; ACALE SÁNCHEZ, M., cit., p. 48.

331 En la Jurisprudencia, véase Cfr., como muestra, las SSTS 132/2019, 12-3 *(Tol 7227592)*; 265/2015, 29-4 *(Tol 4988931)*; STS 945/2013, 16-12 *(Tol 4075432)*; 649/2013, 11-6; 129/2011, 10-3 *(Tol 2066921)*; STS 853/2010, 15-10 *(Tol 1975055)*; STS 340/2005, 8-3 *(Tol 622959)*, STS 231/2002, 15-2 *(Tol 4921869).*
Completo y reciente estudio sobre la aplicación del estado de necesidad a los correos de la droga en GIL NOBAJAS, S., "La interpretación jurisprudencial de los requisitos de la aplicación del estado de necesidad a los correos de la droga", cit., pp. 61 a 66.

332 En este sentido, vid. STS 265/2015, 29-4 *(Tol 4988931)*: "Ahora bien, la jurisprudencia de esta Sala ha sido desde siempre contraria a admitir la eximente de estado de necesidad de tipo económico al tráfico de drogas, declarando que tal conducta entraña una gravedad muchísimo mayor que cualquier problema

económico que pueda afectar al agente, de forma que este delito en principio y como regla general, sin que puedan excluirse supuestos excepcionales, no pueda ser compensado, ni de manera completa e incompleta, con la necesidad de tal remedio económico (…)"; STS 132/2019, 12-3 *(Tol 7227592)*: "difícilmente puede apreciarse esta circunstancia en el delito de tráfico de drogas, teniendo en cuenta los gravísimos perjuicios que al conjunto de la sociedad se irrogan a la sociedad"; STS 649/2013, 11-6: "Ahora bien, la jurisprudencia de esta Sala ha sido desde siempre contraria a admitir la eximente de estado de necesidad de tipo económico al tráfico de drogas, declarando que tal conducta entraña una gravedad muchísimo mayor que cualquier problema económico que pueda afectar al agente, de forma que este delito en principio y como regla general, sin que puedan excluirse supuestos excepcionales, no pueda ser compensado, ni de manera completa e incompleta, con la necesidad de tal remedio económico (SS 23-1 y 13-2-1998, 30-10-1998, 26-1, 4-3-1999 y últimamente, 231/2002, de 15 de febrero)"; STS 636/2016, 14-7: "la apreciación por esta Sala de la eximente completa o incompleta de estado de necesidad en supuestos de tráfico de estupefacientes se limita a supuestos muy extremos, dada la elevada peligrosidad del referido tráfico. En efecto, como recuerda la STS 945/2013, de 16 de diciembre, este Tribunal de casación en innumerables sentencias, de las que pueden citarse como muestra las SSTS. 231/2000 de 15 de febrero, 1629/2002 de 2 de octubre, 924/2003 de 23 de junio, 359/2008 de 19 de junio, 468/2009 de 30 de abril, 1216/2009 de 3 de diciembre, 13/2010 de 21 de enero, 853/2010 de 15 de octubre y 129/2011 de 10 de marzo, entre otras, mantiene una línea establecida de forma constante sobre la inaplicación del estado de necesidad en delitos de tráfico de estupefacientes. (…) En aplicación de los referidos requisitos, la doctrina jurisprudencial resalta una serie de prevenciones, que hacen prácticamente inviable el estado de necesidad en supuestos de tráfico de estupefacientes, específicamente la consideración de los gravísimos perjuicios que al conjunto de la sociedad se le irrogan con el tráfico de estupefacientes (Sentencia de 14 de octubre de 1996, que impiden apreciar que el mal causado sea igual o inferior al que se quiere evitar"; STS 945/2013, 16-12 *(Tol 4075432)*: "Mas en cualquier caso, frente a unos hipotéticos males físicos o frente a una grave situación económica, no se pueden contraponer, como excusa, los gravísimos perjuicios que a la masa social se le irrogan con el tráfico de estupefacientes (ver la Sentencia de 14 de octubre de 1996), tales son la ruina personal, económica y social que con el tráfico se ocasiona a tantas personas. No cabe pues hablar de que el mal causado es igual o inferior al que se quiere evitar. De ahí que la jurisprudencia haya sido desde siempre proclive a entender que este delito no cabe ser compensado, ni de manera completa, ni incompleta, con la necesidad de tal remedio económico —Sentencia del Tribunal Supremo 292/1998, de 27 de marzo—. En consecuencia, no puede estimarse como circunstancia atenuatoria ni eximente de estado de necesidad para efectuar un viaje con la finalidad de transportar droga, el mero hecho de encontrarse en una situación económica deficiente, circunstancia que, lamentablemente, puede afectar a una generalidad de personas, que trate, sin embargo, de subsanarla por otros medios de

Es cierto que la aplicación tanto del estado de necesidad como del miedo insuperable pueden considerarse, si se quiere, de aplicación excepcional, pues *lo normal* será que la acción típica sea también antijurídica, y que no concurran en el sujeto circunstancias que permitan apreciarlas, aparte de que, en cualquier caso, la causa de justificación (*ex* artículo 20. 5ª CP: estado de necesidad) o de exculpación (por inexigibilidad de otra conducta, *ex* art. 20. 6ª CP: miedo insuperable) deberán ser probadas por quien las alega[333]. Al respecto, resulta evidente que no puede bastar con la mera declaración del acusado, pero una vez constatadas en el relato fáctico las circunstancias que dan lugar a la apreciación de tales eximentes, parece claro que su posible concurrencia han de merecer una valoración seria por parte del Tribunal que juzga tales hechos.

Sentado lo anterior, no se entiende por qué la eventual presencia de causas de justificación o supuestos de inexigibilidad de otra conducta debe descartarse *a priori* cuando se trata de hechos subsumibles en el artículo 368 CP. Ni por qué se rechaza de plano la posibilidad de hacer una verdadera ponderación entre las circunstancias del sujeto, el mal que quiere evitar y el que realmente se va a producir con su conducta. Si, por norma general, el sistema penal ya produce un tratamiento desigual (pues parece innegable, a la vista de las estadísticas oficiales, que el aparato punitivo afecta más a quienes menos po-

---

carácter más lícitos —cfr. Sentencia del Tribunal Supremo de 6 julio 1999— (...) La legitimación, total o parcial, de la conducta enjuiciada supondría la generalización de una tesis con imprevisibles consecuencias"; STS 1002/2011, 4-10 *(Tol 2268293)*: "Ha de recordarse que el delito contra la salud pública es un delito que afecta a bienes de naturaleza colectiva, es un delito de peligro abstacto-concreto, en el que los bienes jurídicos afectados son supraindividuales, en la medida en que no resulta afectada una salud individual sino las condiciones de salud que la normativa considera necesaria para una adecuada convivencia social. Desde esa perspectiva es, ciertamente, difícil que pueda afirmarse que la situación de comparación de bienes que el estado de necesidad supone, el bien sacrificado para el mantenimiento de un bien que se considera superior, pueda producirse, y el ordenamiento considere factible sacrificar, las condiciones de salud, pública, y las potenciales individuales, por las necesidades económicas de una persona".

333 Vid. ATS 289/2018, 1-2 *(Tol 6538359)*: "La apreciación de una circunstancia modificativa de la responsabilidad criminal exige, en todo caso, la acreditación del supuesto fáctico, sobre el que se asiente (vid. STS 139/2012, de 2 de marzo y 720/2016, de 27 de septiembre)".

sibilidades tienen), esta irrazonable interpretación apriorística de los Tribunales viene a agravar aún más las situaciones de vulnerabilidad más penosas, al exigir pruebas inalcanzables para demostrar la miseria[334], y requerir, en situaciones que son claramente desiguales tanto desde el punto de vista social como económico, la misma adhesión al ordenamiento para todos los individuos. Y todo ello porque, de otra manera, según el razonamiento de los magistrados, la legislación prohibicionista sobre drogas se volvería papel mojado. Así pues, la vigencia de la norma penal en materia de drogas bien merece, en opinión la Jurisprudencia, la revictimización del socialmente excluido[335].

El tráfico *ilegal* de estupefacientes (que podría ser drásticamente reducido de disponer el Estado de cauces para la venta regulada de estas sustancias) se nutre, en gran parte, de personas que necesitan salir de una espiral de pobreza grave de la que es muy difícil escapar, sobre todo en determinados países donde la estructura de intervención social prestada por el Estado es muy escasa o directa-

---

[334] Menciona TERRADILLOS la existencia de una exigencia de prueba diabólica en esta materia. Cfr. TERRADILLOS BASOCO, J. M., "Protección penal de Derechos Humanos: pobreza, vulnerabilidad, exclusión", en D. BENITO SÁNCHEZ, A. I. PÉREZ CEPEDA, (coords.), *Propuestas al legislador y a los operadores de la justicia para el diseño y la aplicación del Derecho penal en clave anti-aporófoba*, Ratio Legis, Salamanca, 2022, pp. 15-40: "No se corresponde con lo dispuesto en el art. 24 CE la «prueba diabólica» sobre las extraordinarias condiciones de vulnerabilidad y exclusión social del enjuiciado pobre, que vienen requiriendo los tribunales para apreciar su incidencia sobre el juicio de culpabilidad o, incluso, sobre el de antijuricidad, lo que se constituye en obstáculo grave a la apreciación en sentencia de las coherentes consecuencias atenuantes o eximentes de responsabilidad".

[335] Cfr. STS 945/2013, 16-12 *(Tol 4075432)*: "La situación descrita en el «factum» recurrido es lamentable como se ha indicado, pero también es genérica, porque puede ser apreciada en otros muchos casos. La legitimación, total o parcial, de la conducta enjuiciada supondría la generalización de una tesis con imprevisibles consecuencias. (...) Además, entender lo contrario, ha dicho reiteradamente esta Sala, sería tanto como abrir una puerta muy peligrosa a favor de la impunidad o semiimpunidad de los que realizan estas detestables acciones, entre cuyas resoluciones destacan, las de 23 de enero y 27 de abril de 1998. En igual sentido la de 10 de marzo de 1998. Y la de 22 de septiembre de 1999, ha insistido en subrayar que, en el caso de tráfico ilícito de drogas, la situación de penuria y dificultad económica del agente no es mal equiparable al que con el tráfico se produce en la sociedad (Sentencias de 15 de septiembre, 3 y 30 de octubre y 14 de diciembre de 1998, por lo que ha rechazado su apreciación con efectos incluso de atenuación, aun meramente analógica".

mente inexistente, y donde ciertos derechos básicos como la atención sanitaria no están cubiertos bajo el paraguas estatal. La penuria económica es, en estas sociedades, sinónimo de inseguridad grave, enfermedad o muerte. Estas situaciones de escasez llevan aparejada la lesión grave de derechos fundamentales incluso en los países occidentales con coberturas asistenciales más amplias, pero en los países en vías de desarrollo (entre los que se encuentran la mayoría de los países productores de la materia prima empleada para fabricar los estupefacientes) las situaciones menesterosas resultan en condiciones extremas, en muchas ocasiones incompatibles con la vida. Por las mismas razones, el riesgo de vulnerabilidad social se dispara cuando la persona se trata de un migrante en situación administrativa irregular.

Es en esas condiciones donde los grandes traficantes encuentran una multitud de personas dispuestas a arriesgar no solo su libertad, sino incluso su propia vida (es el caso de los boleros o las mulas, que ingieren grandes cantidades de droga para transportarlas dentro de su propio cuerpo), por cantidades irrisoria de dinero en comparación con el gran valor económico que alcanzan en el mercado las sustancias que estos se deciden a trasportar, en orden a paliar la penuria económica en la que se encuentran. Desde luego, no cualquier situación de estrechez económica puede tratar de arreglarse acudiendo al delito, y una vez cometido este, esperar estar exento de responsabilidad criminal. Pero las situaciones de extrema privación material deberían ser, al menos, estudiadas como circunstancias que, o bien justifican la conducta por tratarse de una situación de necesidad, o bien excluyen la culpabilidad del sujeto porque le era inexigible que actuara de otra manera. Y en los casos en los que no se no den todos los requisitos que el CP impone para su consideración como eximentes completas, deberá analizarse su posible valoración como eximentes incompletas o como atenuantes analógicas.

En cualquier caso, la posibilidad de apreciar estado de necesidad en el enjuiciamiento de un delito del artículo 368 CP ha sido estudiada y pormenorizada tanto por la Jurisprudencia[336] como por la Doctrina.

---

336 La Jurisprudencia en materia de tráfico de drogas cuando discute la posible valoración de un estado de necesidad no entra a valorar si este afecta a las ca-

---

tegorías dogmáticas de la antijuricidad o de la culpabilidad. Excede del objeto de estas páginas abordar esa interesante discusión, pero en líneas generales, aquí se seguirá la teoría unitaria considerándose, por tanto, que el estado de necesidad será justificante al hallarse un conflicto entre bienes jurídicos iguales (o males homogéneos). Se recurrirá al "estado de necesidad exculpante" —si quiere denominarse así— únicamente en determinados casos dónde el bien jurídico que se pretende salvar es "menor" que el que se va a sacrificar, cuando de las circunstancias del caso se desprenda que al sujeto le era inexigible actuar de otra manera (ex art. 20.6ª; vid. *infra* sobre miedo insuperable).
En la Jurisprudencia, y de modo general sobre el estado de necesidad, cfr. STS 722/2003, 12-5 *(Tol 275623)* (pronunciamiento repetidamente mencionado para pormenorizar los requisitos del estado de necesidad en sentencias posteriores). Así: "(...) Que el "estado de necesidad" exige como mínimo presupuesto de su apreciación la presencia de un conflicto de bienes o colisión de deberes que la doctrina define como una situación de peligro objetivo para un bien jurídico propio o ajeno, en que aparece como inminente la producción de un mal grave que deviene inevitable si no se lesionan bienes jurídicos de terceros o si no se infringe un deber. Por tanto los requisitos esenciales o fundamentadores de la eximente, que deben en todo caso concurrir para apreciarla como incompleta son: 1.) la amenaza de un mal que ha de ser actual y absoluto; real y efectivo, imperioso, grave e inminente; injusto e ilegítimo (Sentencias de 24 de noviembre de 1997, 1 de octubre de 1999 y 24 de enero de 2000). 2.) la imposibilidad de poner remedio a la situación de necesidad recurriendo a vías lícitas, siendo preciso que el necesitado no tenga otro medio de salvaguardar el peligro que le amenaza que el de infligir un mal al bien jurídico ajeno (Sentencias de 19 de octubre de 1998; 26 de enero y 6 de julio de 1999 y 24 de enero de 2000)".
Más reciente, vid. la STS 649/2013, 11-6: "Desde el plano de la eximente postulada de estado de necesidad, reiterados y numerosos precedentes de esta Sala Segunda han establecido que la esencia de la eximente de estado de necesidad, completa o incompleta, radica en la existencia de un conflicto entre distintos bienes o intereses jurídicos, de modo que sea necesario llevar a cabo la realización del mal que el delito supone —dañando el bien jurídico protegido por esa figura delictiva— con la finalidad de librarse del mal que amenaza al agente, siendo preciso, además, que no exista otro remedio razonable y asequible para evitar este último, que ha de ser grave, real y actual".
Más detallada la STS 265/2015, 29-4 *(Tol 4988931)*: "merecen destacarse dos conceptos fundamentales que informan el núcleo de esta circunstancia: la proporcionalidad y la necesidad. Respecto de la proporcionalidad del mal causado se ha establecido (STS de 8 de octubre de 1996) que si el mal que se pretende evitar es de superior o igual entidad que la gravedad que entraña el delito cometido para evitarlo, y no hay otro remedio humanamente aceptable, la eximente debe ser aplicada de modo completo; si esa balanza comparativa se inclina mínimamente en favor de la acción delictiva y se aprecian en el agente poderosas necesidades, la circunstancia modificativa debe aceptarse con carácter parcial

El núcleo de la cuestión en este ámbito reside en la ya mencionada resistencia judicial a apreciar el estado de necesidad, basado en la comprensión de que no es posible realizar ningún sacrificio del bien jurídico "salud pública", con lo que parece convertir el requisito accidental de proporcionalidad en un requisito esencial: es tan despreciable, tan nimio, el "mal" que la penuria económica provoca frente al ataque a la salud pública, que se niega (por absoluta desproporción) el elemento básico de esta eximente: la existencia misma de una situación de necesidad. Con ello se obvia el esquema propio de esta causa de justificación (en cuya virtud, debería aplicarse en tales casos de grave penuria económica, al menos, como eximente incompleta, por ausencia de un requisito accidental), para fundamentar la concurrencia de un comportamiento plenamente antijurídico, culpable y punible.

No obstante, como se comentaba al inicio de este epígrafe, no es cierto que los Tribunales no valoren estas circunstancias *nunca:* a veces las tienen en cuenta para atemperar la pena, como eximente incompleta o más frecuentemente como circunstancia atenuante de análoga significación, en aquellos casos en los que existe un riesgo grave e inminente para la vida (o grave padecimiento de la salud) del acusado o de un familiar cercano, que requieren recursos económicos de forma urgente para aliviar los severos padecimientos o salvar la vida, pues solo así se cumpliría el criterio de *gravedad e inminencia del mal.* El riesgo directo para la vida o salud es, de este modo, la

---

(eximente incompleta); pero si ese escalón comparativo revela una diferencia muy apreciable, no puede ser aplicable en ninguna de sus modalidades. Por lo que al elemento de la «necesidad» se refiere, ya hemos apuntado antes que la apreciación de esta circunstancia exige que el mal que se pretende evitar sea real, grave y actual o inminente, y también la comprobación de que el agente haya agotado todos los medios alternativos lícitos para soslayar ese mal antes de acudir a la vía delictiva, de tal manera que, fracasados aquéllos, no quepa otra posibilidad humanamente razonable que el delito, pues a nadie se le puede exigir la heroicidad o el martirio en este ámbito".

Especial mención cabe a la insistencia de la Jurisprudencia en el siguiente requisito, sobre todo cuando se trata de aplicar el estado de necesidad en los supuestos de tráfico de drogas: "en la esfera personal, profesional, familiar y social, es preciso que se hayan agotado todos los recursos o remedios existentes para solucionar el conflicto antes de proceder antijurídicamente" (STS 945/2013, 16-12 *[Tol 4075432]*).

única circunstancia en la que parece admisible entrar a valorar la posibilidad, solo, de atenuar la pena[337].

Véase, como ejemplo de lo que se afirma, la STS 1576/2001, 29-11 (*Tol 4976103*): ciudadano colombiano, padre de tres hijos, uno de ellos gravemente enfermo y sin seguro médico. Debía ya una gran suma de dinero por ello. Se decide a pagar parte de la misma con un porte de drogas, ingiriendo 95 bolas que contenían cocaína con un peso total de casi un kilo. La defensa planteaba, con razón, que "considerando que los males ocasionados por el tráfico de la droga porteada por el acusado serían mayores que el mal que al niño se trataba de evitar, se destaca que difícilmente se le podría exigir al recurrido una conducta diferente en la situación que vive". El Tribunal Supremo resuelve que: "no concurre, al menos plenamente es la situación de necesidad, porque no se pudo determinar "ex ante" que el resultado que se quería evitar se hubiera producido necesariamente en caso de no ser cometido el delito. En realidad, el acusado, al alegar como circunstancias exculpantes del hecho delictivo cometido elementos del estado de necesidad, pone de manifiesto que ha incurrido en un error sobre el alcance de esta causa de justificación". Como consecuencia impone la pena inferior en un grado (vía art. 14.3 CP). No se entiende que probada la enfermedad que requiere de hospitalizaciones médicas recurrentes, la deuda, la falta de otros medios para pagar los tratamientos... el tribunal afirme sin más, que el dinero no aseguraría la pervivencia del niño, y por tanto había un error (que no aclara de qué tipo, pero que parece sobre la existencia misma de la situación de necesidad). Debería haberse sostenido el estado de necesidad como justificación completa. De admitirse la posición de que el sacrificio de poner en riesgo el bien jurídico salud pública es imponderable en proporción a la penuria económica y a los graves padecimientos del menor y sus familiares, debería haberse apreciado miedo insuperable como causa de exculpación completa:

---

337 Un pormenorizado repaso de la Jurisprudencia sobre estado de necesidad en los casos de tráfico de drogas se encuentra en GIL NOBAJAS, M. S., "Tráfico de drogas y estado de necesidad: análisis y revisión de la doctrina jurisprudencial en relación con los correos de la droga", cit.

ello hubiera respondido mejor a la situación y a la (no) necesidad de pena[338].

En parecido sentido a la anterior, la Sentencia 806/2002, 30-4: Ciudadana colombiana, que se decide a hacer un porte de droga en el interior del estómago (Bogotá-Milán), en aras a conseguir dinero para responder a las deudas de alquiler, luz y agua, a las que no puede hacer frente dada la grave enfermedad de su hijo que necesita cuidados que le impiden trabajar al mismo tiempo. Presumiendo el próximo desahucio se decide a conseguir el dinero mediante el delito. El embalaje de la droga se abrió en el interior del organismo, teniendo que ser intervenida en el Hospital Gregorio Marañón para paliar una intoxicación que podía ser letal, a la que le siguió una peritonitis fecaloidea y la extirpación de la zona final del intestino grueso, teniendo que portar un estoma[339]. El Tribunal valoró las circunstancias únicamente como valedoras de una atenuante analógica. Huelga decir que el razonamiento debió ser parecido al propuesto en el párrafo anterior[340].

Confróntese también, la STS 273/1994, 8-6 (*Tol 403869*), en la que la hija de la persona que se decide a realizar el porte de drogas necesita una operación quirúrgica sin la cual no puede vivir. El Tribunal aplica la eximente incompleta. Aún en esos casos, de riesgo

---

338 Otra posibilidad sería la que marca la misma sentencia: Aunque se sostenga la imponderabilidad de los males, por entrar en juego la salud pública, podría considerarse la existencia de un error, sobre la existencia misma de una situación de necesidad o sobre la ponderación entre males, en la que se creería que el mal que se va a provocar es menor o igual que el que se va a producir si no se comete el delito. Ello daría lugar a la exención o disminución de la culpabilidad vía artículo 14.3 (error de prohibición), y que, aunque no sean dogmáticamente equivalentes (lo que tiene repercusiones en el proceso), puede llegar a similares soluciones penológicas (ausencia de responsabilidad penal o responsabilidad atenuada en uno o dos grados).

339 Cabe reflexionar que en aquellos casos en los que el sujeto decide poner en riesgo de forma grave su vida (caso de las mulas) la amenaza del castigo no va a disuadir, no *puede* hacerlo.

340 “Si no se banalizan los males vinculados a la pobreza, la apreciación de estado de necesidad justificante no es solo una alternativa posible; es también la más sólidamente fundada desde una dogmática que, rechazando la idolatría del precedente, se adecúe al orden axiológico constitucional y a la realidad social”. TERRADILLOS BASOCO, J. M., “Protección penal de Derechos Humanos: pobreza, vulnerabilidad, exclusión”, cit., p. 26.

vital, solo se admite como eximente incompleta pues, siguiendo el razonamiento de la sentencia, el sujeto podía haber dado respuesta a sus necesidades económicas de otra manera (sin especificar cómo): "que evidentemente concurre en el mal amenazante de autos (enfermedad seguida de muerte de una hija: el acusado vino a Madrid con la cocaína el 1 de mayo de 1993 y su hija moría, ya detenido en esta capital, el 28 de mayo del mismo año, tras cinco meses de hospitalización de aquélla), mal en todo caso de extrema gravedad, puesto que afecta a la vida, bien constitucionalmente protegido como de máxima prioridad valorativa (art. 15 de la Constitución Española), que, cotejada con el mal que pudo causarle con el tráfico de drogas clandestinamente importada, no parece que éste sea de superior rango, puesto que el cotejo se realiza entre un delito de lesión de la vida, de superior protección en la escala valorativa, con el daño potencial (riesgo corrido) que sólo excepcionalmente afecta a la vida misma (...) El acusado replica que el argumento del Fiscal se basa en parámetros de normalidad de la sanidad y economía públicas que están muy lejos de existir en Bolivia, donde reside el acusado, como es notorio para cualquier conocedor, aun con mínima experiencia de la realidad iberoamericana y, en particular, de la boliviana (...). En todo caso, el estado de necesidad (como ayuda necesaria) ha de ser inevitable en su actuación («para evitar un mal propio o ajeno» hemos visto qué dice el Código). (...) eximentes completas o incompletas, estima que esta última se dará en la falta de proporción o exceso en el mal causado por parte del necesitado (o del que proporciona el auxilio). Y ya hemos visto que en el caso pudo existir ese exceso compulsando el mal causado (delito sanitario) con el impulso dado por la situación de necesidad sufrida. Y en este punto intermedio en el que se sitúa la sentencia recurrida creemos admisible la existencia de la eximente incompleta".

En cualquier caso, no puede compartirse el desprecio de la Jurisprudencia a la ponderación real de la situación de pobreza del acusado a la hora de analizar la existencia de una situación de necesidad que merece el sacrificio de un bien jurídico (que puede ser igual o menos importante, en términos valorativos, al que se sacrifica). Afirma la Jurisprudencia que el drama que ocasionan las drogas en la sociedad moderna resulta, siguiendo el razonamiento, imponderable frente al drama personal del menesteroso[341]. Por otra parte, se convierte la necesidad de no tener otras vías al alcance en un requisito infinito de haber agotado cualquier

En la Jurisprudencia posterior a la entrada en vigor del tipo atenuado puede encontrarse alguna sentencia que considera que este es aplicable, en aquellos casos donde la extrema pobreza da lugar a que se considere que las *circunstancias personales del autor* lo permiten. En cualquier caso, la mayor parte de la Jurisprudencia considera que el porte en interior del cuerpo, por la forma (vía aérea y bien oculta) y cantidad de sustancia no permiten su aplicación[342].

---

341 Vid. STS 641/2002, de 18 de abril: "La Jurisprudencia de la Sala Segunda se ha ocupado en numerosas ocasiones de la posible aplicación del estado de necesidad, ya se considere causa de justificación o de inculpabilidad, según que el conflicto sea entre bienes desiguales con sacrificio del menor o iguales cuando se trata de equivalentes, al delito de tráfico de sustancias estupefacientes, manteniendo una línea constante, sobre todo cuando se trata de las llamadas "drogas duras", como es el caso de la cocaína intervenida, en el sentido de rechazar la eximente completa o incompleta por entender que este delito constituye actualmente uno de los más graves males sociales por las fatales consecuencias que desencadena, con un amplio espectro negativo en las personas afectadas y en sus familias, representando, como señala la Convención de Viena de 20/12/88, suscrita por España, "una grave amenaza para la salud y bienestar de los seres humanos libres y menoscabando las bases económicas, culturales y políticas de la sociedad" (ver por todas STS 278/01, de 22/2), y ello en relación con la exigencia normativa del artículo 20.5.1 C.P. según el cual el mal causado no debe ser mayor que el que se trate de evitar. Así, aun cuando en algún caso excepcional puede reconocerse la estimación de la circunstancia referida, la regla es que el mal causado por el tráfico de sustancias como la intervenida en este proceso es de mayor rango que el que se trata de evitar".

342 Vid. *infra* sobre tipo atenuado. Vid. el caso de la STS 450/2013, 29-5 (*Tol 3773876*) donde se revierte la aplicación de la eximente incompleta por estado de necesidad que había apreciado la sentencia de instancia, imponiendo en su lugar el art. 368, en su párrafo segundo (el tipo atenuado). Se elevó así la condena en un mes más de prisión. Esta sentencia es un buen ejemplo del razonamiento aporófobo de los tribunales: "El argumento es que, por más que Gervasio, como se razona en los fundamentos de derecho, no tuviera trabajo, consumiera alcohol, llevase una vida muy precaria e incluso durmiera en la calle, no habría razón para valorar su situación en los términos que se hace en la sentencia, por la existencia de servicios sociales a los que podría haber acudido; porque el consumo de alcohol es sugestivo de que tenía medios para adquirirlo; (...) Ahora bien, tampoco puede dejar de tenerse en cuenta que en los hechos consta que este acusado "era consumidor de alcohol y se hallaba en

El miedo insuperable recibe un tratamiento similar por la Jurisprudencia cuando se trata de aplicarlo en situaciones en que el delito cometido es tráfico de drogas[343]. En este contexto, parece que el Tribunal Supremo presenta una cierta resistencia a abandonar posicionamientos previos, pues en algunas sentencias continúa exigiendo requisitos más propios de la regulación contenida a tal efecto en el CP de 1973, el cual requería la constatación de ciertos requisitos, tales como que el miedo lo fuera de un mal igual o mayor al provocado con el delito[344], que se tratara de un hecho real y acreditado, o que se hubieran agotado otras vías (parece que todas, en singular seguimiento de la doctrina del estado de necesidad) antes de recurrir a la delictiva.

Como consecuencia de lo anterior, en definitiva, la Jurisprudencia acaba convirtiendo la institución del miedo insuperable en un calco extraño del estado de necesidad, al exigir la ponderación de los "males" en juego o que no existan otras posibilidades de actuación por el sujeto. De este modo, lo que es una causa de inexigibilidad de otra conducta ha sufrido una trasfiguración, en la que ya no se pondera lo que era "exigible" al sujeto soportar como ciudadano medio, sino lo que "podía" hacer. Finalmente, el miedo insuperable acaba

---

una situación de extrema penuria"; circunstancias personales ambas que, si no pueden llevar aparejado el efecto que les ha asociado la Audiencia, sí deben ser relevantes (…) Máxime si se ponen en relación con la conclusión de la misma de que la colaboración de este inculpado con el otro implicado en la causa se redujo a participar, en algunos supuestos, en la distribución de pequeñas cantidades de lo que él creía una droga blanda… Así las cosas, se estaría en presencia de un hecho criminal calificable como de escasa entidad (por la naturaleza de la actividad prestada y por la de la droga que hay que considerar), cometido por una persona en la situación de acusada marginalidad que se ha dicho y con el deterioro que cabe inducir de este dato y del constituido por el regular consumo de alcohol. Y, de este modo, se darían las dos exigencias a las que el art. 368,2º Cpenal condiciona la aplicación del subtipo atenuado".

343 Sobre el miedo insuperable y el tráfico de drogas es necesario consultar MARTÍN LOREZO, M., "Sobre la perpetuación de una interpretación jurisprudencial insostenible del miedo insuperable. Análisis de su aplicación por la Audiencia Provincial de Madrid en los delitos de tráfico de drogas", *Revista de Derecho Penal y Criminología*, 2ª época, núm. 16 (2005), pp. 303-343.

344 Art. 8. 10. CP 1973: "*El que obra impulsado por miedo insuperable de un mal igual o mayor*".

sirviendo máxime como atenuante analógica o, en el mejor de los casos, como eximente incompleta[345].

---

[345] Puede observarse como muestra de los requisitos exigibles por la Jurisprudencia la STS 265/2015, 29-4 *(Tol 4988931)*(iguales requisitos se plasman en la STS 754/2011, 26-5 *[Tol 2239652]*): "Esta Sala ha reiterado que la aplicación del miedo insuperable como circunstancia modificativa de la responsabilidad criminal, en sus distintas variantes y dependiendo de su intensidad y de su capacidad de afectación al sujeto que lo sufre, precisa los siguientes presupuestos: a) la presencia de un temor que coloque al sujeto en una situación de temor invencible determinante de la anulación de la voluntad del sujeto; b) que dicho miedo esté inspirado en un hecho efectivo, real y acreditado; c) que el miedo sea insuperable, esto es, invencible, en el sentido de que no sea controlable o dominable por el común de las personas con pautas generales de los hombres, huyendo de concepciones externas de los casos de hombres valerosos o temerarios y de personas miedosas o pusilánimes; y d) que el miedo ha de ser el único móvil de la acción STS 114/2015, de 12 de marzo, por todas). El fundamento de esta circunstancia lo encontramos en la inexigibilidad de otra conducta, ya que quien actúa en ese estado, subjetivo, de temor mantiene sus condiciones de imputabilidad, pues el miedo no requiere una perturbación angustiosa sino un temor a que ocurra algo no deseado. El sujeto que actúa típicamente se halla sometido a una situación derivada de una amenaza de un mal tenido como insuperable. De esta exigencia resultan las características que debe reunir la situación, esto es, ha de tratarse de una amenaza real, seria e inminente, y que su valoración ha de realizarse desde la perspectiva del hombre medio, el común de los hombres, que se utiliza de baremo para comprobar la capacidad de superación de ese miedo".
Como ejemplo de la desvaloración del miedo insuperable, véanse:
STS 1911/2002, 18-11 (*Tol 4922171*): Mujer recibe amenazas de su marido en prisión, que le conmina a traer drogas en los encuentros familiares si quería seguir viendo a la hija que tenían en común. Necesidad de entender la compleja situación que se da cuando existen, además, patrones de violencia de género que sitúan a la pareja, o incluso a la madre, en una posición de sumisión en la que ellas deben ponerse en riesgo para introducir las drogas en prisión.
SAP Madrid 16/2003, 15-1 (*Tol 304984*): El condenado recibe carta con amenazas de las FARC, hacia su familia e hijos, que se cumplirán si no realiza un porte de drogas. Se relata todo ello en hechos probados, mostrándose que las amenazas eran reales y que la organización criminal tenía datos de su familia. Aplica únicamente miedo insuperable como eximente incompleta. Razona la sentencia: "el acusado entre la amenaza del daño y la ejecución del delito tuvo un lapso suficiente de tiempo en el que pudo, de algún modo, haberse zafado del estado psíquico que el temor le producía y aunque siempre preso del mismo, no lo fue de modo absoluto" (Afirma MARTÍN LORENZO: "No se trata de si el sujeto actúo realmente con un temor anulatorio de su capacidad, ni siquiera de si un hombre medio hubiera dominado o vencido el miedo, sino de que debió escapar del miedo. El rechazo de la eximente completa se asienta en el

En definitiva, el ordenamiento penal no puede ser ajeno a todo este conjunto de circunstancias vitales relatadas y, de hecho, no lo es: por eso ha contemplado el estado de necesidad y el miedo insuperable como supuestos de exención de responsabilidad penal. Así, la persona no puede ser motivada *normalmente* por el ordenamiento ante la grave situación que le amenaza.

---

requisito normativo de la subsidiariedad, entendida en concreto aquí como imposibilidad de eludir el mal de forma distinta y más benigna que la realización de la acción típica demandada por la amenaza". MARTÍN LOREZO, M., cit., p. 317).

STS 778/2004, 17-6 *(Tol 483677):* La condenada estaba amenazada por sus proveedores de drogas, pues les debía altas sumas que no había podido pagar para sostener su propio consumo. Había llegado a realizar servicios sexuales a sus acreedores para reducir el monto de deuda. Empieza a recibir amenazas por parte de los mismos, hacia ella y hacia sus hijas, que cumplirán, dicen, si no salda sus deudas. El hermano de su amigo, que tenía el mismo problema y también había sido amenazado, desapareció sin dejar huellas meses antes de los hechos, por lo que la acusada cree que han sido los narcotraficantes, que han cumplido sus amenazas. Le ofrecen realizar un porte de droga a cambio de saldar las deudas. Todo ello obra en hechos probados. Se aprecia únicamente como eximente incompleta. La sentencia de instancia (que el TS no corrige) simplemente afirma que el miedo no concurre con plenitud, pero es suficiente para mermar la capacidad, e insiste en la graduación del miedo con base en una proporcionalidad de males: "la acción a realizar por la procesada estaba encaminada a introducir en el mercado un kilo y medio de heroína, con una riqueza próxima al 50%, lo que dada su grave nocividad para la salud, exigía una resistencia extrema".

IV. EL TIPO ATENUADO

La reforma penal operada por la LO 5/2010, de 22 de junio, introdujo el segundo párrafo del artículo 368 CP, que permite a los tribunales imponer la pena inferior en grado en aquellos casos en los que las circunstancias personales del culpable y la escasa entidad del hecho así lo aconsejen, salvo que concurra alguna de las agravaciones de los artículos 369 bis o 370, pues así lo prohíbe taxativamente este apartado segundo.

El origen de esta modificación legal debe buscarse en el Acuerdo del Pleno no Jurisdiccional de la Sala Segunda del Tribunal Supremo, de 25 de octubre de 2005, que no solo instaba al legislador a introducir esta atenuación de la pena (inferior en un grado) en un nuevo párrafo segundo, sino que también señalaba la conveniencia de modificar el primer párrafo para introducir un supuesto de tráfico de "cantidad módica", castigado con una pena de dos a cinco años si la sustancia causare grave daño a la salud y de seis meses a dos años en los demás casos. Si bien esta última modalidad de venta de pequeñas cantidades no fue transformada en ley, sí que se redujo el tope máximo de pena dispuesto para el tráfico de drogas que causan grave daño a la salud, disminuyendo de un máximo de 9 a 6 años de prisión[346].

La introducción de esas atenuaciones, propuestas por los propios magistrados, llevaba implícita la intención de zanjar las discusiones

---

[346] Aunque el numeral XXIV del preámbulo de la LO 5/2010 por la que se modifica la Ley Orgánica 10/1995, de 23 de noviembre, del Código Penal, apunta como razón de esta disminución del tope máximo a la Decisión Marco 2004/757/JAI del Consejo, de 25 de octubre de 2004, relativa al establecimiento de disposiciones mínimas de los elementos constitutivos de delitos y las penas aplicables en el ámbito del tráfico ilícito de drogas, por la que se hacía necesario el refuerzo del "*principio de proporcionalidad de la pena reconfigurando la relación entre el tipo básico y los tipos agravados de delito de tráfico de drogas*". Con relación al segundo párrafo, atenuado, el preámbulo si apunta directamente al Pleno no Jurisdiccional: "*Asimismo, se acoge la previsión contenida en el Acuerdo del Pleno No Jurisdiccional de la Sala 2.ª del Tribunal Supremo, de 25 de octubre de 2005, en relación con la posibilidad de reducir la pena respecto de supuestos de escasa entidad, siempre que no concurra ninguna de las circunstancias recogidas en los artículos 369 bis, 370 y siguientes*".

sobre la tipicidad de las ventas al menudeo, introduciendo una modalidad que las hiciera expresamente típicas, pero con una pena menos grave que la prevista en el artículo 368 CP. Con respecto a la propuesta relativa al segundo párrafo (esto es, la modalidad atenuada en un grado por las circunstancias del autor y el hecho), esta fue admitida con el único añadido (aunque hubo algunos vaivenes en la tramitación) de hacerla inaplicable si en el caso concurrieran las agravantes establecidas en los artículos 369 bis y 370 CP[347].

Del texto literal del párrafo segundo del artículo 368 CP se desprenden varias consecuencias. La primera de ellas es que su aplicación queda a potestad del tribunal, pues el precepto utiliza la fórmula "*los tribunales podrán imponer...*". La discusión sobre la naturaleza de este precepto, que oscilaba entre su apreciación como un verdadero tipo atenuado o una simple regla de determinación de la pena, tiene relevancia en orden a valorar si su aplicación por el tribunal de instancia puede ser objeto de revisión vía recurso de apelación o de casación penal. La Jurisprudencia es ya uniforme en considerar que, como verdadero tipo atenuado, puede ser objeto de casación por infracción de ley[348].

---

347 Por su parte, la FGE afirmó en su Circular 3/2011 de 11 de octubre sobre la reforma del Código Penal efectuada por la Ley Orgánica 5/2010, de 22 de junio, en relación con los delitos de tráfico ilegal de drogas y precursores, que dicha reforma proviene de la "excesiva rigidez" que impedía una correcta individualización judicial, lo que resultaba en una elevada cifra de indultos a propuesta o con informe favorable del Tribunal sentenciador y del Ministerio Fiscal.

348 Vid. sobre este particular STS 851/2011, 22-7 *(Tol 2235534)*, o más recientemente, la STS 200/2017, 27-3 *(Tol 6010231)*: "Se trata, además, de un ejercicio de discrecionalidad reglada, que debe ser fundamentadamente explicado en la propia resolución judicial, y que resulta controlable en casación, por la vía de la pura infracción de ley (art. 849-1° de la Ley de Enjuiciamiento Criminal)". La FGE, en la mencionada Circular 3/2011, lo considera asimismo una decisión discrecional del Tribunal, pero recuerda que ello no quiere decir que esté exenta de estar fundamentada en datos fácticos, de modo que, en caso contrario, no deberá ser aplicado este tipo atenuado.

Aunque el debate ya ha perdido buena parte de su vigencia, la aclaración del fundamento de este párrafo segundo también era relevante en orden a interpretar la disposición transitoria segunda de la LO 5/2010, pues un gran número de sentencias fueron recurridas para aplicar los nuevos mínimos penológicos disponibles tras la entrada en vigor de la reforma. Esa DT 2ª establecía "[Los] jueces o tribunales procederán a revisar las sentencias firmes y en las que el

La segunda consecuencia que se desprende de la redacción literal del precepto provendría del uso de la conjunción copulativa "y", que une las dos condiciones para la aplicación del supuesto atenuado: "*en atención a la escasa entidad del hecho y a las circunstancias personales del culpable*". No obstante, desde bien temprano los tribunales en su aplicación del precepto han matizado que basta con que concurra una de las dos, siempre que la otra no desaconseje su utilización; esto es, mientras una de las condiciones se mantenga "neutra" y la otra concurra, podrá afirmarse que cabe la aplicación del tipo atenuado[349].

---

penado esté cumpliendo efectivamente la pena, aplicando la disposición más favorable considerada taxativamente y no por el ejercicio del arbitrio judicial". En cualquier caso, la cuestión aparece jurisprudencialmente resuelta desde la misma entrada en vigor de la norma, en el sentido de entender que el hecho de "referirse a la reducción en grado como mera posibilidad no significa que el juez pueda libérrimamente rebajar o no la pena, sino apreciar discrecionalmente, es decir mediante valoración razonable y razonada, la concurrencia de los factores condicionantes de la reducción; pero si los aprecia como concurrentes la rebaja debe entenderse como obligada" (STS 354/2011, 6-5 *[Tol 2181644]*).

349 Cfr., por ejemplo, STS 200/2017, 27-3 *(Tol 6010231)*: "Otra de las características del subtipo de atenuación facultativa es la utilización de la conjunción copulativa y, en lugar de la disyuntiva o. Desde luego, la utilización de la conjunción copulativa permite afirmar que cuando cualquiera de los dos parámetros desaconseje a apreciación del precepto, por no ser menor la culpabilidad o la antijuridicidad, el párrafo segundo del artículo 368 CP no podría aplicarse. Por ejemplo, en el caso de un adicto que se costease su adicción cometiendo un delito contra la salud pública en cantidad de notoria importancia, no podría aplicarse el precepto estudiado, pues la culpabilidad podría ser menor, pero no la antijuridicidad del hecho. Ahora bien, el problema se suscita en aquellos casos en que simplemente es menor la culpabilidad o la antijuridicidad, pero no ambas a la vez, y además el parámetro no concurrente se revelase como inespecífico. Serían supuestos en que concurre claramente uno de los parámetros, pero el otro, sin ser negativa, resulta simplemente neutro. Entendemos que, en este caso, el Tribunal podría apreciar la atenuación, pues el precepto sólo exige que atienda a la `escasa entidad del hecho y a las circunstancias personales del autor', realizando una ponderación completa y conjunta de ambos parámetros, pero sin exigir que concurran ambos, bastando con la concurrencia de uno de ellos y la inoperatividad del otro por resultar inexpresivo".
Incluso la Fiscalía General del Estado ha admitido esta interpretación de los tribunales, afirmando que, aunque las condiciones deben ser cumulativas, "la apreciación conjunta de ambas circunstancias puede ponderarse en el sentido expresado en la STS 764/2011, de 19 de julio, en aquellos casos en los que concurriendo claramente una de ellas, la otra, sin ser negativa, resulte simplemente neutra" (vid. Circular 3/2011).

Ya con relación a las circunstancias que deben valorarse, la Jurisprudencia hace referencia a una circunstancia objetiva (la escasa entidad del hecho) y otra subjetiva (las circunstancias personales del autor). Otras resoluciones prefieren hablar de una menor antijuricidad (por la escasa entidad del hecho) y una menor culpabilidad (dadas las circunstancias del autor)[350]. En cualquier caso, deben traducirse en fundamentos fácticos que deben quedar acreditados.

Por otro lado, tanto la Jurisprudencia como la Doctrina se han pronunciado sobre qué debe entenderse por "escasa entidad del hecho". En este sentido, MANJÓN-CABEZA aboga por entender que aquellos casos de cantidades cercanas a la dosis mínima psicoactiva (incluso menudeo de unas pocas dosis) deben entenderse siempre como de escasa entidad, pues lo siguiente a la atipicidad (por debajo de la dosis mínima) debe ser la escasa entidad del hecho[351]. No obstante, la Jurisprudencia de forma general ha considerado que, si las ventas son continuadas en el tiempo (o parecen serlo a la vista de las pruebas obtenidas en el caso concreto: v. gr., existencia de báscula u otros útiles de pesaje, posesión de varias sustancias, altas cantidades de dinero en efectivo en billetes pequeños[352]... Aunque se trate de pequeñas dosis, hay profesionalización en la venta, y que, por tanto, no cabe hablar de escasa entidad del hecho[353]. Además de por la reiteración de las operaciones en distintos días, tampoco suele considerarse la aplicación del tipo atenuado cuando se utiliza un domicilio para la realización de las ventas[354]. En definitiva: la habitualidad y profesionalidad en el tráfico (aunque este fuera de escasa importancia por las cantidades) serían condiciones incompatibles con los presupuestos de aplicación del subtipo atenuado[355].

---

350 Así, la STS 200/2017, 27-3 *(Tol 6010231)*.

351 MANJÓN-CABEZA OLMEDA, A., "Tráfico de drogas: (I)", cit., pp. 1292-1293. Acoge esta interpretación la STS 769/2017, 28-11 *(Tol 6449458)*; o la STS 228/2022, 10-3 *(Tol 8897360)*.

352 Así STS 371/2011, 13-5 *(Tol 2124745)*.

353 Vid. STS 916/2016, 2-12 *(Tol 5912784)*; STS 228/2022, 10-3 *(Tol 8897360)*: "sobre todo, que la venta sea expresiva de una conducta puntual que por tanto no revele un modo usual de vida").

354 STS 292/2011, 12-4 *(Tol 2094031)*.

355 STS 200/2017, 27-3 *(Tol 6010231)*. Con un tenor semejante, la STS 724/2014, 13-11 *(Tol 4550872)*; o el ATS 237/2023, 23-2 *(Tol 9460679)*.

En general sobre la cantidad de sustancia, la Jurisprudencia ha establecido que no puede ser el único hecho a valorar, pues esta atenuación no supone una contrapartida a la agravante de "cantidad de notoria importancia" (art. 369.5ª CP), habida cuenta de que el texto legal utiliza la expresión "escasa entidad" y no "escasa cantidad". Lo que, no obstante, no impide que la cantidad sea tenida en cuenta en la valoración del hecho[356]. Además, nada obsta a la utilización de esta atenuación a pesar de que la cantidad fuera de notoria importancia, pues legalmente cabe su aplicación cuando se dan las agravantes del artículo 369, dado que solo queda fuera de su posible aplicación aquellos hechos en que concurran las agravantes de los artículos 369 bis y 370 (artículo 368, párrafo segundo *in fine*: "*no se podrá hacer uso de esta facultad si concurriere alguna de las circunstancias a que se hace referencia en los artículos 369 bis y 370*")[357].

---

356 Así las SSTS 782/2015, 14-12 *(Tol 5596256)*; 723/2017, 7-11 *(Tol 6436360)*; 664/2022, 30-6 *(Tol 9114556)*.

357 La Jurisprudencia es bastante ilustrativa al respecto de no ceñir la escasa entidad del hecho únicamente a la cantidad. Vid. STS 506/2012, 11-6 *(Tol 2581372)*: "No se alude a la cantidad de droga, sino a la entidad del hecho. No estamos ante la contrapartida del subtipo agravado de "notoria importancia" (art. 369.1.5ª). Hay que evitar la tentación de crear una especie de escala de menos a más: a.– cantidad por debajo de la dosis mínima psicoactiva (atipicidad); b.– escasa cuantía (368.2º); c.– supuestos ordinarios (tipo básico: art. 368.1º); d.– notoria importancia (art. 369.1.5ª); y e.– cantidad superlativa (art. 370). El art. 368.2º se mueve en otra escala no coincidente con esa especie de gradación. Así viene a demostrarlo la posibilidad legal, introducida durante la tramitación parlamentaria del proyecto de ley, de aplicarlo a los casos del art. 369 y entre ellos, al menos por vía de principio, a supuestos en que la cantidad sea de notoria importancia. No se está hablando de "escasa cantidad", sino de "escasa entidad". Hay razones diferentes al peso reducido que pueden atraer para el hecho la consideración de "escasa entidad" (sin afán de sentar conclusión alguna, se puede pensar en labores secundarias; facilitación del consumo a través sencillamente de informaciones sobre lugares de venta; tareas de simple vigilancia realizadas por alguien externo al negocio de comercialización; suministro de droga por unas mal entendidas motivaciones compasivas; actuación puntual y esporádica que no supone dedicación y ajena a móviles lucrativos…) (…) Siendo conveniente la aclaración anterior, también lo es que la cuantía es uno de los criterios —no el único— que la ley toma en consideración para medir la gravedad de los delitos de tráfico de drogas. Lo evidencia la gradación que se acaba de hacer supra al dictado de los subtipos agravados de los arts. 369 bis y 370. No es el único parámetro para evaluar la gravedad (se maneja también la naturaleza de la sustancia —mayor o menor afectación de la salud—, los medios

La Jurisprudencia también aclara que la escasa entidad del hecho puede hacer referencia al rol desempeñado por el partícipe en el tráfico, por ejemplo, cuando se trata del llamado "último eslabón" de la cadena, o cuando se trata de una persona que realiza una colaboración de segundo orden en el delito de un tercero[358].

Sobre las circunstancias personales del autor también ha sido prolija la Jurisprudencia en su análisis. Parece que este segundo requisito, más cercano a la culpabilidad del sujeto, es el que menos cuesta "sacrificar" a la Jurisprudencia, siempre que el otro requisito, la escasa entidad del hecho, esté presente[359].

---

utilizados, la intervención plural organizada o puramente individual, las condiciones del destinatario de la droga…). Pero indudablemente la cantidad es un punto de referencia nítido para la ley". Estos apartados pueden verse citados en numerosos pronunciamientos posteriores, como la reciente STS 228/2022, 10-3 *(Tol 8897360)*, o el ATS 237/2023, 23-2 *(Tol 9460679)*.

358 Vid. STS 506/2012, 11-6 *(Tol 2581372)*, transcrita en el párrafo anterior, y la STS 724/2014, 13-11 *(Tol 4550872)*: "razones diferentes al peso reducido de la sustancia objeto de tráfico que puedan atraer para el hecho la consideración de escasa entidad, (…) consistente en una participación de muy escasa entidad, en una actividad de tráfico más amplia realizada por un tercero, aun cuando a esta última actividad no le sea aplicable la calificación de escasa entidad". Por su parte, la STS 484/2015, 7-9 *(Tol 5496760)*, admite que dentro de un mismo plan criminal, a algunos, por su modo de participación, pueda aplicárseles el tipo atenuado y a otros no.

359 Cfr. STS 769/2017, 28-11 *(Tol 6449458)*: "no faltaran ocasiones en las que la menor entidad del hecho se evidencia con tal nitidez que el presupuesto subjetivo que exige el precepto, ligado a las circunstancias personales del autor, pase a un segundo plano". O la STS 38/2012, 2-2 *(Tol 2438697)*: "en relación a la culpabilidad proyectada sobre las circunstancias personales del recurrente es cierto que nada se dice en la sentencia pero como ya se ha dicho en el anterior párrafo se trata de un dato que tiene menor entidad y consistencia que el de la escasa gravedad, por lo que en los supuestos en los que nada se dice al respecto de las circunstancias personales, ello no impide la aplicación del tipo privilegiado porque también en este caso la pena aparece proporcionada a su grado de culpabilidad". De la misma manera STS 188/2012, 16-3 *(Tol 2498832)*: "siendo determinante el criterio objetivo basta que el subjetivo no lo obstaculice negativamente", o la STS 916/2016, 2-12 *(Tol 5912784)*: "Cuando la gravedad del injusto presenta una entidad tan nimia que lo acerca al límite de la tipicidad, la aplicación del subtipo atenuado no está condicionada a la concurrencia expresa de circunstancias personales favorables del culpable, bastando en estos supuestos con que no conste circunstancia alguna desfavorable". Cfr. el ATS 237/2023, 23-2 *(Tol 9460679)*: "Por otra parte, por lo que a las circunstancias subjetivas se

Entre las circunstancias personales más mencionadas por la Jurisprudencia se encuentran la edad, el grado de formación intelectual y cultural, las experiencias vitales, la extracción social, la madurez psicológica, el entorno familiar y social, las actividades laborales, o el comportamiento posterior al delito. Esta lista suele repetirse en numerosas sentencias[360].

Por su parte, LORENZO SALGADO apunta a una interpretación necesaria: si la escasa entidad del hecho permite ya aplicar el tipo atenuado con unas circunstancias personales neutras, cualesquiera circunstancias personales que concurran y puedan dar lugar a la atemperación de la pena como atenuantes genéricas o eximentes deberían entenderse que lo son y que únicamente la escasa entidad del hecho es lo que da lugar a la aplicación del párrafo segundo del artículo 368. De lo contrario, estaremos despreciando circunstancias que podrían dar lugar a penas menores de no existir el tipo atenuado[361]. Parecido razonamiento lleva a cabo el Tribunal Supremo en su sentencia 947/2022, 13-12 (*Tol 9334687*): "Las circunstancias personales del delincuente se corresponden con aquellos rasgos de la personalidad de éste que configuran unos elementos diferenciales, y permitir una mejor individualización de la pena. No se trata de circunstancias modificativas de responsabilidad criminal, pues en ese supuesto habría de acudirse a las circunstancias modificativas de la responsabilidad criminal y a las reglas penológicas del artículo 66 del Código Penal, sino de otras circunstancias que evidencien unas especiales circunstancias que permitan singularizar su situación, por

---

refiere, hemos señalado que la clave principal de la que debe arrancarse es, la entidad del hecho, su nimiedad. Si la conducta no admite de ninguna forma esa catalogación el debate ha de darse por zanjado. Se cierra la posibilidad de aplicar el art. 368.2º".

360 Así las STS STS 228/2022, 10-3 *(Tol 8897360)*; 947/2022, 13-12 *(Tol 9334687)*; STS 1001/2021, 16-12 *(Tol 8713069)*; STS, 22-6 *(Tol 9111722)*. El ATS 237/2023, 23-2 *(Tol 9460679)*, menciona asimismo situaciones, datos o elementos que configuran su entorno social e individual, sus antecedentes, su condición o no de toxicómano, (…) y sus posibilidades de integración en el cuerpo social"

361 LORENZO SALGADO, J. M., "El tipo atenuado 'en atención a la escasa entidad del hecho y a las circunstancias personales del culpable' previsto en el párr. 2º; del art. 368 del Código penal", en J. M. SUÁREZ LÓPEZ, *et al.* (Coords.), *Estudios jurídico penales y criminológicos: en homenaje a Lorenzo Morillas Cueva*, Vol. II, Dykinson, 2018, p. 1219.

lo episódico de la acción, etc., o por las circunstancias derivadas del entorno social, o el componente individual de cada sujeto, su edad, su grado de formación intelectual y cultural, su madurez psicológica, su entorno familiar y social, sus actividades laborales, etc".[362].

Otra de las cuestiones que la Jurisprudencia ha debatido es si debe tomarse en cuenta, dentro de las circunstancias personales que harían decantarse por la no aplicación del tipo atenuado, la existencia de reincidencia en el sujeto activo. Como conclusión, parece que los tribunales se han decantado por que la mera concurrencia de esta circunstancia no impide no aplicar el párrafo segundo del artículo 368[363].

Los argumentos para ello son varios: Doctrina y Jurisprudencia consideran que podría haber una doble valoración de los hechos si se utiliza para imponer la agravante genérica del 22.8 CP y simultáneamente para excluir la aplicación del tipo atenuado. Por otro, las

---

362 En similar sentido se pronuncia la STS 200/2017, 27-3 *(Tol 6010231)*, recordando igualmente que no cabe la doble valoración, por lo que aquello que debe conformar la valoración de las circunstancias personales del tipo atenuado deben ser cuestiones distintas a las que ya se tienen en cuenta en las atenuantes genéricas: "las circunstancias personales del autor, nos obligan a ponderar todas las circunstancias subjetivas del culpable que permitan limitar su reprochabilidad personal por haber cometido el hecho antijurídico, en el bien entendido supuesto de que, dada la prohibición de doble valoración o desvalorización del artículo 67 CP, las circunstancias que sean valoradas en el ámbito del subtipo atenuado no podrán contemplarse como circunstancias independientes. También parece que las circunstancias personales del subtipo atenuado deben ser distintas de aquellas que se configuren como atenuantes o agravantes en el CP. En el informe del CGPJ al Anteproyecto de 2006, que presentaba una redacción semejante al subtipo actual se llamaba la atención como prototípica a la situación subjetiva de quien siendo adicto vende al menudeo para sufragarse su adicción. Ésta en efecto podía ser una circunstancia valorable en el ámbito del subtipo, como el hecho de que se tratase de la primera actuación delictiva sin poseer antecedentes por el delito contra la salud pública ni por cualquier otro y en general otras situaciones en que la exigibilidad del comportamiento de respeto a la ley fuese menos intensa, aunque no concurriesen propiamente los presupuestos de las causas de inimputabilidad o de inculpabilidad".
De la misma forma, también menciona que deben ser distintas a las atenuaciones ordinarias el ATS 237/2023, 23-2 *(Tol 9460679)*.

363 SSTS 712/2007, de 30 de octubre; 124/2017, de 27 de febrero;, 2-12 *(Tol 5912784)*; 873/2012, 5 de noviembre; STS 1001/2021, 16-12 *(Tol 8713069)*; STS 619/2022, 22-6 *(Tol 9111722)*.

circunstancias cuya concurrencia impide aplicar el párrafo atenuado ya han sido marcadas por el legislador, y son únicamente aquellas que menciona el tipo, esto es, las agravantes descritas en el artículo 369 bis y 370[364]. Sin embargo, SUÁREZ-MIRA considera que, aunque la mera agravante de reincidencia no es óbice para la aplicación del tipo atenuado, cuando concurran varias condenas por tráfico de drogas habrá de estimarse que existe una actividad ilícita prolongada en el tiempo, de modo que ya no cabrá acudir a esta atenuación[365].

---

364 LORENZO SALGADO, J. M., cit., p. 1220.

365 SUÁREZ-MIRA RODRÍGUEZ, C., cit., p. 585. Ello parece tenerse en cuenta también por algunas sentencias. Así vid. SSTS 1001/2021, 16-12 *(Tol 8713069)*; 619/2022, 22-6 *(Tol 9111722)*: "Cuando, además de la condena que determina la aplicación de la reincidencia, concurren otras condenas por la misma actividad delictiva de tráfico de estupefacientes, la acusada peligrosidad del culpable desde la perspectiva de la tutela del bien jurídico protegido por los delitos contra la salud pública, con una dedicación prolongada a dicha actividad, no justifica la aplicación del subtipo desde la perspectiva del sentido y finalidad de la norma". En la Jurisprudencia se esgrimen argumentos similares, vid. la aclaratoria STS 916/2016, 2-12 *(Tol 5912784)*: "en cuanto a las circunstancias personales del recurrente, destaca la Sala de instancia que el mismo era reincidente al tiempo de los hechos, al haber sido condenado como autor de un delito contra la salud pública, en su modalidad de sustancias que causan grave daño a la salud, en sentencia firme de fecha 24 de abril de 2009 (...) apenas 1 año y 6 meses antes de la fecha de los hechos enjuiciados. Es cierto que esta Sala, en numerosos precedentes, ha llamado la atención acerca de la necesidad de no convertir la agravante de reincidencia en un obstáculo insalvable para la apreciación del tipo atenuado previsto en el párrafo segundo del art. 368 (cfr. STS 873/2012, 5 de noviembre). De lo contrario, se corre el riesgo de una doble ponderación negativa de la hoja histórico penal. De una parte, para imponer la pena en su mitad superior y, de otra, para impedir la aplicación del subtipo atenuado. Sin embargo, esa prevención está relacionada con supuestos de distinta naturaleza al que ahora es objeto de recurso. En el presente caso, Eulogio no realizó un acto aislado de transmisión de estupefacientes en una dosis de escasa potencialidad para la afectación del bien jurídico (...) La existencia de una condena previa por un delito contra la salud pública, extinguida poco tiempo antes de la detención por estos hechos, no es, desde luego, determinante. Pero resulta bien expresiva de una tendencia a la profesionalización en la ofensa al bien jurídico salud pública que tampoco tiene por qué resultar indiferente en el proceso de individualización".

En otros pronunciamientos puede verse cómo se ha tenido en cuenta, pero siempre con la presencia de otras circunstancias (relativas al sujeto al hecho): ATS 237/2023, 23-2 *(Tol 9460679)*: "el recurrente fue condenado por la venta de una papelina, que resultó ser heroína; sustancia de la que no consta su con-

Con respecto a las penas previstas para este tipo atenuado, deberán ser las inferiores en grado a las que corresponderían de aplicarse el tipo básico del artículo 368 CP, por lo que serían de prisión de seis meses a 11 meses y 29 días, en el caso de que el delito se refiera a sustancias que no causen grave daño a la salud, y de un año y seis meses a dos años, once meses y veintinueve días si las sustancias son causantes de grave daño a la salud (y en ambos casos multa de la mitad del tanto al tanto del valor de la sustancia o producto[366]). Ello significa que casi todo el marco penológico permitiría en principio la aplicación de la suspensión (art. 80 CP): siempre, en el caso de las sustancias que no causen grave daño a la salud, y también en el caso de las que causen grave daño si se decide imponer el rango que va desde la más baja de las previstas (un año y seis meses) hasta los dos años.

Como ya se ha afirmado, el segundo párrafo del artículo 368 CP veta la aplicación del tipo atenuado cuando concurran las modalidades agravadas previstas en el 369 bis o 370 CP, pero nada impide su aplicación cuando lo que concurren son las agravaciones del artículo 369 (salvo que se aprecien tres o más circunstancias de las que se recogen en el artículo 369 CP, dado que el artículo 370.3ª CP considera esas situaciones como "de extrema gravedad" y, por tanto, a las mismas les resultará aplicable la pena contemplada en este último precepto).

La determinación de la pena cuando concurre en el hecho una de las agravaciones del artículo 369 (pena superior en grado al artículo 368) y alguna de las condiciones que permiten la aplicación del tipo atenuado (pena inferior en grado a la recogida en el artículo 368, primer párrafo), debe hacerse en el orden correcto, pues las operaciones, aunque en apariencia iguales, dan lugar a resultados distintos dependiendo de si primero se reduce la pena en un grado

---

dición de consumidor, lo que, unido a la ausencia de toda actividad laboral y a la constancia de hasta cuatro antecedentes penales por idéntica conducta de tráfico de sustancias estupefacientes, permite concluir que, pese a la escasa cantidad de sustancia transmitida, éste ha hecho de tal ilícita actividad su medio de vida";

366 Interpretación compartida por la FGE, Circular 3/2011, de 11 de octubre, sobre la reforma del Código Penal efectuada por la Ley Orgánica 5/2010, de 22 de junio, en relación con los delitos de tráfico ilegal de drogas y precursores, p. 4.

(ex art. 368 párrafo segundo) y luego partiendo de esta se eleva en un grado (ex art. 369), o si los cálculos se efectúan en el orden contrario. Si se sigue lo marcado por la FGE (Circular 3/2011), la reducción debe realizarse después de aplicar la pena que corresponde al tipo agravado[367]. Sin embargo, la STS 664/2022, 30-6 (*Tol 9114556*), afirma que el orden correcto es justo el contrario, corrigiendo el cálculo realizado por las sentencias de instancia y apelación[368]. Parece que esta última es la solución correcta, en la medida en que resulta más fiel a la literalidad del texto punitivo, dado que el artículo 369 CP establece que hay que imponer la pena superior en grado "a las señaladas en el artículo anterior", entendiéndose, por tanto, que debe partirse, en su caso, de las establecidas para el tipo atenuado.

Más problemático es, sin duda, el fundamento que permite aplicar un tipo atenuado cuando en el caso concurre una circunstancia que el propio legislador ha señalado como de mayor desvalor, el suficiente para crear un tipo agravado. En cualquier caso, el texto legal lo permite y la Jurisprudencia mayoritaria lo ha aplicado, aunque no sin reticencias[369].

---

367 "En todo caso hay que dejar señalado que la apreciación de la expresada atenuación y, por tanto, la imposición de la pena inferior en grado conforme a las reglas contenidas en el art. 70.1.2 CP, en los supuestos en los que concurra alguna circunstancia del art. 369 CP, se efectuará a partir de la pena que corresponda tras la aplicación del tipo agravado". Circular 3/2011, FGE, p. 4.

368 "En lo que discrepamos con las sentencias de instancia y apelación es en la mecánica seguida para esa individualización, porque parten del subtipo agravado, al que luego aplican la reducción del privilegiado, lo que no consideramos correcto, por cuanto que, si lo que ha de ser objeto de agravación son las penas del art. 368, y entre ellas se encuentran las del privilegiado de su párrafo II, habrá de ser de estas de las que se parta, para, desde ellas, llegar a sus superiores de la agravación, lo que es importante tener en cuenta porque el resultado penológico puede ser distinto, como pasamos a ver, mínimamente más favorable en el caso de la recurrente, y bastante más en el del recurrente". STS 664/2022, 30-6 *(Tol 9114556)*.

369 Reconoce esta problemática la STS 664/2022, 30-6 *(Tol 9114556)*: "En el caso, ciertamente los actos de tráfico se efectuaron, ya se ha dejado sentado, en establecimiento abierto al público por el responsable del mismo, circunstancia que incrementa, con buenas razones, el reproche que merecen las conductas reguladas en el artículo 368 del Código Penal. No puede ocultarse, además, que es posible hallar en los repertorios resoluciones de este mismo Tribunal en las que se proclamaba la incompatibilidad de la aplicación conjunta de ambos preceptos (artículo 368, párrafo segundo, y artículo 369.1.3ª). Mal puede sostenerse,

venía a explicarse en aquellas resoluciones, que concurre la "escasa entidad del hecho" que el primero demanda, cuando la conducta se realiza a la vez en condiciones que han merecido la decisión del legislador de reforzar la respuesta punitiva dispensada, conforme lo establece el segundo. Dicha doctrina relativa a la absoluta incompatibilidad de ambos preceptos debe considerarse hoy superada".

Entre las minoritarias puede verse el razonamiento de la STS 669/2016, de 21 de julio: "Ciertamente, la única exclusión legal prevista en el Código Penal es la dispuesta en el segundo inciso de dicho precepto, en tanto que se afirma taxativamente en él que «no se podrá hacer uso de esta facultad si concurriere alguna de las circunstancias a que se hace referencia en los artículos 369 bis y 370». En efecto, el meritado art. 369 del Código Penal, no se encuentra entre los excluidos. Pero existen razones de orden interpretativo para considerar que, en línea de principio, no es posible tal resorte atenuatorio. En primer lugar, por razones sistemáticas. Así, el denominado subtipo atenuado se encuentra incluido por el legislador en el párrafo segundo del art. 368, esto es, a continuación de la descripción y punición del tipo básico del delito que contemplamos. De modo que este alojamiento sugiere que tal resorte atenuatorio está referido a la descripción y penas dispuestas en el referido tipo básico y no en los supuestos agravados. En segundo lugar, tal ejercicio de individualización penológica atenuada, comienza señalando: «no obstante lo dispuesto en el párrafo anterior...». Es decir, la excepción se corresponde con lo generalmente dispuesto para los autores que cometan el tipo descrito en el párrafo primero del citado art. 368 del Código Penal y no para los autores del art. 369. En tercer lugar, desde un estricto plano penológico, las sanciones imponibles son las inferiores a las «señaladas» en el párrafo primero del citado art. 368, y no otras. En cuarto lugar, desde un aspecto teleológico, el subtipo está basado en consideraciones de menor gravedad de la infracción, que son precisadas tanto en elementos objetivos (la escasa entidad del hecho), como en elementos subjetivos (las circunstancias personales del culpable). Esto es, la delincuencia que podemos denominar marginal, es decir, aquellos sujetos que conducen su comportamiento por mera funcionalidad delictiva o individuos en los escalones finales de la distribución de la droga. Y las referencias agravatorias que se describen en los distintos apartados del art. 369 del Código Penal difícilmente pueden considerarse ni apartados que justifiquen una menor antijuridicidad del hecho, ni una menor culpabilidad del autor. En quinto lugar, evidentes razones históricas. Así, en la primera Sentencia que dictó esta Sala doctrina sobre este tipo atenuando, que es la 32/2011, de 25 de enero, ya expusimos que en un Pleno no jurisdiccional celebrado el día 25 de octubre de 2005, acatando el mandato del artículo 117 de la Constitución, tomó como Acuerdo la conveniencia de que por el legislador se modificara la redacción del artículo 368 del Código Penal en el sentido de reducir la pena cuando se trate de cantidades módicas de drogas tóxicas, estupefacientes o sustancias psicotrópicas y como alternativa se proponía añadir un segundo párrafo a dicho precepto con el siguiente texto: "No obstante lo dispuesto en el párrafo anterior, los Tribunales podrán imponer la pena inferior en grado atendiendo

Las circunstancias que más dudas han suscitado han sido las que se prevén en los apartados 3° ("los hechos fueren realizados en establecimientos abiertos al público por los responsables o empleados de los mismos") y 5° ("fuere de notoria importancia la cantidad de las citadas sustancias [...]"), en razón de que, respecto a la primera, suelen tratarse de comportamientos que se repiten en el tiempo, pues normalmente los establecimientos se utilizan como forma de asegurarse la impunidad y facilitarse la actividad de tráfico y, respecto a la segunda, porque de la propia naturaleza de la agravación parece siempre desprenderse que, por la cantidad, no va a ser posible considerar que el hecho sea de "escasa entidad". Con respecto a estas últimas apreciaciones ya se han hecho las aclaraciones pertinentes en párrafos anteriores, aunque cabe volver a recordar que la cantidad de la droga no es el único aspecto sobre el que valorar "la entidad del hecho". En relación a la utilización de locales, habrá que estar al caso concreto, pero cabe imaginar supuestos en que el empleo de tales establecimientos o bien sean esporádico, o bien se trate de una colaboración secundaria en el delito de otro, y será sobre ese "otro" sobre quien verdaderamente no quepa la aplicación del tipo atenuado[370].

---

a la gravedad del hecho y a las circunstancias personales del culpable". Esta propuesta alternativa fue acogida en el Proyecto de Código Penal publicado en el Boletín Oficial de las Cortes Generales el día 15 de enero de 2007 y definitivamente ha sido incorporada por la reforma del Código Penal llevada a cabo por la Ley Orgánica 5/2010, de 22 de junio, en cuyo Preámbulo se dice que en materia de tráfico de drogas se producen algunos reajustes en materia de penas y, entre ellos, se acoge la previsión contenida en el Acuerdo del pleno no jurisdiccional de la Sala 2.ª del Tribunal Supremo, de 25 de octubre de 2005, en relación con la posibilidad de reducir la pena respecto de supuestos de escasa entidad, siempre que no concurra ninguna de las circunstancias recogidas en los artículos 369 bis, 370 y siguientes. Por todas estas razones, entendemos que la determinación punitiva atenuatoria que se describe en el párrafo segundo del art. 368 del Código Penal, solamente es predicable respecto de las penas dispuestas en el párrafo primero, pero no respecto a las conductas agravadas del art. 369 del Código Penal".

370 Sobre aplicación de tipo atenuado a la par que agravación del 369 con causa en notoria importancia: STS 664/2022, 30-6 *(Tol 9114556)*; STS 782/2015, 14-12 *(Tol 5596256)*; STS 40/2014, 24-1 *(Tol 4103076)*. Por contra STS 637/2015, 29-10 *(Tol 5558052)*, que indica que la venta habitual de cocaína al amparo de la impunidad lograda en local abierto al público no puede ser nunca considerado como de "escasa entidad".

Vid. la doctrina mayoritaria plasmada en la STS 664/2022, 30-6 *(Tol 9114556)*: "Es cierto que no existe una incompatibilidad objetiva entre todos y cada uno de los tipos agravados previstos en el art. 369 del CP y la atenuación prevista en el párrafo 2º del art. 368. Así lo recuerda el Fiscal y así lo ha proclamado esta Sala en numerosos precedentes, de los que las SSTS 33/2011, 26 de enero; 574/2011, 3 de junio; 833/2011, 15 de julio; (...) Una interpretación sistemática, ligada también a los antecedentes de la reforma y a su tramitación parlamentaria, autoriza la idea de que el párrafo segundo del art. 368 del CP no sería excluible, con carácter general, en todos y cada uno de los supuestos agravados a que se refiere el art. 369 del CP. Conviene reparar en que el nuevo apartado establece su propia regla de exclusión. Y de acuerdo con ésta, sólo la pertenencia a una organización delictiva —art. 369 bis—, la utilización de menores de 18 años o disminuidos psíquicos, la condición de jefe, administrador o encargado de las organizaciones encaminadas a favorecer la comisión del delito o los supuestos de extrema gravedad —art. 370— determinarían la exclusión del precepto. Sin embargo, la ausencia de obstáculos aplicativos a los supuestos agravados no mencionados en la regla excluyente, no debe hacer perder de vista la idea de excepcionalidad que ha de presidir la determinación del alcance del art. 368 párrafo segundo. (...) Nos movemos, por tanto, en el campo de tensión constituido por la dialéctica de la regla/excepción. Proclama la primera que cuando resulte aplicable alguno de los supuestos de agravación contemplados por el artículo 369, con carácter general, no lo será el subtipo atenuado que se contiene en el segundo párrafo del artículo 368. Ello sin perjuicio de que autorice la segunda, la excepción, en atención a las particularidades que presente el caso, en singulares supuestos en los que pueda identificarse una menor intensidad del injusto (escasa entidad del hecho) y/o de la culpabilidad del autor (circunstancias personales), la aplicación simultánea del subtipo atenuado".

V. EL SISTEMA DE AGRAVACIONES

Desde la entrada en vigor del Código Penal de 1995, el sistema de agravaciones articulado para el tráfico de drogas ha sido modificado en dos ocasiones: la primera por la *Ley Orgánica 7/2003, de 30 de junio, de medidas de reforma para el cumplimiento íntegro y efectivo de las penas*; y una segunda por la *Ley Orgánica 5/2010, de 22 de junio, por la que se modifica la Ley Orgánica 10/1995, de 23 de noviembre, del Código Penal*. Estas reformas han provocado el desdibujamiento del sistema creado en el origen del Código, y han dejado un esquema asistemático, plagado de incoherencias, y con errores técnicos que dificultan enormemente la aplicación jurídica. Es difícil de comprender el porqué, tras más de una década desde la última modificación en la materia, aún no se han introducido reformas con el fin de eliminar, al menos, los defectos técnicos más graves que han tenido que ser parcheados por la Jurisprudencia y Doctrina a través de sus correspondientes propuestas interpretativas[371].

Para comprender los problemas que derivan del actual marco penológico previsto para el tráfico de drogas, es necesario remontarse a ese sistema originario que ha quedado desfigurado, pero del que el legislador parece no querer desprenderse del todo. Al respecto, debe recordarse que el texto inicial del CP de 1995 confiaba el régimen agravatorio a los artículos 369 y 370, articulando con ello un sistema escalonado: en el primer peldaño se encontraban las modalidades agravadas del 369, que imponía las penas superiores en grado del tipo básico; y en un segundo peldaño, se establecían las modalidades hiperagravadas, que elevaba en un grado más las penas del anterior escalón. Este sistema original no estaba exento de críticas (pues la exasperación punitiva daba como resultado penas de hasta 20 años y tres meses de prisión si era de aplicación el tipo hiperagravado), pero

[371] La FGE también ha tenido que ensayar complicadas interpretaciones para poder revestir de lógica el galimatías legislativo en sus sucesivas reformas. Vid. Circulares FGE 2/2005 de 31 de marzo y 3/2011, de 11 de octubre.

al menos podía afirmarse que la estructura mantenía una coherencia interna[372].

Frente al anterior, el actual marco punitivo agravatorio parece contener, en términos generales, una serie de formas de comisión delictiva que el legislador ha hecho acreedoras de un mayor reproche penal. Y ello porque de las circunstancias establecidas tras la reforma penal de 2010 se desprende que el desvalor —ya de acción, ya de resultado— del artículo 368 CP concurre con mayor intensidad en todas ellas. Eso sucede, siguiendo al legislador, por las cualificaciones del sujeto activo, por las características del individuo al que se le entrega el objeto material del delito, por ciertas cualidades que hacen referencia a dicho objeto, (haciéndolo más dañoso para la salud); o bien porque, simplemente, la comisión delictiva se realiza aprovechando las circunstancias de lugar o tiempo, o valiéndose de determinados medios, modos o formas que facilitan ya la ejecución del delito, ya la impunidad del delincuente.

Estos mayores reproches se articulan en tres preceptos distintos: así, el artículo 369 CP, que se relaciona con el tipo básico estableciendo la pena superior en grado (y una pena de multa del tanto al cuádruplo del valor de la droga); el artículo 370, que recoge otras circunstancias agravatorias, remitiendo en algunos casos a circunstancias que ya aparecen en el 369 pero ahora con un plus de gravedad (p. ej., que concurran tres o más de las circunstancias que recoge el 369), supuestos en los que se establece una pena de prisión que debe ser superior en uno o dos grados a la del tipo básico del 368, por lo que puede resultar igual que la que se prevé para los comportamientos del 369 CP[373]. Al extraño marco anterior se suma

---

372 Además, la redacción actual también permite llegar hasta los 18 años de prisión si se trata de los jefes, encargados o administradores de una organización delictiva (vía art. 369 bis CP). Por lo demás, exceptuando el anterior caso, el tope actual del sistema agravatorio estaría en 13 años y seis meses (ex art. 370 CP).

373 Es necesario también hacer referencia a la pena de multa prevista en el artículo 370 CP. De una interpretación literal del precepto debe deducirse que no existe previsión de multa en el caso del párrafo 1º. Y ello porque el tipo no lo recoge (como sí hacen los arts. 368, 369 y 369 bis). El texto del Código solo contempla una multa, del tanto al triplo, para los casos del 2º y 3er párrafo, lo que daría como resultado que la pena de multa podría ser igual o inferior a los casos del

el artículo 369 bis, vigente tras la reforma de 2010, que desgajó la agravación por la pertenencia a organizaciones criminales para el narcotráfico del artículo 369, construyéndose ahora como un tipo autónomo con una pena específica y no calculada sobre el tipo básico. Este nuevo precepto distorsiona y complica la determinación de la pena cuando, además de la pertenencia a la organización, concurren otras circunstancias agravantes (lo que, por lo demás, es bastante común, pues suelen ser estas mismas organizaciones las que trafican con cantidades de notoria importancia, utilizan buques o aeronaves, etc.).

---

artículo 369, pero nunca superior. Tanto la FGE como la Jurisprudencia han interpretado que deben aplicarse las penas de multa del artículo 368 al entender que el "además" que aparece en el último párrafo no hace referencia a "además de las penas de prisión ya señaladas en el tipo" sino a "además de la multa del tipo básico" pero eso no parece la interpretación lógica del texto literal, ni seguiría la estructura de redacción del artículo 369 CP. Lo cierto es que tampoco tiene lógica —más allá del olvido del legislador— que este artículo no incluyera una pena de multa para el primer numeral y que, para las restantes, estableciera una pena igual o inferior a la del artículo 369. Cfr. arts. 369 y 370 CP. Art. 369: "1. Se impondrán las penas superiores en grado a las señaladas en el artículo anterior y multa del tanto al cuádruplo cuando concurran alguna de las siguientes circunstancias (…)". Art. 370: "Se impondrá la pena superior en uno o dos grados a la señalada en el artículo 368 cuando: 1.º Se utilice a menores de 18 años o a disminuidos psíquicos para cometer estos delitos. 2.º Se trate de los jefes, administradores o encargados de las organizaciones a que se refiere la circunstancia 2.ª del apartado 1 del artículo 369. 3.º Las conductas descritas en el artículo 368 fuesen de extrema gravedad. Se consideran de extrema gravedad los casos en que la cantidad de las sustancias a que se refiere el artículo 368 excediere notablemente de la considerada como de notoria importancia, o se hayan utilizado buques, embarcaciones o aeronaves como medio de transporte específico, o se hayan llevado a cabo las conductas indicadas simulando operaciones de comercio internacional entre empresas, o se trate de redes internacionales dedicadas a este tipo de actividades, o cuando concurrieren tres o más de las circunstancias previstas en el artículo 369.1. En los supuestos de los anteriores números 2.º y 3.º se impondrá a los culpables, además, una multa del tanto al triplo del valor de la droga objeto del delito".

Cuadro penológico para personas físicas*

<table>
<tr><th></th><th colspan="2">Grave daño</th><th colspan="2">No grave daño</th></tr>
<tr><td rowspan="2">368 CP
368 CP atenuado</td><td colspan="2">– Prisión 3 a 6 años
– Multa de X a 3X</td><td colspan="2">– Prisión 1 a 3 años
– Multa de X a 2X</td></tr>
<tr><td colspan="2">– Prisión de un año y 6 meses a 2 años, 6 meses y 29 días.
– Multa de 1/2 X a X</td><td colspan="2">– Prisión 6 a 11 meses y 29 días.
– Multa de 1/2 X a X</td></tr>
<tr><td rowspan="2">369 CP (superior en grado a 368 CP)
369 CP partiendo del 368 CP atenuado</td><td colspan="2">– Prisión de 6 años y un día a 9 años
– Multa de X a 4X</td><td colspan="2">– Prisión de 3 años y un día a 4 años y seis meses
– Multa de X a 4X</td></tr>
<tr><td colspan="2">– Prisión de 2 años, 6 meses y 30 días a 3 años, 10 meses y 15 días
– Multa de 1/2 X a X</td><td colspan="2">– Prisión de 11 meses y un día a 1 año, 4 meses y 15 días.
– Multa de 1/2 X a X</td></tr>
<tr><td>369 bis CP</td><td>-Prisión de 9 a 12 años
– Multa de X a 4X</td><td>Jefes, encargados o administradores: prisión de 12 años y un día a 18 años.
– Multa de X a 4X</td><td>-Prisión de 4 años y 6 meses a 10 años.
– Multa de X a 4X</td><td>Jefes, encargados o administradores: prisión de 10 años y un día a 15 años.
– Multa de X a 4X</td></tr>
<tr><td rowspan="2">370 CP (superior en grado a 368 CP)
370 CP (superior en dos grados a 368 CP)</td><td colspan="2">– Prisión de 6 años y un día a 9 años
– Multa de X a 3X
– Multa adicional de X a 3X para las circunstancias 2º y 3º.</td><td colspan="2">– Prisión de 3 años y un día a 4 años y seis meses
– Multa de X a 2X.
– Multa adicional de X a 3X para las circunstancias 2º y 3º.</td></tr>
<tr><td colspan="2">– Prisión de 9 años y un día a 13 años y 6 meses
– Multa de X a 3X
– Multa adicional de X a 3X para las circunstancias 2º y 3º.</td><td colspan="2">– Prisión de 4 años, 6 meses y un día a 6 años y 9 meses.
– Multa de X a 2X.
– Multa adicional de X a 3X para las circunstancias 2º y 3º.</td></tr>
</table>

*Las penas del artículo 369 CP partiendo del atenuado se han calculado en el orden expuesto en el epígrafe sobre tipo atenuado: primero rebajando la pena del art. 368 en un grado para después elevarla en grado. Con respecto a las penas de multa superiores e inferiores en grado se han calculado según lo establecido por el Acuerdo del Pleno de la Sala Segunda del Tribunal Supremo, adoptado en su reunión del día 22/07/2008.

Por lo que se refiere a los elementos objetivos y subjetivos, y al tratarse de tipos cualificados, deberán estar presentes todos los del tipo básico (art. 368 CP) más los referentes a la propia circunstancia agravatoria. Al igual que para el elemento subjetivo del tipo básico, la Jurisprudencia aquí también ha afirmado que bastará con que los elementos objetivos que conforman cada circunstancia sean abarcados por el dolo eventual (en este sentido STS 86/2018, 19-2 [*Tol 6525968*]). Por lo demás, el error sobre una de estas circunstancias tendrá como consecuencia la inaplicación de la modalidad agravada, castigando tan solo por el tipo básico (*ex* art. 14.2 CP).

1. EL ARTÍCULO 369 CP

El artículo 369 CP eleva en un grado las penas de prisión establecidas en el tipo básico del tráfico de drogas, y recoge (indistintamente de si se trata de una sustancia que cause mayor daño a la salud o no) una pena de multa del tanto al cuádruplo del valor de la droga objeto del delito.

Ocho modalidades distintas de comportamientos se recogen en este precepto, expresadas de forma alternativa, de modo que la concurrencia de cualquiera de ellas dará lugar a la aplicación de las penas agravadas. No obstante, si se dan tres o más de ellas se considerará una *conducta de extrema gravedad* vía artículo 370 CP, y será de aplicación la pena dispuesta en el mismo. Ahora bien, no existe regla penológica específica para el caso en que se den dos de las circunstancias del artículo 369 CP, por lo que deberá entenderse que, de resultar aplicable dicho precepto, la segunda circunstancia solo podrá tenerse en cuenta, en su caso, para la individualización judicial de la pena dentro del mismo marco que el artículo 369 prevé.

1.1. El culpable fuere autoridad, funcionario público, facultativo, trabajador social, docente o educador y obrase en el ejercicio de su cargo, profesión u oficio

Esta agravación tendría como fundamento la mayor facilidad bien para la comisión delictiva, bien para dificultar el descubrimiento o la persecución de los hechos. Así debe entenderse, dado que no basta con ostentar una de estas profesiones, sino que el comportamiento debe realizarse en el ejercicio del cargo. En apoyo de esta misma argumentación, la Jurisprudencia, además, ha indicado la necesidad de que en el caso concreto esas funciones favorezcan la comisión (o dificulten su persecución). Si ello no ocurre, no será aplicable la agravación[374].

Así se aplica el tipo agravado en la STS 305/2005, 8-3 (*Tol 619622*), al funcionario del CNP que disponía de las drogas intervenidas, dedicándose a la venta de parte de las mismas; STS 1837/2000, 28-11 (*Tol 4924934*), guarda de la Estación Biológica del Parque de Doñana, lugar donde el hachís se desembarcó, que quebranta el específico papel de quien tiene a su cargo y cuidado funciones de vigilancia, protección y custodia del parque; o STS 139/1998, 18-5 (*Tol 5134059*), médico que dispensa recetas de psicótropos a cambio de compensación económica.

Algunas sentencias consideran también la "trascendencia comunitaria" que tienen algunas de estas actividades (vid. así STS 945/1997, 30-6 [*Tol 5140405*]). ÁLVAREZ GARCÍA, por su parte, las entiende como *funciones públicas* en un sentido amplio[375]. También menciona la "trascendencia que para la difusión pública de las drogas en el entorno social tiene el desempeño de una actividad pública, docente o comunitaria", MONTERO LA RUBIA[376].

Por otro lado, resulta necesario delimitar el contenido que debe darse a los cargos, profesiones y oficios que son enumerados en el precepto. De esta manera, para la autoridad y funcionario público, el Código Penal cuenta con interpretaciones auténticas en su artí-

---

374 La reforma penal de 2003 (vía Ley Orgánica 15/2003, de 25 de noviembre, por la que se modifica la Ley Orgánica 10/1995, de 23 de noviembre, del Código Penal), cambió la redacción originaria de esta modalidad agravada, que hacía referencia al "*abuso de* su profesión, oficio o cargo". A pesar de desaparecer dicha referencia, la FGE interpretó en 2003 que "la innovación no se hace acreedora de una nueva interpretación del precepto, en la medida en que cualquier actividad delictiva relacionada con el tráfico de drogas realizada en el ejercicio de una profesión, oficio o cargo, supone, de hecho, abuso del mismo, y lo que en definitiva se sanciona es el aprovechamiento de esa circunstancia para la ejecución del delito". La Jurisprudencia, sin embargo, sí ha hecho en ocasiones distingo entre la existencia de abuso o uso del cargo (v. gr. STS 561/2010, 14-6 [*Tol 1893393*]).

375 ÁLVAREZ GARCÍA, F. J., "2.2.1. El culpable fuere autoridad, funcionario público, facultativo, trabajador social, docente o educador y obrase en el ejercicio de su cargo, profesión u oficio" en F. J. ÁLVAREZ GARCÍA, (dir.), *El delito de tráfico de drogas*, Tirant lo Blanch, Valencia, 2009, p. 163, nota 21.

376 MONTERO LA RUBIA, F. J., cit., p. 75.

culo 24. No es así en el caso de los facultativos, aunque el artículo 372 párrafo segundo define a estos como los "*médicos, psicólogos, las personas en posesión de título sanitario, los veterinarios, los farmacéuticos y sus dependientes*".

El TS ha entendido que funcionario público a efectos penales será también aquel que ejerce funciones públicas, sin necesidad de que se tenga, en términos administrativo-laborales, la consideración de funcionario público, lo que quiere decir que en el concepto penal se incluye a quienes desarrollan las funciones de los mismos siendo interinos o sustitutos[377]. En este sentido, por ejemplo, la STS 86/2018, 19-2 (*Tol 6525968*), aclara que la policía local es también funcionariado público, siendo indiferente "los requisitos de selección para el ingreso, ni la categoría por modesta que fuera, ni el sistema de retribución, ni el estatuto legal y reglamentario, ni el sistema de provisión, ni aún la estabilidad o temporalidad (...) Si el recurrente, como los otros delincuentes, portaba pistola, uniforme y placa expedida por el Ayuntamiento de Mijas es patente que desempeñaba una función pública y por tanto era funcionario público".

Por otro lado, y con relación a los facultativos, MARTÍNEZ PARDO[378] aporta razones por las que se debe seguir debatiendo sobre el alcance esta circunstancia, pues o bien solo debería considerarse a aquellos que pueden extender recetas, o bien debería considerarse que el artículo debió incluir a todos los que prestan actividades sanitarias o sociosanitarias. De reformular el artículo, la posición que aquí se mantiene es que debería incluirse a todos aquellos que, o

377 Cfr. p. ej., STS 538/2017, 19-2 (*Tol 6525968*): "Por tanto, el concepto penal de funcionario abarca también a los internos y sustitutos (STS 26 octubre 2012). La jurisprudencia de esta Sala no ofrece dudas al respecto, aceptando una equiparación funcional entre el funcionario titular y el funcionario sustituto, interino y, por tanto, carente de la estabilidad que proporciona la pertenencia a la carrera administrativa. Lo que define la condición de funcionario público es la participación en funciones públicas, siendo irrelevante que sea interino o de plantilla (STS 1544/2004, 23 de diciembre), pues los llamados funcionarios de hecho que desempeñan una función pública, aunque no reúnan las calificaciones o legitimaciones requerida, así como los interinos, sustitutos o funcionarios de empleo, en contraposición a los funcionarios de carrera, tienen similar cuadro de derechos y obligaciones que los recogidos en el propio Estatuto de los funcionarios de propiedad (STS 663/2005, 23 de mayo)".

378 MARTÍNEZ PARDO, V. J., cit., p. 207.

bien pueden prescribir medicamentos, o bien poseen fácil acceso a ellos por su ocupación.

Nada dice el Código respecto de los trabajadores sociales, docentes o educadores. En relación a ello, propone ÁLVAREZ GARCÍA comprender a aquellos que realicen las actividades propias de la profesión, ostenten o no titulación académica. Ello tiene sentido, pues es el ejercicio de la profesión y no el título profesional lo que otorga mayores facilidades para la comisión delictiva[379].

En este contexto, la Convención de las Naciones Unidas contra el tráfico ilícito de estupefacientes y sustancias sicotrópicas de 1988 menciona como circunstancia que puede dar lugar a agravación: "*el hecho de que el delincuente ocupe un cargo público y de que el delito guarde relación con ese cargo*". Esta redacción despejaría algunos de los problemas que la Doctrina ha achacado a la redacción española: por ejemplo, que no se le pueda atribuir a quien se halla en excedencia o de baja laboral, en cuanto no se puede afirmar que el delito lo cometa en "ejercicio de sus funciones", a pesar de que aun estando en esas situaciones, el delito se cometa aprovechándose del cargo[380]. El texto internacional hace recaer la agravación, sin lugar a duda, en aprovecharse o prevalerse del ejercicio del cargo, que sería la redacción más correcta[381]. Por lo demás, ÁLVAREZ GARCÍA entiende acertadamente que, de no ser aplicable el 369.1° por no "obrar en el ejercicio del cargo" pero si entender que se ha prevalido del mismo para la comisión delictiva (v. gr. tiene contactos por razón de su pro-

---

379 ALVAREZ GARCÍA, F. J., "2.2.1. El culpable fuere autoridad, funcionario público, facultativo, trabajador social, docente o educador y obrase en el ejercicio de su cargo, profesión u oficio", cit., p. 163. En sentido contrario lo entiende MOLINA MANSILLA, M. C., *El delito de tráfico de drogas: análisis detallado y nueva perspectiva. Adaptado a las últimas reformas legislativas y resoluciones del Tribunal Supremo y de la Fiscalía General del Estado*, cit.: "quedan fuera de la agravación los que desarrollen actividades laborales sin titulación ni los voluntarios".

380 Así señalan este defecto, por ejemplo, MARTÍNEZ PARDO, V. J., Los delitos de tráfico de drogas: estudio jurisprudencial, cit., p. 206; o ALVAREZ GARCÍA, F. J., "2.2.1. El culpable fuere autoridad, funcionario público, facultativo, trabajador social, docente o educador y obrase en el ejercicio de su cargo, profesión u oficio", cit., p. 166.

381 Con esta interpretación, MANJÓN-CABEZA OLMEDA, A., "Tráfico de drogas: (II)" en F. J. ÁLVAREZ GARCÍA, (Dir.), *Derecho Penal español. Parte Especial. Parte Especial (II)*, Tirant lo Blanch, 2011, p. 1308.

fesión, que utiliza para delinquir, aunque está de baja laboral), sí sería aplicable la agravante genérica de prevalimiento[382]. En cualquier caso, la Jurisprudencia parece aplicarlo (desoyendo el principio de legalidad) a esa serie de casos, que parecen estar fuera del ejercicio del cargo, siempre que de este hayan obtenido ventaja: véase así la STS 86/2018, 19-2 (*Tol 6525968*). que lo aplica a un funcionario de policía de baja: "policía local que se encontraba de baja, que con asiduidad ofrecía información a sus compañeros sobre la existencia de posibles alijos dada su relación con delincuentes dedicados a este tipo de tráfico "obtenida a lo largo de su actividad profesional". Consecuentemente no ofrece duda que puso su condición de policía local, al igual que los otros acusados, al servicio de su propósito criminal, aprovechando las ventajas que el cargo le ofrecía para ejecutar el hecho delictivo con mayor facilidad y menor riesgo". En similar sentido, la STS 561/2010, 14-6 (*Tol 1893393*), afirma que es indiferente que el sujeto estuviera de baja (aunque en este caso no se aplicó, pero porque los hechos fueron cometidos cuando el precepto rezaba "en abuso de su ejercicio" y no en el uso del mismo. Abuso que, según los magistrados, no se daba en el caso (funcionario del servicio de vigilancia aduanera). Sin embargo, y en sentido contrario, la STS 376/2010, 27-4 (*Tol 1860784*) que no aplica la agravación al tratarse de un Guardia Civil en la reserva, porque —siguiendo al Tribunal— aunque se mantiene la condición de funcionario público, no se ejerce tal función (ni tampoco considerarlo autor de un delito de cohecho del artículo 419 CP).

En otro orden de cosas, la Jurisprudencia, con razón, niega la posibilidad de castigar por un delito de cohecho y, además, por el tipo agravado del artículo 369.1° CP; siendo de aplicación en estos casos, en aras a respetar el principio *ne bis in ídem*, el artículo 419 CP en concurso con el artículo 368 CP (entendiendo, claro está, que en el caso

---

382 ALVAREZ GARCÍA, F. J., "2.2.1. El culpable fuere autoridad, funcionario público, facultativo, trabajador social, docente o educador y obrase en el ejercicio de su cargo, profesión u oficio", cit., pp. 166-167 De la misma opinión ACALE SÁNCHEZ, M. cit., p. 195.

concreto no concurren otras circunstancias distintas que permitan aplicar el art. 369)[383].

1.2. *El culpable participare en otras actividades organizadas o cuya ejecución se vea facilitada por la comisión del delito*

La que actualmente se recoge como circunstancia segunda en el artículo 369 CP tiene su origen en el artículo 3.5 de la Convención de las Naciones Unidas contra el tráfico ilícito de estupefacientes y sustancias sicotrópicas de 1988. Dicho texto internacional recoge la necesidad de agravar las condenas cuando concurra "*b) La participación del delincuente en otras actividades delictivas internacionales organizadas*" o "*c) La participación del delincuente en otras actividades ilícitas cuya ejecución se vea facilitada por la comisión del delito*". No obstante, si se observa la redacción española y se contrapone con la de Naciones Unidas, puede comprobarse que su trascripción ha producido ligeras pero importantes diferencias: se han omitido los adjetivos "delictivas" e "ilícitas", de manera que, si se hace una interpretación literal del artículo 369.2ª CP, la pena por tráfico de drogas resultaría agravada cuando el sujeto llevara a cabo otras actividades organizadas, incluidas las lícitas[384]. Esto no solo carece de sentido, sino que

---

383 Cfr. STS 376/2010, 27-4 *(Tol 1860784)*: Sobre cohecho y tráfico de drogas es muy prolija la Jurisprudencia de la Audiencia Nacional. Véase por ejemplo la SAN 10/2019 de 5 abril. Entre los funcionarios de policía que cometen este tipo de hechos es bastante común que además del cohecho, los delitos referentes al narcotráfico, y la organización criminal, se apliquen también el delitos de revelación de secretos o informaciones del artículo 417 CP, pues no son pocos los casos en los que la participación en la organización dedicada al narcotráfico de los policías consiste, entre otras cosas, en la divulgación a la organización de información que obtienen por su profesión y que permite el tráfico de drogas (por ejemplo, lugares y fechas de controles policiales en frontera).

384 La redacción de 1995 sí conservó el atributo "delictivas" con respecto a las otras actividades. Fue la reforma de 2003 la que eliminaría esa precisión, lo que parece un claro indicativo de que no se trata de un mero olvido sino de una decisión consciente del legislador. ÁLVAREZ GARCÍA (2009) recuerda que, cuando en 2003 se propuso la nueva redacción en ese sentido, varios grupos parlamentarios abogaron por mantener la que hacía mención a las actividades delictivas, y aun así, dicho adjetivo fue eliminado (pp. 171-172). La FGE en su circular de 2005 tildaba el precepto, de entenderse literalmente, de desproporcionado y absurdo.

también suscitaría serios problemas de constitucionalidad, al exigir una responsabilidad penal mayor por llevar a cabo actividades legales que, incluso, pueden ser desarrollo legítimo de derechos fundamentales. Es por ello por lo que la FGE ya advirtió en el año 2005 que la interpretación correcta sería la que indica el texto de la Convención de 1988[385], opinión que es compartida por la Doctrina[386].

De forma paralela, la redacción penal española conserva la palabra "otras", justo antes de la expresión "actividades organizadas", lo que quizá podía tener más sentido en las versiones de los textos de 1995 y 2003, en los que esta circunstancia estaba precedida por la que agravaba la responsabilidad si "el culpable perteneciere a una organización o asociación (...)". En la actualidad, la responsabilidad por criminalidad organizada para el tráfico de drogas se encuentra en el artículo 369 bis CP, y es por ello que la redacción de la segunda circunstancia del artículo 369 resulta un tanto extraña, pues menciona "otras" cuando aún no se ha hecho referencia a ninguna actividad organizada[387].

En cualquier caso, el fundamento para agravar la responsabilidad cuando el sujeto participa de varias actividades organizadas ilícitas radicaría, según la Doctrina, en el mayor reproche que merecen los individuos que diversifican ese tipo de actividades, pues el tráfico de drogas constituye uno de los campos que mayores beneficios económicos delictivos devenga, pero no es el único[388]. De hecho, es usual que algunas de las organizaciones que se dedican al narcotráfico lo

---

385 FISCALÍA GENERAL DEL ESTADO, Circular 2/2005, de 31 de marzo, p. 4.

386 MARTÍNEZ PARDO, V. J., cit., p. 245; MONTERO LA RUBIA, F. J., cit., p. 77; MUÑOZ CONDE, F., cit., p. 654; RAMÓN RIBAS, E., cit., p. 1075; SUÁREZ-MIRA RODRÍGUEZ, C., cit., p. 586. ÁLVAREZ GARCÍA, califica, al menos el primer inciso, de inconstitucional, vid. ÁLVAREZ GARCÍA, F. J., "2.2.3. El culpable participare en otras actividades organizadas o cuya ejecución se vea facilitada por la comisión del delito" en F. J. ÁLVAREZ GARCÍA, (dir.), *El delito de tráfico de drogas*, Tirant lo Blanch, Valencia, 2009.

387 De hecho, la STS 750/2011, 11-7 *(Tol 2205541)*, afirmaba que una mejor redacción pasaría por la eliminación del determinante "otras": "Técnicamente, mejor sería suprimir del primer inciso la mención "en otras actividades" (organizadas), para dejarlo simplemente, en "actividades organizadas", pues ya no va a continuación de la pertenencia a organización (...)".

388 ACALE SÁNCHEZ, M. cit., p. 189; MARTÍNEZ PARDO, V. J., cit. p. 244; MOLINA MANSILLA, M. C., *El delito de tráfico de drogas: análisis detallado y nueva pers-*

hagan como medio de financiación de otras actividades ilícitas, como puede ser el terrorismo[389], o la corrupción. También puede buscarse su explicación en la mayor peligrosidad de la conducta de quienes articulan varias actividades delictivas dentro de una organización, consiguiendo de este modo "mayor operatividad delictual al poder aprovecharse de grandes infraestructuras"[390].

Para que las circunstancias del caso den lugar a la aplicación de esta agravante, será necesario que "el culpable" (por utilizar la misma terminología que emplea el precepto), además de realizar actividades organizadas principales de narcotráfico (lo que podría dar lugar a la aplicación del artículo 369 bis si se tratara de pertenencia a organización criminal, pero no si se tratara de un grupo criminal), "participe" en otras actividades organizadas delictivas. También será posible aplicar la segunda circunstancia del artículo 369 CP cuando la ejecución de esas otras actividades ilegales se haya visto facilitada por el narcotráfico (se trataría del ejemplo anterior de las actividades ilícitas financiadas a través de la venta de drogas).

Esta ha sido hasta ahora la interpretación jurisprudencial. Así, por ejemplo, la STS 389/2018, 25-7 (*Tol 6718698*), declara que "este precepto tipifica los supuestos en que el culpable participa en otras actividades organizadas o cuya ejecución se vea facilitada por la comisión del delito de tráfico de drogas. (...) Éste contempla los supuestos relativos a otras actividades organizadas delictivas distintas al tráfico de drogas cuya ejecución se vea facilitada por el delito contra la salud pública, y no al supuesto específico que contempla el artículo 369 bis, limitado a las organizaciones que tienen como objetivo el tráfico de drogas (SSTS 750/2011, 997/2012, 187/2013 y 695/2013)"[391]. La

---

pectiva. Adaptado a las últimas reformas legislativas y resoluciones del Tribunal Supremo y de la Fiscalía General del Estado, cit.

389 ÁLVAREZ GARCÍA, F. J., "2.2.3. El culpable participare en otras actividades organizadas o cuya ejecución se vea facilitada por la comisión del delito", cit., p. 170. Este autor apunta también a otros ámbitos de tráfico, como la trata de personas o el tráfico de armas.

390 Así, MAGRO SERVET, V., cit., p. 83.

391 El caso en cuestión observa a un sujeto que participa en dos grupos de criminalidad organizada distintos, pero los dos dedicados al narcotráfico. El TS entiende que no es aplicable el 369.2ª pues las otras actividades deben ser distintas a la venta de estupefacientes.

STS 750/2011, 11-7 (*Tol 2205541*), por su parte, realizaba la misma interpretación: "se trata de otras organizaciones que no se dedican habitualmente al tráfico de drogas"[392].

El problema principal a la hora de aplicar esta circunstancia segunda es que, si ambas actividades (la de narcotráfico y la otra organizada) deben ser delictivas no parece posible aplicar la agravación sin incurrir en un doble reproche penal[393], pues lo normal en tales casos será que se castigue al sujeto por unos delitos y por otros, bien en concurso real, bien en concurso medial (si uno constituye *medio necesario* para la comisión del otro, y no "facilitación", que es a lo que hace referencia el artículo 369.1.2° CP). Por lo demás, no parece que tenga mucho sentido agravar la pena por la diversificación delictiva cuando ya esos otros delitos y el injusto de organización son acreedores de sus propias penas. De hecho, resulta difícil imaginar un supuesto donde pueda aplicarse esta agravación, dado el marco penal de los delitos relacionados con drogas y el sistema general punitivo establecido en el Código[394]. Es más: parece una agravación inaplicable, que puede por ello provocar la consecuente desactivación de la

---

392 Sentado esto, en los casos en los que el sujeto pertenezca a una organización criminal dedicada al narcotráfico y siendo aplicable el art. 369 bis, si se sigue la interpretación de la FGE (Circular 2011) que entiende que las penas del 369 bis absorben las agravantes tanto del 369 como del 370, sería penológicamente indiferente la concurrencia de la situación de la agravante 369.2°. Por ende, también la del 370. 2ª que hace referencia a los jefes de las organizaciones del 369.2ª. De similar consideración la SAP Santa Cruz de Tenerife 11/2013, 9-1 *(Tol 3947162)*: "se refiere a los casos de esas otras organizaciones que tienen por finalidad facilitar el delito, pero no responden a su objetivo primordial la realización de tales conductas en el marco de los delitos contra la salud pública (...) solamente puede aplicarse a quien pertenezca a dos organizaciones criminales: por un lado la que está dedicada al tráfico de drogas; en segundo lugar, otra organización que realice diferentes actividades delictivas"

393 MARTÍNEZ PARDO, V. J., cit., p. 245: "teniendo en consideración que el culpable participe a su vez en otras actividades delictivas organizadas, se platea problemas de *bis in idem*, en la medida en que si esas otras actividades delictivas organizadas distintas al tráfico de drogas son castigadas por un lado y, por otro, como delito de tráfico de drogas agravado".

394 MANJÓN-CABEZA OLMEDA, A., ("Tráfico de drogas: (II)", cit. p. 1311) ensaya posibles casos donde una actividad lícita pudiera tener relevancia penal en relación con el tráfico de drogas: pudiera ser cuando actividades legales se utilizan para el blanqueo de capitales o para cubrir de una infraestructura a la organización criminal (p. ej., una flota de camiones para el transporte): actividades

agravante prevista en el artículo 370.2º CP (dado que en esta última se hace referencia a "los jefes, administradores o encargados *de las organizaciones a que se refiere la circunstancia 2.ª del apartado 1 del artículo 369*"). Quizá por ello la Jurisprudencia suele evitar la aplicación de esta circunstancia, ya sea haciendo referencia a que su aplicación no es posible o simplemente no considerándola[395].

1.3. Los hechos fueren realizados en establecimientos abiertos al público por los responsables o empleados de los mismos

Según Doctrina y Jurisprudencia mayoritarias, el fundamento de esta agravación estriba en la mayor capacidad lesiva para el bien jurídico de los comportamientos realizados con estas características, pues entienden que el aprovechamiento de un establecimiento abierto al público, del que se es responsable o empleado, crea un lugar permanente y accesible a los consumidores para la adquisición de las sustancias, ampliándose así la capacidad de difusión de las mismas. Con ello también se dificultaría la persecución del delito, toda vez que se actúa al abrigo de un espacio cerrado y se disimula el trasiego de personas gracias a la actividad aparentemente lícita del local[396].

---

que ya tendrían respuesta por otros preceptos del Código. Llega la autora, por tanto, a la misma conclusión de inaplicabilidad.

395 Así, véase, p. ej., la SAP Santa Cruz de Tenerife 11/2013, 9-1 *(Tol 3947162)*, que no aplica pues, aunque la organización criminal no solo se dedica al tráfico de drogas (sino también a robo con violencia o intimidación; robo en casa habitada): "no configura por sí sola el subtipo agravado estudiado, sin perjuicio de que tales conductas, además de su punición expresa independiente como en el supuesto del delito de robo con violencia en casa habitada sean valorables tanto en cuanto a la conformación de la estructura organizativa del grupo criminal como en cuanto a la entidad y gravedad de la trayectoria delictiva". Así también la STS 468/2020, 23-9 *(Tol 8096526)*, que trata de organización del 369 bis, que se dedica a varias actividades ilícitas: moneda falsa, blanqueamiento de capitales, y, principalmente, narcotráfico. No se pronuncia sobre la posibilidad de aplicar el art. 369 2ª.

396 La Doctrina utiliza variados argumentos reconducibles todos a este fundamento. Así: un mayor riesgo de difusión (MANJÓN-CABEZA OLMEDA, A., "Tráfico de drogas: (II)", cit., p. 1311); la mayor facilidad y el plus de injusto en la mayor difusión de la droga (MARTÍNEZ PARDO, V. J., cit., p. 214); mayor facilidad de venta y, por tanto, de difusión (MAGRO SERVET, V., cit., p. 84); intensificación del peligro para el bien jurídico (RAMÓN RIBAS, E., cit., p. 1077; y SUÁREZ-

La STS 352/2017, 17-5 (*Tol 6113439*), contiene una exposición muy detallada sobre el fundamento de esta agravación: "En nuestra jurisprudencia hemos señalado, como requisito de la agravación, que los actos de tráfico se realicen en un establecimiento, por sus responsables o encargados y con la finalidad de realizar en el mismo el tráfico de sustancias tóxicas con evidente aprovechamiento de la cobertura proporcionada por un establecimiento abierto al público que proporciona un libre acceso a su interior. En todo caso hemos señalado una interpretación restrictiva, excluyendo su aplicación cuando el establecimiento sea un mero depósito de la sustancia y no resulte un aprovechamiento del mismo para la comisión del delito (STS 211/2000, de 17 de julio, STS 1201/2005, 27-10 (*Tol 765924*) y 1238/2009, de 11 de diciembre. Es preciso que el relato fáctico precise que el autor se ha beneficiado de las facilidades que resultan del establecimiento público y que ese aprovechamiento ha supuesto un incremento en el peligro prohibido por la norma (STS 801/2013, de 5 de octubre). El fundamento radica en la intensificación del peligro que resulta de la realización de los actos de tráfico en un local respecto al que el autor se aprovecha de la pantalla de licitud que proporciona un establecimiento abierto al público del que no cabe sospechar una utilización distinta de la propia para la que tiene la licencia de funcionamiento como establecimiento abierto al público,

---

MIRA RODRÍGUEZ, C., cit., p. 586; CASTRO MORENO, A., "2.2.2. El culpable perteneciere a una organización o asociación, incluso de carácter transitorio, que tuviese como finalidad difundir tales sustancias o productos aun de modo ocasional" en ÁLVAREZ GARCÍA, F. (dir.), "El delito de tráfico de drogas", Tirant lo Blanch, Valencia, 2009, p. 175); mayor facilidad que tiene el sujeto para realizar las conductas de tráfico, amparándose en la aparente legalidad que le ofrece el local o establecimiento abierto al público y mayor difusión de la droga (ACALE SÁNCHEZ, M., cit., p. 156); mayor riesgo de difusión, mayor facilidad de acceso a los compradores, y la perversión del fin de la licencia de apertura al público (MOLINA MANSILLA, M. C., *El delito de tráfico de drogas: análisis detallado y nueva perspectiva. Adaptado a las últimas reformas legislativas y resoluciones del Tribunal Supremo y de la Fiscalía General del Estado*, cit.). Sobre ese abuso de la licencia de apertura al público se pronuncia también la Jurisprudencia más antigua, p. ej., la STS 2215/2001, 23-11 *(Tol 4976330)*: "el mayor reproche que, en el plano de la culpabilidad, deriva del desvío dedicacional de unos locales cuya permisión de apertura se ceñía a fines de utilidad o esparcimiento público, y el fraudulento, astuto e ilícito aprovechamiento de facilidades propiciadas por ese aparente marco de legalidad (SSTS 15/2/95 y 15/12/99)".

de manera que la autorización sirva de cobertura a la ilícita actividad que en su interior se realiza. En definitiva que un local destinado a una concreta finalidad sea aprovechado por el autor para la cobertura de una finalidad ilícita que no cabe sospechar"[397].

A partir de la fundamentación anterior, la Jurisprudencia se inclina por una interpretación restrictiva de esta agravante, huyendo de consideraciones formales y aplicándola solo cuando efectivamente se ha incrementado el riesgo de difusión gracias a la utilización del lugar abierto al público; esto es, cuando se utiliza *el lugar* al servicio del delito. Por ello, ha rechazado la agravación cuando en los hechos probados no se ha dejado constancia del "aprovechamiento" del local, representando un mayor peligro la venta en el mismo. Así, la misma STS 352/2017, 17-5 (*Tol 6113439*), censura a la de instancia señalando que "no refiere nada sobre el aprovechamiento del establecimiento para la realización de los actos de tráfico. El relato fáctico tan solo refiere que el acusado, y su mujer, realizaban las entregas de la sustancia `en la nave en la que este acusado tenía instalado su negocio público de compraventa de coches', añadiendo en la fundamentación de la sentencia la jurisprudencia de esta Sala sobre el alcance y finalidad de la agravación, derivada de la mayor facilidad para la comisión del delito y el mayor peligro para el bien jurídico. El tribunal de instancia no concreta en qué medida la utilización de una nave destinada a la compraventa de vehículos facilita la comisión del delito y en qué medida supone un mayor peligro, para el bien jurídico y en qué medida facilita su realización (...) El relato fáctico na-

---

397 De similar tenor, la STS 945/2021, 1-12 (*Tol 8690167*): "el fundamento de la agravación se encuentra en la intensificación del peligro para el bien jurídico protegido que representan aquellos actos que parapetados en la apariencia de la normal explotación de un establecimiento, y merced a las oportunidades que ello reporta, incrementan el riesgo a la salud pública, que el legislador entiende de mayor entidad, construyendo un subtipo agravado, al que anuda la penalidad que ha considerado oportuna, y que aquí se traduce en su mínima extensión posible". O la STS 1201/2005, 27-10 (*Tol 765924*): "El fundamento de esta agravación se encuentra, como hemos dicho, en el incremento del peligro para el bien jurídico, en cuanto que pone al alcance del consumidor una mayor facilidad de acceso a la droga y permite al vendedor aprovecharse de las condiciones del establecimiento, en cuanto responsable o empleado del mismo, y de la presencia indiscriminada de clientes en aquél para proceder a la ejecución de los actos de tráfico".

da refiere de ese aprovechamiento y la fundamentación de la sentencia nada explica sobre la concurrencia de la agravación por lo que el motivo se estima, suprimiendo del fallo la específica agravación"[398].

Dada la interpretación anterior, la mejor Jurisprudencia no aplica la agravación cuando se trata de un solo acto de venta[399], esporádico, y del que no se desprende que el establecimiento sirva como lugar asentado de comercio de droga, pues sería esto lo que daría lugar a la mayor capacidad de difusión. Ello no quiere decir que deba acreditarse mediante prueba de cargo una asiduidad en el tráfico o una multiplicidad de actos de venta[400], pues bastará con la acreditación de un solo acto de venta cuando se aporten otras pruebas circunstanciales que indiquen que el lugar se utilizaba para el tráfico o, al menos, que la posesión de la sustancia en el establecimiento estaba claramente destinada a su venta en el local[401]. En todo caso, no bastará con constatar que el local se utilizaba como depósito transitorio de la sustancia[402].

---

398 Expresa el mismo sentido la STS 1201/2005, 27-10 (*Tol 765924*): "es reiterada la jurisprudencia de esta Sala que entiende que el subtipo agravado no permite una interpretación extensiva (STS de 18 de diciembre de 1997 y STS núm. 211/2000, de 17 de julio, entre otras), y exige que las circunstancias sobre las que se edifica la agravación consten adecuadamente descritas en el hecho probado (STS núm. 1090/2003, de 21 de julio)". Sobre la interpretación restrictiva, vid. también la STS 664/2022, 30-6 *(Tol 9114556)*: "conforme ha proclamado reiterada jurisprudencia, la aplicación del subtipo agravado que se contempla en el meritado artículo 369.1.3ª del Código Penal, debe realizarse a partir de una interpretación restrictiva, no atenta tanto al lugar en el que trasmisión de la droga se produjo (aspecto meramente locativo), cuanto a la utilización del establecimiento abierto al público para facilitar la impunidad del delito (desarrollado en el marco aparente de una actividad lícita) y para incrementar más cómoda y establemente la captación de clientela, con una potencialmente mayor capacidad de difusión de la droga entre el público".

399 Vid. así STS 664/2022, 30-6 *(Tol 9114556)*; STS 589/2007, 29-6 *(Tol 1113057)*; STS 211/2000, 17-7 *(Tol 4922592)*.

400 Cfr. STS 528/2021, 17-6 (*Tol 8484966)* 17-6. Vid. *infra*.

401 Así, STS 528/2021, 17-6 (*Tol 8484966)*.

402 STS 664/2022, 30-6 *(Tol 9114556)*: "Este Tribunal Supremo, por ejemplo en nuestra sentencia número 528/2021, de 17 de junio, recordaba, efectivamente, que la agravación contenida en el artículo 369.1.3ª del Código Penal opera cuando los actos de tráfico de drogas realizados en el establecimiento abierto al público por el regente o empleado del mismo "revelen una cierta dedicación y pluralidad, por lo que no deberá apreciarse la agravante específica cuando solo

conste un acto aislado de tráfico de poco entidad, en cuanto en tal supuesto no concurre la razón justificativa de la agravante, consistente en el aumento de peligro contra la salud pública, por el incremento de las transmisiones que facilita la apertura al público del bar (STS. 211/2000 de 17.7, 840/2006 de 20.7)". Deben quedar excluidos así los actos puramente esporádicos, aislados, meramente circunstanciales, al no revelarse en ellos un mayor peligro para el bien jurídico, pese al lugar en el que episódicamente se produjeron (SSTS 783/2008 de 20.11, 1153/2009 de 12.11 (...) En cualquier caso, el hecho, cierto, de que solo resultase directamente acreditada la realización de una concreta trasmisión o entrega de droga (la recibida por Juan Ignacio de manos del acusado), en absoluto permite considerar que la actividad a la que este último se venía dedicando desde el establecimiento se redujese a esa sola entrega. Lo cierto es que el acusado mantenía en su poder una cantidad, no especialmente significativa pero tampoco despreciable, de cocaína, oculta en un lugar difícilmente accesible del almacén de su negocio, precisamente junto a una báscula de precisión, lo que con facilidad evoca la idea de aparecer dispuesta para su posterior distribución a terceros por partidas o dosis. Además, llevaba consigo, en el bolsillo del pantalón, una papelina más, también de semejante grado de pureza, con un peso de 0.419 gramos. Pero es que, junto a todo lo anterior, lo cierto es que el propio acusado manifestó que a Juan Ignacio solo lo conocía de vista. Si ello es así, y si éste, a las tres de la madrugada, acudió al local del acusado con el propósito, después concretado, de adquirir cocaína, razonablemente hubo de ser porque conocía que en dicho establecimiento la referida compra resultaba regularmente factible. No estamos ante una trasmisión esporádica o circunstancial realizada en un establecimiento abierto al público".

STS 528/2021, 17-6 (*Tol 8484966*): "al ser el delito contra la salud pública un delito de resultado cortado o consumación anticipada es obvio que carecen de relieve las alegaciones del recurso en orden a la no constancia concreta de operaciones de tráfico realizadas dentro del establecimiento, ya que para la existencia del tipo complementado basta con la tenencia de la sustancia preordenada al tráfico ulterior; por lo que procede la íntegra desestimación del recurso" (...) Se trataba de un asunto en el que no se llegó a constatar dentro del establecimiento ninguna transacción de sustancia estupefaciente, y donde pone el acento el tribunal es en los términos en que se tiene preparada la disponibilidad de la sustancia que se interviene para considerar correcta la aplicación del subtipo. En concordancia con lo expuesto esta agravación debe operar cuando los actos de tráfico de drogas realizados en el establecimiento abierto al público por el regente o empleado del mismo revelen una cierta dedicación y pluralidad, por lo que no deberá apreciarse la agravante específica cuando solo conste un acto aislado de tráfico de poco entidad, en cuanto en tal supuesto no concurre la razón justificativa de la agravante, consistente en el aumento de peligro contra la salud pública, por el incremento de las transmisiones que facilita la apertura al público del bar (STS 211/2000 de 17.7, 840/2006 de 20.7) Deben quedar excluidos los actos puramente esporádicos y aislados, porque en ellos no se aprecian las razones agravatorias que fundamentan este subtipo

Por lo demás, debe tenerse en cuenta que la circunstancia tercera del artículo 369.1 CP alude a una doble exigencia. Por un lado, de lugar: debe ser en establecimientos abiertos al público. Por otro, la

---

agravado, al no revelarse en ellos un mayor peligro para el bien jurídico (SSTS. 783/2008 de 20.11, 1153/2009 de 12.11)". En el mismo sentido otras SSTS, como la 808/2017, de 11 de diciembre de 2017, que vuelve a incidir en que los actos esporádicos y aislados no son suficientes para la cualificación, lo que no sucede en el caso que nos ocupa, pues la circunstancia de que solo se haya dado como probado la transmisión de la papelina que la funcionaria observa que hace la acusada a un tercero, no se puede considerar como un acto aislado, sino que es una muestra del negocio ilícito que había montado en el bar, con proyección de habitual dedicación, como precisa la jurisprudencia para acudir al subtipo agravado, lo que tiene reflejo en los hechos probados, avalado por la prueba practicada. En efecto, el hecho de tener escondida en la cámara frigorífica la lata de Coca-Cola, acondicionada para guardar papelinas de cocaína de dos tamaños y preparadas para ser suministradas en el mismo establecimiento, solo se entiende por la dedicación a ese ilícito negocio que se había montado dentro del bar, que, por lo tanto, se aprovechaba para ello; esto es, se ocultaba la actividad ilícita bajo el normal funcionamiento del bar, por lo que decimos que esa concreta transmisión de la papelina no se puede considerar como un acto aislado o esporádico, sino una muestra de la vocación de continuidad con que estaba montado el ilícito negocio, lo que nos lleva a considerar correcta la subsunción de los hechos declarados probados en el subtipo agravado contemplado en el art. 369.1. 3º CP".

Muy similar a esta última, la STS 945/2021, 1-12 *(Tol 8690167)*: "el hecho de tener las papelinas dispuestas para la venta en el propio establecimiento significa que allí iban a ser vendidas, como declaró la Sala de instancia, llevando a cabo una inferencia totalmente razonable".

STS 372/2001, 30-4 *(Tol 4925364)*: "Subtipo que como ya dijo esta Sala en Sentencia de 1 de marzo de 1999 en supuestos de posesión para el tráfico precisa para su apreciación la proyección del ánimo tendencial sobre el ámbito del local, es decir, que cuando se trata de conductas posesorias la aplicación de la agravación precisará la acreditación de que la finalidad requerida en el tipo básico planeaba ser desarrollada en tal establecimiento, excluyéndose con ello los supuestos en que el local es mero depósito transitorio de la sustancia poseída. En tal sentido esta Sala ya declaró en Sentencia de 17 de julio de 1991 que el subtipo agravado no permite una interpretación extensiva y cuando la finalidad de tráfico en el local no se consigne queda sólo a efectos penales la simple tenencia ilícita con tendencial y genérico ánimo de favorecer el consumo. En el presente caso los hechos probados reflejan una posesión «en el local» pero no contiene nada que permita afirmar que el tráfico o transmisión a terceros a que tal droga estaba destinada —en tanto que propósito del sujeto obtenido racionalmente como juicio de inferencia— habría de desenvolverse precisamente en el ámbito de ese local".

condición de quién realiza el hecho: debe ser realizado por los responsables del establecimiento o los empleados. Ambas consideraciones merecen un estudio pormenorizado.

En relación a lo que debe considerarse como un "establecimiento abierto al público", merece una lectura detallada la STS 1905/2002, 14-11 (*Tol 4922154*), que lo define como "el local en el que exista una posibilidad indiscriminada de acceso y entrada al mismo por cualquier persona, contando con una cierta infraestructura y acondicionamiento", aunque son mucho más ilustrativas las sentencias que tallan el concepto a base de excepciones. Así, la Jurisprudencia rechaza la aplicación de esta agravante cuando los hechos tienen lugar fuera del recinto al que tienen acceso los clientes (los almacenes o las cocinas, pero no así detrás de la barra del bar); también suele rechazar su concurrencia cuando los hechos se producen fuera del horario de apertura del local y en aquellos casos en los que se ha establecido algún tipo de exclusión a la admisión (por ejemplo, solo socios o invitados[403]). Finalmente, también se suele exigir para considerar un espacio como "establecimiento" que este tenga una cierta estructura, de modo que se excluye del ámbito de la agravación los supuestos de venta callejera o ciertos quioscos.

Respecto a la cualidad de los sujetos, estos tendrán que ostentar los puestos de empleados o responsables del establecimiento. Ello quiere decir que si alguien ajeno al establecimiento aprovecha el lugar para la comisión delictiva no le será de aplicación la agravante. Así ocurre, por ejemplo, en la STS 343/2015, 9-6 (*Tol 5185891*), donde responden por el tipo agravado el regente del club y su esposa, que hacía las veces de regente en las ausencias del marido; pero no un tercero, amigo del regente, que frecuentaba el establecimiento y también se dedicaba a la venta al menudeo en el local.

Lo anterior no significa que sea necesario tener un vínculo jurídico formal (laboral) con la estructura del establecimiento[404], pero

---

403 Así STS 589/2010, 24-6 *(Tol 1898921)*; SAP Cádiz, 40/2005, 8-2 *(Tol 6127650)*.

404 Así la STS 1153/2009, 12-11 *(Tol 1747822)*; o la STS 817/2008, 11-12 *(Tol 1432517)*.

sí debe quedar acreditado que el sujeto actuaba (al menos *de facto*) como encargado o empleado del mismo[405].

Es discutido por la Doctrina y Jurisprudencia si la circunstancia tercera del artículo 369.1 CP puede aplicarse a aquellos responsables que solo toleran o consienten el tráfico en su establecimiento[406]. La Jurisprudencia suele admitirlo[407] como una forma de responsabilidad en comisión por omisión, mientras que un sector doctrinal[408] niega tal posibilidad al entender, por un lado, que la agravación hace referencia a "realizar los hechos" y no meramente tolerarlos, a la par que el artículo 11 CP exige la producción un resultado objetivamente imputable al comportamiento omisivo (tolerancia) y equivalente, según el sentido del texto de la ley, a su causación[409].

---

405 STS 594/2010, 18-6, (*Tol 1898959*).

406 En el orden administrativo, la Ley Orgánica 4/2015, de 30 de marzo, de Protección de la Seguridad Ciudadana castiga como infracción grave a los propietarios, administradores o encargados de establecimientos públicos si toleran en los mismos el tráfico de drogas o éste ocurre por "falta de diligencia en orden a impedirlos" (art. 36.19 LOPSC).

407 P. ej., STS 2341/2001, 11-2 (*Tol 4921899*); STS 1153/2009, 12-11 *(Tol 1747822)*.

408 V. gr. MANJÓN-CABEZA OLMEDA, A., "Tráfico de drogas: (II)", cit., p. 1312; ÁLVAREZ GARCÍA, F. J., "2.2.4., Los hechos fueren realizados en establecimientos abiertos al público por los responsables o empleados de los mismos" en F. J. ÁLVAREZ GARCÍA, (dir.), *El delito de tráfico de drogas*, Tirant lo Blanch, Valencia, 2009, p. 182; ACALE SÁNCHEZ, M., cit.

409 Cfr. ST STS 1153/2009, 12-11 *(Tol 1747822)*: "En la sentencia de este Tribunal 888/2009, de 16 de septiembre, en un supuesto muy similar al ahora enjuiciado, se afirma que el hecho de que, mientras un sujeto lleva a cabo los actos de venta en el interior del bar, el encargado permanezca detrás de la barra presenciando y consintiendo los numerosos actos de venta de papelinas de cocaína implica que el segundo posee el dominio funcional del hecho, ya que como propietario del bar podía impedir al distribuidor la realización de actos de venta en el mismo. Contribuyó pues —dice la sentencia— de forma esencial a la comisión del delito, proporcionando al coacusado un medio, cual es un establecimiento abierto al público, que le iba a facilitar la multiplicación de ventas de papelinas. Y si ello se ha argumentado con respecto a la modalidad estrictamente activa, también ha admitido este Tribunal para estos supuestos la punición de la modalidad omisiva de comisión por omisión u omisión impropia. Y así, en la sentencia 2341/2001, de 11 de febrero de 2002, se estimó que la autoría de la recurrente podía también fundamentarse en el art. 11 del C. Penal, dado que era conocedora del tráfico ilegal, pues estaba presente en el local con asiduidad. Bajo tales condiciones, la recurrente, propietaria del establecimiento, era garante de que en el mismo no se cometieran delitos de esta gravedad, pues la

Por último, es necesario recordar que, aunque en principio se mostró vacilante la Jurisprudencia, parece haber ahora cierto acuerdo en que esta agravación puede aplicarse conjuntamente con el tipo atenuado del segundo párrafo del artículo 368 CP[410].

1.4. Las sustancias a que se refiere el artículo anterior se faciliten a menores de 18 años, a disminuidos psíquicos o a personas sometidas a tratamiento de deshabituación o rehabilitación

La circunstancia cuarta del artículo 369.1 CP alude a la entrega o facilitación de drogas tóxicas, estupefacientes o sustancias psicotrópicas a individuos concretos, que son objeto de especial tutela por tener una capacidad de autodeterminación, con respecto al consumo de drogas, menor que otros sujetos[411]: se trata de los menores de edad, los disminuidos *(sic.)* psíquicos y aquellas personas que estén siguiendo un tratamiento de deshabituación o rehabilitación[412].

---

obligación de impedir la comisión de tales hechos surge del amplio concepto de favorecimiento del tráfico de drogas que prevé como alternativa típica el art. 368 del C. Penal. Por consiguiente, es claro que la conducta del acusado sí ha de subsumirse en el subtipo agravado del art. 369.1.4ª del C. Penal, al poner las dependencias del bar a disposición del coacusado para que, a su presencia y con su asentimiento, vendiera de forma reiterada papelinas de cocaína, cuyos restos fueron hallados después en diferentes zonas del establecimiento".

410 En contra de aplicarlos conjuntamente, p. ej., STS 637/2015, 29-10 *(Tol 5558052)* con voto particular del magistrado Varela Castro. A favor: STS 664/2022, 30-6 *(Tol 9114556)*; STS 528/2021, 17-6 (*Tol 8484966).*

411 Es en esta lógica donde la Doctrina encuentra el fundamento de esta circunstancia: así, ÁLVAREZ GARCÍA, F. J., "2.2.5. Las sustancias a que se refiere el artículo anterior se faciliten a menores de 18 años, a disminuidos psíquicos o a personas sometidas a tratamiento de deshabituación o rehabilitación" en F. J. ÁLVAREZ GARCÍA, (dir.), *El delito de tráfico de drogas*, Tirant lo Blanch, Valencia, 2009, pp. 183-184; ACALE SÁNCHEZ, M., cit., p. 147; MANJÓN-CABEZA OLMEDA, A., "Tráfico de drogas: (II)", cit., p. 1313, MOLINA MANSILLA, M. C., *El delito de tráfico de drogas: análisis detallado y nueva perspectiva. Adaptado a las últimas reformas legislativas y resoluciones del Tribunal Supremo y de la Fiscalía General del Estado*, cit.

412 Así, entre muchas otras, véase la STS 1199/2002, 28-6; o la más reciente STS 164/2010, 5-3: "el legislador agrava la iniciación de menores en el consumo de drogas deliberadamente buscado por los autores, que de modo activo y directo se la facilitan. (...) La agravación se justifica por el mayor daño al bien jurídico protegido, ya que con estas conductas no sólo se lesiona el bien público de la

El primer problema que surge tras la lectura de esta circunstancia es la diferencia existente entre la redacción dada a los comportamientos que en ella se recogen, en contraposición a los previstos en el tipo básico: en el artículo 369.1.4ª CP no se alude a la *facilitación del consumo ilegal,* que es la expresión utilizada por el tipo básico, sino a la *facilitación de las sustancias,* por lo que no todos los casos típicos según el artículo 368, a pesar de que tuvieran como destino el consumo final por menores, personas con discapacidad psíquica o sometidas a tratamiento de deshabituación rehabilitación, van a recibir la sanción agravada. En el caso de la agravante del artículo 369.1. 4ª, será necesario que el sujeto activo directamente entregue (facilite) la sustancia a estos individuos[413].

También la Jurisprudencia ha indicado que es necesario que esas sustancias se "faciliten" a estos sujetos para su consumo y no para otros fines (transportarlas, esconderlas...). Si se utiliza a menores o a "disminuidos" (sic.) psíquicos para esos otros comportamientos típicos a los efectos del artículo 368, será de aplicación la circunstancia agravante del 370.1ª, pero no la de este artículo 369.4ª. CP[414].

---

salud general, sino que se causa un daño físico y psíquico a personas con una especial indefensión o desvalimiento".

413 - Así en la Doctrina, DÍEZ RIPOLLÉS, J. L., *Los delitos relativos a drogas tóxicas, estupefacientes y sustancias psicotrópicas. Estudio de las modificaciones introducidas por la Ley Orgánica 1/1988, de 24 de marzo,* Tecnos, Madrid, 1989.; MANJÓN-CABEZA OLMEDA, A., "Tráfico de drogas: (II)", cit., p. 1314; RAMÓN RIBAS, E., cit., p. 1079. ÁLVAREZ GARCÍA, F. J., "2.2.5. Las sustancias a que se refiere el artículo anterior se faciliten a menores de 18 años, a disminuidos psíquicos o a personas sometidas a tratamiento de deshabituación o rehabilitación", cit., p. 187: "considero preferible esta última interpretación, ya no porque suponga una reducción del ámbito típico, sino porque es más coherente, como se ha visto, con la descripción de la agravación y con la constitución del mismo tipo agravado, pues tal incremento de la pena únicamente puede verse justificado con una gran proximidad en la lesión del bien jurídico".

414 En este sentido, vid. STSJ Valencia 346/2021, 22-12 *(Tol 8822027)*: "no podemos admitir que baste la mera presencia objetiva de un menor para afirmar la procedencia de esta circunstancia, dado que por la propia redacción del precepto hemos de entender que sería preciso que este se presente como destinatario final de la sustancia, ya que no puede desvincularse de la finalidad y justificación de esta circunstancia (...)". En el caso un sujeto entrega a dos menores de 15 y 12 años paquetes con drogas para lo que parece su ocultación o transporte; sin quedar probado que la entrega se realizara con ánimo de facilitar su consumo por los menores.

Dado lo anterior es lógico que, con respecto a los —denominados por el precepto— "disminuidos" psíquicos[415], se requiera que la concreta anomalía que les afecta incida en su capacidad para comprender y entender lo que conlleva el consumo de drogas, pues de lo contrario no tendría sentido exigir una mayor responsabilidad al sujeto que se las entrega. Por lo tanto, no cualquier alteración de la salud mental del individuo receptor de las drogas podrá dar lugar a agravar la responsabilidad penal, sino solo aquellas que efectivamente reduzcan su capacidad de entender la trascendencia del hecho de consumir drogas que han sido declaradas ilegales[416].

Por otra parte, y con respecto al elemento "tratamiento de deshabituación o rehabilitación", habrá que entender este como un tratamiento "formal", que debe ser además certificado de alguna manera en el proceso. No basta, por tanto, con aquellos casos en los que simplemente el consumidor ha decidido abandonar las drogas por sí

La Jurisprudencia no parece haberse pronunciado sobre si basta con la entrega de dinero para su adquisición. La STS 173/2014, 4-3 *(Tol 4151316)*, hace referencia a ello, pero a partir de los hechos probados no puede deducirse si ello hubiera sido suficiente, porque en el caso concurre la entrega directa de la sustancia y la entrega de dinero para adquirirla.

415 Es necesario hacer notar el reciente cambio constitucional, aprobado por la Reforma del artículo 49 de la Constitución, de 15 de febrero de 2024, por la que se ha cambiado, entre otros, la terminología utilizada para estas personas. La expresión actual hace referencia a "personas con discapacidad".

416 Así ocurre en la SAP Albacete 78/2020, 14-2 *(Tol 7956062)*, donde un vendedor de drogas entrega este tipo de sustancias a una mujer con una minusvalía psíquica del 66%, por trastorno distímico y de la personalidad: "no toda enfermedad mental puede integrar el tipo penal, sino solo las que realmente suponen una disminución de su capacidad de conocer y de querer, esto es, que limite o, al menos, altere su capacidad de saber lo que está haciendo y de actuar conforme a esa comprensión, de tal suerte que, por lo menos, su capacidad volitiva esté alterada convirtiéndola en una persona más fácilmente influenciable y con restricciones para autolimitarse. Pues bien, en el presente caso, tal disminución psíquica en los términos que anteceden ni se aprecia a simple vista, ni existe informe médico alguno que acredite limitación de su capacidad mental, ni tampoco puede colegirse de los trastornos mentales que padece: trastorno distímico, que es un trastorno afectivo o del estado del ánimo, y trastorno de la personalidad que afecta a su capacidad de relación".

mismo, o cuando la familia somete al enfermo a vigilancia para evitar que las consuma[417].

---

[417] Así, sobre "tratamiento" familiar, STS 935/1999, 12-6 *(Tol 5151016)*: "no hay en el caso prueba suficiente de que el acusado conociera que la mujer estuviera siguiendo un tratamiento de deshabituación pues, de certificación obrante en autos, consta que interrumpió su tratamiento la interesada en enero de 1993 reanudándolo sólo en febrero de 1994, después de ocurrir los hechos aquí enjuiciados, aunque sí es patente que le constaba al acusado que era estrechamente vigilada, para que no tomara drogas, por sus padres, con quienes convivía".
Es necesaria la certificación sobre el sometimiento a tratamiento, no bastando con recibir metadona, así SAP Barcelona 97/2001, 6-3 *(ECLI:ES:APB:2001:2570*: "Desde la perspectiva probatoria, lo que podemos afirmar es que la entrega se realizó a la puerta de un centro donde se expende metadona, e incluso el acusado la tomaba, y del que salía el comprador. De esa prueba no puede deducirse, fuera de duda razonable, que aquél también era destinatario de un tratamiento deshabituador. (...) Lo que ha hecho la juzgadora de la instancia es una presunción, que se sustenta solamente en un dato: que salía del establecimiento. No podemos negar la sospecha intensa que asalta, pero la prueba es otra cosa, y además era una prueba extremadamente sencilla, pues se podía haber solicitado el informe del propio centro". La sentencia sigue con un razonamiento un poco más extraño, en el que afirma que si la compradora estaba siendo tratada con metadona debía ser adicta a la heroína y, por tanto, la compra de una droga blanda, en realidad no es una "recaída", sino que sería una droga semejante a la metadona, por lo que tampoco sería de aplicación la circunstancia agravante: "En la hipótesis de que recibiera un tratamiento de deshabituación, debemos presumir que si lo administrado era metadona, su adicción era a la heroína. Pues bien, la razón última de esta agravante es que si un drogodependiente está en vía de recuperación y se le incita de nuevo al consumo, la acción criminal es más reprochable. Pero para que esto se produzca es preciso que se le incite a recaer de nuevo, lo que no se produce si se le proporciona una droga de naturaleza blanda, semejante a las utilizadas bajo control médico para complementar la Deshabituación a la heroína".
Tampoco considera suficiente el hecho de recibir metadona en una unidad asistencial la SAP Lugo 52/2014, 26-3 *(Tol 4689434)*, al estimar que los compradores no estaban haciendo un "verdadero esfuerzo rehabilitador": "lo cierto es que se trata de personas que acuden a la unidad asistencial de drogodependencias en busca de metadona, como ocurre con un gran número de compradores de sustancias que están intentando desengancharse o que de tal modo consiguen metadona para paliar los efectos de carencia de tales sustancias, pero la Sala estima que no se ha acreditado que los acusados hubiesen favorecido el consumo entre personas que realmente estuviesen llevando a cabo un programa de rehabilitación con quiebra de la abstinencia que se persigue, sino que moviéndose en el mismo círculo de drogodependientes facilitan las sustancias a quienes, pese acudir al centro, no estaban llevando a cabo un verdadero esfuerzo rehabilitador. A mayor abundamiento queda constancia de las llamadas efectuadas

Otra de las cuestiones a resolver es si esta agravación puede aplicarse en aquellos casos en que el menor o disminuido era consumidor ya antes de recibir la entrega de droga que el sujeto activo le facilita. En este contexto la Jurisprudencia es unánime, al considerar tal extremo indiferente, y ello aunque el menor o el discapacitado fueran consumidores habituales antes de producirse esta concreta entrega de sustancias[418].

Con respecto al elemento subjetivo exigible para aplicar la agravante, evidentemente no puede tratarse de un supuesto de responsabilidad objetiva, sino que el dolo tendrá que abarcar todos los elementos de la agravación, lo que incluye las especiales características del sujeto pasivo (su minoría de edad, su discapacidad, etc.). Ello no significa que la aplicación de esta circunstancia requiera dolo directo respecto de su concurrencia, pues también aquí la Jurisprudencia suele contentarse con el dolo eventual, entendiendo que este aparece cuando el sujeto activo duda en torno a su existencia y a pesar de ello realiza la entrega.

En particular, y con respecto a los menores de edad, la Jurisprudencia aplica la agravante sin más cuando la minoría de edad es notoria, lo que puede deducirse del lugar (cercano a un instituto o colegio) o de los rasgos físicos del menor[419].

---

por quienes se dice sometidos a tratamiento en busca de diversas dosis de heroína. No puede aplicarse la agravación en supuestos como el presenta donde no se está llevando a cabo un verdadero esfuerzo rehabilitador por parte de los compradores".

418 Así, STS 1312/2005, 7-11 (*Tol 765938*); STS 12/2004, 20-1 (*Tol 341555*); o SAP Barcelona 462/2016, 30-6 (*Tol 5814776*).

419 P. ej., STS 12/2004, 20-1 (*Tol 341555*). Cfr. STS 1610/2003, 29-12 (*Tol 345085*): "El conocimiento de dicha circunstancia forma parte naturalmente del tipo subjetivo de la figura agravada en cuestión, puesto que se trata de un tipo doloso en que el sujeto activo del delito debe abarcar con su conocimiento todos los elementos del tipo objetivo. Otra cosa es que sea suficiente que el aspecto externo del adquirente de la droga revele claramente la minoría de edad del adquirente de la misma. En tal caso podrá ser afirmado el dolo del autor, que será directo o eventual según sea cierto o meramente probable el conocimiento de la edad que proporciona el aspecto externo del adquirente. Pero entonces la apreciación de ese elemento subjetivo del tipo tendrá que descansar en la valoración que haga el Tribunal, a la vista de la persona a la que fue suministrada la droga, de la mayor o menor facilidad de poder conocer su minoría de edad, lo que será especialmente necesario cuando se trate, como acontece en el caso

enjuiciado, de un individuo de diecisiete años. No es bastante, como se dice en el fundamento jurídico cuarto de la Sentencia recurrida, que el vendedor de la droga pueda advertir que el comprador es menor porque se trata de un asiduo adquirente. Es preciso que el Tribunal expresa su personal apreciación sobre el particular y funde sobre ella el juicio que considere procedente sobre la concurrencia del dolo. No apareciendo en la Sentencia recurrida —ni en la declaración de hechos probados ni en la fundamentación jurídica— valoración alguna sobre el aspecto físico de Jesús María y sobre la posibilidad de saber de esa forma —o al menos de sospechar vehementemente— que era menor de dieciocho años, debemos entender que no se ha razonado debidamente el juicio de inferencia en cuya virtud ha sido apreciado el dolo al acusado en la comisión del tipo agravado de tráfico de estupefacientes previsto en el art. 369.1º CP norma que, en consecuencia, declaramos indebidamente aplicada".

STS 783/2006, 29-6 *(Tol 979516)*: "La queja se efectúa, en primer lugar, sobre que se hubiera admitido el dolo eventual en relación con la edad de los menores compradores del hachís, añadiendo que la presencia física de los compradores en el plenario como testigos permitió comprobar la dificultad de reconocer por los acusados su minoría de edad. Realmente la suficiencia de la concurrencia del dolo eventual en los sujetos agentes del delito ha sido admitida por esta sala en numerosas sentencias como las STS de 28-2-2005, núm. 255/2005; 29-12-2003, núm. 1610/2003; 15-11-1997, núm. 1368/1997; 5-4-1993, núm. 819/1993; y de 5-11-1986. En segundo lugar, en cuanto a la apreciación por el aspecto físico de la edad, el Tribunal de instancia ante el que comparecieron los menores, gozando de la inmediación y teniendo sin duda en cuenta los cambios de apariencia impuestos por el transcurso de dos años desde el acaecimiento de los hechos, llegó a unas conclusiones que no pueden ser sustituidas en la casación donde se carece de tal contacto directo con los testigos".

Sobre dolo eventual e indiferencia, vid. STS 669/2002, 15-4 *(Tol 4921935)*: "que el juicio de valor sobre la concurrencia del elemento cognoscitivo cuestionado lo cimenta el Tribunal sobre la realidad de datos fácticos debidamente probados que figuran en la sentencia, como el hecho objetivado de que los jóvenes compradores eran menores de dieciocho años en el momento de la compraventa, así como que el lugar donde ésta tuvo lugar se encuentra en las inmediaciones de varios centros docentes al que acuden los estudiantes a adquirir hachís, tal y como consta en la sentencia y que no han sido impugnados por el recurrente. Y, junto a éstos, la observación directa e inmediata en el acto del juicio oral de la fisonomía de los compradores por parte del Tribunal «...que revelaba la juventud de los mismos...» (fundamento de derecho Primero), son en su individualidad y en su conjunto datos indiciarios suficientes en los que se fundamenta de modo racional la inferencia o hecho-consecuencia, a la que de ninguna manera puede tildarse de absurda, arbitraria o ilógica. (...) esa indiferencia o despreocupación no excluye el dolo, pues, en estos casos, el autor, a lo sumo, tiene una duda, pero no obra por error o ignorancia ya que, consciente de la alta probabilidad del hecho real, nada hace para despejar tal duda y acepta realizar la acción delictiva, con lo que, en definitiva, concurre al menos el dolo

Por último, es necesario aclarar que, pese al tratamiento de la Jurisprudencia, no podrá aplicarse esta circunstancia (ni, claro está, ninguna de las otras agravaciones) en el caso de que no concurran los elementos configuradores del tipo básico contenido en el artículo 368 CP. Aunque ello debería parecer algo evidente, la Jurisprudencia no obstante ha aplicado el artículo 369.1.4ª CP en algunos supuestos en los que, conforme a su propia doctrina, los hechos deberían haber devenido atípicos. Así ocurre en el caso del suministro a bebés de una guardería de cantidades de droga inferiores a la dosis mínima psicoactiva, o en los casos de consumo compartido cuando intervienen menores[420].

---

eventual respecto del delito agravado (y directo respecto al tipo básico), por lo que en ningún caso podría ser aplicado el error de tipo del art. 14.2 CP". Cfr. también la STS 255/2005, 28-2 *(Tol 614377)*: "La verdad es que aunque no se diga concretamente se viene a alegar la existencia del error que establece el artículo 14.2 del Código Penal sobre un hecho que cualifica la aplicación de una agravante. Sin embargo, esta pretensión es rechazable por estas razones: 1ª. En los hechos probados, a cuya narración nos hemos de ceñir, no se plasma de modo alguno la existencia de ese error, ni existen datos que pueden deducirlo con lógica, pues entre la mayoría de edad que impediría la agravación y la de 16 años que a la sazón contaba el comprador, existe una apariencia suficiente para no inducir a equivocación al vendedor de la droga. 2ª. En todo caso, para apreciar la cualificación no es necesario que el autor tenga conocimiento exacto de la edad del comprador, bastando con la existencia de un dolo eventual, dolo eventual que, como mínimo, consta aquí acreditado por la «indiferencia» que mostró la acusada sobre la edad del menor, al no ocuparse en comprobar la mayor o menor madurez del tan repetido comprador, aunque pudo suponer y representarse, que era menor de 18 años".

Podrá apreciarse error de tipo, descartando, por tanto, la aplicación del tipo agravado. Vid. en este sentido, STS 811/1994, 21-4 (*Tol 5012915*). Aunque, al igual que ocurre con el tipo básico, la Jurisprudencia se muestra reacia a su aplicación.

420 Es el caso de la STS 512/2013, 13-6 8 *(Tol 3842280)*, donde que los menores fueron los que aprovisionaron de sustancias a la persona mayor de edad para el consumo conjunto; a pesar de ello, la STS afirma que "ha de entenderse que implica un plus de reprobabilidad a la conducta de la misma, y no el supuesto pretendido de exclusión de su responsabilidad".

Por el contra, la SAP Murcia 324/2021, 14-10 *(Tol 8704564)*. Esta sentencia, en particular, considera que se trata de un acto despreciable para la aplicación del 368, por la exigua cantidad, un porro de marihuana compartido, a pesar de ser uno de los intervinientes menor de edad. Parece que son las circunstancias del caso las que han hecho pronunciarse en este sentido a la Audiencia, pues se tra-

La interpretación jurisprudencial anterior es difícilmente sostenible, de modo que asiste la razón MANJÓN CABEZA[421] cuando, en relación al caso de los bebés, afirma que el Código Penal deja desprotegidos a estos menores, propugnando a tal efecto la creación de un tipo específico para tales supuestos, separado de la protección de la salud pública. En relación a ello, podría resultar político criminalmente adecuado retomar la idea de un nuevo precepto que castigue la administración de drogas a un sujeto sin su conocimiento o su consentimiento; precepto que podría contener un tipo agravado para menores de cierta edad, en el que se podría, si se quisiera, negar su capacidad de consentir a estos efectos.

1.5. Fuere de notoria importancia la cantidad de las citadas sustancias objeto de las conductas a que se refiere el artículo anterior

El fundamento de la circunstancia recogida en el número quinto del primer apartado del artículo 369 CP se encuentra, según la Doctrina mayoritaria, en la mayor capacidad de difusión que procura la cantidad elevada de sustancia[422]. Otro sector doctrinal también menciona, aunque en menor medida, el mayor reproche penal que el legislador considera que deben recibir aquellos que trafican con grandes cantidades de sustancia y que, gracias a ello, obtienen enormes beneficios[423].

Con respecto a la definición precisa de lo que significa una cantidad "de notoria importancia", hay que aclarar que, si bien se trata en

---

ta de dos sujetos, una chica de 14 años y otro de 19, que se conocen de haber ido al mismo instituto. El chico de 19 se encuentra a la de 14 fumando marihuana en un parque, y la invita a su casa, donde consumen, al menos, otro porro, que es ofrecido por él.

421 MANJÓN-CABEZA OLMEDA, A., "Tráfico de drogas: (II)", cit., 2011, p. 1315.

422 Así MARTÍNEZ PARDO, V. J., cit., p. 232; MANJÓN-CABEZA OLMEDA, A., "Tráfico de drogas: (II)", cit., p. 1316; CASTRO MORENO, A., "2.2.6. Fuere de notoria importancia la cantidad de las citadas sustancias objeto de las conductas a que se refiere el artículo anterior" en F. J. ÁLVAREZ GARCÍA, (dir.), *El delito de tráfico de drogas*, Tirant lo Blanch, Valencia, 2009, p. 190.

423 Vid. MARTÍNEZ PARDO, V. J., cit., p. 232; MOLINA MANSILLA, M. C., *El delito de tráfico de drogas: análisis detallado y nueva perspectiva. Adaptado a las últimas reformas legislativas y resoluciones del Tribunal Supremo y de la Fiscalía General del Estado*, cit.

principio de un concepto jurídico indeterminado, la Jurisprudencia ha tratado de precisarlo mediante dos decisiones no jurisdiccionales[424], en concreto los Acuerdos de Pleno no Jurisdiccional de la Sala Segunda del Tribunal Supremo de 19 de octubre de 2001 y de 13 de diciembre de 2004. En ellos, el Tribunal fija la "notoria importancia" de la cantidad a partir de las quinientas dosis de consumo diario, lo que difiere, como es lógico, de una sustancia a otra, razón por la cual, para concretar la notoria importancia referida a cada una de ellas, parte de las cantidades medias de consumo diario que se establecen el Informe del Instituto Nacional de Toxicología de 18 de octubre de 2001[425].

Cuadro de cantidades de notoria importancia de las principales sustancias tóxicas objeto de tráfico de drogas

SUSTANCIA TÓXICA	HEROÍNA	COCAÍNA	HACHÍS	LSD	MDMA	MORFINA
Cantidad notoria importancia	+300 gr.	+750 gr.	+2,5 kg.	+300 mg.	+240 gr.	+1 kg.
SUSTANCIA TÓXICA	MARIHUA.	ANFETA.	KETAMINA	METANFE.	MDEA/MDA	FENTANILO
Cantidad notoria importancia	+10 kg.	+90 gr.	+100 grs.	+30 grs.	+20 mg.	+50 mg.

Extracto del listado que aparece en el Acuerdo del Pleno no Jurisdiccional de la Sala Segunda del TS de fecha de 19 de octubre de 2001. En el Acuerdo no aparecía la Ketamina, cuya cantidad de notoria importancia aparece, p. ej., en la STS 719/2020 de 30 de diciembre.

Al respecto, no faltan voces críticas que recuerdan la necesidad de que el legislador cumpla el mandato de *lex certa* que se le impone en

424 Antes de la aprobación del primer Acuerdo el panorama reinante no era solo de inseguridad jurídica sino también de grandes diferencias entre sustancias. Vid. sobre la situación anterior al primer Acuerdo en MANJÓN-CABEZA OLMEDA, A., "Tráfico de drogas: (II)", p. 1316.

425 Posteriormente se han añadido los cálculos de otras sustancias, como es el caso del GBL y el GHB (más conocido como éxtasis líquido), cuya cantidad se precisó en 10500 gr. en el Acuerdo de Pleno no Jurisdiccional de la Sala Segunda del Tribunal Supremo del 13 de diciembre de 2004.

el orden penal; mandato que resultaría infringido al zanjar la cuestión de un plumazo con una simple referencia a la "notoria importancia" de la cantidad de droga[426]. Ante este panorama, el Tribunal Supremo ha optado, quizá en aras de la seguridad jurídica (o quizá para uniformizar toda la Jurisprudencia conforme a sus criterios), por imponer unas cantidades fijas que no ha querido marcar el legislador, lo que implica suplantarlo en su papel de creador de la única fuente del Derecho penal: la ley[427].

Además de las cantidades precisas para estimar que concurre la "notoria importancia", estos Acuerdos de Pleno no Jurisdiccional recogen otro aspecto que resulta determinante a la hora de aplicar la agravante del artículo 369.1.5ª CP: para el cálculo de dichas cantidades, deberá partirse únicamente de la sustancia tóxica o principio activo psicotrópico, pues es eso lo que daña el bien jurídico en el sentido del artículo 368[428]. Habrá que eliminar del cómputo, por tanto, cualesquiera otras sustancias que acompañen al estupefaciente, siendo en estos casos especialmente relevante la determinación de la pureza (de modo que, si esta no consta, no podrá aplicarse la agravación[429].

El desarrollo jurisprudencial posterior ha determinado que debe valorarse también el margen de error (±5%) que puede existir

---

426 CASTRO MORENO, A., "2.2.6. Fuere de notoria importancia la cantidad de las citadas sustancias objeto de las conductas a que se refiere el artículo anterior", cit., p. 192.

427 Sobre las implicaciones de ello ACALE SÁNCHEZ, M., cit., p. 68.

428 En estos términos lo dibuja el Tribunal Supremo: "La jurisprudencia viene manteniendo que el concepto legal de notoria importancia debe ser interpretado tanto con un criterio cuantitativo como en el cualitativo que se deduce de la riqueza de los principios activos. Por ello para fijar la cantidad de notoria importancia por el Pleno de la Sala Segunda de 19.10.2001, se partió de las cifras que cuantifican el consumo diario estimado de un consumidor medio y, a partir de ahí fijada en atención a la cantidad de droga que permite abastecer un mercado importante —50 consumidores— durante un periodo relevante de tiempo —10 días—, se obtiene así la cifra de 500 dosis de consumo diario aplicable a todas las drogas, que equivale para la cocaína el límite de los 750 gramos (SSTS. 10.11.2011, 2036/2002 de 5.12, 17.2.2003), pero tomando el criterio de tener exclusivamente en cuenta la sustancia base o tóxica, esto es reducida a pureza". STS 362/20011, 6-5.

429 STS 711/2003, 16-5 *(Tol 275698)*.

en las pruebas realizadas a las sustancias para determinar su pureza. Ello cobra especial relevancia cuando la cantidad está muy cercana al límite de las 500 dosis, pues si esta, una vez restado el 5% de incertidumbre, cae por debajo de dicho límite, no resultará de aplicación la agravante en consideración al principio *in dubio pro reo*[430].

Estas precisiones sobre la pureza de la sustancia se excepcionan en el caso del cannabis y sus derivados, para los que bastará su pesaje en bruto[431]. No obstante, cuando se trata de hachís, si la cantidad es próxima al límite marcado por el Acuerdo del Pleno, y su pureza es inferior al 4% (lo habitual es que la concentración sea de entre el 4% y el 8%), la Jurisprudencia considera que se trata de una "sustancia desnaturalizada", asimilable a estos efectos a la marihuana, de modo

---

430 Cfr. STS 254/2014, 25-3 *(Tol 4224380)*; STS 357/2007, 3-5 *(Tol 1075986)*; STS 9/2007, 18-1 *(Tol 1040260)*; STS 413/2007, 9-5 *(Tol 1081771)*: "lo cierto es que en el análisis de su pesaje y determinación de su pureza existe un margen de error de un 5%, tal y como han manifestado en varias ocasiones los técnicos de la Agencia Española del Medicamento, y ese margen de error ha de ser interpretado en favor del reo (…) hay tres sentencias de esta sala que sí utilizan este margen de error para, en unión del principio "in dubio pro reo", eliminar tal circunstancia de agravación en casos próximos a esos límites de la notoria importancia establecidos para cada una de las drogas tóxicas por la doctrina de esta sala; y ello lo consideramos suficiente para justificar la postura adoptada por la Audiencia Provincial, aunque ninguna de estas tres resoluciones aparecen citadas en la sentencia recurrida (tampoco las cita el Ministerio Fiscal). Son las sentencias 217/2003 de 18 de febrero, 911/2003 de 23 de junio y 570/2005 de 4 de mayo (…) Estimamos que fue correcto, en esas cantidades tan próximas al límite mínimo, aplicar un margen de error por las diferencias en más o menos que pudieran existir, tanto en el pesaje de la heroína aprehendida, como en la medición de su grado de pureza. Ante tales posibilidades de margen de error, es claro que debe aplicarse el referido principio "in dubio pro reo", tan arraigado en los Derechos penales de los países modernos que algún autor lo ha denominado principio consuetudinario, es decir, algo no reconocido legalmente pero utilizado en la práctica de los tribunales siguiendo la doctrina de los jurisconsultos modernos; principio usado en todos los ordenamientos existentes en los sistemas políticos democráticos, cuya aplicación es obligada en esta rama del derecho precisamente por beneficiar al acusado: el principio de legalidad penal (art. 25.1 CE) es solo una garantía en favor del reo".

431 Recuérdese que el porcentaje del principio activo (THC) no es manipulable: son productos vegetales que no necesitan de la intervención de un proceso químico. No es así en el caso de los modernos cannabinoides sintéticos.

que la cantidad solo podría calificarse de "notoria importancia" si fuera superior a los 10 kg[432].

En cualquier caso, también hay sentencias que, siempre que se trate de cannabis y sus derivados, afirman que no es necesario presentar informe de pureza, aun sin constar el peso exacto de la sustancia, cuando han sido incautadas toneladas de la misma[433].

---

432 Es decir: la notoria importancia del hachís comienza en los 2,5 kg., mientras que la marihuana comienza en los 10 kg.; no obstante, en el caso de hachís con muy poca concentración de pureza, la cantidad de notoria importancia se situará a partir de los 10 kg. Véase así en la SSTS 1140/2011, 14-6 (*Tol 2296669*); 831/2003, 9-6 (*Tol 4926542*): "La Jurisprudencia del Tribunal Supremo ha declarado con reiteración que como regla general no es indispensable la determinación de la concentración de THC en las sustancias derivadas del cáñamo índico o cannabis sátiva por ser ordinariamente irrelevante al tratarse de drogas cuya pureza o concentración del principio activo no depende de mezclas o adulteraciones, como sucede con la heroína y la cocaína, sino de causas naturales como la calidad de la planta. Igualmente la Jurisprudencia ha precisado que para aplicar el subtipo de notoria importancia, cuando se trata de cantidades moderadas de hachís (entre uno y cinco kilos o entre dos y medio y diez después del Acuerdo de Sala General de 19/10/01), es necesario conocer la concentración de principio activo pues si ésta fuese muy reducida, por debajo del cuatro por ciento, nos encontraríamos frente a una sustancia desnaturalizada que más que al hachís debe considerarse asimilada, en cuanto a su nocividad para la salud, a la griffa o marihuana. En tal caso el subtipo agravado no resulta aplicable en cantidades inferiores a los cinco kilos o diez tras el Acuerdo del Pleno señalado más arriba (STS, entre otras, de 22/06/02)". Más reciente, vid. SAP Granada 119/2019, 14-3 *(Tol 7366467)*.

433 Así STS 1850/2002, 3-12 *(Tol 1551735)*: "En conclusión, si no estamos en condiciones de afirmar, como lo hizo la sentencia recurrida, que la cuantía de la droga fue de 9.270 kilogramos, sí podemos decir que el cargamento de hachís a que nos estamos refiriendo lo era de varias toneladas (...) Varios de los recurrentes alegan que, al no haberse aprehendido la carga que fue arrojada al mar y nunca apareció, no pudo precisarse la pureza de la droga, y ello impide aplicar esta agravación específica del núm. 3º del art. 369 CP. Esta Sala viene reiteradamente diciendo que los derivados de cáñamo índico, como lo son la marihuana, el hachís y el aceite de hachís, son unos productos extraídos del vegetal mediante unos mecanismos más o menos simples o manuales, a diferencia de otros estupefacientes en que por procedimientos químicos se obtiene el principio activo de la sustancia de que se trate y luego se mezcla con otros elementos ajenos, bien para mejor conservarlos o comercializarlos, bien para adulterarlos y así obtener una mayor ganancia económica. Como hemos dicho, para el hachís tiene fijada esta Sala la cuantía de dos kilos y medio a partir de los cuales ha de aplicarse esta agravación de cantidad de notoria importancia. Y es evidente que

Por otro lado, y con respecto a la medición de la pureza en el caso de que se presenten diversos paquetes, envoltorios o comprimidos, la Jurisprudencia establece que no será necesario que se analicen todos y cada uno de ellos, sino que bastará con tomas aleatorias[434].

---

un alijo en alta mar hecho de una embarcación a otra consistente en un gran número de fardos supera con mucho esa cantidad mínima. El criterio de la pureza o concentración del principio activo no se utiliza en nuestros Tribunales para los productos derivados del cáñamo índico".

434 Así: STS 960/2009, 16-10; STS 836/2004, 5-7 (*Tol 483621*); SAP Granada 119/2019, 14-3 *(Tol 7366467)*: "Conforme a reiterada jurisprudencia emanada de la Sala Segunda del Tribunal Supremo, resulta plenamente válida la utilización del procedimiento de muestreo en el análisis pericial de las sustancias estupefacientes y psicotrópicas, asumiendo la metodología que se viene aplicando en los laboratorios oficiales a tales efectos, no correspondiendo al tribunal sentenciador analizar los métodos utilizados por los especialistas que comparecen al juicio sino únicamente sus conclusiones. Bastará con que se haya realizado de forma que no genere dudas razonables sobre el resultado final, que, trasladado a un mayor número de unidades, nunca podrá ser exacto, pero sí lo suficientemente aproximado. La toma de muestras en forma significativa, y de manera aleatoria, cuando de un total o conjunto homogéneo en apariencia se trata, resulta ser un método apto y homologado internacionalmente para el análisis cuantitativo del total de la sustancia estupefaciente intervenida de la misma clase, sin que resulte necesario ni razonable analizar el total de lo aprehendido, debiendo tomarse una muestra a analizar de cada grupo de sustancia que presente especiales características que lo hagan diferenciable de otro grupo, sea por el tipo de envoltorio, color, u otras características. En la Sentencia 798/2013, de 5 de noviembre se recuerda que la toma de muestras significativa, adoptada de forma aleatoria, es un método apto para el estudio del aspecto cualitativo de las sustancias intervenidas, sin que sea necesario el análisis de la totalidad de la droga ocupada (TS Sala II SS 261/2006, de 14 de marzo, 846/2007, de 19 de octubre, 960/2009, de 16 de octubre, 111/2010, de 24 de febrero y 104/2011, de 1 de marzo). (...) En el acto de juicio oral se practicó prueba pericial, fue escuchada la perito miembro del laboratorio oficial que practicó el análisis de la sustancia estupefaciente aprehendida y que emitió el informe que consta en las actuaciones (folios 78 y 79), ratificándose en el mismo y siendo sometida la pericia a pleno debate contradictorio, sin que existan motivos para dudar, que el procedimiento seguido por los peritos oficiales se adecuó a la normativa reguladora y a los métodos y formas autorizados en el ámbito de la Unión Europea, sin que existan dudas razonables ni en cuanto a lo que constituyó objeto de la pericia, ni en cuanto a los resultados de los análisis. Ese Acuerdo Marco de Colaboración de 3 de octubre de 2012 seguido y al que se ha hecho referencia define en su Anexo I el muestreo, o técnica que se aplica para la selección de la muestra, y la toma de muestras, o recogida de un determinado número de unidades a partir de un conjunto homogéneo. La muestra obtenida será repre-

En aquellos supuestos en que son incautadas diversas sustancias, todas ellas pueden sumarse a afectos de apreciar, su caso, la "notoria importancia", de manera que si entre las mismas superan las 500 dosis diarias (cada una según su proporción) podrá aplicarse el tipo agravado. No obstante, dada la diferencia penológica entre unas y otras, lo que no se permite es la suma de drogas blandas y drogas duras (así como tampoco el cálculo sumatorio entre drogas y precursores)[435].

En los cálculos para valorar la "notoria importancia", si el sujeto activo es consumidor, será necesario asimismo restar la cantidad que se entiende destinada para el consumo propio[436].

Por último, también es necesario analizar qué ocurre cuando se dan en el mismo caso diversos sujetos que portan o se hacen respon-

---

sentativa del total del alijo y sus propiedades serán extrapolables a la totalidad del mismo".

435 Cfr. STS 763/2003, 30-5 *(Tol 293914)*; STS 464/2008, 2-7 *(Tol 1353120)*: "con arreglo a dicha notoria importancia, hemos declarado (STS 763/2003, de 30 de mayo) que, en casos como el actual, en que se intervienen dos sustancias de las que causan grave daño a la salud, ello no impide la acumulación de las sumas intervenidas, previa la corrección proporcional correspondiente, puesto que la notoria importancia se refiere a la calificación así establecida por el legislador, de forma que no es posible considerar fragmentariamente las distintas sustancias subsumibles en la misma, sino que deberán acumularse previa la operación aritmética oportuna, pues el bien jurídico protegido no se compadece con una alternativa distinta (SSTS de 04/04 o 04/07/2002). Igualmente es pacífico que el subtipo agravado se obtiene a partir de las 500 dosis de la sustancia, como se trató en la Sesión Plenaria de 19 de octubre de 2001. Por lo que, en el supuesto enjuiciado, si reducimos a pureza la cocaína transportada (996,200 gramos al 74.3 por 100, hacen 740,17 gramos), 493 dosis, y el psicotrópico (MDMA), en 231 dosis (163,310 gramos al 68 por 100), arrojan 724 dosis en total de sustancias que causan grave daño a la salud".

436 Cfr. STS 427/2005, 6-4 *(Tol 633176)*: "Parece razonable que si el autoconsumo de esta clase de sustancias es una conducta atípica y el poseedor de la droga es consumidor, haya de deducirse de la cantidad poseída aquella que pudiera estimarse destinada a tal autoconsumo, a los efectos de precisar si ha de aplicarse tal art. 369. Véanse, entre otras, las sentencias de esta sala 890/97, 461/97 y 762/2000 que acogen esta doctrina. En el caso presente, hay sólo 107,23 gramos de exceso respecto de ese límite de los 2.500 gramos. Parece razonable entender que, si se hizo un viaje a Marruecos para traer hachís por parte de alguien que es consumidor de esta droga, al menos esa cantidad de tales 107,23 gramos habría de destinarla a su propio consumo. Razón por la cual entendemos que han de estimarse estos dos motivos: la cantidad destinada a la venta no superó este límite".

sables tan solo de una parte del total de la droga en una operación de narcotráfico. Como norma general, la Jurisprudencia no permite la división de los estupefacientes entre el total de personas implicadas, de manera que pudiera esquivarse la aplicación del tipo agravado[437]. Ello no quiere decir que en cualquier caso deba siempre hacerse responsable un sujeto de lo que porta el otro, sino que deberá demostrarse que se trataba de una coautoría (mediando al menos el dolo eventual de todos los intervinientes) respecto de la integridad de la droga[438].

---

437 Así STS, 3-5 *(Tol 406671)*; STS 524/2005, 27-4 *(Tol 648772)*; STS 925/2008, 26-12 *(Tol 1432505)*; STS 915/2009, 19-10 *(Tol 1649724)*.

438 Véase CASTRO MORENO, A., "2.2.6. Fuere de notoria importancia la cantidad de las citadas sustancias objeto de las conductas a que se refiere el artículo anterior", cit., pp. 201-202: "Por el contrario, cuando los distintos sujetos a quienes le son incautadas las sustancias, actúen, por separado, de forma que cada uno de ellos está cometiendo un solo y propio delito, faltará la unidad de acción que permitiría considerar las diversas conductas como un todo, no procediendo entonces la aplicación del subtipo agravado al no poderse sumar cantidades de drogas procedentes de distintos delitos y distintos responsables (...) en cuanto a la comunicabilidad de la notoria importancia a los distintos sujetos intervinientes en los hechos, como tipo agravado que es, debe regirse por el 14.2, que impide la apreciación del elemento cualificador a aquellas personas que desconocieran la concurrencia de sus presupuestos objetivos... otra cosa es que la necesaria extensión del dolo sobre la existencia de los presupuestos fácticos de la circunstancia agravatoria pueda entenderse colmada en forma de dolo eventual, como frecuentemente ha afirmado la jurisprudencia".
Vid. STS 925/2008, 26-12 *(Tol 1432505)*: "A este respecto tiene esta Sala una doctrina reiterada según la cual la coautoría en un determinado delito se integra tanto por el dato subjetivo de la decisión conjunta para su comisión como por el objetivo de la ejecución coordinada, con distribución de funciones, con un dominio funcional respectivo del hecho típico, sin que exista, por otra parte, aquella relación de subordinación que pudiera conducir a la aplicación de la complicidad (vid. SSTS de 7 de octubre de 2002, 8 de Marzo de 2005, por ejemplo). Lo que, para el caso de ilícitos relativos al transporte de drogas semejantes al que nos ocupa, significa que la cantidad de substancia poseída conjuntamente y en acción conscientemente coordinada, por mucho que la concreta posesión se distribuya de forma transitoria, ha de atribuirse, como un supuesto de verdadera coautoría respecto de la integridad de la droga, a todos los intervinientes, de acuerdo con lo que ya decía la STS de 3 de Mayo de 1996, en los siguientes términos (y en sentido semejante también la de 29 de Diciembre de 1997 "...es menester añadir que —según ha declarado reiteradamente esta Sala— cuando varios sujetos se conciertan para la ejecución del delito ha de atenderse a la cantidad total de drogas o estupefacientes intervenidos, sin

que proceda, a efectos de la posible aplicación de la circunstancia agravatoria de «notoria importancia» fraccionar dicha cantidad dividiéndola por el número de intervinientes. Cuando la acción es unitaria por el concierto previo es a la cantidad de droga intervenida a la que ha de estarse para cualificar la notoria importancia de la misma (v. SS. 15 noviembre 1985 y 24 septiembre 1988)".
Véase también, para aquellos casos de organización criminal, la STS 468/2020, 23-9 *(Tol 8096526)*: "En los delitos de tráfico de drogas llevados a cabo por miembros de una organización en donde se aprecia por la droga incautada la notoria importancia la comunicabilidad de la notoria importancia a los partícipes no quiere que todos tuvieran un conocimiento exacto de la cantidad de droga, pero es evidente que lo asumen como responsables y partícipes integrantes del entorno del operativo desplegado. Existe una corresponsabilidad de su integración, no en hechos aislados, sino en una estructura propia de la organización en donde el reparto de tareas les hace responsables, no solo de los actos aislados, sino de la totalidad de los llevados a cabo. Con ello, cada sujeto integrante de la organización se representa la posibilidad de que está prestando su cooperación al tráfico de sustancias estupefacientes en su modalidad de notoria importancia por el volumen que se mueve, y acepte a pesar de ello actuar a su servicio en la ejecución del plan común. Así, la comunicabilidad de la notoria importancia se extiende a quienes están puestos de común acuerdo y ejecutan un plan común. En la STS del 17 de febrero de 2012 analizando el problema de la comunicabilidad de los elementos integrantes de un subtipo agravado, aun cuando sean de carácter subjetivo, entiende que no debe estarse a la aplicación analógica de lo dispuesto en el art. 65 CP respecto de las circunstancias modificativas (agravantes o atenuantes) genéricas, que, por ejemplo, admiten la compensación vía art. 66 CP, sino que teniendo en cuenta que los subtipos agravados pueden construirse sobre la base de la concurrencia de elementos que determinan una mayor cantidad de injusto, constituyéndose en un elemento del tipo, aun de naturaleza subjetiva, resultará comunicable a todos los que, conociéndolo, participaron en la ejecución. En este caso, al tratarse la circunstancia de notoria importancia de naturaleza objetiva al formar parte del subtipo agravado, es aplicable a todos los partícipes que intervengan en la ejecución, siempre que la conozcan y de una u otra forma la acepten, y ello resulta evidente en este caso con el entramado organizativo reseñado en los hechos probados y las conversaciones intervenidas".
En contra, por no quedar demostrado el conocimiento de un sujeto sobre la cantidad que portaba el otro y reputarse, por tanto, como hechos diferenciados: SAP Madrid, 747/2011, 13-7 *(Tol 2225292)*: "Radica el argumento para resolver tal cuestión en la forma de llevar a cabo el hecho: habida cuenta de la forma a través de la cual se cometió el delito, cada uno de los procesados sólo tenía disponibilidad de lo ingerido por él pero carecía de la disponibilidad para actuar sobre el otro y de lo hecho por el otro. Por tal motivo, sólo puede responsabilizarse a cada uno de los procesados por la sustancia llevada por él exonerándose respecto de la transportada por el otro. Dicho con otras palabras: la responsabilidad criminal de cada uno por la sustancia que lleva en su organismo había

1.6. Las referidas sustancias se adulteren, manipulen o mezclen entre sí o con otras, incrementando el posible daño a la salud

En algunas ocasiones la droga —entendida como la base tóxica de la sustancia— se mezcla con productos en principio inocuos para la salud (v. gr. glucosa, paracetamol), pero en otras muchas esta mixtura se lleva a cabo con otro tipo de productos que la vuelven aún más lesiva (p. ej., estricnina, sosa cáustica), más adictiva (es el caso de muchas drogas mezcladas entre sí, como puede ser el *speedball* [cocaína con heroína]) o incluso letal para el sujeto que la consume, y es ese mayor daño que se puede producir a la salud lo que fundamenta la aplicación de una mayor pena conforme a lo establecido en el artículo 369.1.6ª CP[439]. Por ello, y dado que el fundamento es el in-

---

de integrar el tipo por ser un acto de tráfico —el porte en sí mismo— o por ser una posesión preordenada al tráfico —por la cantidad—. Pues bien, sólo podría exigírsele a cada uno de los acusados la responsabilidad criminal por la parte de sustancia que, individualizadamente, portaba cada uno de ellos en el interior de su organismo porque, respecto de lo que el otro llevaba en su organismo —en el organismo del otro, recuérdese— ni se transportaba ni se poseía. Pero no sólo eso, examinado el análisis de la sustancia, se podría llegar, acaso, a la tesis que mantiene el Ministerio Fiscal si hubiera sido idéntica la pureza de la cocaína que uno y otros acusados transportaban, cosa que no es así porque la pureza de la sustancia que transportaba Lucas era del 68,2% y la que transportaba Carlos Miguel era del 67,2%. Pero es más. Analizando sus diferentes declaraciones habría de entrar dentro de lo razonable que, llevando a cabo la misma actividad, hubieran de recibir la misma contraprestación, cosa que tampoco viene a ocurrir porque uno habría de recibir el precio de 2000 € y el otro, por llevar algo más de cantidad de sustancia, pero sin que se viniera a mantener en la proporción, 5000 dólares".

439 Así STS 709/2015, 16-10 *(Tol 5579436)*: "se declara probado que las sustancias estupefacientes, fueron adulteradas, manipuladas y mezcladas de modo tal que se incrementó el daño a la salud, finalidad de adulteración y mezcla para la que el recurrente poseía el laboratorio y las sustancias que detalladamente se describen. (...) el aumento del riesgo para la salud es incuestionablemente el elemento típico de donde deducir la concurrencia de meritado subtipo agravado, pues tales mezclas adulteran las sustancias estupefacientes, incrementando su potencial daño y lesionando, en consecuencia, más intensamente el bien jurídico protegido". En el caso concreto: "se constató la existencia de los siguientes agentes adulterantes de la sustancia, con el consiguiente posible incremento de daño a la salud de los consumidores: - Ácido bórico, producto habitualmente utilizado para la adulteración final de la cocaína. - Tetramisol, principio activo con actividad antihelmíntica. - Lidocaína y procaína, anestésicos locales de sín-

cremento del daño, esta circunstancia no podrá aplicarse cuando la droga se adultere con sustancias no dañinas para la salud. En muchas ocasiones ello se hace para obtener una cantidad mayor de producto vendible[440] (lo que en su caso podría ser constitutivo de estafa); pero en otras, la mezcla se elabora simplemente para conseguir una sustancia que se absorbe más fácilmente por el organismo, o para potenciar los efectos psicotrópicos de la misma[441].

No obstante lo anterior, la Doctrina considera que no sería aplicable esta agravante a determinadas mezclas de drogas (p. ej. El *speedball,*) o de drogas con otros productos tóxicos no estupefacientes (es el caso del *crack* o "cocaína del pobre", que es pasta base de cocaína con acetona) que ya se consideran un *producto específico,* con su propia oferta y demanda[442].

---

tesis. - Prednisolona, utilizada en farmacología como antiinflamatorio. - Cafeína, que incrementa la actividad estimulante del sistema nervioso. - Fenacetina, principio activo con actividad analgésica y antipirética, utilizado habitualmente como adulterante de la cocaína y que, como medicamento, se ha retirado del mercado debido a sus efectos nocivos para la salud. (...) se declara probada la detección en la droga de una serie de "agentes adulterantes de la sustancia, con el consiguiente posible incremento de daño a la salud de los consumidores". Se especifican cada una de esas sustancias expresando en diversas ocasiones que son de las habitualmente utilizadas para la adulteración final de la cocaína e incluso, cuando se trata de FENACETINA se precisa no solo que habitualmente se utiliza como adulterante, sino que ha sido retirada del mercado "debido a sus efectos nocivos para la salud".

440 En este sentido la STS 501/2020, 9-10 *(Tol 8142572),* que considera inaplicable la circunstancia agravante: "se consideró que la mezcla de la cocaína respondió a la finalidad de aumentar la cantidad disponible y el margen de ganancia. Solo eso. Ninguna referencia a un aumento de su toxicidad y consecuente potencial dañino para la salud del consumidor, presupuesto de tipicidad de la mencionada modalidad gravada. Ni tampoco se incorporó elemento alguno que permita atribuir una especial toxicidad a las sustancias de corte que en ambos casos se les incautaron. Se rechazó la aplicación del nº 6 del artículo 369.1 CP, como la sentencia recurrida argumentó, con el aval de la jurisprudencia de esta Sala que la misma citó".

441 En sentido similar, la Fiscalía General del Estado en su Circular 2/2005, de 31 de marzo (p. 7), expresa: "La apreciación de este subtipo exige que la mezcla aumente el riesgo de daño a la salud, por lo que no será de aplicación cuando, por el contrario, la adulteración disminuya o atenúe los principales efectos nocivos sobre el organismo de la sustancia resultante".

442 Así MARTÍNEZ PARDO, V. J., cit., p. 232; MANJÓN-CABEZA OLMEDA, A., "Tráfico de drogas: (II)", cit., p. 1322. En este sentido, considera MANJÓN-CA-

En cualquier caso, el hecho de que la sustancia con la que se altere la droga haga que la mezcla provoca un daño mayor en la salud, deberá ser probado en el juicio penal mediante la correspondiente pericial[443].

BEZA que el crack no es adulteración de la cocaína sino un producto distinto. Por su parte, el speedball aparece con su propia cantidad de notoria importancia en el Acuerdo del Pleno de 19 de octubre de 2001. En contra de esta interpretación, vid. CASTRO MORENO, A., "2.2.6. Fuere de notoria importancia la cantidad de las citadas sustancias objeto de las conductas a que se refiere el artículo anterior", cit., p. 204.

443 Vid. así, SAP Barcelona 241/2008, 21-4 *(Tol 1321399)*: "la aplicación de la circunstancia agravante 7ª del artículo 369.1 del Código Penal exige dos elementos, uno objetivo, consistente en que el producto con el que se adultere, manipule o mezcle la sustancia estupefaciente incremente el posible daño a la salud, pues dicha circunstancia reza que "las referidas sustancias se adulteren, manipulen o mezclen entre sí o con otras, incrementando el posible daño a la salud". En el presente caso, únicamente se ha acreditado la presencia de sustancia FENATECINA en las sustancias estupefaciente cocaína que el acusado portaba oculta en sus zapatos".

SAP Valencia, 535/2005, 23-9 *(Tol 791256)*: "Del informe emitido por la Médico Forense Dª Silvia, de fecha 23 de octubre de 2001, se desprende que, de las sustancias anteriormente descritas, el lactofilus, no se han descrito ningún cuadro de intoxicación o toxicidad asociada a este producto, ni tampoco de la Ciclofalina o piracetam, ni siquiera a dosis muy superiores a las recomendadas, ni se han descrito interacciones con otras sustancias; y en cuanto a la acetona, no se han descrito intoxicaciones mortales, los síntomas de una exposición a altos niveles de acetona son muy semejantes a los de la intoxicación alcohólica aguda, aunque se puede observar una mayor capacidad anestésica. Por lo que esta sería la única sustancia capaz de producir daño a la salud, dependiendo de la cantidad añadida. Teniendo en cuenta que de la pericial farmacológica practicada en el acto de juicio oral, se desprende que las sustancias adulterantes intervenidas a los acusados, utilizadas en dosis farmacológicas, no dan mayor toxicidad al producto, sino que facilitan la absorción del mismo, y que en general se utilizan en dosis mucho menores, por lo que no son susceptibles de causar daño a la salud. En cuanto a la acetona, única sustancia capaz de producir daño a la salud, utilizada en dosis importantes, no lo produce con una sola gota. Pero no se ha practicado pericial alguna que acredite no ya la toxicidad de dicha sustancia sino si la misma incrementa el posible daño a la salud.

SAP Vizcaya, 65/2010, 17-9 *(Tol 2004491)*: "en el presente caso aunque sí existe un informe de sanidad que analiza el peso y pureza de la cocaína y ketamina decomisadas y dos peritos de sanidad se han ratificado en su contenido, folios 112 y 184, trayéndose a la vista como prueba constituida, no obstante dichos peritos no han sido traídos a Juicio, por lo que no han podido aclarar si la nocividad para la salud humana de dicha sustancia tenía un grado mínimo de

De la interpretación literal del precepto debe desprenderse que esta circunstancia agravante es únicamente aplicable a aquellos que efectivamente adulteran, manipulan o mezclan las sustancias, pero no a aquellos que se dedican a su posterior tráfico[444]. Ello, sumado a la necesidad —evidente— de que el sujeto activo conozca que está vendiendo una sustancia adulterada que produce un daño mayor, y dado el volumen de individuos que intervienen en el tráfico —desde la fabricación a la venta al por menor—, puede explicar la baja aplicación jurisprudencial de esta circunstancia que denuncia la Doctrina[445]. En todo caso, si el sujeto que se dedica al posterior tráfico desconoce la adulteración de la sustancia, será de aplicación la regla prevista para el error que recae sobre una circunstancia agravante (art. 14.2 CP), dejando inaplicable la misma[446].

En otro orden de cosas, el precepto agravado no requiere la provocación efectiva de un daño, sino tan solo la posibilidad del mismo,

---

principio psicoactivo expresado en ketamina base que era rebasado en la sustancia ocupada en autos, o si la circunstancia de encontrarse mezclada con la cocaína tenía un efecto multiplicador de peligro para la salud humana y en qué grado. Tampoco dicha carencia ha sido suplida por otro tipo de informe pericial o documental aportado por la acusación pública. En base a lo expuesto, no habiéndose aportado prueba de cargo suficiente respecto que la droga ocupada, por la cantidad, mezcla con la cocaína y pureza de ambas sustancias combinadas, hubiera supuesto un incremento potencial en un posible daño a la salud, no procede aplicar la figura agravada del art. 369.7º CP".

444 De esta opinión, MANJÓN-CABEZA OLMEDA, A., "Tráfico de drogas: (II)", cit., p. 1321.

445 MOLINA MANSILLA, M. C., *El delito de tráfico de drogas: análisis detallado y nueva perspectiva. Adaptado a las últimas reformas legislativas y resoluciones del Tribunal Supremo y de la Fiscalía General del Estado*, cit.; MARTÍNEZ PARDO, V. J., cit., p. 231.

446 Vid. así SAP Barcelona 241/2008, 21-4 *(Tol 1321399)*: "no existe prueba de que el acusado pudiera conocer, ni siquiera sospechar fundadamente, que la sustancia estupefaciente cocaína que portaba oculta en sus zapatos hubiera sido manipulada con mezcla de la sustancia FENACETINA. Es por ello que nos hallamos ante un supuesto de error invencible del artículo 14.2 del Código Penal sobre un hecho que cualifica la infracción que, conforme dispone el mismo precepto, impide su apreciación. Recordemos asimismo que, conforme al artículo 65.2 del Código Penal, las circunstancias agravantes que consisten en la ejecución material del hecho o en los medios empleados para realizarla, sirven únicamente para agravar o atenuar la responsabilidad de los que hayan tenido conocimiento de ellas en el momento de la acción o de su cooperación para el delito".

por lo que si el consumo de la sustancia adulterada acaba desembocando en un desenlace lesivo o fatal habrá que recurrir al concurso ideal de delitos (entre las lesiones o el homicidio y el art. 368 CP —si el sujeto desconocía la adulteración— o el art. 369.1.6ª CP —si el sujeto lo sabía o, al menos, aceptó el riesgo).

Por lo demás, esta circunstancia no resultará aplicable a aquellas partidas de droga con extrema pureza que, aunque resultan especialmente dañinas para la salud (e incluso pueden ser incompatibles con la vida), no constituyen adulteraciones o mezclas. En estos casos de extrema pureza lo habitual es que el resultado dañoso se cometa de forma imprudente: cuando el producto presenta una calidad tal que puede ser mezclada para obtener más dosis o bien ser vendida a un precio más alto, es probable que si se vende al comprador sin hacérselo constar, sea por el desconocimiento sobre la composición de la sustancia. En tales supuestos, así planteados, tan solo cabría la aplicación del tipo básico del 368 CP en concurso ideal con el delito de lesiones u homicidio imprudente[447]. No así, claro está, cuando el resultado sea completamente imprevisible para el vendedor, o el desenlace sea consecuencia de un consumidor que, avisado previamente de las características extraordinarias del producto, proceda a su autopuesta en peligro.

1.7. Las conductas descritas en el artículo anterior tengan lugar en centros docentes, en centros, establecimientos o unidades militares, en establecimientos penitenciarios o en centros de deshabituación o rehabilitación, o en sus proximidades

El fundamento de esta agravación es discutido. Con respecto a los centros docentes y los de deshabituación o rehabilitación, el sustrato podría ser el mismo que en el caso de la agravación del apartado 4º del artículo 369.1 CP, dado que tales establecimientos se destinan, en principio, a personas necesitadas de una especial protección (menores en el caso de los centros docentes; individuos que tratan de quitarse su adicción, en el otro caso). No obstante, con dicha interpreta-

---

447 Ofrece esta solución ACALE SÁNCHEZ, M., "Salud pública y drogas tóxicas", Tirant lo Blanch, Valencia, 2002, pp. 214-215.

ción estos incisos del apartado 7º se volverían superfluos, y tampoco podría explicarse el mayor reproche en aquellos centros docentes donde los alumnos son mayores de edad, ni en los establecimientos penitenciarios o militares. Así las cosas, parece que esta circunstancia remite a la necesidad de mantener el orden y la disciplina en estos lugares, lo que difícilmente puede constituir un fundamento suficiente para la agravación penal[448].

La FGE en su Circular 2/2005, de 31 de marzo, sobre la reforma del Código Penal en relación con los delitos de tráfico ilegal de drogas, plantea —sin más crítica— los fundamentos antes expuestos, sumando el pretexto de la numerosa cantidad de personas que se

---

448 Se muestran asimismo críticas ACALE SÁNCHEZ, M., cit., p. 151; MANJÓN-CABEZA OLMEDA, A., "Tráfico de drogas: (II)", cit., p. 1325. Así recuerda ACALE SÁNCHEZ el contenido aún vigente del art. 109 del Real Decreto 1201/1981, de 8 de mayo, por el que se aprueba el Reglamento Penitenciario, que clasifica como infracción grave lo ateniente a sustancias psicotrópicas dentro de los establecimientos penitenciarios. Este sería el ámbito natural de sanción de este tipo de infracciones contra el orden del establecimiento y no el penal.
La STS 784/2007, 2-10 *(Tol 1177295)*, esboza una suerte de fundamento basada en la aproximación —poco convincente— anterior: "De acuerdo con lo dicho se comprende que realmente los lugares en sí se protegen porque allí residen o desarrollan actividades determinados colectivos de personas, resultando especialmente dañino y perturbador que sus integrantes accedan a la droga. Son grupos de personas extremadamente sensibles, que constituyen mercados atractivos para los desaprensivos traficantes o vendedores de drogas al por menor, que pueden afectar no sólo a su salud, bien jurídico genéricamente protegido, sino indirectamente al funcionamiento de la institución en que están integrados esos colectivos o a la frustración del cumplimiento de los fines propios de esos centros".
CASTRO MORENO ofrece una solución interpretativa para el solapamiento entre esta circunstancia y la del apartado cuarto: en el caso de producirse la entrega a menores o a personas en proceso de deshabituación, deberá aplique la circunstancia cuarta sobre esta, por principio de especialidad (art. 8. 1ª). Esta interpretación no es baladí, dado que, aunque es cierto que la apreciación de dos circunstancias del artículo 369 no determina mayor pena, si podría hacerlo de aparecer una tercera, que permitiría imponer una pena superior en dos grados, vía artículo 370.3º. Tratándose, en esos casos, del mismo fundamento, parece la única interpretación plausible. Cfr. CASTRO MORENO, A., "2.2.7. Las referidas sustancias se adulteren, manipulen o mezclen entre sí o con otras, incrementando el posible daño a la salud" en F. J. ÁLVAREZ GARCÍA, (dir.), *El delito de tráfico de drogas*, Tirant lo Blanch, Valencia, 2009, p. 206.

hallan en estos establecimientos[449]: "se pretende reforzar la protección de los lugares que el precepto menciona y de las áreas exteriores colindantes con los mismos, por las mayores facilidades que dichos centros o establecimientos ofrecen para la difusión de las drogas, dadas sus características y su estructura organizativa interna, por la perturbación que ello puede provocar en el proceso educativo, rehabilitador o de formación militar y porque concentran de modo regular a un elevado número de personas que, en alguno de los lugares citados, son en sí mismas objeto de una especial protección"[450].

Una de las cuestiones más relevantes y estudiadas por la Jurisprudencia aparece al tratar de determinar si basta con la mera introducción de las sustancias en estos lugares, o si es necesaria la posibilidad de difusión dentro de aquellos sitios a los que el ar. 369.1.7ª CP hace referencia. La FGE (Circular 2/2005, de 31 de marzo) afirma que es suficiente con la mera introducción, máxime cuando la redacción dada por la reforma de 2003 se contenta con que los hechos se lleven a cabo en las "proximidades". A pesar de que es cierto que la reforma al incluir esa expresión indeterminada de las proximidades apunta en ese sentido, la Jurisprudencia mayoritaria se ha inclinado por la necesidad de constatar la existencia de un peligro concreto de difusión para poder agravar la pena conforme a esta circunstancia[451].

---

449 Como bien plantea MANJÓN-CABEZA, este fundamento debería hacer extensible la agravación a otros lugares con aglomeración de personas: estaciones de metro, macroconciertos… Vid. MANJÓN-CABEZA OLMEDA, A., "Tráfico de drogas: (II)", cit., (p. 1324)

450 El hacinamiento de los consumidores incrementa el peligro generado por la droga. Cfr. TERRADILLOS BASOCO, J., "AIDS in Prisons in Spain", en Thomas, Ph, y Moerings, M., (edit.), *AIDS in Prison*, Dartmouth Publishing, Aldershot 1994, págs. 99 a 105.

451 También la Doctrina se decanta por esta interpretación. Vid. MAGRO SERVET, V., cit., pp. 91-92; RAMÓN RIBAS, E., cit., p. 1088; SUÁREZ-MIRA RODRÍGUEZ, C., cit.

STS 288/2017, 20-4 *(Tol 6067132)*: "Dado que la droga fue aprehendida en el control posterior al vis a vis, no hubo posibilidad de que la droga traspasara al interior de los módulos de convivencia, no surgió, por tanto, el peligro real y concreto de que pudiera llegar a los internos. En estas circunstancias, conforme la jurisprudencia de esta Sala que transcribe, no procede la aplicación del subtipo agravado del artículo 369.1.7. el subtipo agravado del núm. 8 del art. 369 no puede construirse sobre la estructura de otro delito de riesgo abstracto porque se lesionaría el principio de lesividad y merecimiento de pena (máxime tenien-

Por tanto, no resultará de aplicación esta agravación, por ejemplo, en aquellos casos en los que las sustancias se intervienen antes de que el sujeto pueda ingresar en la zona restringida del estableci-

---

do en cuenta el enorme salto cuantitativo que prevé el Código —mínimo nueve años de prisión—, con lo que se lesionaría el principio de proporcionalidad y de culpabilidad como medida de la pena. Por ello, la jurisprudencia de esta Sala ha estimado que el subtipo agravado debe construirse sobre la estructura de un delito de riesgo concreto y ello desemboca en una interpretación muy restrictiva de dicho tipo".
STS STS 784/2007, 2-10 *(Tol 1177295)*: "nos hallamos interpretando una complementación del tipo (subtipo), que va a producir una exasperación notable de la pena, lo que hace que la interpretación deba ser claramente restrictiva, como acabamos de apuntar, si no queremos desbordar los límites que impone el principio de proporcionalidad (...) El subtipo se construirá añadiendo a un delito básico de peligro abstracto, una cualificación de peligro concreto. Dentro de estos parámetros hermenéuticos el caso que nos ocupa no sería subsumible en la agravación, ya que no existió la posibilidad de que la droga accediera a los reclusos. Existió un peligro general ex ante cubierto por el tipo básico, pero el bien jurídico que pretendía proteger la cualificación no tuvo la menor posibilidad de resultar afectado en esta última hipótesis, valorando el caso concreto. Tampoco resultaría afectado si un sujeto vende droga en los alrededores de la cárcel a personas que no son internos, sino terceros que eventualmente tuvieran la oportunidad de comprar en tal lugar. En caso de vender o facilitar la droga "en los alrededores" del centro a un tercero que por su profesión o por circunstancias determinadas puede hacerla llegar a los reclusos (personas que prestan servicios de abastecimiento, por ejemplo), sólo si consiguen burlar los controles interiores podrían responder de la cualificación. No es necesario, sin embargo, que realmente el recluso destinatario de la droga llegue a poseerla y menos consumirla o facilitar el consumo a un tercer recluso, sino que basta con la mera posibilidad, pero real y efectiva, no genérica o abstracta. En este sentido aunque un vendedor de droga se acerque a los aledaños de la cárcel, si no tiene la posibilidad de trasladarla a un recluso, porque no aparece ninguno por el lugar, o no la ofrece, o tampoco el interno la demanda, las posibilidades de lesión del bien jurídico quedan excluidas por desaparición del peligro concreto".
STS 336/2018, 4-7 *(Tol 6672252)*: "La más reciente jurisprudencia ha delimitado los perfiles de esta modalidad agravada como delito de riesgo concreto, que se superpone sobre el meramente abstracto bastante para integrar el del tipo básico. De esta manera es necesario una amenaza específica de difusión o propagación de las sustancias entre los internos en la prisión. Y así se ha rechazado su aplicación, en los supuestos en los que no ha existido un peligro cierto de distribución entre los presos (SSTS 784/2007 de 2 de octubre, 53/2009 de 26 de enero, 668/2009 de 5 de junio, 142/2010 de 25 de febrero o 257/2015 de 6 de mayo)".

miento penitenciario, tras una comunicación íntima o familiar[452], ni tampoco cuando se lanzan paquetes por encima de los muros carcelarios que son inmediatamente interceptados por los funcionarios[453].

---

452 Cfr. STS 231/2023, 30-3 *(Tol 9513427)*.

453 Así STS 279/2015, 11-5 *(Tol 5003649)*; STS 81/2014, 13-2 *(Tol 4129202)*. Véase también la STS 523/1995, 3-5, que afirma que no es suficiente con el ofrecimiento de muy exigua cantidad a tres personas concretas en la institución militar; y la más reciente STS 669/2012, 25-7 *(Tol 2641543)*(que cita la anterior), tampoco considera una única venta dentro del acuartelamiento: "El fundamento de la agravación, redacción dada LO 15/2003 pretende reforzar la protección de los lugares que el precepto menciona y de las áreas exteriores con los mismos ("o en sus proximidades") por las mayores facilidades que dichos criterios ofrecen para difusión de las drogas, dadas sus características y su estructura organizativa interna, por la perturbación que estas conductas pueden provocar en el proceso de formación militar y porque concentran de forma regular un número elevado de personas. Por ello, lo que realmente se protege es el mantenimiento del orden y la disciplina en estos recintos, es decir, lo que se protege es la propia institución militar, por cuanto en dichos lugares, resulta especialmente dañino y perturbador que sus integrantes acceden a la droga, no sólo por la repercusión en su salud, sino también, indirectamente porque afecta al funcionamiento de la institución en que están integrados esos colectivos o pueden provocar la frustración del cumplimiento de los fines propios de esos centros. La sentencia de instancia, como los actos típicos se realizan dentro del acuartelamiento en "Santa Bárbara", Brigada de Infantería Ligera del Ejército a tierra ubicado en Jabalí Viejo (Murcia) justifica, sin más fundamentación y según la calificación del Ministerio fiscal, la aplicación del referido tipo agravado. Sin embargo, conforme precisó la STS 523/93, de 3-5: "...no se desprende del factum que la facilitación de la droga se hiciera en forma generalizada sino a los tres sujetos designados en el relato por sus nombres, no sucesivamente, sino en grupo —en el caso presente a uno sólo— y dada la exigua cantidad ofrecida, 9,94 gramos en este caso 3 gramos no aparecen razones evidentes para suponer que la acción concreta de tráfico llevara consigo un riesgo adicional de difusión y de perturbación del orden y disciplina del establecimiento militar, que es donde reside la razón inspiradora de la agravación. Ya la sentencia de esta Sala de 28-3-94 referida al tráfico en un cuartel, aplicaba los criterios establecidos para los establecimientos penitenciarios que ponían el acento en la introducción de la droga "en condiciones potenciales de difusión", y la difusión que es, a estos efectos, el riesgo generalizado de extensión o propagación del consumo, no debe apreciarse en el caso sub iudica, dada la pequeña cantidad de droga y haberse limitado el ofrecimiento a un grupo de tres personas perfectamente identificadas —en este caso, se insiste, una sola— sin que conste en la relación indicación alguna sobre la dedicación del acusado a este menester u ofrecimiento en ocasiones distintas".

Con respecto al término "proximidades", la propia Fiscalía llama la atención sobre la imprecisión del concepto, decantándose por conjugar un criterio geográfico aunado con uno tendencial, de promover o facilitar el consumo en tales centros o establecimientos[454]. Por su parte, MANJÓN-CABEZA propone interpretar el término "proximidad" como equivalente a "zona de influencia", entendiendo así que valdría un parque cercano a un centro docente, donde los estudiantes acudieran al terminar la jornada escolar, por mucho que el mismo no sea colindante a aquel. Sin embargo, no lo sería un terreno adyacente al colegio, si a este no tienen acceso los alumnos. En cualquier caso, debe recordarse que el artículo 369.1.7ª CP utiliza la expresión próximo, lo que no puede identificarse con colindante, ni con aquello que no es cercano[455].

1.8. El culpable empleare violencia o exhibiere o hiciese uso de armas para cometer el hecho

Esta circunstancia se introdujo a través de la Ley Orgánica 15/2003, de 25 de noviembre, por la que se modifica la Ley Orgá-

No falta algún pronunciamiento contrario, estimando que el elemento central de la agravación es la "difusión potencial" en esos lugares. Así STS 1997/2000, 28-12 *(Tol 4924644)*.

454 FISCALÍA GENERAL DEL ESTADO, Circular 3/2011, de 11 de octubre, p. 7.

455 MANJÓN-CABEZA OLMEDA, A., "Tráfico de drogas: (II)", cit.
Es interesante la SAP Barcelona 868/2015, 20-11 *(Tol 5618541)*, que se niega a aplicar la agravación, pues, aunque la compraventa se realiza a 230 metros de un colegio, se afirma que "no se ha practicado prueba en el acto del juicio que permita sostener que esta ubicación hubiera sido buscada con el propósito de facilitar el acceso a las sustancias. También se aplica el subtipo agravado previsto en el art. 369, párrafo 1, ordinal 7º, fundada, exclusivamente, en la distancia existente entre el domicilio del acusado, en cuyo portal de entrada se realizaron los hechos, y un instituto, situado a unos 230 metros, así como en la existencia de otros centros escolares e institutos en un radio mayor de distancia de la vivienda del apelante. El fundamento del subtipo es la necesidad de proteger apersonas extremadamente sensibles, debiendo interpretarse de forma restrictiva (ver STS de 13-02-14) la cláusula final del subtipo "en sus proximidades", sin que se haya practicado en el acto del juicio prueba alguna que permita sostener que la ubicación del domicilio del acusado hubiera sido buscada de propósito para facilitar el acceso a las sustancias estupefacientes de compradores menores edad que pudieran ser alumnos de esos centros".

nica 10/1995, de 23 de noviembre, del Código Penal, presumiblemente como reflejo del artículo 3.6 de la Convención de Viena de 20 de diciembre de 1988. De su tenor literal llama la atención que el mismo se circunscriba a la violencia, sin hacer referencia a la intimidación[456], más allá de la que pueda desprenderse de la exhibición de armas. Por otra parte, el precepto menciona el uso para la comisión del delito de armas, pero no el empleo de otros medios peligrosos, como ocurre en otros artículos del Código. En cualquier caso, con respecto a la definición de "armas", según la interpretación de la Fiscalía General del Estado (Circular 2005), debe estarse a la contenida en el Reglamento de Armas (RD 173/1993, de 29 de enero)[457].

Por lo demás, el Consejo General del Poder Judicial ya indicaba en su Informe sobre el anteproyecto de Ley Orgánica de reforma de la Ley Orgánica 10/1995, de 23 de noviembre, del Código Penal, que una agravación de estas características resultaba innecesaria, pues la lesión extra que produce el uso de estos medios no recae sobre la salud pública sino sobre otros bienes jurídicos, y en tales casos lo que procede es apreciar un concurso de delitos[458].

Es cierto que esta circunstancia resulta peculiar si se compara con otros delitos del Código que la recogen. Y ello porque en el delito del artículo 368 CP lo usual no es que se doblegue o venza la volun-

---

456 Considera que la intimidación estaría contenida en este apartado MARTÍNEZ PARDO, V. J., cit., p. 229.

457 No obstante, también recuerda que el contenido del Reglamento de Armas fue matizado por la STC 24/2004, 24-2 *(Tol 351791)*, que aclaró que no podían ser consideradas tales aquellos instrumentos u objetos que no sean armas, a pesar de que estén reglamentariamente prohibidos. Por otro lado, cabe añadir, como indica HAVA GARCÍA, que no es este Reglamento el único que determina lo que son armas a efectos legales. Así, p. ej., la Ley 33/1988, de 5 de octubre, de prohibición total de minas antipersonal, municiones en racimo y armas de efecto similar. HAVA GARCÍA, E., cit., pp. 61-64.

458 Asimismo denunciaba su escasa aplicabilidad, pues dada la redacción del precepto será necesario que el medio (la violencia o exhibición de armas) tenga como fin la comisión delictiva del artículo 368 CP, por lo que la violencia, uso o exhibición de armas debe ser previa al inicio de la ejecución del 368 CP. Eco de todo lo anterior se hacía la Fiscalía en el año 2005, añadiendo también que, dado que el uso de violencia o armas debe estar orientada a la comisión delictiva (esto es, aseguramiento o protección de los actos de cultivo, elaboración, promoción/favorecimiento del consumo ilegal…) no bastará con que su finalidad sea impedir el descubrimiento del delito o la detención de los autores.

tad del sujeto pasivo mediante la violencia (como puede ocurrir, por ejemplo, en la libertad sexual), sino que los distintos sujetos intervinientes en las diversas modalidades de facilitación del consumo, ajeno o propio, suelen hacerlo voluntariamente. No obstante, sí puede ocurrir en ciertos casos que algunas personas sean obligadas mediante la violencia o la intimidación a realizar determinados portes de droga, pero en esos casos tan solo podrá aplicarse esta agravación si se hubiera empleado la fuerza bruta o la exhibición o uso de armas.

Donde sí ha desplegado esta agravante una cierta aplicabilidad ha sido en una serie de casos concretos, en los que determinados grupos de individuos portando armas deciden hacerse con un alijo ajeno (normalmente de un narcotraficante) para venderlo a un tercero o terceros[459].

Ello no está, no obstante, ausente de polémica, dado que en este tipo de casos tiende a castigarse por robo con violencia/intimidación y, a su vez, por un delito de tráfico de drogas agravado por el uso de violencia/armas[460].

2. EL ARTÍCULO 370 CP

El artículo 370 CP contempla otra serie de circunstancias agravantes que permiten al juzgador imponer una pena superior en uno o dos grados a la que se señala en el artículo 368 CP, lo que quiere

---

459 Véase así STS 720/2021, 24-9 *(Tol 8624715)*; o STS 4/2020, 16-1 *(Tol 7805379)*.

460 Ello se discute, con acierto, p. ej., en la STS 87/2012, 17-2 (*Tol 2480833*): "Sin embargo el hecho probado lo que describe es que la violencia permitió el acceso a la droga tóxica. Hasta ahí el delito contra salud pública no se había cometido. La consumación de éste empieza con la posesión, una vez obtenida, y con destino al tráfico ilegal. Pero esa posesión, y más aún los eventuales actos posteriores, no tiene a la violencia como medio, ya que la funcionalidad instrumental de ésta se agota en el delito de robo. En definitiva no cabe decir, como exige el subtipo agravado, que la violencia fue empleada para cometer el hecho delictivo contra la salud. A ello cabría añadir, conforme expone en su bien articulada impugnación el Ministerio Fiscal, que la sanción también como agravado de este delito contra la salud, supone una doble valoración de la violencia ya apreciada para cualificar el delito de robo". Tampoco aplica la agravación a la par que el robo con violencia la STS 109/2015, 3-3 *(Tol 4788822)*(asalto con armas a camión cargado de estupefacientes).

decir que estos comportamientos pueden revestir la misma gravedad —al menos desde el punto de vista penológico— que los previstos en el artículo 369 CP. En todo caso, las circunstancias previstas en el artículo 370 CP que permiten la imposición de la correspondiente pena elevada en uno o dos grados son las siguientes: cuando se utilice a menores de 18 años o "disminuidos" *(sic.)* psíquicos para la comisión delictiva; cuando se trate de los jefes, administradores o encargados de las actividades organizadas que se mencionan en el artículo 369.1.2ª; o cuando sea un caso de extrema gravedad, atributo que se halla legalmente tasado en el propio artículo 370 CP: serán aquellos supuestos en los que las cantidades de estupefacientes *exceden notablemente* de la cantidad de notoria importancia; se utilicen buques, embarcaciones o aeronaves como medio de transporte; se simulen operaciones de comercio internacional; se trate de redes internacionales que se dediquen al narcotráfico; o concurran tres o más de las circunstancias del artículo 369 CP.

Al igual que ocurre en el artículo 369 CP, varias modalidades distintas de comportamientos se recogen en el mismo artículo, expresadas de forma alternativa. Así, cualquiera de ellas dará lugar a la aplicación de penas agravadas, sin que exista regla penológica específica para el caso de que concurran dos o más de las circunstancias del artículo 370 CP. No obstante, y dado el marco penológico que se recoge (superior en uno o dos grados a las penas del tipo básico), la individualización judicial de la pena puede jugar ampliamente con el *quantum* de reproche. En cualquier caso, y dado que algunas de las circunstancias se construyen sobre la existencia previa de una agravación (o varias) del artículo 369 CP, el principio de proporcionalidad reclama que en esos casos la pena deba ser mayor que la que se recoge para aquellos otros de una única agravación del artículo 369 (pena superior únicamente en un grado).

La Jurisprudencia se ha detenido a estudiar si las agravaciones del artículo 370 CP son aplicables a todos los intervinientes, aunque su participación sea secundaria. La mayoría entiende que nada obsta para ello, aunque sí se ha señalado que la pena deberá modularse en atención a la relevancia de la respectiva intervención, lo que resultará más sencillo en este caso, dado que el legislador ha otorgado un amplio margen para ello.

Debe recordarse que si concurre cualquiera de las circunstancias del artículo 370 CP no podrá ser de aplicación la atenuación del segundo párrafo del artículo 368 CP, por establecerlo así este último precepto[461].

---

[461] Vid. STS 77/2016, 10-2 *(Tol 5645361)*: "La perspectiva es diferente desde la óptica de la penalidad aplicable. En efecto, en el delito del art. 368 del Código Penal al penalizar dentro del mismo marco penal todos los comportamientos que suponen aportación causal a la actividad de los autores en sentido estricto, ha definido un concepto extensivo de autor SSTS 10.3.1997 y 6.3.1998). Por ello la doctrina de esta Sala (STS 1069/2006, de 2 de noviembre), ha establecido el criterio según el cual, y como regla general, en el tipo delictivo del art. 368 CP y por expresa voluntad del legislador, toda forma de participación que implique una colaboración en actividades de tráfico de drogas, es una forma de autoría al haber sido equiparada con ésta las formas imperfectas de participación por la propia Ley. Pero la misma doctrina no excluye la existencia de excepciones en supuestos concretos de mínima colaboración mediante actos fácilmente reemplazables, accesorios y de escasa o exigua eficacia para el tráfico ilegal efectuado por el autor genuino, y siempre en operaciones de escasa entidad cuantitativa (en este caso, dada la droga transportada, no puede considerarse así). Como dice la STS 544/2011, de 7 de junio, en un supuesto de tripulación de barco, como mero peón en tal transporte de droga, su conducta no puede excluirse de las constitutivas de favorecimiento y, por lo tanto, de las típicas de autor. Aquí sucede lo propio. La actividad desarrollada por los recurrentes como descargadores de la embarcación en la playa de "Los Toros", no puede ser considerada un mero acto de complicidad, sino de autoría, al tomar la jurisprudencia ese concepto extensivo de autor en los delitos contra la salud pública, que deriva precisamente de la tipología del art. 368 del Código Penal. De manera que tal integración en el grupo, y el conocimiento de su misión en el desembarco, impide la estimación de este motivo, sin perjuicio de que en la función de individualización de la pena se tendrá en cuenta la entidad de su colaboración en relación con la de otros intervinientes en los hechos. Es por ello que el motivo será estimado desde la perspectiva de la penalidad (el invocado art. 72 del Código Penal en el motivo séptimo de estos recurrentes), junto a la falta de datos de donde pueda extraerse que los acusados, fuera de Benedicto y Gines, tuvieran otra participación que la mera colaboración en la descarga de una embarcación que llegaba cargada con 42 fardos de hachís, lo que, si bien se ha de incardinar en la autoría y no en la simple complicidad, es lo cierto que la penalidad puede comprender la elevación en uno o dos grados más que la pena básica de referencia, que es el 368 del Código Penal. Por lo que la penalidad en concreto tiene que tomar en consideración, primeramente, la utilización de una embarcación, lo que nos lleva al art. 370.3 del Código Penal, y en segundo lugar, la cantidad de droga transportada, más de una tonelada de hachís. La Sala sentenciadora de instancia no ha justificado en modo alguno la elevación por encima del umbral mínimo, al establecerla para todos esos acusados, meros peones, en cuantía de 5 años de prisión e inhabilitación especial para el dere-

2.1. Utilización de menores de 18 años o disminuidos psíquicos

Según la Jurisprudencia, la agravación por la utilización de menores de 18 años o personas con discapacidad psíquica tiene su fundamento no solo en la protección de estos, sino también en la mayor facilidad que su empleo proporciona para ocultar a las autoridades la actividad delictiva realizada[462].

Por otro lado, la Jurisprudencia se muestra favorable a aplicar esta circunstancia agravatoria incluso en aquellos supuestos en los que el menor o discapacitado no son de ningún modo conscientes de estar participando en los hechos (p. ej., utilizar su ropa para esconder dro-

---

cho de sufragio pasivo, cuando podía elevarla en un solo grado, dada la menor participación que reconocen los juzgadores de instancia a todos ellos, a excepción de a los dos citados. En suma, eleva en dos grados la penalidad aplicable, sin una justificación que determine esa exasperación penológica. El dato de la embarcación, que es tomado en cuenta por la Audiencia, en el F. J. 5º-I, es el que sirve para incardinar los hechos enjuiciados en el art. 370.3º del Código Penal, y no puede servir, a la vez, para elevar dos grados la pena, fuera de los supuestos de una mayor relevancia en los hechos, como es el caso de Benedicto y Gines, a quienes correctamente se les individualiza la pena. En consecuencia, en este sentido, el motivo será estimado, e individualizada la pena en la segunda sentencia que hemos de dictar al efecto a continuación de ésta"

Sin embargo, la STS 990/2016, 12-1 (*Tol 5939255*), por el contrario, rechaza esta posibilidad, pero cierto es que en la misma se ha reducido ya la pena en un grado pues se logró considerar al sujeto como cómplice: "En este caso la Sala sentenciadora moduló la pena que impuso, y desde la que operó la degradación que impone el artículo 63 CP en relación a los cómplices, a partir de las circunstancias de los hechos y la cuantía de la droga intervenida. En atención a estos datos, y al comportamiento desarrollado por el recurrente, no puede tacharse de arbitraria la opción de equiparar la penalidad de origen con la del autor principal, Estanislao Ismael, sin perjuicio de la matización que haremos de la mano del último motivo de los planteados".

462 Así, cfr. STS 459/2021, 27-5 *(Tol 8454601)*: "la agravación "ha sido justificada por esta Sala, no sólo por la necesidad de dispensar adecuada tutela a los menores, sino también por otros factores, tales como la mayor facilidad para la comisión del delito, eludiendo responsabilidades penales y dificultado la administración de justicia. Al incorporarse al menor a la mecánica delictiva es indudable la potencialidad de afección de otros bienes jurídicos y, desde luego, lesionada queda su dignidad al servirse de él y hacerlo objeto de tan repudiables maniobras". De igual razonamiento la STS 1039/2004, 27-9 (*Tol 506937*); y también Circular FGE del año 2005, p. 12.

gas), porque, aunque en esos casos no pueda hablarse de "corrupción" de éstos, sí que se puede poner en riesgo su vida o integridad física[463].

Otra de las cuestiones relevantes en este contexto es qué debe entenderse por "utilización" del menor o discapacitado, aunque la polémica planteada al respecto parece haber quedado zanjada con el Acuerdo del Pleno no Jurisdiccional de la Sala Segunda del Tribunal Supremo, de 26 de febrero de 2009[464], que exige probar el prevalimiento del adulto sobre el menor o disminuido (sic.), presumiendo que en tales casos no existe voluntariedad de éstos. Ello elimina la posibilidad de aplicar dicha agravación cuando exista una relación horizontal entre el sujeto activo y el menor o incapaz, lo que tiene sentido, pues en esos casos no podrá hablarse realmente de "utilización"[465].

La consecuencia clara de lo anterior es que el artículo 370.1° CP construye una excepción penológica que resulta más gravosa que la regla general prevista para los supuestos de autoría mediata, que re-

463 Así STS 18/1997, 15-1 *(Tol 408535)*; STS 1039/2004, 27-9 (*Tol 506937)*. En sentido contrario, STS 1318/2002, 15-7 *(Tol 4922381)*; entendiendo a la menor como ya imbuida del ambiente dedicado al narcotráfico.

464 "El tipo agravado previsto en el art. 370.1 del CP resulta de aplicación cuando el autor se sirve de un menor de edad o disminuido psíquico de modo abusivo y en provecho propio o de un grupo, prevaliéndose de su situación de ascendencia o de cualquier forma de autoría mediata".

465 Así las SSTS STS 176/2009, 12-3 *(Tol 1490797)*; STS 4/2010, 28-1 *(Tol 1790701)*. Véase Circular FGE 2011, p. 13: "deberá aplicarse únicamente cuando el sujeto activo del delito se sirva de una de estas personas —menores o disminuidos psíquicos— para la comisión del hecho delictivo, prevaliéndose de su situación de ascendencia sobre ellos o captando su voluntad, quedando circunscrito el subtipo agravado al supuesto fáctico en los que el menor es mero instrumento sin autonomía, de una voluntad ajena, que le controla y se vale de su penalmente irresponsable comportamiento para la ejecución del delito que solamente a aquel es imputable". En contra de esta interpretación, y considerando que la autoría mediata es uno de los supuestos, pero no el único en el que se puede "utilizar" a un menor: GUTIÉRREZ CASTAÑEDA, A., "3.2. Utilización de menores o disminuidos psíquicos" en F. J. ÁLVAREZ GARCÍA, (dir.), *El delito de tráfico de drogas*, Tirant lo Blanch, Valencia, 2009, p. 233, MANJÓN-CABEZA OLMEDA, A., "Tráfico de drogas: (II)", cit., pp. 1329-1332. FAKHOURI GÓMEZ, Y., CORREA FLÓREZ, C., "Sección 4. Tráfico de drogas", en F. MOLINA FERNÁNDEZ (Coord.), *Memento práctico Francis Lefebvre: Penal*, Madrid, 2023, para. 15233.

sulta aplicable en aquellos casos en que el "instrumento" sea un menor o un disminuido (sic.) psíquico[466].

466 Véase la reciente STS 459/2021, 27-5 (*Tol 8454601*) donde se indica en qué situaciones no debe apreciarse la circunstancia: "Situaciones muy distintas de aquellas en la que los menores aceptan voluntariamente su intervención, propiciando relaciones que quedarían englobadas en la coautoría o en la participación de un menor en el delito de un mayor. La razón del acuerdo, aclararía posteriormente la STS 296/2016 de 11 de abril "desde un punto de vista negativo es excluir la utilización de menores de edad en los hechos ex artículo 370.1 CP cuando actúan como socios, colaboradores o cooperadores de los autores mayores de edad en virtud no de relaciones de ascendencia o prevalencia de éstos sino como consecuencia de un concierto previo o situaciones en pie de igualdad (...). Todo ello sin olvidar que la agravación se justifica en la necesidad de preservar a las personas menores de edad de su implicación en delitos de tráfico de drogas. En la búsqueda de un equilibrio entre ese fundamento agravatorio y la necesidad de evitar una rígida aplicación del supuesto agravado, la STS 70/2011, antes citada, focalizó la atención en la relevancia de la aportación. Extractamos el siguiente fragmento "es cierto que este precepto agravado justifica su existencia por la necesidad de preservar la formación integral del menor, apartándole del submundo de la droga y de las implicaciones negativas que éste conlleva para su adecuado desarrollo. La utilización interesada de un niño, además, no es ajena a la búsqueda de una facilidad comisiva que se derivaría de las menores sospechas que la presencia de un menor puede suscitar a los agentes encargados de la averiguación de los hechos relacionados con la distribución clandestina de drogas. Precisamente por ello, esta Sala ha estimado, en la búsqueda de un equilibrio entre el fundamento de la agravación y la necesidad de evitar una rígida aplicación del supuesto agravado, que no basta cualquier aportación. Es indispensable que ésta sea relevante (...) En ese sentido ha quedado conformada la más reciente interpretación de este subtipo agravado en las SSTS 147/2019, de 18 de marzo o la 313/2021, de 14 de abril" (...) "Utilizando los restantes parámetros que ha barajado la jurisprudencia, no existen datos que avalen que la participación de los chicos no fuera libremente aceptada por estos. Solo su edad no es suficiente a tal fin. Los 14 y 16 años con los que contaban a la fecha de los hechos, les colocan en una franja etaria en la que el ordenamiento jurídico reclama su consentimiento para la realización de ciertos actos con eficacia jurídica, como ser oídos en los procedimientos de separación y divorcio de sus progenitores, consentir su adopción, testar, o incluso emanciparse y contraer matrimonio en el caso del mayor. Y especialmente los considera aptos para soportar las consecuencias de su involucración en actividades delictivas con el alcance que marca la Ley de Responsabilidad Penal de los Menores (LO 5/2000. Por los que, a falta de datos que impliquen lo contrario, resulta razonable reconocerles aptitud para decidir libremente involucrarse en la actividad delictiva. La obtención de una cierta remuneración por sus servicios sin duda alentaría la decisión, pero no es suficiente para reconducir su actua-

ción a la de mero instrumento. No lo consideró así la jurisdicción de menores, que los condenó".

La STS 313/2021, 14-4 *(Tol 8408805)*, también rechaza la aplicación de la agravación en aquellos casos en los que no se utiliza al menor para la comisión delictiva sino posteriormente para encubrir al delincuente: "Argumenta que la conducta atribuida a la recurrente en los hechos probados no supone pedir la colaboración de su hijo Juan Francisco en actos de tráfico, sino que constituye un intento de impedir la actuación policial mediante la destrucción de las sustancias que constituyen el objeto de aquella actividad delictiva, esto es, pretendía exclusivamente destruir las pruebas de un delito ya cometido. (…) El menor no realizó ningún acto de venta, ni fue utilizado en modo alguno por su madre para facilitar el tráfico de drogas. Del citado menor no se indica que se encontrara en el domicilio, ni participara en modo alguno en ningún acto de venta o posesión de sustancia, la mera presencia de menores en los hechos ocurridos dentro de su ámbito familiar no justifica la aplicación del subtipo agravado. (…) La controversia se centra en la utilización del hijo menor con el alcance previsto en el precepto y conforme a nuestra jurisprudencia. Por ello la recurrente trae a colación nuestro Acuerdo del Pleno no Jurisdiccional de 26-2-2009 con cita de la STS de 12-3-2009. En el mencionado Acuerdo se sienta como doctrina de la Sala que "el tipo agravado previsto en el art. 370.1 CP resulta de aplicación cuando el autor se sirve de un menor de edad o disminuido psíquico de modo abusivo y en provecho propio o de un grupo, prevaliéndose de su situación de ascendencia o de cualquier forma de autoría mediata". (…) Siendo así, el motivo debería ser estimado, la conducta atribuida a la recurrente, no supone pedir la colaboración de su hijo en actos de tráfico, ni estaba encaminada a salvar la sustancia estupefaciente, ocultándola para seguir negociando con la misma, sino que constituye, mediante la destrucción de pruebas de un delito ya cometido, un intento de impedir o dificultar la actuación policial. Actuación, en relación al menor, contraria al interés de la Administración de Justicia de esclarecer hechos relativos al tráfico de drogas, que sería subsumible en el delito de encubrimiento del art. 451.2 CP. Así, en SSTS 611/2014, de 22-9; 394/2015, de 17-6; 968/2016, de 21-12; 418/2017, de 8-6, se admite la posibilidad de encubrimiento respecto de eta clase de delitos en aquellos casos en los que la conducta de auxilio tiene como único contenido la destrucción de la droga, poniendo así término a la posesión y frustrando de este modo cualquier otro tráfico (STS 198/2006, de 27-2). Actuación del menor que estaría amparada por la excusa absolutoria del art. 454 CP (…) Por tanto, la aplicación del subtipo agravado por la realización por el menor de un único acto —catalogable de encubrimiento— en un ambiente familiar en el que ha crecido, en el que de la venta de droga, según destaca la propia sentencia de instancia (ver fundamento derecho quinto) han hecho los padres su forma de vida, supondría una interpretación extensiva inaceptable en el derecho penal".

La STS 1013/2022, 12-1 (*Tol 9391060*), no aplica la circunstancia agravatoria, en tanto no ha quedado probado que el menor no actuara voluntariamente: "la resolución recurrida no refleja una cumplida ponderación de las circunstancias

Tanto los conceptos de menor como de disminuido (sic.) deben seguir las mismas pautas de interpretación que las ya ofrecidas para el artículo 369.1.4ª CP. Y lo mismo debe mantenerse para la interpretación del elemento subjetivo de esta circunstancia.

2.2. *Jefes, administradores o encargados de las organizaciones de la circunstancia 2ª del apartado 1 del artículo 369 CP*

Caben aquí todas las críticas antes expresadas respecto del análisis de la circunstancia segunda del artículo 369 CP. Su inoperatividad ya venía siendo destacada por la FGE en el año 2011[467], que se mostraba también sorprendida de las numerosas críticas que podían hacerse al precepto: "Ya antes de la reforma esta agravación resultaba de compleja aplicación, pero al suprimirse la referencia a la pertenencia del sujeto a organizaciones o asociaciones dedicadas a la difusión de drogas, la referencia a otras actividades organizadas —que a falta de especificación incluso podrían ser lícitas— queda descolgada en el vacío, siendo, por otro lado, de difícil explicación el fundamento de configurar una circunstancia de especial agravación sobre la conducta básica

concurrentes que pudiesen justificar que la implicación en los hechos del menor (a la que meramente se alude) viene motivada por un aprovechamiento o prevalencia de su condición de tal de manera que, como exige la jurisprudencia expuestas, se convierta en un mero instrumento en la mecánica comisiva (…) En este sentido, la descripción concreta de la implicación del menor en las actividades delictivas no presenta ningún matiz diferencial respecto de las que se atribuyen al hijo mayor de edad; y la deducción de que el primero, por su minoría de edad, no colaboraba de modo voluntario en la actividad delictiva contradice abiertamente su condena en la jurisdicción de menores (…) Asimismo, debemos subrayar que, al acudir a los restantes parámetros que ha barajado la jurisprudencia, tampoco advertimos datos que avalen que la participación del hijo menor no fuera libremente aceptada por éste. Sólo su edad no es suficiente, máxime si, como advertimos al examinar la sentencia dictada en la jurisdicción de menores, éste contaba con 17 años a la fecha de comisión de los hecho (…) Todo lo cual resulta de entera aplicación al caso aquí analizado; sin perjuicio de incidir en que, desde el punto de vista de las actividades que el menor desarrollaba (contacto con clientes y preparación de la sustancia estupefaciente), tampoco su edad suponía para los adultos, ni una especial facilidad comisiva, ni tampoco un parapeto de cara a una eventual investigación policial".

467 FISCALÍA GENERAL DEL ESTADO, Circular 3/2011, de 11 de octubre, pp. 13-14.

de tráfico de drogas, incluso de escasa entidad, por el hecho de que el infractor participe en otras actividades organizadas. Además, esta circunstancia plantea conflictos concursales con la regulación de las organizaciones y grupo criminales regulados en los arts. 570 bis y 570 ter, cuya discutible resolución además de desproporcionada tendrá muy improbables aplicaciones prácticas, por lo que con más motivos que antes de la reforma se puede vaticinar la inoperancia e inaplicabilidad del precepto, debiendo ser la prudencia de los Sres. Fiscales la guía en su actuación en el ámbito de esta circunstancia de agravación".

De hecho, no parece que exista ninguna sentencia que haga referencia a la circunstancia prevista en el artículo 370.2º CP (tampoco ninguna que considere aplicable la del artículo 369.1.2º CP). En todo caso, si surgiera algún escenario que posibilitara su apreciación, a él podrían trasladarse las consideraciones sobre los conceptos de "jefes", "administradores", o "encargados" que la Jurisprudencia realizó con anterioridad a la reforma de 2010[468].

---

468 Véanse las SSTS 340/2001, 30-7 *(Tol 4914112)*; 1106/2004, 22-10 *(Tol 525676)*; STS 808/2005, 23-6 (*Tol 738285*); STS 312/2011, 29-4 *(Tol 2132883)*: "Según la doctrina por "jefe" debe entenderse a la persona que da órdenes a los otros miembros de la organización; "administrador" es el sujeto al que se le confía la gestión económica de la organización; y "encargado" es la persona que tiene a su cuidado cierta cosa o la persona que dirige un negocio en representación del dueño del mismo. Ciertamente se destacan los problemas de prueba con los que se van a encontrar los tribunales para comprobar y acreditar si una persona tiene o no verdadera capacidad de ordenar a otros dentro de la organización a efectos de la aplicación de esta agravante. Ello llevará en muchos casos a afirmar la importancia de la prueba indiciaria ya que normalmente no será posible acreditar a través de prueba directa cuál es la estructura interna de la banda, los medios concretos con los que cuenta, las conexiones entre sus miembros, el cometido de cada sujeto o la jerarquización del grupo. La STS 340/2001 de 30.7, al tratar de la aplicación de esta circunstancia señala: "que si bien es cierto que el tipo penal no requiere que la jefatura esté constituida por una sola persona, sino puede serlo por varias en distribución horizontal de cometidos, no todos los partícipes deben ser incluidos en tal agravación, sino únicamente aquellos que por su superior posición en el entramado de la organización delictiva tengan capacidad de decisión sobre los restantes, impartiendo las instrucciones necesarias que serán sucesivamente ampliadas y cumplidas por los distintos niveles de atribución en las tareas organizativas. Naturalmente, una interpretación lógica y coherente de la norma impedirá que todos los citados niveles adquieran a efectos de punibilidad la condición de "jefatura" en la or-

El artículo 370.2º CP constituye uno de los supuestos que plantean dudas en torno a si, atendiendo al principio de proporcionalidad, debería agravarse la pena en dos grados, y no solo en uno, aunque el tenor del 370 CP permita esta última posibilidad. Y ello porque, cuando se trate de sujetos a los que se les pueda aplicar esta agravación (jefes, administradores o encargados de las organizaciones), será porque, de hecho, el comportamiento ya podría ser agravado por la vía del artículo 369.1.2º CP, al que hace referencia expresa el mismo precepto[469].

2.3. *La extrema gravedad*

Al igual que las dos circunstancias anteriores, los casos que puedan clasificarse como de "extrema gravedad" llevan aparejados pena superior en uno o dos grados a la señalada para el tipo básico. La determinación de esa condición de "extrema gravedad" aparece ya —desde 2003— legalmente determinada, haciendo referencia el Código a cinco tipos de casos distintos, a saber: que la cantidad de estupefacientes exceda notablemente de la cantidad de notoria importancia; que se hayan utilizado como medio de transporte de las sustancias buques, embarcaciones o aeronaves; que se hayan simulado operaciones de comercio internacional entre empresas; que se trate de redes internacionales dedicadas a actividades de narcotráfico; o que concurran tres o más de las circunstancias del artículo 369 CP. La concurrencia de cualquiera de estos supuestos dará lugar a la aplicación del apartado 3º del artículo 370 CP, pues se recogen de forma alternativa mediante la disyuntiva "o".

---

ganización, sino únicamente aquellas personas que estén ocupando los niveles más altos en el entramado criminal"".

469 De ello se hacía eco la STS 312/2011, 29-4 *(Tol 2132883)*, aunque sus hechos son anteriores a la reforma de 2010, por lo que el planteamiento se hace en torno a los jefes de una organización dedicada al tráfico de drogas: "En cuanto a sus efectos, en estos casos no se puede olvidar que los jefes, administradores o encargados de la organización o asociación ya tendrán elevada la pena un grado, dado que necesariamente concurrirá la agravante del art. 369.1.2, ya que difícilmente podrá hablarse de jefes... si previamente no existe la organización dedicada a la ilícita actividad, por tanto el arbitrio judicial debe jugar un papel muy importante a la hora de individualizar la pena".

2.3.1. Exceso notable de la cantidad considerada como de notoria importancia

El Acuerdo del Pleno No Jurisdiccional de la Sala Segunda del Tribunal Supremo, de 25 de noviembre de 2008, declaró que "la aplicación de la agravación del artículo 370.3 del C.P. referida a la extrema gravedad de la cuantía de sustancia estupefaciente, procederá en todos aquellos casos en que el objeto del delito esté representado por una cantidad que exceda de la resultante de multiplicar por mil la cuantía aceptada por esta Sala como módulo para la apreciación de la agravación de notoria importancia". Con ello, una vez más, la Jurisprudencia se vestía con los ropajes de legislador para determinar a partir de qué cantidades podría considerarse de manera directa que se está ante un caso de "exceso notable".

Cuadro de exceso notable de cantidades de notoria importancia de las principales sustancias tóxicas objeto de tráfico de drogas

SUSTANCIA TÓXICA	HEROÍNA	COCAÍNA	HACHÍS	LSD	MDMA	MORFINA
Cantidad exceso notable sobre notoria importancia	+300 kg.	+750 kg.	+2.500 kg.	+300 grs.	+240 kg.	+1.000 kg.
SUSTANCIA TÓXICA	MARIHUA.	ANFETA.	KETAMINA	METANFE.	MDEA/MDA	FENTANILO
Cantidad exceso notable sobre notoria importancia	+10.000 kg.	+90 kg.	+100 kg.	+30 kg.	+20 grs.	+50 grs.

De nuevo este precepto plantea la necesidad de agravar la pena en dos grados, en aras a respetar el principio de proporcionalidad, dado que la cantidad de "notoria importancia" ya ordena la aplicación de la pena superior en grado vía artículo 369 CP[470]. Por lo demás, las

[470] Es habitual que junto con esta circunstancia agravante concurran otras, bien del 369 CP, bien del 370 CP. En cualquier caso, ello no será necesario, pues el Código utiliza esa configuración alternativa. Cfr. las recientes SSTS 264/2023,

mismas precisiones que deben tenerse en cuenta para la circunstancia de *notoria importancia* pueden ser trasladadas aquí, pues lo único que distingue a ambas agravantes es el dato (matemático, numérico o físico) de la respectiva cantidad de droga incautada en cada caso.

2.3.2. Utilización de buques, embarcaciones o aeronaves como medio de transporte específico

El fundamento de dicha agravación se encuentra en la utilización de medios que aportan mayores facilidades al narcotráfico, en ocasiones porque los buques o aeronaves permiten trasladar grandes cargamentos de droga en un único viaje, y en otras, porque se trata de pequeñas embarcaciones de alta velocidad difíciles de detectar y perseguir por las fuerzas y cuerpos de seguridad del Estado. En este mismo sentido, la FGE en su Circular de 2011 afirmaba que se "colmatará la agravación mediante la utilización de una embarcación que determine una mayor intensidad criminógena y contribuya de manera decisiva al éxito de la consumación del delito y al intento potencialmente eficiente de facilitar o asegurar su impunidad…"[471].

La reforma penal del año 2010 introdujo, junto a los buques y las aeronaves, el término "embarcaciones". Y ello porque el Tribunal Supremo había venido considerando que para que los medios de transporte fueran considerados "buques" o "aeronaves" tenían que cumplir una serie de características (p. ej., que fueran aptos para realizar viajes de cierta entidad o tuvieran una mínima capacidad de transporte) que excluían a las lanchas motoras, muy utilizadas en el transporte de estupefacientes[472].

19-4 *(Tol 9524238)*; STS 931/2022, 30-11 *(Tol 9307128)*, 30-11; 906/2021, 24-11; STS 495/2015, 29-6 (*Tol 5391333*).

471 Ese es también el fundamento de la agravación de los artículos 570 bis 2.c) y 570 ter 2.c) CP, cuando se trata de organizaciones o grupos con medios tecnológicos de transporte. Y por ello, en el caso de que coincidan ambas, habrá que aplicar el concurso de normas a resolver por alternatividad (siendo más gravosas aquellas contempladas por el art. 370 CP en el caso de tratarse de un grupo criminal. La respuesta es, sin embargo, cambiante para el caso de la organización criminal. Vid. *infra*. Con esta interpretación FGE, Circular de 2011, p. 15.

472 Es necesario ser crítico con esa introducción en el Código. La redacción abre paso a castigar a casi cualquier embarcación, aunque no suponga una mayor fa-

Esa doctrina del Tribunal Supremo cristalizó en el Acuerdo del Pleno No Jurisdiccional de la Sala Segunda del Tribunal Supremo, de 25 de noviembre de 2008: "a los efectos del art. 370.3 del CP, no cabe considerar que toda embarcación integra el concepto de "buque". La agravación está reservada para aquellas embarcaciones con propulsión propia o eólica y, al menos, una cubierta, con cierta capacidad de carga e idónea para realizar travesías de entidad. Por tanto, quedan excluidas de ese concepto, con carácter general, las lanchas motoras, planeadoras para efectuar travesías de cierta entidad".

Frente a lo anterior, el deseo del legislador penal de abarcar en el ámbito de la agravación a todo tipo de embarcaciones se plasmaba en la Exposición de Motivos de la Ley Orgánica 5/2010: "Del mismo modo, se precisa más adecuadamente la agravante de buque, en la que venían detectándose algunos problemas de interpretación, añadiéndose el término «embarcación» a fin de permitir la inclusión de otros tipos de embarcaciones habitualmente utilizadas en estos delitos, como, por ejemplo, las semirrígidas".

La preocupación por las facilidades que el uso de este tipo de embarcaciones procura al narcotráfico ha permanecido vigente, pues en los últimos años siguen siendo frecuentes las noticias publicadas en los medios sobre persecuciones en el mar entre la Guardia Civil y los narcotraficantes. En muchas de estas ocasiones, la Guardia Civil ha sido incapaz de atrapar a estos cuando emplean las denominadas "narcolanchas", embarcaciones ilegalmente modificadas que pueden alcanzar velocidades superiores a cualquiera de las lanchas disponibles en el mercado[473]. Con motivo de lo anterior, en el año 2018 se aprobó el *Real Decreto-ley 16/2018, de 26 de octubre, por el que se adoptan determinadas medidas de lucha contra el tráfico ilícito de personas y mercancías en relación con las embarcaciones utilizadas*[474]; de este modo se

---

cilidad en la comisión o impunidad para el delincuente. Ello lleva a preguntarse si eso merecería ser calificado como un supuesto de "extrema gravedad".

473 https://www.europasur.es/campo-de-gibraltar/Guardia-Civil-narcos-gomas-trafico-drogas_0_1631237901.html

474 Baste echar un vistazo a la peculiar parte expositiva del Real-Decreto ley: "Ello produce una sensación de impunidad en la ciudadanía y de cierta impotencia y desánimo entre los miembros de las fuerzas y cuerpos que tienen encomendada la represión del contrabando y el narcotráfico, generando la percepción de que existen ciertas áreas del litoral español —especialmente el más próximo a

creó el Registro de Operadores de Embarcaciones Neumáticas y Semirrígidas de Alta Velocidad, y se reguló el procedimiento de autorización e inscripción en el mismo, así como las consecuencias en caso de incumplimiento y el procedimiento de inspección y control. Con ello se permite que este tipo de embarcaciones puedan considerarse "género prohibido" a efectos de la Ley de Represión del Contrabando, siempre que se puedan acreditar indicios racionales de que el destino de la embarcación era realizar actos de contrabando[475].

Gibraltar— en las que el control efectivo del Estado se ve muy mermado cuando no totalmente imposibilitado. Esta sensación es muy evidente en lo que se refiere a la represión de las actividades de contrabando y narcotráfico en las que se emplean embarcaciones semirrígidas de alta velocidad, que se realizan frecuentemente a plena luz del día y en presencia de ciudadanos que disfrutan de los espacios públicos (…)".

475 En el artículo único se disponen una serie de "indicios racionales" *iuris tantum,* entre las que figuran, por ejemplo, el incumplimiento de la obligación de registro y matrícula, la manipulación de los sistemas de posicionamiento o la modificación de las partes integrantes de la embarcación.

En este sentido vid. la STS 906/2021, 24-11, que aclara que, en aquellos casos donde aparezca una embarcación que pueda ser denominada como género prohibido según la Ley de Represión del Contrabando como vehículo para el transporte de drogas debe castigarse por ambos delitos (pues protegen bienes jurídicos distintos) en concurso medial: "Que los tipos penales previstos en los art 368 y siguientes del Código Penal, tienen perfecta autonomía y significación jurídica separada de la Ley Orgánica de Represión del Contrabando. Los bienes jurídicos que protegen una y otra norma son distintos; la primera la protección de la salud pública frente a sustancias que objetivamente perjudican a quien las consume y causa problemas sanitarios, económicos y sociales y en el caso de la segunda según su Exposición de Motivos es la defensa del territorio aduanero español integrado a su vez en la zona de mercado único de la Unión Europea y de forma secundaria la hacienda pública española. Además, la reciente regulación del RD Ley 16/2018 refuerza la separabilidad (…) Se trataría de un concurso medial de delitos cuando nos encontramos con la tenencia para el contrabando con la embarcación y, luego, y, además, la tenencia de la droga para el destino del tráfico. La admisión del concurso medial por el TSJ ha sido correcta. Lo uno facilita lo otro en su utilidad medial". Lo que la sentencia no deja tan claro es si es posible aplicar a la vez el delito de contrabando por la embarcación y el delito de tráfico agravado por el uso de embarcación: "No existe vulneración del non bis in ídem por sancionar el delito de contrabando por el empleo de embarcación y la extrema gravedad del art. 370.3 CP. Nótese que la extrema gravedad del artículo 370.3 CP se aplica ya a la cantidad de droga aprehendida que transportaban los recurrentes y consta en los hechos probados: "La droga intervenida, que tras ser analizada se confirmó que era

La descripción de las embarcaciones que se declaran prohibidas por la normativa mencionada está siendo igualmente utilizada para interpretar el concepto penal de embarcación del 370 CP[476].

En 2020 el Ministerio del Interior firmó un convenio con el Centro para el Desarrollo Tecnológica Industrial, con el fin de obtener una embarcación más rápida (más segura y menos contaminante) que las "narcolanchas"[477]. En febrero de 2023, estas patrulleras ya estaban en manos de la Guardia Civil, con un precio de 1, 87 millones de euros por embarcación[478].

En otro orden de cosas, hay que advertir que la agravante por el empleo de buques, embarcaciones o aeronaves no será de aplicación para aquellas personas que viajan a bordo de dichos vehículos transportando droga dentro de su cuerpo, pues el segundo párrafo del

---

hachís, arrojó un peso neto de 3.874.969 gramos, de los cuales 1.597.028 gramos de polvo prensado tenían el 30,9% de T1-1C y 2.277.941 gramos de polvo prensado tenía el 21,3% de THC. Dicha droga tiene un valor de 6.141.875 euros e iba a ser destinada finalmente a la venta a consumidores". La cantidad de droga aprehendida que permite la aplicación de la extrema gravedad excede en 1.300 kg la cifra para aplicar ya la extrema gravedad. (...) Pero el uso de la embarcación para el transporte de la droga es un plus de antijuridicidad. Es un mayor desvalor de la acción desplegada, y que no se constata solo que se disponga de una embarcación de las características que cita el RDL 16/2018, sino que se usa en una actividad ilícita de tráfico de drogas. No se está sancionando dos veces el mismo hecho. Se trata de compartimentos distintos, no obstante lo cual la extrema gravedad ya permite aplicarla en este caso por el quantum de la droga aprehendida".

476 Cfr. así la STS 942/2021, 1-12: "Con respecto a si concurre en el presente caso la agravación de "embarcación", en el factum se hace constar que se trata de "una embarcación de fibra semirrígida con tres motores y de gran potencia" y, si bien la jurisprudencia de la Sala ha ido fijando el concepto de buque y embarcación a estos efectos, en la actualidad, existe un concepto normativo de ésta última, al que se refiere el Real Decreto Ley 16/2018, de 26 de octubre, por el que se adoptan determinadas medidas de lucha contra el tráfico ilícito de personas y mercancías en relación con las embarcaciones utilizadas, en cuya Exposición de Motivos se dice que (...) En consecuencia, la descripción que consta en el relato fáctico coincide con el concepto normativo de embarcación por lo que sí es procedente la aplicación de la agravación del art. 370.3º del CP".

477 https://www.boe.es/boe/dias/2020/07/21/pdfs/BOE-A-2020-8275.pdf

478 https://www.lavozdegalicia.es/noticia/galicia/2023/02/23/guardia-civil-incorpora-patrullera-rapida-mundo-fabricada-galicia/00031677158661998259962.htm

artículo 370.3º CP indica que las embarcaciones deben ser usadas como medio de transporte *específico* de la sustancia[479].

En todo caso, y dado que la finalidad del precepto es incluir en su ámbito cualquier tipo de embarcación, no será necesario que las características específicas de esta aparezcan delimitadas en la sentencia[480].

Tampoco resultará necesario que el sujeto utilice materialmente la embarcación, pues según la Jurisprudencia también pueden responder por esta agravante aquellos que solo recepcionan la mercancía, sin haber participado en su transporte. En este sentido se expresa por ejemplo la STS 942/2021, 1-12: "Está probado el empleo de embarcación conforme exige el art. 370.3º del Código Penal y, desde luego, su punición no requiere que el sujeto haya utilizado directamente la nave ni que se haya desplazado en la misma, bastando con que conozca y asuma su empleo para el transporte de la droga que recepciona, conocimiento del que obviamente disponía el acusado".

Ello incluso aunque los sujetos no tengan capacidad decisiva, por tratarse de meros peones (STS 207/2012, 12-3 [*Tol 2507802*]). Lo que sí será necesario es que, tratándose de sujetos que desempeñan funciones secundarias, los mismos conozcan los medios que se van a utilizar[481].

---

479 De esta opinión: MANJÓN-CABEZA OLMEDA, A., "Tráfico de drogas: (II)", cit., p. 253; MARTÍNEZ PARDO, V. J., cit., p. 290. Esta interpretación es compartida por la FGE en su Circular de 2005, p. 14; FAKHOURI GÓMEZ, Y., CORREA FLÓREZ, C., cit., para. 15245.

480 Vid. STS 942/2021, 1-12; o ATS 838/2021, 23-9 *(Tol 8623956)*.

481 Así STS 115/2022, 10-2 *(Tol 8810288)*: "el tipo hiperagravado no tendrá aplicación en aquellas personas que, por desempeñar una función plenamente secundaria en la mecánica delictiva, desconocen las circunstancias específicas de la operación a la que deciden aportar su apoyo y concretamente de aquellas que ha fijado el legislación para maximizar el reproche, con independencia de que el partícipe actúe en cooperación necesaria o complicidad (SSTS 224/2007, de 19 de marzo; 503/2012, de 5 de junio; 193/2013, de 4 de marzo; 990/2016, de 12 de enero).

2.3.3. Simulación de operaciones de comercio internacional entre empresas

El fundamento de esta circunstancia agravatoria no se encuentra solo en la capacidad de enmascarar la operación como legal, sino también en las posibilidades de facilitar las operaciones subsiguientes de blanqueo de los beneficios económicos obtenidos con el tráfico de drogas[482].

Como se planteó al inicio de este epígrafe, será habitual que junto a esta circunstancia agravante se presenten otras, como la relativas a las redes internacionales o a la pertenencia a organización criminal dedicada al tráfico de drogas (art. 369 bis CP).

2.3.4. Redes internacionales

El fundamento de la agravación por la utilización de estas redes internacionales es la mayor expansividad que pueden obtener este tipo de comportamientos más allá del propio territorio del Estado español, además, sin duda de lo que se desprende *per se* del injusto de organización. Si el precepto menciona el término "redes" es de suponer que exige la existencia al menos de dos grupos u organizaciones comunicados entre sí, con cierta estructura, bastando no obstante que el sujeto se aproveche de su existencia, sin necesidad de pertenecer a los mismos[483].

---

482 MANJÓN-CABEZA OLMEDA, A., "3.4. Extrema gravedad. Las distintas modalidades de la extrema gravedad", en F. J. ÁLVAREZ GARCÍA, (dir.), *El delito de tráfico de drogas*, Tirant lo Blanch, Valencia, 2009, p. 255.
Véanse las STS 239/2012, 23-3 *(Tol 2514498)*, donde no solo se simula una operación de comercio internacional sino también la existencia misma de la empresa. Así, junto con el cargamento se encuentra documentación con datos inciertos sobre la existencia de la empresa "Hortofrutícola del Sur S.A"., para disimular el envío de mercancía al extranjero; 201/2022 de 3 de marzo, en la que un sujeto adquiere la totalidad de participaciones sociales de una empresa, quedando a continuación como consignataria de un material importado a través de otra empresa argentina (piedras decorativas con droga en su interior); o la STS 760/2018, 28-5 (*Tol 7263556)*, donde los sujetos simularon actuar para la empresa importadora Ahorra Más, sin tener ninguna vinculación laboral con ella; 855/2013 de 11 de noviembre, sobre creación de una empresa pantalla de entrega de flores.

483 De esta opinión MARTÍNEZ PARDO, V. J., cit., p. 299.

Si estas redes conforman una "organización criminal", podrán entrar en juego los artículos 369 bis y 570 bis CP; si se tratara de un "grupo criminal", tan solo resultaría de aplicación el 570 ter. Dichos concursos de normas deberán ser solventados conforme al criterio establecido en el artículo 8. 4ª CP[484].

2.3.5. Concurrencia de tres o más circunstancias del artículo 369.1. CP

La última circunstancia prevista en el art. 370.3° CP que cualifica los hechos como de extrema gravedad es la concurrencia de tres o más circunstancias de las recogidas en el artículo 369.1 CP. Aunque el principio de proporcionalidad señalaría a la elevación de la pena en dos grados (pues cualquier circunstancia aislada del art. 369 ya implica aplicar la pena superior en un grado), la FGE (Circular 2011 y Circular 2005) exhorta a los fiscales a valorar en cada caso la relativa importancia de las agravaciones que concurran y las circunstancias personales del autor. No obstante, la Fiscalía sí señala la necesidad

---

484 Vid. así la STS 746/2022, 21-7: "Con respecto a la agravación de "red internacional", la sentencia de instancia indica que aparecen e intervienen sendas organizaciones —las que denomina facción colombiana y facción española, aunque la segunda está conformada mayoritariamente por albaneses— que cooperan entre sí y que enlazan relaciones comerciales delictivas transnacionales planeando una operación de tráfico de grandes cantidades de cocaína, en la que interviene más de una organización diferente asentada en diversos países, como son en este caso Colombia y España, que se asocian entre sí, para llevar a cabo la operación y que mantenían lazos y controles entre ellas, la hispano albanesa tenía su enlace en Colombia, que era Cirilo y la colombina otro en España, que era Jose Luis. Compartimos con el tribunal a quo la interpretación, basada en la Circular 3/2011, de 11 de octubre, de la FGE, sobre que es diferente y compatible la agravación de red internacional dedicada al tráfico de drogas con la mera organización criminal del Art. 369 bis CP, ya que la arriba analizada se refiere a organizaciones que actúan en más de un Estado, para que estemos ante una red internacional más allá de una organización criminal debe estar "enraizada en ámbitos geográficos supranacionales y ser apta para planificar y desarrollar las distintas fases del proyecto criminal en el territorio de más de un Estado ". Ello supone que se puede producir concurso de normas entre el Art. 370 (red internacional) y los Arts. 570 bis (organización criminal) y 570 ter (grupo criminal), y aquí, el Art. 369 bis CP, arriba apreciado. Siendo de aplicación para la imposición de la pena en concreto el Art. 8.4 CP en favor del subtipo más penado, careciendo en este caso de efecto práctico alguno".

de solicitar la pena superior en dos grados cuando concurran varias agravaciones del artículo 370 CP. En cualquier caso, el Código no recoge ninguna norma de determinación de la pena específica para estos supuestos, ni para el caso de concurrencia de una o varias agravaciones del 369 CP y una o varias del 370 CP[485].

3. EL ARTÍCULO 369 BIS

El artículo 369 *bis* CP se introduce en el texto punitivo tras la aprobación de la LO 5/2010, de 22 de junio. Se trata en realidad de un precepto doble: por un lado, contempla penas específicas para aquellos que cometan los hechos del artículo 368 CP perteneciendo a una organización criminal, y, por otro, establece la posibilidad de exigir responsabilidad penal a las personas jurídicas por delitos de tráfico de drogas recogidos en los artículos 368 y 369 CP.

Por de pronto, parece cuando menos curioso que el inciso legal sobre responsabilidad penal de las personas jurídicas haga referencia a las agravaciones del artículo 369 y no a las del 370 CP, cuando es en este último precepto donde se recogen circunstancias como "simular operaciones de comercio internacional entre empresas". Otro defecto grave de la regulación de este tipo de responsabilidad radica en el "olvido" —transversal a todo el artículo 369 bis CP— de cualquier referencia al tráfico de precursores (art. 371 CP).

Finalmente, debe recordarse que, en caso de resultar aplicable el artículo 369 *bis* CP (esto es, comisión de un delito del artículo 368 por una persona física que pertenece a una organización delictiva, o concurriendo responsabilidad de una persona jurídica), no resultará posible aplicar la atenuación prevista en el segundo párrafo del artículo 368 CP, porque así lo establece expresamente este último precepto.

---

485 No sin razón parte de la Doctrina señala que este apartado no sería una modalidad de extrema gravedad sino una regla de determinación de la pena. FAKHOURI GÓMEZ, Y., CORREA FLÓREZ, C., cit., para. 15251; MANJÓN-CABEZA OLMEDA, A., "Tráfico de drogas: (II)", cit., p. 1341.

3.1. Organización criminal

A pesar de que el artículo 369 bis CP se introdujo en el año 2010, ello no significa que con anterioridad a esta reforma no se castigara especialmente el hecho asociativo cuando éste se dedicaba al narcotráfico: ese era el contenido de la agravación del artículo 369.2º en la redacción del CP entre 2003 y 2010, y del apartado 6º del artículo 369 entre 1995 y 2003[486]. La redacción de 2010 no se ha limitado a desgajar en un precepto diferente esta modalidad, sino que presenta diferencias sustanciales respecto de las anteriores. En efecto, las penas previstas actualmente son sustancialmente mayores, sobre todo cuando se trata de jefes, encargados o administradores de las organizaciones (párrafo segundo del art. 369 bis), circunstancia que permite llegar hasta los 18 años de prisión[487].

Por otro lado, es necesario advertir un matiz que parece haber sido soslayado por Doctrina y Jurisprudencia, y es que el literal de este artículo 369 *bis* menciona el concepto "organización delictiva", término distinto al utilizado por el artículo 570 *bis*, a pesar de haber sido redactados por la misma norma (esto es, la LO 5/2010, de 22 de junio, por la que se modifica la Ley Orgánica 10/1995, de 23 de noviembre, del Código Penal)[488]. El artículo 369 bis prescinde de hacer una definición con perfiles propios de lo que debe entenderse por "organización delictiva", y tampoco remite al artículo 570 bis para su compresión. Ello obliga a preguntarse si verdaderamente la intención del legislador era asimilarlo a la organización criminal[489]. Desde

---

486 Su literal, idéntico, era: "el culpable perteneciere a una organización o asociación, incluso de carácter transitorio, que tuviese como finalidad difundir tales sustancias o productos de modo ocasional".

487 Es necesario apuntar que esta pena es superior a la señalada por cualquier obligación marcada por la DM 2004/757/JAI.

488 La reforma de 2010 acometió una modificación integral de los injustos de organización, que también tuvo sus consecuencias para el resto de los tipos penales que contemplaban modalidades que hacían referencia a la comisión de esos delitos a través de organizaciones (v. gr., terrorismo). Ello tuvo, claro está, también su repercusión en las drogas: la desaparición de ese literal del 369 CP, para conformarse en un nuevo 369 bis.

489 Es necesario recordar que, además, la reforma de 2010 dejó vigente el artículo 515 sobre asociaciones delictivas, a pesar de que las "nuevas" organizaciones y grupos no dejaban espacio para su aplicación (véase sobre ello CANCIO ME-

luego, la explicación más sencilla apunta a una falta de homogenización final de los diversos preceptos del Código que fueron enmendados por la misma norma del año 2010. No habría nada que lamentar, sino fuera por las obligaciones que el principio de legalidad impone en la aplicación e interpretación de la norma penal.

En cualquier caso, y en aras a hacer una interpretación restrictiva de este precepto que incluye una terminología desconocida para nuestro Código, conviene asimilar esta organización delictiva a la organización criminal, pues las penas que el tipo dispone serían absolutamente desproporcionadas para la noción del "grupo criminal" que recoge el artículo 570 ter, y máxime para otras interpretaciones, como por ejemplo que la intención del legislador fuera agravar la respuesta para cualquier tipo de actuación en grupo o cuadrilla. Esta interpretación que asume la identificación de la "organización criminal" con la "organización delictiva" también es consecuente con la propia estructura del artículo 369 bis, pues este incluye penas diferentes para aquellos que "pertenecen" y para aquellos que son los "jefes, encargados o directores". Sería difícil sostener que cualquier actuación en grupo respondiera a esos esquemas de reparto de funciones. Por lo demás, la exposición de motivos de la LO 5/2010 alude expresamente a aquellos grupos dedicados al tráfico de drogas que no reúnen las características de la "organización criminal" como un nicho importante donde aplicar el entonces nuevo concepto de "grupo criminal"[490]. Por lo demás, esa correspondencia de la "orga-

---

LIÁ, M. (2011), "Delitos de organización: criminalidad organizada común y delitos de terrorismo", en Díaz-Maroto Y Villarejo (dir.): *Estudios sobre las reformas del Código Penal (operadas por las LO 5/2010, de 22 de junio, y 3/2011, de 28 de enero)*, Navarra, pp. 643-670; y BOCANEGRA MÁRQUEZ, J., La asociación ilícita de finalidad delictiva: ¿una figura condenada al "ostracismo"? *Revista Electrónica de Ciencia Penal y Criminología*, 2023, núm. 25-01, pp. 1-42). Ninguna de las posteriores reformas ha derogado tampoco el precepto. Eso podría dar lugar a pensar que el legislador quiere aprehender una realidad distinta a la de las organizaciones y grupos, sino fuera por la falta absoluta de cuidado que las reformas legislativas han tenido y tienen para con la sistematicidad del Código.

490 Exposición de motivos, parágrafo XXVIII: "Hay que recordar también que la jurisprudencia relativa al delito de asociación ilícita, así como la que ha analizado las ocasionales menciones que el Código Penal vigente hace a las organizaciones criminales (por ejemplo, en materia de tráfico de drogas), requiere la comprobación de una estructura con vocación de permanencia, quedando fue-

nización delictiva" con la "organización criminal" es seguida por la Jurisprudencia[491].

---

ra por tanto otros fenómenos análogos muy extendidos en la sociedad actual, a veces extremadamente peligrosos o violentos, que no reúnen esos requisitos estructurales. La necesidad de responder a esta realidad conduce a la definición, en paralelo con las organizaciones, de los que esta Ley denomina grupos criminales, definidos en el nuevo artículo 570 ter precisamente por exclusión, es decir, como formas de concertación criminal que no encajan en el arquetipo de las citadas organizaciones, pero sí aportan un plus de peligrosidad criminal a las acciones de sus componentes. La estructura de las nuevas infracciones responde a un esquema similar en ambos casos, organizaciones y grupos, si bien por un lado las penas son más graves en el caso de las primeras, cuya estructura más compleja responde al deliberado propósito de constituir una amenaza cualitativa y cuantitativamente mayor para la seguridad y orden jurídico, y por otra parte su distinta naturaleza exige algunas diferencias en la descripción de las acciones típicas. Así, en el caso de las organizaciones criminales, el nuevo artículo 570 bis tipifica primero las conductas básicas de constitución, dirección y coordinación, distinguiendo según se trate de cometer delitos graves u otras infracciones criminales (incluida la reiteración de faltas), y en un segundo nivel punitivo sitúa las actividades de participación o cooperación, a las que se anuda una respuesta penal inferior, agregando en fin agravaciones específicas en función de las características de la organización y el tipo de delitos que tiene por objeto".

491 Vid. así, p. ej., la STS 668/2012, 23-7 *(Tol 2603744)*: "se describe una actuación realizada por un número plural de personas, entre las que existe jerarquía y distribución de funciones, que se valen de medios importantes, como embarcaciones de cierto tamaño, para, con su utilización conjunta, cometer el delito. Y, lo que es aún más importante, con una clara vocación de durabilidad pues, incluso en el hecho objeto de enjuiciamiento, se realizaron al menos dos intentos serios de transporte de sustancias prohibidas, aunque fueran ambos abortados por circunstancias ajenas a los autores, en forma de averías o de condiciones atmosféricas adversas".

Así aclaraba la Jurisprudencia las características generales del "nuevo" precepto: "La reforma introducida por la LO 5/2010, si bien ha suprimido la circunstancia 2ª del art 369.1, no ha eliminado la agravación específica, en cuanto ha incorporado un nuevo art 369 bis, castigando con penas de nueve a doce años y multa a "quienes realizaren los hechos descritos en el art. 368, respecto de sustancias o productos que causen grave daño a la salud y pertenecieren a una organización delictiva...", aunque ya no se habla del carácter transitorio o del modo ocasional de la actividad de distribución. La reforma obliga a tener en cuenta las siguientes consideraciones: a) La agravación se produce exclusivamente cuando quienes ejecutan las conductas descritas en el art 368 pertenecen a una organización criminal. b) Ha de operarse con la definición legal de organización que ahora se plasma en el nuevo art. 570 bis: "A los efectos de este Código, se entiende por organización criminal la agrupación formada por más

Por otra parte, la redacción anterior hacía referencia no solo a las organizaciones con visos de permanencia[492] sino también a organizaciones o asociaciones transitorias. El nuevo precepto del artículo 369 bis, siguiendo la interpretación anterior, no sería aplicable a esas organizaciones o asociaciones transitorias[493], que sí encajarían en el concepto de grupo criminal. Así, aquellas asociaciones para delin-

---

de dos personas con carácter estable por tiempo indefinido, que de manera concertada y coordinada se repartan diversas tareas o funciones con el fin de cometer delitos, así como..." c) La organización ha de estar integrada, en consecuencia, por un mínimo de tres personas, no siendo suficiente con dos (art. 570 bis del C. Penal). d) Se ha suprimido de la agravación para la ejecución del delito el consorcio meramente transitorio u ocasional, ajustándose así el subtipo a la exigencia de estabilidad que impone el nuevo art. 570 bis del C. Penal al definir la organización. e) La agravación no comprende a quienes simplemente formen parte de un grupo criminal, tal como aparece definido en el art 570 ter f) Se amplían las conductas que se especificaban en el antiguo 369.1.2º, pues allí se exigía la pertenencia del culpable a una organización que tuviera como finalidad difundir tales sustancias y productos, mientras que la actual redacción de la agravación del art. 369 bis cubre la totalidad de las conductas previstas en el art 368 (actos de cultivo, elaboración o tráfico, así como promover, favorecer o facilitar su consumo ilegal), que van más allá de la simple distribución material. Se recogen, pues, sustancialmente en la definición legal los caracteres que asumía la jurisprudencia supra citada, en cuanto que se requiere una pluralidad de personas (tres o más), estabilidad en el tiempo, y una actuación concertada y coordinada con distribución de tareas y reparto de roles o funciones entre sus distintos componentes. g) Ha de sopesarse también que el nuevo art. 570 bis 1 del C. Penal equipara punitivamente a quienes participan activamente en la organización con los que forman parte de ella o cooperaran económicamente o de cualquier otro modo (...)".

492 El literal del precepto hacía referencia a pertenecer a "una organización o asociación, incluso de carácter transitorio, que tuviere como finalidad difundir tales sustancias o productos aun de modo ocasional".

493 Y, al igual que ya ocurría con la agravación del 369 CP para organizaciones dedicadas a las drogas vigente hasta 2010, la Jurisprudencia se niega a aplicar el grupo criminal cuando se trata de una única operación. Así, identifican transitoriedad con, al menos, un grupo de delitos concertados para un tiempo. Vid., p. ej., STS 513/2014, 24 de junio, por "entender limitada su actuación [...] a esta concreta operación" y por considerar que los medios empleados por los acusados "no iban más allá de los imprescindibles para la misma". Véase, sobre esta consideración del grupo criminal, BOCANEGRA MÁRQUEZ, J. "El concepto de "grupo criminal" del art. 570 ter.1.II CP. La necesidad de su interpretación restrictiva", en A. GALÁN MUÑOZ, S. MENDOZA CALDERÓN (Dirs.), Globalización y lucha contra las nuevas formas de criminalidad transnacional, Tirant lo Blanch, Valencia, 2019, pp. 527-546.

quir que puedan encajar en el concepto de grupo criminal, no encuentran especial reproche en el articulado específico de drogas, de modo que, en su caso, será necesario aplicar el concurso real entre el artículo 368 CP y el delito relativo a grupos criminales del artículo 570 ter[494]. Finalmente, la regulación anterior a 2010 exigía que la organización o asociación tuviera como objetivo la difusión de las drogas, mientras que el precepto actual se contenta con que el sujeto que comete los hechos del artículo 369 pertenezca a una organización delictiva, siendo indiferente la finalidad de la misma[495].

Por otra parte, el precepto exige que los hechos del artículo 368 CP se realicen por una persona integrada en una organización, pero lo que no se castiga es la mera pertenencia a la organización criminal previa a la comisión delictiva ("no es el mero hecho asociativo"[496]), ni tampoco se recoge una modalidad específica de "colaboración" con la organización, como ocurre por ejemplo en los delitos de terrorismo (artículo 577 CP)[497]. Conforme a ello, la Jurisprudencia no aplica la agravación cuando se trata de meros colaboradores puntuales, que no pueden considerarse como miembros de la organización[498].

---

494 Como se indica *infra*, el caso del concurso de normas entre el art. 570 bis y el 369 bis tendrá que resolverse por alternatividad, cuya solución no es única sino que dependerá de las circunstancias del caso.

495 De esta opinión, FAKHOURI GÓMEZ, Y., CORREA FLÓREZ, C., cit., para. 15212.

496 MANJÓN-CABEZA OLMEDA, A., "Tráfico de drogas: (II)", cit., p. 1343.

497 BRETONES ALCARAZ, F. J., cit., p. 142. PASTRANA SÁNCHEZ, M. A., La nueva configuración de los delitos de terrorismo, Agencia Estatal Boletín Oficial del Estado, Madrid, 2020, pp. 251 y ss.

498 Vid. STS 55/2010, 26-1 *(Tol 1808655)*; caso prototípico de colaborador ajeno a la organización, se dedican a realizar portes mínimos, o a descargar fardos a cambio de precio en un momento puntual. Cfr. también la STS 760/2018, 28-5 *(Tol 7263556)*: "Hemos destacado que la organización imprime mayor gravedad en la ejecución de unos hechos delictivos porque implica la concepción de la estructuración, orientación, funcionamiento del conjunto de las aportaciones; un elemento que no se da en quien adopta solo un papel subordinado, cuando es definido y coordinado por la organización, pues (como dice la STS de 20 de julio de 2006, y recuerda la STS 16/2009, de 27 de enero) los que solo cooperan en un aspecto puntual y preparatorio, aunque sea importante, estos elementos no concurren, contemplándose así una analogía estructural entre la organización delictiva y la empresa, de modo que no forman parte de la empresa los que solo hacen aportaciones puntuales". O la STS 732/2012, 1-10 *(Tol 2670784)*: "Y prosigue diciendo la sentencia 544/2011 que "en el caso solo se declara pro-

Si la aplica, en cambio, cuando se trata, por ejemplo, de un intermediario "permanente" entre organizaciones criminales y miembros corruptos de la Guardia Civil e "inversor" de las actividades criminales, cuya función era encontrar agentes dispuestos a colaborar con las organizaciones criminales[499].

---

bado que el recurrente era miembro de la tripulación del barco en el que se transportaba la droga. Nada se dice respecto de sus previas relaciones con los demás acusados; ni de la forma en la que fueron contratados; ni sobre su eventual disponibilidad anterior o de futuro para otras operaciones similares; ni de su retribución; ni de ningún aspecto que pudiera resultar relevante a los efectos de afirmar que pertenecían a un grupo distinto del formado simplemente para integrar la tripulación del barco en esta operación. Por lo tanto, no puede considerarse que el recurrente perteneciera a una organización, de manera que el motivo se estima en ese aspecto". La proyección de la anterior línea jurisprudencial al supuesto enjuiciado impide subsumir la conducta del recurrente en el subtipo de organización, toda vez que no consta dato alguno que permita constatar su intervención en la organización más allá de la intervención en esa descarga de un alijo de hachís el día 24 de enero de 2008, actuación con la que se comprometió ante el imponderable que surgió cuando uno de los sujetos que habría de participar en esa labor se indispuso por una dolencia del aparato digestivo que le impidió sumarse a la acción planificada. Esa colaboración puntual del recurrente en el transporte de la droga, si bien resulta suficiente para subsumir su conducta en la autoría del delito de los arts. 368 y 369.1.6ª del C. Penal, no permite en cambio incardinarla en el subtipo agravado de organización al no quedar probada su pertenencia a la misma".

499 Cfr. STS 171/2019, 28-3 *(Tol 7239204)*: "En consecuencia, concurren todos los elementos necesarios para apreciar la agravación de organización, tal y como analiza la sentencia de instancia, ya que no estamos ante un caso de agrupaciones o uniones de más de dos personas, que han se formado fortuitamente para la comisión inmediata de un delito, el relato de hechos probados es concluyente al respecto, ya en la primera reunión mantenida con el Agente Encubierto el día 19 de febrero de 2015, Patricio se identifica como intermediario de un individuo conocido como "Anselmo" —Raimundo— interesado en introducir importantes cantidades de cocaína a través del puerto de Algeciras, en la reunión del día del día 16 de marzo le explican que Quico era el contacto con los suministradores —"la oficina"—, Patricio el intermediario, y el que disponía de la infraestructura empresarial para dar cobertura legítima al envío; el día 21 de abril de 2015 Raimundo (el jefe), le informa de un envío preparado en plátanos entregándole datos del exportador y del importador, le entregan 3000€ al agente, así como un móvil encriptado; el día 21 de mayo le informa el recurrente junto con Saturnino de que va a llegar un contenedor a Algeciras con 150 kilos de cocaína, con datos concretos de la embarcación —alijo que fue aprehendido el 27 de mayo—; en la reunión de 15 de junio le informa el recurrente al Agente que tiene interés en traer envíos desde Tanger, así como que "Cristal o Pica-

También se aprecia en el caso de un agente de la Guardia Civil que suministraba la información necesaria a la organización para el transporte de cocaína en un puerto marítimo[500].

No se apreciará tampoco en aquellos casos donde solo se realice una tarea preparatoria sin que luego se actúe en la ejecución delictiva, siempre que no se participe del plan delictivo. Vid. STS 760/2018, 28-5 (*Tol 7263556*): "Respecto de la aplicación de la agravación es-

---

rona" quiere traer 250 kilos de Colombia; en la reunión del 30 de septiembre con Mariola y Manuel, el acusado les informa de un nuevo envío de 150 kilos de coca; el 8 de octubre le entregaron listas y documentación de exportadores e importadores. Todo ello no implica una participación plural de personas, sino que de varias personas coordinadas, grupo que no se forma fortuitamente para la comisión de un solo delito, sino que actúan conjuntamente con labores repartidas y de forma organizada para la comisión de varios delitos contra la salud pública. (...) En el caso presente existe una unión de más de dos personas realizada no para la comisión inmediata de un delito, sino con la finalidad de cometer delitos contra la salud pública de forma persistente, tal y como se recoge en los hechos probados, cuyo tenor literal hemos de respetar dado el cauce casacional elegido, además, el recurrente tenía unas funciones totalmente perfiladas, en concreto el mismo, tal y como analiza la sentencia en el Fundamento de Derecho Segundo 2.1., actuaba como intermediario entre el resto de los miembros de las dos organizaciones criminales y el Agente encubierto. En relación con la droga aprehendida en la reunión de 27 de mayo de 2015 admite que habían perdido un millón trescientos mil (1.350.000) euros, de los que doscientos cinco mil (205.000) euros los habían puesto entre Raimundo y él, de lo que se deduce que la función de este acusado no consiste únicamente en actuar como intermediario buscando "Agentes corruptos", sino que también ejerce el rol de inversor económico para hacer posible los envíos de droga".

500 Véase la STS 199/202, 21-3: "En el caso analizado la sentencia recurrida ha declarado probado que el acusado formaba parte de una organización, de al menos 8 personas, con reparto de funciones, cuyo cometido desde su puesto de trabajo —Guardia Civil destinado en la sección fiscal del puerto de Valencia— era suministrar información logística para organizar el transporte de cocaína oculta en los buques, navieras, contenedores, itineración, horas de arriba y dársena del puerto, donde atracarían y cuadrantes de servicio de los agentes destinados en el puerto. Y además tenía la función de informar acerca de la intervención de los servicios de Guardia Civil y de Vigilancia Aduanera sobre los contenedores. Siendo así, los hechos son constitutivos de un delito de una organización criminal respecto de sustancias que causan grave daño a la salud (...) pues no puede entenderse que su intervención fuese esporádica y sin participación en el reparto de papeles, cuando su colaboración con la organización empezó en septiembre de 2015 y duró hasta enero de 2017, lo que implica, a su vez, la inaplicación del subtipo atenuado del art. 368.2".

pecífica de pertenencia a organización delictiva, ya hemos dicho en nuestro fundamento segundo que la organización implica una estructuración y orientación común del conjunto de las aportaciones, de manera que no es preciso que todos los implicados participen directamente en los actos de comercio o difusión de la droga. En todo caso, en lo que hace referencia a si quienes solo realizan una tarea preparatoria del delito (en este caso contra la salud pública), sin haber tenido ninguna actuación en la ejecución del mismo y sin que conste que hayan participado del plan delictivo, deben también responder como miembros de la organización, la Sala Segunda del Tribunal Supremo ha entendido que no. Como indicamos en la STS 16/2009, de 27 de enero (con cita de la de 26[sic] de julio de 2006), en los que solo cooperan en un aspecto puntual y preparatorio, aunque sea importante (lo que aquí ni siquiera acontece), estos elementos de coordinación, estructuración y funcionamiento conjunto, no concurren. Es preciso considerar la analogía estructural que existe entre la organización delictiva y la empresa, de manera que no formando parte de la empresa criminal los que solo hacen aportaciones puntuales, no se justifica la extensión de una agravación que se configura por la permanencia de un dolo y una voluntad coordinada y duradera de colaboración. Lo expuesto muestra también la indebida aplicación del artículo 369 bis respecto del recurrente, a quien solo se atribuye la compra de unos teléfonos utilizados en las gestiones administrativas para la introducción en España de un contenedor que había sido exportado desde Ecuador con la droga en su interior".

En otro orden de cosas, no parece necesario buscar un fundamento específico para esta agravación, más allá del mismo genérico del injusto de organización: la aseguración de la realización de las conductas típicas a través de los medios y la capacidad de reparto de funciones que las organizaciones poseen, es decir, la especial idoneidad lesiva que estas representan para el bien jurídico que es puesto en riesgo o afectado por el concreto comportamiento delictivo que se planifica y ejecuta por la estructura criminal[501].

---

501 FARALDO CABANA, P. *Asociaciones ilícitas y organizaciones criminales en el código penal español*, Tirant lo Blanch, Valencia, 2012; CASTRO MORENO, A., 2.2.2. El culpable perteneciere a una organización o asociación, incluso de carácter transitorio, que tuviese como finalidad difundir tales sustancias o productos aun

Desde luego, no resulta extraña la preocupación del legislador por la criminalidad organizada en torno al tráfico de drogas: según el Informe Anual de Seguridad Nacional de 2022, "el tráfico de drogas continúa siendo la manifestación más importante del crimen organizado en España, junto a otros tráficos ilícitos"[502]; por su parte, el Informe de situación en la Lucha contra el Crimen Organizado y la Corrupción de 2017 señalaba que el 64% de las asociaciones detectadas se dedicaban al tráfico de drogas[503].

Por último, es necesario mencionar que, conforme a lo dispuesto en el segundo párrafo del artículo 369 bis CP, a los sujetos que ocupan la cúspide de la organización —los jefes, encargados y administradores— se les impondrá las penas superiores en grado a las previstas en el párrafo primero (esto es, prisión de 12 a 18 años, si se trata de sustancias que causan grave daño; prisión de 10 a 15 años, si se trata de otras sustancias ilegales; multa del cuádruplo al séxtuplo del valor de la droga, en ambos supuestos), consecuencias nada desdeñables para quienes desempeñan unos determinados roles que, en muchas ocasiones, serán difíciles de probar. En cualquier caso, aunque es loable esa especial punición a los principales responsables del narcotráfico delictivo (pues son estos quienes verdaderamente reciben enormes beneficios económicos)[504], no puede dejar de señalarse la exacerbación punitiva a la que lleva este párrafo segundo del artículo 369 bis, pues las penas de prisión previstas pueden ser, en su límite mínimo, equivalentes a las que corresponde al homicidio doloso, y en su límite máximo, igual de aflictivas que las aplicables a determinados casos de asesinato.

---

de modo ocasional, en ÁLVAREZ GARCÍA, F. (dir.), "El delito de tráfico de drogas", cit., p. 167.

502 DEPARTAMENTO DE SEGURIDAD NACIONAL DEL GABINETE DE LA PRESIDENCIA DEL GOBIERNO, *Informe Anual de Seguridad Nacional 2022*, Ministerio de la Presidencia, Relaciones con las Cortes y Memoria Democrática, 2023. Disponible en: https://www.dsn.gob.es/es/documento/informe-anual-seguridad-nacional-2022

503 VIDALES RODRÍGUEZ, C., "Tipo atenuado del delito de tráfico de drogas y pertenencia al grupo criminal" en M. ABEL SOUTO, *et al.* (coords.), *Estudios penales en homenaje al profesor José Manuel Lorenzo Salgado*, Valencia, Tirant lo Blanch, 2021, p. 1494.

504 BRETONES ALCARAZ, F. J., cit., p. 148-149.

3.2. *Personas jurídicas*

El artículo 369 bis recoge penas de multa para los casos de responsabilidad penal de las personas jurídicas. El precepto acoge tanto el sistema de multa por cuotas como el de multa proporcional basada en el valor resultante de la droga, y la decisión por cuál de dichos sistemas sea finalmente el aplicado se hace depender de aquello que origine una cuantía superior. Se ofrecen, además, dos penalidades distintas, que guardan relación con la gravedad de la sanción que pudiera recaer en la persona física en el respectivo caso[505]. Además de lo anterior, también podrán imponerse las penas recogidas en las letras b) a g) del apartado 7 del artículo 33[506].

En nuestro ordenamiento, la primera sentencia en la que recayó responsabilidad penal para una persona jurídica lo fue, precisamente, por tráfico de drogas. Así, la STS 145/2016, 29-2, la cual enjuició los siguientes hechos: "Estas entidades, en cuanto a las dos primeras realizaban actividades comerciales diversas, no así la tercera citada a la que no se le conoce actividad, y eran utilizadas por Avelino Javier para articular actividades de importación y exportación de máquinas en cuyo interior se encontró sustancia estupefaciente como en el pre-

505 "(...) a) Multa de dos a cinco años, o del triple al quíntuple del valor de la droga cuando la cantidad resultante fuese más elevada, si el delito cometido por la persona física tiene prevista una pena de prisión de más de cinco años; b) Multa de uno a tres años, o del doble al cuádruple del valor de la droga cuando la cantidad resultante fuese más elevada, si el delito cometido por la persona física tiene prevista una pena de prisión de más de dos años no incluida en el anterior inciso".

506 "(...) b) Disolución de la persona jurídica. La disolución producirá la pérdida definitiva de su personalidad jurídica, así como la de su capacidad de actuar de cualquier modo en el tráfico jurídico, o llevar a cabo cualquier clase de actividad, aunque sea lícita. c) Suspensión de sus actividades por un plazo que no podrá exceder de cinco años. d) Clausura de sus locales y establecimientos por un plazo que no podrá exceder de cinco años. e) Prohibición de realizar en el futuro las actividades en cuyo ejercicio se haya cometido, favorecido o encubierto el delito. Esta prohibición podrá ser temporal o definitiva. Si fuere temporal, el plazo no podrá exceder de quince años. f) Inhabilitación para obtener subvenciones y ayudas públicas, para contratar con el sector público y para gozar de beneficios e incentivos fiscales o de la Seguridad Social, por un plazo que no podrá exceder de quince años. g) Intervención judicial para salvaguardar los derechos de los trabajadores o de los acreedores por el tiempo que se estime necesario, que no podrá exceder de cinco años".

sente caso, actividades por las que se han seguido procesos penales aparte en 2006 y 2007. En los primeros meses del año 2011, Avelino Javier y las personas que formaban su organización, Remigio Gumersindo, Landelino Valeriano y Ignacio Valentin, comenzaron los trámites para el envío de máquinas a Venezuela, las que serían posteriormente reimportadas a España conteniendo droga en su interior". Las distintas sociedades fueron condenadas a casi 800 millones de euros cada una y la disolución de dos de las tres. La empresa que no fue disuelta fue condenada a la prohibición de realizar actividades comerciales en España por tiempo de 5 años (decisión que fue tomada por el interés de los trabajadores de la misma).

VI. RELACIONES CONCURSALES

La complejidad del sistema de agravaciones parece residir en las distintas relaciones que existen entre los artículos 368 a 370 CP, y en la respuesta que ha de darse a su concurrencia. En este sentido, y con relación a los artículos 369 y 370 CP, la Fiscalía General del Estado[507] afirma que se trataría de un concurso de normas a resolver mediante el criterio de la especialidad (siendo el 370 preferente al 369), pero no puede compartirse esta afirmación sin realizar importantes matices. Es cierto que existe una *norma general* que es el artículo 368, y que tanto el artículo 369 como el 370 se relacionan con ella mediante la especialidad, pero esa no es la relación que existe actualmente entre el 369 y el 370 en *todos los casos*. Así, todavía se desprende dicha relación entre el 369 (norma general) y el 370 (norma especial) cuando se trata de su circunstancia segunda (*se trate de los jefes, administradores o encargados de las organizaciones a que se refiere la circunstancia 2.ª del apartado del artículo 369)* y tercera, primera e *in fine* (*los casos en los que la cantidad de las sustancias a que se refiere el artículo 368 excediere notablemente de la considerada como de notoria importancia* (...) *cuando concurrieren tres o más de las circunstancias previstas en el artículo 369.1*), pero no en las demás, que de hecho no tienen por qué guardar ninguna relación con las del artículo 369[508]. Por lo que, desde esta perspectiva, si concurre una o dos circunstancias del artículo 369 y otra del 370 (que no sean de las que guardan relación de especialidad), debería aplicarse el artículo 370 por alternatividad, pues es el único aplicable en defecto de los otros criterios según el artículo 8, al no existir una relación de especialidad, ni de subsidiariedad ni de consunción entre las restantes modalida-

---

507 FISCALÍA GENERAL DEL ESTADO, Circular 3/2011, de 11 de octubre, p. 8.

508 Así, por ejemplo, ninguna relación de especialidad existe entre los artículos 369 y 370 CP si en el caso sucede una operación de narcotráfico cuyo autor es un funcionario (art. 369 CP), que utiliza menores de edad para la comisión delictiva (art. 370 CP). Piénsese en el director de un instituto de educación secundaria que utiliza a unos estudiantes de 16 años para la distribución de estupefacientes entre los alumnos.

des agravatorias[509]. Como conclusión de lo anterior, deberá, dado ese caso, aplicarse el precepto castigado con pena mayor, que será el artículo 370 CP[510]. Al determinar la pena, el juez deberá te-

---

509 Existirá en esos casos un "concurso de circunstancias" y no un concurso de delitos. En el ejemplo de la nota al pie anterior no existen varios delitos de tráfico de drogas sino uno solo, en el que concurren varias modalidades de los tipos agravados. Considerar la concurrencia delictiva llevaría a vulnerar el principio *ne bis in idem*. Así lo expresa BORJA JIMÉNEZ: "también habrá que exigir, para evitar la violación del *non bis in idem,* que la concurrencia de dos o más circunstancias no deriven de un sólo hecho". Cfr. BORJA JIMÉNEZ, E., *La aplicación de las circunstancias del delito,* Tirant lo Blanch, 2015.

510 La Jurisprudencia también se ha decantado por esta solución, aunque sin utilizar su *nomen iuris*. Vid. así, la STS 296/2016, 11-4 (*Tol 5691593*) y la STS 859/2015, 28-12 (*Tol 5641271*). La STS 296/2016 condena por la agravante de utilización de menores (art. 370) junto con la de notoria importancia (art. 369.5): "Decíamos que esta cuestión de la notoria importancia por lo que hace al ahora recurrente carece de eficacia práctica en relación con la penalidad impuesta puesto que ha sido condenado conforme a la agravación prevista en el artículo 370.1 CP en relación con el artículo 368 en su modalidad de sustancias que causan grave daño a la salud en concurso de normas con el delito del artículo 369.1 y 5, siendo más grave el primero, que autoriza a imponer la pena superior en uno o dos grados a la señalada en el 368, mientras que el 369 autoriza la imposición de la pena superior en grado, por lo que debe aplicarse la regla del artículo 8.4 según la cual el precepto penal más grave excluirá los que castiguen el hecho con pena menor (...) Que debemos condenar y condenamos a: Fidela Crescencia, como autor responsable de un delito contra la salud pública previsto y penado en el artículo 370.1 del Código Penal en relación con el artículo 368 del CP, de sustancias que causan grave daño a la salud, en concurso de normas de acuerdo con lo establecido en el artículo 8.4 del CP, con un delito contra la salud pública del artículo 369.1.5º del CP, en relación el artículo 368 del CP, en la modalidad de sustancias que causan grave daño a la salud (...)". Por su parte, la STS 859/2015, condenaba por uso de embarcación (art. 370 CP) junto a cantidad de notoria importancia (art. 369.5ª): "En efecto, el art. 370 CP establece una penalidad en relación con la prevista en el art. 368 y no con respecto del 369 ("pena superior en uno o dos grados a la señalada en el artículo 368..."), de forma que concurriendo alguna de las circunstancias previstas, en este caso en el 370.3, la cantidad de notoria importancia del art. 369, podemos decir que no entra en juego pues, o bien se trata de una cantidad que conlleva por sí misma la aplicación del art. 370.3 (extrema gravedad), en cuyo caso no es preciso acudir al 369.1.5º, o como aquí sucede, al entrar en juego la penalidad del art. 370 en relación siempre con el art. 368, no se tiene en cuenta la penalidad del art 369 CP. Cuestión distinta es que una vez en el Art 370.3 CP, y fijado el arco penológico aplicable por relación con el Art 368 CP, la Sala tenga en cuenta, no el art 369 CP, sino

ner en cuenta la concurrencia de varias de las circunstancias, para concretar dentro del amplísimo marco penológico que ofrece el artículo 370 CP.

Distinta es la respuesta que debe darse a propósito de lo previsto en el artículo 369 *bis*. Sin duda se trata de un tipo que establece una pena autónoma e independiente del artículo 368. Pero mucho menos claro resulta determinar qué relación guarda el artículo 369 bis con las agravantes de los artículos 369 y 370 CP. Parece que lo que el legislador ha creado en el artículo 369 *bis* es un delito complejo, constituido por los injustos singulares de las modalidades típicas del artículo 368 junto con el injusto de organización del artículo 570 *bis*. La Fiscalía General del Estado, sin mencionar lo anterior, se decanta por entender que las penas del artículo 369 bis, tan elevadas, consumen otras posibles agravaciones, tanto del 369 como del 370[511], por lo que de darse la realización de alguna modalidad

---

la cantidad de droga incautada como hecho objetivo y a fin de individualizar la pena. (…) Aplicándose la extrema gravedad por el empleo de embarcación, lo que no exige cita alguna del art. 369.1.5 CP, cuya aplicación en su caso, cedería ante la del art 370.3 CP, sea cual fuera la circunstancia por la que éste último se aplica".

511 FISCALÍA GENERAL DEL ESTADO, Circular 3/2011, de 11 de octubre, p. 8. "El art. 369 bis CP dispone que las penas que establece se impondrán cuando los hechos descritos en el art. 368 CP se hayan realizado por quienes pertenecieren a una organización delictiva. Por tanto, en los supuestos en los que una conducta incurra en alguno de los subtipos agravados en el art 369 CP o en el art. 370 CP y además en el 369 bis CP, se puede plantear una doble opción: a) imponer acumulativamente —concurso real o ideal— las penas establecidas en las normas concurrentes, o b) estimar que de la remisión que el art. 369 bis CP realiza a los hechos descritos en el art. 368 CP, así como de la gravedad de las penas del art. 369 bis CP, se deduce que el legislador ha incorporado en este artículo el desvalor de la conducta implícita en las posibles agravaciones en que haya incurrido el infractor, produciéndose un concurso de normas que se resuelve de conformidad con la regla 4ª del art. 8 del Código penal, toda vez que entre el art. 369 bis CP y los arts. 369 y 370 no se produce ninguna relación de especialidad, subsidiariedad o complejidad a los efectos de la aplicación de las normas 1ª, 2ª y 3ª del expresado art. 8 CP. Efectivamente, ante la exacerbación penal que supondría la acumulación de la suma de las penas previstas en los artículos concurrentes —concurso real (arts. 73 y 75 CP)— e incluso mediante la imposición de la pena del delito más grave en su mitad superior— concurso ideal (art. 77 CP), la interpretación lógica, proporcional, histórica —regulación anterior—, así como sistemática —entidad de las agra-

agravada de esos preceptos (369-370) por persona perteneciente a organización delictiva, esas agravaciones van a despreciarse, pues el comportamiento podrá obtener la misma respuesta punitiva que aquel que realizara el tipo básico del artículo 368 perteneciendo a organización delictiva.

En cualquier caso, la regla del artículo 570 quáter 2[512] obliga a explorar qué respuesta punitiva sería más gravosa, si la aplicación de los tipos agravados del 369 ó 370 CP en concurso real con el artículo 570 *bis* o la propia que recoge el delito complejo del artículo 369 *bis*. Por tanto, dependiendo de las circunstancias específicas de cada caso (sin olvidar las numerosas agravaciones que el artículo 570 *bis* recoge en su apartado segundo) la calificación a aplicar variará. Esta solución, por tanto, evita ignorar la concurrencia de las circunstancias de agravación.

La FGE también se encargó de precisar la relación del 369 bis con los delitos de los artículos 570 bis y ter, asumiendo la solución anterior. Ese concurso de normas entre el binomio (369 *bis*) y (368 ó 369 ó 370 + en concurso real con el 570 bis), a resolver por alternatividad, da lugar a que la Fiscalía ofrezca hasta 48 resultados distintos dependiendo de las circunstancias del caso concreto, subordinándose a si la pena resultante es mayor de aplicar el 369 *bis* o del 360+570 bis[513].

En el caso de la comisión de delitos de narcotráfico por un grupo criminal, la única posibilidad será la del concurso real de delitos entre el 368 (o, en su caso, el 369 o el 370) y el 570 ter, pues es el encaje que deja el sistema agravatorio.

---

vaciones— de los preceptos, conducen a la conclusión de que la remisión que el art. 369 bis CP hace a los hechos descritos en el 368 CP, está referida a las conductas que se describen en el mismo con las eventuales agravaciones en que se haya incurrido".

512 "En todo caso, cuando las conductas previstas en dichos artículos estuvieren comprendidas en otro precepto de este código, será de aplicación lo dispuesto en la regla 4ª del artículo 8".

513 Vid. el cuadro (pp. 9 a 11) de la Circular de la FGE de 2011. El mismo se reproduce al final de este epígrafe para facilitar su consulta.

Similar problemática a la anterior aborda la fiscalía en el caso de la agravación del artículo 370.3° "*se trate de redes internacionales dedicadas a este tipo de actividades*", dado el gran parecido de esa circunstancia a la de la organización delictiva del artículo 369 bis siempre que el radio de actuación de la organización traspase las fronteras de un Estado. También es imaginable que un grupo criminal (recuérdese, no incardinable en el 369 bis, que solo mencionaría las organizaciones) funcione en varios países. Si se trata de grupo internacional, una solución plausible sería 570 ter CP en concurso real con 370 CP. En el caso de la organización criminal será de nuevo necesario recurrir a la cláusula del 570 quáter CP y observar cual es la penalidad más alta aplicable, si el artículo 370 CP en concurso con el 570 bis CP o tan solo el 369 bis CP.

Cuadro penológico comparativo (art. 570 bis - art. 369 bis) del delito de tráfico ilícito de drogas realizado a través de una organización criminal según Circular FGE 3/2011, de 11 de octubre, sobre la reforma del Código Penal efectuada por la Ley Orgánica 5/2010, de 22 de junio, en relación con los delitos de tráfico ilegal de drogas y precursores

TRÁFICO DE DROGAS (TIPO BÁSICO) ART. 368 EJECUTADO A TRAVÉS DE ORGANIZACIÓN							
DELITO DE ORGANIZACIÓN CRIMINAL (Art. 570 bis) + DELITO DE TRÁFICO DE DROGAS (Art. 368)				DELITO DE TRÁFICO DE DROGAS A TRAVÉS DE ORGANIZACIÓN (Art. 369 bis)			
ARTÍCULO		PRISIÓN Y MULTA	PRISIÓN MÁXIMA	ARTÍCULO	NOCIVIDAD	PRISIÓN Y MULTA	PRISIÓN MÁXIMA
ORGANIZACIÓN DELITO GRAVE Art. 570 bis.1 + TRÁFICO DROGAS (grave daño) Art. 368	Promovieren, constituyeren organizaren, coordinaren o dirigieren. (JEFES)	04.00.00 08.00.00 + 03.00.00 06.00.00 y multa tanto al 3	14.00.00	ORGANIZACIÓN CRIMINAL 369 bis pfo 24 (jefes, encargados o administradores)	GRAVE DAÑO	12.00.01 18.00.00 y multa del 4 al 6	18.00.00 (*)
	Participación activa, cooperación económica, etc.	02.00.00 05.00.00 + 03.00.00 06.00.00 y multa tanto al 3	11.00.00	ORGANIZACIÓN CRIMINAL 369 bis pfo 14 (pertenencia)	GRAVE DAÑO	09.00.00 12.00.00 y multa tanto al 4	12.00.00 (*)
ORGANIZACIÓN DELITO NO GRAVE 570 bis.1 + TRÁFICO DROGAS (no grave daño) 368	Promovieren, constituyeren organizaren, coordinaren o dirigieren. (JEFES)	03.00.00 06.00.00 + 01.00.00 03.00.00 y multa tanto al 2	09.00.00	ORGANIZACIÓN CRIMINAL 369 bis pfo 24 (jefes, encargados o administradores)	NO GRAVE DAÑO	10.00.01 15.00.00 y multa del 4 al 6	15.00.00 (*)
	Participación activa, cooperación económica, etc.	01.00.00 03.00.00 + 01.00.00 03.00.00 y multa tanto al 2	06.00.00	ORGANIZACIÓN CRIMINAL 369 bis pfo 14 (pertenencia)	NO GRAVE DAÑO	04.06.00 10.00.00 y multa tanto al 4	10.00.00 (*)

TRÁFICO DE DROGAS CONCURRIENDO UNA O DOS AGRAVACIONES DEL ART. 369 EJECUTADO A TRAVÉS DE ORGANIZACIÓN							
DELITO DE ORGANIZACIÓN CRIMINAL (Art. 570 bis) + DELITO DE TRAFICO DE DROGAS (Art. 369)				DELITO DE TRÁFICO DE DROGAS A TRAVÉS DE ORGANIZACIÓN (Art. 369 bis)			
ARTÍCULO		PRISIÓN Y MULTA	PRISIÓN MÁXIMA	ARTÍCULO	NOCIVIDAD	PRISIÓN Y MULTA	PRISIÓN MÁXIMA
ORGANIZACIÓN DELITO GRAVE Art. 570 bis.1 + TRÁFICO DROGAS (grave daño salud) Art. 369	Promovieren, constituyeren organizaren, coordinaren o dirigieren. (JEFES)	04.00.00 08.00.00 + 06.00.01 09.00.00 y multa de 3 al 4½	17.00.00	ORGANIZACIÓN CRIMINAL 369 bis pfo 2º (jefes, encargados o administradores)	GRAVE DAÑO	12.00.01 18.00.00 y multa del 4 al 6	18.00.00 (*)
	Participación activa, cooperación económica, etc.	02.00.00 05.00.00 + 06.00.01 09.00.00 y multa de 3 al 4½	14.00.00 (*)	ORGANIZACIÓN CRIMINAL 369 bis pfo 1º (pertenencia)	GRAVE DAÑO	09.00.00 12.00.00 y multa tanto al 4	12.00.00
ORGANIZACIÓN (DELITO NO GRAVE) 570 bis.1 + TRÁFICO DROGAS (no grave daño salud) 369	Promovieren, constituyeren organizaren, coordinaren o dirigieren. (JEFES)	03.00.00 06.00.00 + 03.00.01 04.06.00 y multa de 2 a 3	10.06.00	ORGANIZACIÓN CRIMINAL 369 bis pfo 2º (jefes, encargados o administradores)	NO GRAVE DAÑO	10.00.01 15.00.00 y multa del 4 al 6	15.00.00 (*)
	Participación activa, cooperación económica, etc.	01.00.00 03.00.00 + 03.01.00 04.06.00 y multa de 2 a 3	07.06.00	ORGANIZACIÓN CRIMINAL 369 bis pfo 1º (pertenencia)	NO GRAVE DAÑO	04.06.00 10.00.00 y multa tanto al 4	10.00.00 (*)

TRÁFICO DE DROGAS (TIPO BÁSICO) ART. 368, EJECUTADO A TRAVÉS DE ORGANIZACIÓN (CONCURRIENDO UNA CIRCUNSTANCIA DEL ART. 570 BIS. 2): FORMADA POR UN ELEVADO NÚMERO DE PERSONAS, CON ARMAS, MEDIOS AVANZADOS DE COMUNICACIÓN O TRANSPORTE...							
DELITO DE ORGANIZACIÓN CRIMINAL (Art. 570 bis.2) + DELITO DE TRAFICO DE DROGAS (Art. 368)				DELITO DE TRÁFICO DE DROGAS A TRAVÉS DE ORGANIZACIÓN (Art. 369 bis)			
ARTÍCULO		PRISIÓN Y MULTA	PRISIÓN MÁXIMA	ARTÍCULO	NOCIVIDAD	PRISIÓN Y MULTA	PRISIÓN MÁXIMA
ORGANIZACIÓN 570 bis.2 DELITO GRAVE nº elevado personas, armas, medios avanzados, etc. + TRÁFICO DROGAS (grave daño) Art. 368	Promovieren, constituyeren organizaren, coordinaren o dirigieren. (JEFES)	06.00.01 08.00.00 + 03.00.00 06.00.00 y multa tanto al 3	14.00.00	ORGANIZACIÓN CRIMINAL 369 bis pfo 2º (jefes, encargados o administradores)	GRAVE DAÑO	12.00.01 18.00.00 y multa del 4 al 6	18.00.00 (*)
	Participación activa, cooperación económica, etc.	03.06.01 05.00.00 + 03.00.00 06.00.00 y multa tanto al 3	11.00.00	ORGANIZACIÓN CRIMINAL 369 bis pfo 1º (pertenencia)	GRAVE DAÑO	09.00.00 12.00.00 y multa tanto al 4	12.00.00 (*)
ORGANIZACIÓN 570 bis.2 DELITO NO GRAVE nº elevado personas, armas, medios avanzados, etc. + TRÁFICO DROGAS (no grave daño) Art. 368	Promovieren, constituyeren organizaren, coordinaren o dirigieren. (JEFES)	04.06.01 06.00.00 + 01.00.00 03.00.00 y multa tanto al 2	09.00.00	ORGANIZACIÓN CRIMINAL 369 bis pfo 2º (jefes, encargados o administradores)	NO GRAVE DAÑO	10.00.01 15.00.00 y multa del 4 al 6	15.00.00 (*)
	Participación activa, cooperación económica, etc.	02.00.01 03.00.00 + 01.00.00 03.00.00 y multa tanto al 2	06.00.00	ORGANIZACIÓN CRIMINAL 369 bis pfo 1º (pertenencia)	NO GRAVE DAÑO	04.06.00 10.00.00 y multa tanto al 4	10.00.00 (*)

TRÁFICO DE DROGAS (TIPO BÁSICO) ART. 368, EJECUTADO A TRAVÉS DE ORGANIZACIÓN (CON DOS O MAS CIRCUNSTANCIAS DEL ART. 570 BIS. 2): FORMADA POR UN ELEVADO NUMERO DE PERSONAS, CON ARMAS, MEDIOS AVANZADOS DE COMUNICACIÓN O TRANSPORTE...							
DELITO DE ORGANIZACIÓN CRIMINAL (Art. 570 bis.2) + DELITO DE TRÁFICO DE DROGAS (Art. 368)				DELITO DE TRÁFICO DE DROGAS A TRAVÉS DE ORGANIZACIÓN (Art. 369 bis)			
ARTÍCULO		PRISIÓN Y MULTA	PRISIÓN MÁXIMA	ARTÍCULO	NOCIVIDAD	PRISIÓN Y MULTA	PRISIÓN MÁXIMA
ORGANIZACIÓN 570 bis.2 DELITO GRAVE DOS O MAS CIRCUNST.: nº elevado personas, armas, medios avanzados, etc. + TRÁFICO DROGAS (grave daño) Art. 368	Promovieren, constituyeren organizaren, coordinaren o dirigieren. (JEFES)	08.00.01 12.00.00 + 03.00.00 06.00.00 y multa de tanto al 3	18.00.00	ORGANIZACIÓN CRIMINAL 369 bis pfo 2º (jefes, encargados o administradores)	GRAVE DAÑO	12.00.01 18.00.00 y multa del 4 al 6	18.00.00 (*)
	Participación activa, cooperación económica, etc.	05.00.01 07.06.00 + 03.00.00 06.00.00 y multa tanto al 3	13.06.00 (*)	ORGANIZACIÓN CRIMINAL 369 bis pfo 1º (pertenencia)	GRAVE DAÑO	09.00.00 12.00.00 y multa tanto al 4	12.00.00
ORGANIZACIÓN 570 bis.2 DELITO NO GRAVE DOS O MAS CIRCUNST.: nº elevado personas, armas, medios avanzados, etc. + TRÁFICO DROGAS (no grave daño) Art. 368	Promovieren, constituyeren organizaren, coordinaren o dirigieren. (JEFES)	06.00.01 09.00.00 + 01.00.00 03.00.00 y multa tanto al 2	12.00.00	ORGANIZACIÓN CRIMINAL 369 bis pfo 2º (jefes, encargados o administradores)	NO GRAVE DAÑO	10.00.01 15.00.00 y multa del 4 al 6	15.00.00 (*)
	Participación activa, cooperación económica, etc.	03.00.01 04.06.00 + 01.00.00 03.00.00 y multa tanto al 2	07.06.00	ORGANIZACIÓN CRIMINAL 369 bis pfo 1º (pertenencia)	NO GRAVE DAÑO	04.06.00 10.00.00 y multa tanto al 4	10.00.00 (*)

TRÁFICO DE DROGAS CONCURRIENDO UNA O DOS AGRAVACIONES DEL ART. 369 A TRAVÉS DE ORGANIZACIÓN (CON UNA CIRCUNSTANCIA DEL ART. 570 BIS. 2): FORMADA POR UN ELEVADO NÚMERO DE PERSONAS, CON ARMAS, MEDIOS AVANZADOS DE COMUNICACIÓN O TRANSPORTE...							
DELITO DE ORGANIZACIÓN CRIMINAL (Art. 570 bis.2) + DELITO DE TRÁFICO DE DROGAS (Art. 369)				DELITO DE TRÁFICO DE DROGAS A TRAVÉS DE ORGANIZACIÓN (Art. 369 bis)			
ARTÍCULO		PRISIÓN Y MULTA	PRISIÓN MÁXIMA	ARTÍCULO	NOCIVIDAD	PRISIÓN Y MULTA	PRISIÓN MÁXIMA
ORGANIZACIÓN 570 bis.2 DELITO GRAVE nº elevado personas, armas, medios avanzados, etc. + TRÁFICO DROGAS (grave daño salud) Art. 369	Promovieren, constituyeren organizaren, coordinaren o dirigieren. (JEFES)	06.00.01 08.00.00 + 06.00.01 09.00.00 y multa de 3 al 4½	17.00.00	ORGANIZACIÓN CRIMINAL 369 bis pfo 2º (jefes, encargados o administradores)	GRAVE DAÑO	12.00.01 18.00.00 y multa del 4 al 6	18.00.00 (*)
	Participación activa, cooperación económica, etc.	03.06.01 05.00.00 + 06.00.01 09.00.00 y multa de 3 al 4½	14.00.00 (*)	ORGANIZACIÓN CRIMINAL 369 bis pfo 1º (pertenencia)	GRAVE DAÑO	09.00.00 12.00.00 y multa tanto al 4	12.00.00
ORGANIZACIÓN 570 bis.2 DELITO NO GRAVE nº elevado personas, armas, medios avanzados, etc. + TRÁFICO DROGAS (grave no daño salud) Art. 369	Promovieren, constituyeren organizaren, coordinaren o dirigieren. (JEFES)	04.06.01 06.00.00 + 03.00.01 04.06.00 y multa de 2 a 3	10.06.00	ORGANIZACIÓN CRIMINAL 369 bis pfo 2º (jefes, encargados o administradores)	NO GRAVE DAÑO	10.00.01 15.00.00 y multa del 4 al 6	15.00.00 (*)
	Participación activa, cooperación económica, etc.	02.00.01 03.00.00 + 03.00.01 04.06.00 y multa de 2 a 3	07.06.00	ORGANIZACIÓN CRIMINAL 369 bis pfo 1º (pertenencia)	NO GRAVE DAÑO	04.06.00 10.00.00 y multa tanto al 4	10.00.00 (*)

TRÁFICO DE DROGAS CONCURRIENDO UNA O DOS AGRAVACIONES DEL ART. 369 A TRAVÉS DE ORGANIZACIÓN (CON DOS O MAS CIRCUNSTANCIAS DEL ART. 570 BIS. 2): FORMADA POR UN ELEVADO NUMERO DE PERSONAS, CON ARMAS, MEDIOS AVANZADOS DE COMUNICACIÓN O TRANSPORTE...							
DELITO DE ORGANIZACIÓN CRIMINAL (Art. 570 bis.2) + DELITO DE TRÁFICO DE DROGAS (Art. 369)				DELITO DE TRÁFICO DE DROGAS A TRAVÉS DE ORGANIZACIÓN (Art. 369 bis)			
ARTÍCULO		PRISIÓN Y MULTA	PRISIÓN MÁXIMA	ARTÍCULO	NOCIVIDAD	PRISIÓN Y MULTA	PRISIÓN MÁXIMA
ORGANIZACIÓN 570 bis.2 DELITO GRAVE DOS O MAS CIRCUNST.: nº elevado personas, armas, medios avanzados, etc. + TRÁFICO DROGAS (grave daño salud) Art. 369	Promovieren, constituyeren organizaren, coordinaren o dirigieren. (JEFES)	08.00.01 12.00.00 + 06.00.01 09.00.00 y multa de 3 al 4½	21.00.00 (*)	ORGANIZACIÓN CRIMINAL 369 bis pfo 2º (jefes, encargados o administradores)	GRAVE DAÑO	12.00.01 18.00.00 y multa del 4 al 6	18.00.00
	Participación activa, cooperación económica, etc.	05.00.01 07.06.00 + 06.00.01 09.00.00 y multa de 3 al 4½	16.06.00 (*)	ORGANIZACIÓN CRIMINAL 369 bis pfo 1º (pertenencia)	GRAVE DAÑO	09.00.00 12.00.00 y multa tanto al 4	12.00.00
ORGANIZACIÓN 570 bis.2 DELITO NO GRAVE DOS O MAS CIRCUNST.: nº elevado personas, armas, medios avanzados, etc. + TRAFICO DROGAS (grave no daño salud) Art. 369	Promovieren, constituyeren organizaren, coordinaren o dirigieren. (JEFES)	06.00.01 09.00.00 + 03.00.01 04.06.00 y multa de 2 a 3	13.06.00	ORGANIZACIÓN CRIMINAL 369 bis pfo 2º (jefes, encargados o administradores)	NO GRAVE DAÑO	10.00.01 15.00.00 y multa del 4 al 6	15.00.00 (*)
	Participación activa, cooperación económica, etc.	03.06.01 04.06.00 + 03.00.01 04.06.00 y multa de 2 a 3	09.00.00	ORGANIZACIÓN CRIMINAL 369 bis pfo 14 (pertenencia)	NO GRAVE DAÑO	04.06.00 10.00.00 y multa tanto al 4	10.00.00 (*)

VII. OTRAS DISPOSICIONES

1. LAS INHABILITACIONES

El artículo 372 es una disposición no solo aplicable a los delitos relacionados con las drogas y sus precursores, sino que afecta a todo el Capítulo III (*De los delitos contra la salud pública*) del Título XVII (*De los delitos contra la seguridad colectiva*), esto es, de los delitos de los artículos 359 a 371[514]. Así, el precepto señala a determinados sujetos que, por ostentar ciertos oficios o cargos, serán objeto de inhabilitaciones, ya especiales, ya absolutas, si cometieren algunos de los delitos de los preceptos anteriores. De esta manera, el empresario, el intermediario del sector financiero, el facultativo[515], el funcionario público, el trabajador social y el docente o educador que hayan cometido el delito en el ejercicio de su cargo, profesión u oficio, deberán afrontar la pena de inhabilitación especial para empleo o cargo público, profesión u oficio, industria, o comercio de tres a diez años. De forma paralela, se reserva la inhabilitación absoluta de diez a 20 años para el caso de autoridades o agentes de la misma, lo que implica elevar esta privación de derechos a la categoría de pena principal.

---

514 Es más que probable que ello se deba simplemente a una redacción defectuosa, dado que la mayoría de los delitos contemplados en el art. 372 CP que no son los relativos al tráfico de drogas ya contemplan sus propias penas de inhabilitación, y lo mismo sucede con el tráfico de precursores (art. 371 CP). En este sentido, MANJÓN-CABEZA mantiene que los preceptos que ya prevén inhabilitación especial deben ser interpretados como ley especial frente a esta disposición común (ley general), existiendo pronunciamientos en la Jurisprudencia que avalan esta solución (cfr. STS 1207/2004, 11-10 (*Tol 514592*). No ocurre lo mismo con la pena de inhabilitación absoluta, pues esta no aparece en el articulado de los delitos contra la salud pública. Vid. MANJÓN-CABEZA OLMEDA, A., "Tráfico de drogas: (III)" en F. J. ÁLVAREZ GARCÍA, (Dir.), *Derecho Penal español. Parte Especial. Parte Especial (II),* Tirant lo Blanch, 2011, p. 1358.

515 El art. 372 CP también incluye, en su párrafo segundo, una interpretación auténtica del concepto "facultativo". Las mismas advertencias que sobre esta interpretación se hicieron a propósito de la agravación recogida en el art. 369.1.1ª CP pueden trasladarse aquí.

Como puede comprobarse, al igual que ocurre con el artículo 369.1.1ª CP (cuya única diferencia con lo establecido en el artículo 372 CP es que en este último se añade al catálogo de sujetos activos a los empresarios e intermediarios financieros)[516], en esta disposición común se exige que el delito se haya cometido en el ejercicio del cargo, resultando que la inhabilitación no podrá imponerse si el oficio o cargo no ha tenido ningún papel en la comisión delictiva.

Parte de la Doctrina ha considerado que, dada la dicción literal del precepto ("fueran realizados por") y la vigencia del principio de intervención mínima, la inhabilitación debería imponerse únicamente a aquellos que sean condenados a título de autores[517].

En este contexto también es importante recordar la STS 491/2019, 16-10 (*Tol 7564536*), la cual aclaró que la inhabilitación absoluta puede imponerse a pesar de que el Ministerio Fiscal no la haya interesado, dado que se trata en este caso de una pena principal y preceptiva[518].

---

516 Apunta MOLINA MANSILLA que la inclusión aquí de estos sujetos tiene una "clara orientación hacia la lucha contra el blanqueo institucionalizado". Cfr. MOLINA MANSILLA, M. C., *El delito de tráfico de drogas: análisis detallado y nueva perspectiva. Adaptado a las últimas reformas legislativas y resoluciones del Tribunal Supremo y de la Fiscalía General del Estado*, cit.

517 De esta interpretación, MANJÓN-CABEZA OLMEDA, A., "Tráfico de drogas: (III)", cit., p. 1357; ANDRÉS DOMÍNGUEZ, A. C., "Penas de inhabilitación especial y absoluta (artículo 372 CP)" en F. J. ÁLVAREZ GARCÍA, (dir.), *El delito de tráfico de drogas*, Tirant lo Blanch, Valencia, 2009, p. 264; MAGALDI PATERNOSTRO, M. J., "Art. 372", en J. CÓRDOBA RODA, M. GARCÍA ARÁN (dirs.), *Comentarios al Código Penal. Parte especial, T. II*, Marcial Pons, Madrid, 2004, p. 1663.

518 "Recuerda el recurso que el Fiscal, en sus conclusiones elevadas a definitivas en el juicio oral, omitió por error interesar la pena de inhabilitación absoluta prevista en el art. 372 del Código Penal para todos los casos en los que el autor fuera agente de la autoridad en el ejercicio de su cargo, de aplicación, por tanto, a cada uno de los delitos contra la salud pública por los que se ha condenado a Maximino. Resalta que el Tribunal de instancia se abstuvo de imponer las penas de inhabilitación absoluta, lo que motivó que el Fiscal solicitara aclaración de la sentencia. (...) La pena de inhabilitación absoluta se determina así como obligatoriamente imponible al agente de la autoridad que perpetre el delito contra la salud pública en el ejercicio de su cargo, configurándose por ello como pena principal. (...) En aplicación de esta doctrina cabe citar las SSTS 11/2008, de 11 de enero, y la 8/2015, de 22 de enero, para las que no se produce infracción del principio acusatorio si el Fiscal, por error, solicita una pena inferior a la mínima

2. LOS ACTOS PREPARATORIOS

El artículo 373 CP tipifica los actos preparatorios de los delitos recogidos en los artículos 368 a 372[519]. De esta manera, puede ser castigada tanto la provocación, como la conspiración y la proposición a cometer delitos de tráfico de drogas (y sus precursores) con las penas inferiores en uno o dos grados a la que corresponderían por el delito consumado. Huelga repetir las consideraciones sobre el adelanto de la barrera punitiva que supone la tipificación de los actos preparatorios de cualquier modalidad del artículo 368 CP, que ya hace referencia a comportamientos muy anteriores a la mera puesta en peligro de la salud pública[520].

En cualquier caso, y como ya ha podido comprobarse en apartados anteriores, la extensión de los comportamientos que se castigan en el artículo 368 CP deja poco espacio ya a la consideración de la tentativa, lo que complica en mayor medida la identificación de supuestos de hecho subsumibles en los actos preparatorios[521]. Tanto es

legal y el Tribunal impone la pena correcta, conforme al CP. (...) En igual sentido, la STS 733/2016, de 5 de octubre, repite que la omisión en la pretensión acusatoria de una pena obligada legalmente, no impide su imposición por el Tribunal sentenciador, si bien en su extensión mínima".

519 En realidad, el precepto debería hacer referencia a los artículos 368 a 371 CP, pues el artículo 372 no recoge ningún delito, sino como acaba de verse *supra*, las penas de inhabilitación especial y absoluta para determinados casos.

520 Ello supone una vuelta de tuerca más cuando se trata de los actos preparatorios del art. 371 (tráfico de precursores), pues las conductas tipificadas en dicho precepto ya constituyen actos preparatorios de las contenidas en el art. 368, y algunas de ellas actos preparatorios del propio tráfico de precursores (así, la posesión de precursores para el fin de utilizarse en la fabricación de drogas ilícitas). De aplicar el art. 373 a estas últimas conductas, se estaría castigando el acto preparatorio (provocación, proposición o conspiración) del acto preparatorio (posesión de precursores) de un acto preparatorio (elaboración de drogas).

521 Véase sin embargo la STS 77/2007, 7-2 *(Tol 1038004)*: "En efecto la STS 9.3.98, expresó que en los delitos de tendencia y tracto sucesivo —cual es el tráfico de drogas— está asumida doctrinal y jurisprudencialmente la dificultad de estimación de formas imperfectas de ejecución, pero no existen obstáculos para apreciar la conspiración: Han de concurrir una serie de circunstancias para su apreciación, la de estar relacionada necesariamente con alguna de las infracciones definidas como delito en el texto legal y, subjetivamente, requiere la concurrencia de una pluralidad de personas, dos al menos, que pueda cada una de ellas ser sujeto activo del delito que proyectan, que acuerdan sus voluntades

así, que los relatos fácticos de las sentencias condenatorias por actos preparatorios son muy semejantes a otras que condenan por tentativa e, incluso, por delito consumado[522].

3. EL COMISO

El artículo 374 CP dispone las reglas aplicables al decomiso de los drogas tóxicas, estupefacientes o sustancias psicotrópicas, así como de los equipos materiales y sustancias del artículo 371 CP, y los bienes, medios, instrumentos y ganancias que provengan de los delitos de los artículos 368 a 372[523], y también, del párrafo segundo del apar-

---

mediante un *pactum scaeleris* y aparezcan animados de una resolución firme de ser coautores de un concreto delito".

522 Véase, por ejemplo, la STS 977/2004, 24-7 (*Tol 483701*), que condena como conspiración el acuerdo para la entrega de drogas. O también, la anteriormente mencionada STS 77/2007, 7-2 *(Tol 1038004)*, que condena por conspiración a un policía local que se comprometió a desviar a las patrullas y alertar de su presencia para que una operación de narcotráfico, que no llegó a realizarse, culminara con éxito: "La operación de desembarco se refería a hachís y en cantidad de notoria importancia, pero no porqué causas tal operación no llevó a cabo y ni siquiera si se inició, y en qué lugar habría de producirse el desembarco, y por tanto si la conducta del recurrente, que sería de favorecimiento del tráfico, se efectuó o no, esto es, si llegó a dar aquellas instrucciones a que se refieran los hechos probados. Siendo así, y partiendo de que en relación a los otros cuatro acusados a que se refiere este apartado de los hechos probados, la sentencia impugnada no hace referencia alguna por su actuación en este frustrado desembarco, limitándose su condena al que tuvo lugar el 7.2.2004, no hay constancia de que su conducta excediese de esos actos preparatorios que quedarían fuera del ámbito señalado al delito intentado".

Véase también la STS 334/2012, 25-4 (*Tol 2540105*), que condena por conspiración a un sujeto que había llegado a un acuerdo con los poseedores de la droga, frustrándose la operación por la intervención policial: "La subsunción de la conducta del acusado en el tipo penal de la conspiración y no en la tentativa queda justificada en el presente caso porque la entrega de la droga al acusado no era inminente, y además todavía quedaban algunos pasos intermedios de cierta relevancia para el inicio de la ejecución del delito, cuales eran fijar el precio concreto de la droga cuya compra había convenido y también la cuantía que finalmente adquiría, cuantía que aunque era elevada se hallaba sin especificar".

523 De nuevo aquí debería mencionarse los artículos 368 a 371, excluyendo la referencia al 372. Ha de señalarse que quedan excluidos del decomiso los actos preparatorios del art. 373 CP.

tado 1 del artículo 301 CP (esto es, el blanqueo de capitales cuando los bienes tengan su origen en un delito de tráfico de drogas). El precepto, además de remitirse a las normas generales de los artículos 127 a 128 CP, recoge sus propias normas especiales, cuyo contenido ha quedado bastante mermado después de la macro reforma penal de 2015[524], pues gran parte de las precisiones que se hacían para el tráfico de drogas se convirtieron, tras esta modificación legal, en las reglas generales de esta consecuencia accesoria del delito[525].

Dado el objeto del presente estudio, solo se hará referencia aquí a las particularidades que permanecen vigentes respecto del decomiso aplicable a los delitos relacionados con drogas y estupefacientes[526]. De esta manera, el artículo 374 recoge dos normas especiales para los casos de los delitos anteriormente mencionados. La primera de estas reglas hace referencia a la destrucción de las muestras (o, en su caso, a la totalidad de lo incautado —si el órgano judicial competente hubiera ordenado su conservación—) que se hubieran aportado al procedimiento, destrucción que deberá realizarse una vez firme la sentencia. La segunda regla estipula que los bienes, instrumentos y ganancias que sean definitivamente decomisados serán adjudicado íntegramente al Estado, pues no podrán ser utilizados para la satis-

---

524 La reforma en esta materia venía a adaptar la normativa española a la Directiva 2014/42/EU, de 3 de abril, sobre el Embargo y el Decomiso de los Instrumentos y del Producto del Delito en la Unión Europea. Además, se creó la Oficina de Recuperación y Gestión de Activos (Real Decreto 948/2015, de 23 de octubre, por el que se regula la Oficina de Recuperación y Gestión de Activos, posteriormente modificado por el RD 93/2018, de 2 de marzo).

525 Así lo afirman también MOLINA MANSILLA, M. C., *El delito de tráfico de drogas: análisis detallado y nueva perspectiva. Adaptado a las últimas reformas legislativas y resoluciones del Tribunal Supremo y de la Fiscalía General del Estado*, cit.; y AGUADO CORREA, T., "Embargo preventivo y comiso en los delitos de tráfico de drogas y otros delitos relacionados: presente y ¿futuro?", *Estudios Penales y Criminológicos*, vol. XXXIII (2013), pp. 265-320, p. 282.

526 El precepto actual señala, como se ha advertido, que el decomiso se efectuará "con sujeción a lo dispuesto en los artículos 127 a 128". La referencia expresa al artículo 128 apareció tras la reforma de 2015, a pesar de que dicho precepto ha estado en vigor con el mismo tenor desde la promulgación del Código Penal de 1995. No obstante, la Doctrina y Jurisprudencia ya aclararon anteriormente que la preterición del art. 128 CP no provocaba consecuencias materiales, pues la norma de proporcionalidad que contiene también debía regir en el caso del decomiso con origen en el tráfico de drogas.

facción de responsabilidades civiles o costas procesales[527] (contrariamente a lo que dispone dentro del régimen general del decomiso el apartado 3 del artículo 127 *octies*, el cual permite destinar dichos bienes, instrumentos y ganancias al pago de indemnizaciones a las víctimas).

Es necesario recordar que, en relación con los medios o instrumentos, solo podrán decomisarse aquellos que sean necesarios para la comisión delictiva. Por ejemplo, un vehículo puede constituir un medio necesario para el transporte de drogas, pero también puede haberse utilizado por mera comodidad del delincuente. Así lo ha entendido también la Jurisprudencia: "Por ello cuando el vehículo no es utilizado de forma insustituible como instrumento para la ejecución del delito y no se trata de una operación de transporte lo que es imputado, no usándose aquel como lugar de ocultación de la droga sino como medio normal de transporte y desplazamiento, y la droga, por su volumen y peso es llevada encima por el acusado, sin necesitar el auxilio del vehículo, que no tiene habitáculo alguno preparado para su ocultación, lo razonable es entender que el uso del vehículo para el transporte de la droga es un elemento accesorio en el modo de comisión del delito. La posesión física de la droga no convierte sin más en instrumento del delito el uso que del vehículo pueda hacer en cualquier momento el acusado, pues la droga puedo haberse transportado de cualquier otro modo, incluso sin ningún vehículo"[528].

La Jurisprudencia también ha declarado que pueden decomisarse bienes que se poseían con anterioridad al acto que es objeto de condena, "siempre que se tenga por probada su procedencia y se respete el principio acusatorio (STS 209/2014, 12-7 [*Tol 4177365]*), sin que sea preciso identificar las concretas operaciones de tráfico

527 Advertía AGUADO CORREA antes de la reforma que esta precisión era superflua, pues la *Ley 17/2003, de 29 de mayo, por la que se regula el Fondo de bienes decomisados por tráfico de drogas y otros delitos relacionados* ya recogía el destino de esos bienes decomisados. Cfr. AGUADO CORREA, T., cit.

528 STS 181/2014, 11-3 *(Tol 4151386).* Véase también las SSTS 397/2008, 1-7 (*Tol 1343763*) y 1274/2009, 18-12 [*Tol 1762120*], que no decretan el decomiso de los vehículos porque se utilizaban por cuestiones prácticas. Sin embargo, la STS 1154/2009, 11-11 [*Tol 1747817*], declara el comiso porque el coche servía de manera funcional para realizar los contactos con los vendedores de drogas.

ilegal de drogas (STS 1049/2011, 18-10 [*Tol 2269322*]), y que basta a tales efectos que quede suficientemente acreditada la actividad delictiva de modo genérico (STS 600/2012, 12-7 [*Tol 2603202*]); pero ello no exime al Tribunal de exteriorizar la motivación que le lleva a afirma la realidad de esa actividad delictiva previa y su conexión con los bienes decomisados"[529].

4. LA REINCIDENCIA INTERNACIONAL

El actual artículo 375 CP reconoce efectos a las condenas de los jueces o tribunales extranjeros para apreciar la agravante de reincidencia, siempre que se trate de delitos de la misma naturaleza que los previstos en los artículos 361 a 372[530], y que los antecedentes no hayan sido cancelados o pudieran serlo con arreglo al Derecho español.

En cualquier caso, la condena extranjera deberá hacer referencia a comportamientos tipificados en nuestro ordenamiento. Así, por ejemplo, la condena por posesión destinada al consumo propio (conducta que es típica en otros sistemas jurídicos) en modo alguno podrá ser tenida en cuenta a estos efectos. De la misma forma, tampoco tendrán eficacia las condenas por actos preparatorios, pues la referencia que hace este artículo no alcanza a estos, que se encuentran recogidos en el artículo 373 CP.

En este contexto, debe tomarse en consideración la doctrina derivada de la Sentencia del Tribunal de Justicia de la Unión Europea (Sala Segunda) 9-3-2006 (caso Van Esbroeck), la cual aclaró que el artículo 54 del Convenio de aplicación del Acuerdo de Schengen (14 de junio de 1985) debe interpretarse en el sentido de que los he-

---

529 STS 1013/2022, 12-1 (*Tol 9391060*). Véase también sobre el decomiso ampliado la STS 599/2020, 12-11 (*Tol 8213888*): "si bien es cierto que la suma de dinero incautada es significativamente superior a la que habría generado la concreta actividad ilícita que es objeto de enjuiciamiento en las presentes, lo que realmente no se puede considerar acreditado, pues escapa a las máximas de experiencia, es que el dinero hallado escondido entre los muebles ubicados en el domicilio del Sr. Jose Augusto, sea el resultado de una vida asceta dedicada en exclusiva al ahorro, lo que justifica, en conclusión, el decomiso ampliado *ex* art. 127 bis del Código Penal".

530 De nuevo la referencia debía haber sido hasta el artículo 371.

chos consistentes en la exportación/importación de estupefacientes que sean perseguidos por diversos Estados deben considerarse en principio como "los mismos hechos" a efectos de *bis in idem*[531]. Así, una vez jugados y sancionados unos hechos referentes a la venta de estupefacientes en un país miembro, no pueden volver a juzgarse los hechos en otro país (indistintamente de la calificación jurídica que estos adquieran, siempre y cuando hagan referencia a los mismos hechos materiales), a riesgo de conculcar el principio *ne bis in idem.*

Finalmente, será necesario que conste en la sentencia objeto de reconocimiento la firmeza del fallo condenatorio, el delito por el que se dictó la resolución, la pena impuesta y la fecha en la que se extinguió la responsabilidad penal[532]. De faltar estos requisitos no podrá aplicarse la reincidencia internacional[533].

5. CIRCUNSTANCIAS DE ESPECIAL ATENUACIÓN

El artículo 376 CP contempla dos escenarios distintos: el párrafo primero acoge un tipo privilegiado por colaborar con la justicia y, el segundo, la atenuación de la responsabilidad penal para el caso del drogodependiente-traficante. Se trata de medidas del llamado Derecho penal premial (presentes también en otros ámbitos de especial represión, como el terrorismo), consistentes ambas en la posibi-

---

531 "El artículo 54 del CAAS debe interpretarse en el sentido de que:
– El criterio pertinente a efectos de la aplicación del citado artículo del CAAS está constituido por el de la identidad de los hechos materiales, entendido como la existencia de un conjunto de hechos indisolublemente ligados entre sí, con independencia de su calificación jurídica o del interés jurídico protegido;
– Los hechos punibles consistentes en la exportación y la importación de los mismos estupefacientes y perseguidos en diferentes Estados contratantes del CAAS deben considerarse, en principio, como «los mismos hechos» en el sentido del referido artículo 54, si bien la apreciación definitiva a este respecto corresponde a las instancias nacionales competentes".

532 Cfr. STS 145/2007, 28-2 *(Tol 1049909).*

533 Vid. así la STS 632/2004, 13-5 (*Tol 449332*).

lidad[534] de disminuir la pena en uno o dos grados[535] si concurren los requisitos que el precepto exige en cada supuesto. Si el legislador ha decidido dar un trato diferente a los hechos en que concurran estas circunstancias es, decididamente, por razones de política criminal: en un caso, para favorecer las investigaciones llevadas a cabo en un ámbito especialmente complejo de la delincuencia, sobre todo cuando se trata de crimen organizado; y en el otro, como medida preventivo-especial, que busca recompensar a aquellos que abandonan hábitos insalubres que pueden haberle llevado a la comisión delictiva.

5.1. El tipo privilegiado de colaboración

El primer párrafo del artículo 376 CP establece la posibilidad de disminuir la pena en uno o dos grados siempre que se cumplan las tres exigencias que el precepto marca: dos fijas y una alternativa[536]. Así, las primeras serían necesariamente el abandono voluntario de las actividades delictivas y la colaboración activa con las autoridades o sus agentes, mientras que la tercera (la alternativa) consistiría en que esa colaboración pueda materializarse en una de las tres siguientes actividades: a) impedir la producción del delito; b) obtener pruebas decisivas para la identificación y captura de los responsables; o bien c) impedir la actuación o desarrollo de las organizaciones o asociaciones a las que haya pertenecido o con las que haya colaborado.

---

534 Ambos párrafos recogen una potestad de los Tribunales. Vid. así la STS 104/2011, 1-3 *(Tol 2065578)*: "El tipo privilegiado, aplicable únicamente a los delitos de tráfico de drogas comprendidos en los arts. 368 a 372 tiene como primera característica que su aplicación queda al libre arbitrio de jueces y Tribunales, en cuanto en él se emplea la palabra "podrán", en perjuicio de que cuando lo acepten han de motivarlo debidamente en la sentencia". Es por ello que se vuelve difícil su revisión en casación (vid. STS 500/2000, 15-3 [*Tol 48608]),* pero no imposible. Así, por ejemplo, la STS 848/2022, 27-10 *(Tol 9284247)* resuelve una mala interpretación de la prueba por la sentencia de instancia, que consideró que el reo no había finalizado el tratamiento de deshabituación.

535 La reforma de 2015 permitió extender estas medidas a todos los delitos contra la salud pública (arts. 361 a 372) y no solo a los de tráfico de drogas. El legislador tampoco aprovechó esta modificación para eliminar la absurda referencia al artículo 372.

536 Utiliza esta terminología la STS 4/2020, 16-1 *(Tol 7805379)*.

Con respecto al primer requisito, no se requiere que el abandono voluntario de las actividades delictivas ocurra por motivos éticos, sino que puede ser de cualquier naturaleza la circunstancia o motivo que lleve al sujeto a colaborar. No obstante, hay posiciones encontradas en la Doctrina en relación a si puede tildarse de "voluntario" el abandono que se produce después de la detención, cuestión que a su vez se halla vinculada a lo que se entienda en este contexto por "abandonar". Así, un sector doctrinal considera que lo que debe abandonarse es la organización o grupo criminal, siendo esta atenuación solo posible para aquellos que pertenezcan a la criminalidad organizada[537]. Sin embargo, lo único que exige el tenor literal del precepto

---

537 Así, MANJÓN-CABEZA OLMEDA, A., "Tráfico de drogas: (III)", cit., pp. 1366-1367; MOLINA MANSILLA, M. C., *El delito de tráfico de drogas: análisis detallado y nueva perspectiva. Adaptado a las últimas reformas legislativas y resoluciones del Tribunal Supremo y de la Fiscalía General del Estado*, cit., p. 208; MARTÍNEZ PARDO, V. J., cit., p. 345; LAMARCA PÉREZ, C., "Atenuación por abandono y colaboración. Requisitos (art. 371.1 CP). Delimitación con la atenuante 4ª del artículo 21 CP", en F. J. ÁLVAREZ GARCÍA, (dir.), *El delito de tráfico de drogas*, Tirant lo Blanch, Valencia, 2009, p. 283. La Jurisprudencia, aunque no lo exige taxativamente, si afirma en algún pronunciamiento que esta circunstancia está "orientada para delincuentes organizados mediante esa especie de arrepentimiento activo que comenzando por el abandono voluntario de la actividad delictiva (...)". Cfr. STS 4/2020, 16-1 *(Tol 7805379)*; o que esta atenuación está "orientado a favorecer la lucha contra el tráfico de drogas, especialmente el ejecutado por delincuentes organizados" (STS 104/2011, 1-3 *[Tol 2065578]*); "constituye un tipo privilegiado, que refleja una medida de política criminal tendente a favorecer la investigación de estos delitos contra la salud pública, en muchas ocasiones producida en el seno de organizaciones criminales que vertebran su actividad sobre dos notas: opacidad y destrucción de pruebas, por lo que el sistema de justicia criminal no debe ser insensible a las informaciones que partan desde dentro de la propia organización, sino que positivamente los incentiva con una rebaja de la pena en los términos previstos en este tipo privilegiado (...) la razón de ser de estas medidas premiales es la misma: facilitar el avance de la investigación y romper la cohesión del grupo criminal desde dentro, valorando el efectivo desmarque de la persona concernida que con su colaboración activa consigue alguno de los fines previstos en el tipo" (STS 851/2022, 27-10 *[Tol 9291632]*). No obstante, ese mismo pronunciamiento alega que esta circunstancia es de aplicación preferente a la delincuencia organizada, dejando la puerta abierta a su apreciación en otros casos: "Debe acreditarse que el sujeto concernido haya abandonado voluntariamente sus actividades delictivas, lo que intensifica el campo propio de la aplicación del tipo que se dirige preferentemente a supuestos de delincuencia organizada. 3. Se exige una colaboración ac-

es el abandono de la actividad delictiva, y esta no tiene por qué ser organizada. En realidad, esta posición doctrinal parece provenir de la extrapolación de la interpretación que se hacía de una medida premial similar aplicable al terrorismo, la cual, hasta 2015, requería la pertenencia del sujeto favorecido por ella a la criminalidad organizada. Cierto es que la delación o la aportación de datos que impidan la actuación o desarrollo de estas estructuras delictivas resultará más fácil para quien estaba integrado en grupos u organizaciones criminales, pero dado que la delincuencia relativa a las drogas suele requerir una serie de contactos, aunque sean esporádicos o cambiantes, la delación de otras personas que también se dedican al tráfico de estupefacientes también puede resultar posible para aquel que se dedica a la venta al menudeo: el pequeño traficante deberá normalmente relacionarse con otras personas que o bien importan o distribuyen estupefacientes, o bien los producen o cultivan, sin necesidad de actuar bajo el control de una organización.

En todo caso, aquellos que consideran que el abandono lo es de la organización o grupo criminal, admiten la posibilidad de que dicho abandono pueda ser "voluntario" a pesar de producirse con posterioridad a la detención[538], pues después de la detención podrían

---

tiva en un triple abanico de actividades: o bien para impedir la producción del delito, o bien para facilitar pruebas decisivas para identificar y capturar a otros o bien impedir la continuación o el desarrollo de las organizaciones criminales a las que haya pertenecido o colaborado, lo que vuelve a situar, propiamente, el ámbito de aplicación de este tipo privilegiado dentro de las redes clandestinas de tráfico de drogas".

538 Así, LAMARCA PÉREZ, C., "Atenuación por abandono y colaboración. Requisitos (art. 371.1 CP). Delimitación con la atenuante 4ª del artículo 21 CP", cit., pp. 283-284: "no cabe sino interpretar que el abandono ha de ser de la asociación delictiva, es decir, el abandono debe consistir sencillamente en separarse de la organización (...) es lo que la doctrina italiana sobre *pentiti* denominó la disociación, esto es, la desvinculación de la organización delictiva... todas las finalidades parecen estar conectadas a la existencia de una organización (...) a mi juicio, no existe ningún obstáculo para aplicar una vez detenido, si el abandono va referido a la actividad de integración o colaboración con la organización delictiva y no al concreto delito contra la salud pública realizado". También opina que debe ser abandono de la organización MANJÓN CABEZA, 2011, p. 1366-1367. MOLINA MANSILLA, M. C., (*El delito de tráfico de drogas: análisis detallado y nueva perspectiva. Adaptado a las últimas reformas legislativas y resoluciones del Tribunal Supremo y de la Fiscalía General del Estado*, cit., p. 213) y MARTÍNEZ

seguir perteneciendo a la organización o grupo. Sin embargo, otra parte de la Doctrina y la mayoría de la Jurisprudencia entienden que el abandono no sería "voluntario" tras la detención del sujeto, sino forzoso, lo que dificultaría enormemente la aplicación de este tipo privilegiado[539].

Frente a lo anterior, parece que la lectura más correcta del primer párrafo del artículo 376 CP, dado no solo su tenor literal sino también desde una interpretación histórica, sería entender que el abandono voluntario (bien de las actividades delictivas —como dicta el literal del precepto—, bien de la organización o grupo criminal) puede ser posterior a la detención del sujeto, pues la redacción del precepto hasta la reforma del año 2003 contemplaba un requisito adicional al

---

PARDO, V. J., (cit., p. 345) consideran que no cabe apreciar la atenuación una vez producida la detención.

539 Vid. en la Jurisprudencia, por ejemplo, la STS 464/2009, 28-4 *(Tol 1525332)*: "esta Sala ya ha declarado en otras ocasiones que el primer requisito, es decir, el abandono previo de actividades delictivas, dificulta en grado sumo la operatividad de esta atenuación, fundada en razones de política criminal que debería dejar algún margen más al intérprete para su aplicación en supuestos de colaboración espontáneas, una vez producida la detención del dispuesto a prestar una valiosa aportación a la desarticulación de este tipo de redes organizadas del narcotráfico"; o la STS 104/2011, 1-3 *(Tol 2065578)*: "En el caso presente el recurrente fue detenido en virtud de las investigaciones policiales y la actuación del agente encubierto, por ello no procede sostenerse que hubiera abandonado voluntariamente sus actividades policiales y sí forzado por la actuación policial, que es el caso de la STS. 23.3.2007 y de la STS. 687/2006 de 7.6, que precisa que no hubo abandono voluntario de la actividad delictiva, al existir una actuación de la Guardia Civil en la aduana del aeropuerto que fue seguida de la detención de los autores aunque uno de ellos ayudara a la identificación del otro imputado, pues como dice la STS. 1264/2009 de 20.1, esta exigencia no se cumple cuando el sujeto es detenido contra su voluntad y es en esa situación cuando decide colaborar, por lo que no puede aplicarse el tipo privilegiado del art. 376, lo cual no es óbice para conceder una relevación penal a la actuación posterior del recurrente pues qué duda cabe que quien, en ese ejercicio de autocrítica reconoce, en parte, su implicación y colabora y facilita la investigación de los hechos está patentizando una actitud que debe ser valorada como la sentencia impugnada ha hecho con la atenuante analógica de colaboración". MARTÍNEZ PARDO, V. J., (cit., p. 345) recuerda que, bajo esa interpretación, aún es posible aplicar la atenuante analógica (art. 21.7 CP) en relación con la atenuante de confesión (art. 21.4 CP). De hecho, MAGRO SERVET consideraba esta atenuación como inútil e ineficaz pues similares condiciones puede obtenerse de aplicar el artículo 21.4 CP como muy cualificada. MAGRO SERVET, V., cit.

abandono voluntario: "y se haya presentado a las autoridades confesando los hechos en que hubiera participado". De este modo, puede afirmarse que, si el legislador penal decidió retirar la necesidad de presentación seguida de confesión espontánea, fue precisamente para facilitar la colaboración[540]. La FGE (Circular 2005) afirmaba que "no está supeditada a ninguna condición temporal, de lo que se desprende que la colaboración con las autoridades puede producirse también durante la tramitación de la causa criminal".

Con respecto al requisito de la colaboración activa, esta podrá materializarse en cualquier forma dirigida a la consecución de alguna de las finalidades alternativas[541] que el precepto recoge. En relación a ello, la Jurisprudencia parece estar de acuerdo en que puede consistir en una simple confesión, siempre que sea necesaria para la condena de uno o varios implicados, aunque el artículo no lo precise[542]. Por otro lado, las finalidades de *impedir la producción del delito, obtener pruebas decisivas para la identificación o captura de otros responsables o impedir la actuación o el desarrollo de las organizaciones o asociaciones*, parecen más bien instrucciones relativas a la clase o calidad de la colaboración, pero en ningún caso será necesario que esas finalidades efectivamente se produzcan[543], pues ello dependerá de la eficacia de los operativos policiales y no del acusado aunque, como es obvio, a efectos del primer párrafo del artículo 376 CP no será suficiente

---

540 "Nótese que la modificación de dicho precepto operada por LO. 15/2003 de 25.11, buscando una interpretación más flexible de este tipo privilegiado, se ha suprimido los requisitos de la presentación ante las Autoridades y de la confesión de los hechos en los que hubiera participado el colaborador, que exigía el precepto en su originaria redacción". STS 104/2011, 1-3 *(Tol 2065578)*.

541 STS 4/2020, 16-1 *(Tol 7805379)*: "No es necesario que se conjuguen todas bastando solo una de ellas".

542 De hecho, la FGE así lo afirmaba en su Circular de 2005 (p. 25): "debemos convenir que la confesión de un acusado, en atención a su contenido y circunstancias… ningún obstáculo legal existe para considerarla una forma de colaboración activa".

543 MANJÓN-CABEZA OLMEDA, A., "Tráfico de drogas: (III)", cit., p. 1367. En similar sentido LAMARCA PÉREZ afirma que el concepto "prueba" que maneja el precepto no es el procesal, sino en un sentido mucho más general de la palabra. LAMARCA PÉREZ, C., "Atenuación por abandono y colaboración. Requisitos (art. 371.1 CP). Delimitación con la atenuante 4ª del artículo 21 CP", cit., p. 286.

con facilitar informaciones superfluas o imprecisas que nada o poco aporten a las posibles investigaciones[544].

Finalmente, debe mencionarse la posibilidad de apreciar, junto al artículo 376, la atenuación genérica de confesión (artículo 21.4 CP). Dichos preceptos contemplan requisitos distintos, pues el artículo 21.4 requiere la efectiva confesión, la cual en principio no sería necesaria en el caso del tipo privilegiado. Por otro lado, la circunstancia genérica también exige que esa confesión se produzca antes de que el procedimiento se dirija contra la persona concreta, límite temporal que no exige el primer párrafo del artículo 378[545]. No obstante, la FGE en su Circular del año 2005[546] considera que ambas instituciones tienen el mismo fundamento, por lo que no podrían apreciarse simultáneamente, dictaminando que sería de aplicación preferente el tipo privilegiado del artículo 376, pues tendría un ámbito de aplicación más amplio que la circunstancia genérica del artículo 21.4°, en tanto que no exige el requisito temporal, ni es aplicable solo a la colaboración mediante confesión[547].

---

544 Véase STS 954/2009, 30-9: "Como puede apreciarse, la colaboración ofrecida por el recurrente —por cierto, condicionada su efectividad a que el propio recurrente fuera puesto en libertad— no cumple ninguno de los requisitos que exige el art. 376 de la LECrim para aspirar al efecto atenuatorio. Este precepto exige, además de un abandono voluntario de las actividades delictivas —dato no concurrente en el presente caso—, una colaboración activa y eficaz para impedir la comisión de nuevos delitos o la captura de otros responsables. Y como apunta el Ministerio Fiscal, en esa actitud colaboradora primaba el deseo de eludir la medida cautelar que le afectaba, antes que el verdadero propósito de colaboración. Sólo así puede entenderse la ambigüedad e imprecisión de los datos ofrecidos a la Policía".

545 Vid. STS 145/2007, 28-2 *(Tol 1049909)*: "no está condicionada por ningún límite temporal y no precisa que la colaboración se materialice a modo de confesión, pudiendo revestir otras modalidades diferentes". Estas mismas diferencias resalta la FGE (cfr. FISCALÍA GENERAL DEL ESTADO, Circular 2/2005, de 31 de marzo, p. 25).

546 FISCALÍA GENERAL DEL ESTADO, Circular 2/2005, de 31 de marzo, p. 25.

547 La Jurisprudencia ha bebido del razonamiento expuesto por la FGE en su Circular de 2005. Vid., por ejemplo, STS 104/2011, 1-3 *(Tol 2065578)*: "las dos instituciones obedecen a un mismo fundamento y no pueden apreciarse simultáneamente, ya que el tipo privilegiado del art. 376, con un ámbito de aplicación más amplio abarca los supuestos hasta ahora incardinables en la circunstancia genérica de arrepentimiento del art. 21.4. En similar dirección la STS.234/2007 de 23.3, entendió que el principio *non bis in idem*, que impide apreciar unos

5.2. La figura del drogodependiente-traficante

El párrafo segundo del artículo 376 permite también la reducción de la pena en uno o dos grados siempre que se den dos requisitos positivos y uno negativo: el primero ellos es que el reo debía ser drogodependiente en el momento de comisión de los hechos; el segundo, acreditar que, posteriormente, ha finalizado con éxito un tratamiento de deshabituación; y el tercero, negativo, que recae sobre el objeto del tráfico: la cantidad de estupefacientes objeto de su actividad delictiva no puede ser calificada de notoria importancia o de extrema gravedad[548].

La primera duda que surge tras la lectura del segundo párrafo del artículo 376 CP aparece vinculada al concepto de "drogodependiente". En relación a ello, habrá que descartar, en principio, al consumidor de drogas que no tiene un problema de dependencia de tales sustancias. Por otra parte, existe discusión doctrinal sobre si la exigencia de drogodependencia significa que la comisión del delito ha de ser consecuencia de esa dependencia, esto es, si debe tratarse de un supuesto de delincuencia funcional para el consumo[549]. Otra parte de la Doctrina también se plantea si es necesario para aplicar la atenuación que el sujeto drogodependiente tuviera, en el momen-

---

mismos datos de hecho para computarlos en dos agravaciones o atenuaciones diferentes, principio que inspira el art. 67 CP, se violaría cuando en base a una colaboración eficaz para la investigación se aplicara el art. 376 y la atenuante 4 del art. 21 de forma conjunta". También STS 851/2022, 27-10 *(Tol 9291632)*: "Es evidente la proximidad que este tipo penal mantiene con la atenuante ordinaria del art. 21-4º CP, por lo que no es posible la aplicación simultánea de ambos en un mismo caso (…)".

548 Utiliza esta terminología la STS 848/2022, 27-10 *(Tol 9284247)*. Sobre la expresión "extrema gravedad" utilizada en este precepto, se pregunta con razón MANJÓN-CABEZA si de verdad el legislador quería decir extrema gravedad (que, recuérdese, hace referencia a tres tipos de casos distintos, ex artículo 370 CP) y no extrema cantidad, dado que este tipo privilegiado hace referencia a la cantidad de estupefacientes (Cfr. MANJÓN-CABEZA OLMEDA, A., "Tráfico de drogas: (III)", cit., p. 1372). En cualquier caso, si esa era la intención del legislador hubiera bastado con la referencia a la notoria importancia, pues la extrema cantidad siempre será de notoria importancia.

549 Así la STS 362/2022, 7-4 (*Tol 8916618*): "Este precepto, concebido para lo que se ha llamado el delincuente funcional, esto es, aquél que trafica para consumir, no es ajeno a numerosas dificultades interpretativas".

to de llevar a cabo el comportamiento delictivo, su imputabilidad mermada o anulada[550]. No obstante, parece que la discusión sobre ambas cuestiones puede zanjarse a partir del tenor literal del precepto, que no requiere ninguna de esas circunstancias, contentándose con la prueba de drogodependencia del sujeto en el momento de la comisión de los hechos[551]. Por lo demás, si las facultades del sujeto se encontraran mermadas o anuladas en dicho momento podría ser de aplicación la eximente del artículo 20. 2ª o la eximente incompleta del 21.1ª CP.

Otra de las cuestiones que han de analizarse en relación a la atenuante específica contenida en el segundo párrafo del artículo 376 CP es la posibilidad de aplicarla junto con la atenuante genérica de drogadicción del artículo 21.2ª CP, la cual sí exige que el delito se haya cometido a causa de la grave adicción del sujeto, pero, sin embargo, no requiere la acreditación de un posterior tratamiento de deshabituación. En principio, parece posible aplicar ambas circunstancias, siempre que se den los requisitos de las dos atenuaciones: primero, el común a ambas, que el sujeto sea drogodependiente en el momento de los hechos; segundo, que haya cometido el delito por su grave dependencia a los estupefacientes; y tercero, que haya logrado deshabituarse con éxito[552]. MANJÓN-CABEZA también ha destacado la posibilidad en determinados casos de aplicar este tipo privilegiado junto al previsto en el párrafo segundo del artículo 368 CP, siempre que "las circunstancias personales del culpable" a las que hace referencia este último precepto no consistan únicamente en el

---

550 En este sentido, y respondiendo afirmativamente, OTERO GONZÁLEZ, P., "Atenuación por deshabituación (artículo 376.2 CP)" en F. J. ÁLVAREZ GARCÍA, (dir.), *El delito de tráfico de drogas*, Tirant lo Blanch, Valencia, 2009, p. 291.

551 De hecho, la Fiscalía General del Estado en su Circular de 2005 afirmaba que "Aun cuando el precepto no exige la vinculación antes mencionada entre la drogodependencia y la actividad delictiva, los sres. Fiscales valorarán especialmente la concurrencia de dicha circunstancia (...) sin perjuicio de su apreciación en cualquier otro supuesto en que se considere oportuno". De esta opinión, MANJÓN-CABEZA OLMEDA, A., "Tráfico de drogas: (III)", cit., pp. 1368-1369

552 De esta opinión MANJÓN-CABEZA OLMEDA, A., "Tráfico de drogas: (III)", cit., p. 1371.

tratamiento de deshabituación llevado a cabo por el mismo, pues de lo contrario estaría valorándose esta circunstancia dos veces[553].

Finalmente, debe advertirse que Doctrina y Jurisprudencia han señalado la escasa aplicabilidad de esta atenuación, toda vez que desde la reforma de los juicios rápidos operada por la LO 38/2002, 24 de octubre, es común que los tratamientos de deshabituación aún no estén terminados cuando los hechos son objeto de enjuiciamiento[554]. Por esta razón, alguna Jurisprudencia, aunque minoritaria, admite la posibilidad de apreciarla cuando el tratamiento aún ha finalizado, entendiendo que el significado que a efectos penales debe darse al término "finalizado" es distinto al que se otorga a efectos clínicos. En ese sentido se ha señalado suficiente, "con independencia de que quienes dirigen el tratamiento no hayan dado por totalmente finalizado el mismo, la triple consideración de: no excesiva previa adicción, persistencia en el tratamiento con resultados favorables durante largo tiempo, y ausencia de controles que revelen recidiva de consumo en ese tiempo. Tales datos permiten calificar jurídicamente el tratamiento como terminado con éxito a los efectos penales, por más que de hecho el penado haya continuado con aquel tratamiento. De tal suerte que todos los requisitos del artículo 376 del Código Penal se tienen por cumplidos satisfactoriamente y de manera total y conclusa"[555].

---

553 MANJÓN-CABEZA OLMEDA, A., "Tráfico de drogas: (III)", cit., p. 1372.

554 La propia Jurisprudencia apunta en sus sentencias a la necesidad de reformar el precepto para que baste con la promesa de deshabituación, como ocurre en el artículo 801.3 de la LECrim. Cfr. STS 362/2022, 7-4 (*Tol 8916618*): "De hecho, ha sido considerado por algunos inaplicable en la práctica, no ya por el relativo fracaso estadístico asociado a ese tipo de tratamientos, sino por la celeridad imprimida al enjuiciamiento de hechos delictivos relacionados con el tráfico de drogas a pequeña escala, sobre todo, a raíz de la reforma de los juicios rápidos operada por la LO 38/2002, 24 de octubre (cfr. art. 795.2.g de la LECrim). Incluso no faltan autores que censuran el criterio legislativo, por no considerar bastante la promesa de deshabituación, en línea con lo establecido en el art. 801.3 de la LECrim. La lectura del art. 376 del CP, sin embargo, no deja espacio para opciones interpretativas alternativas: el acusado ha de acreditar suficientemente que ha finalizado con éxito un tratamiento de deshabituación (cfr. STS 603/2007, 25 de junio)". Del mismo tenor, STS 848/2022, 27-10 *(Tol 9284247)*. En la Doctrina, MARTÍNEZ PARDO, V. J., cit., p. 354.

555 STS 68/2017, 8-2 *(Tol 5963547)*.

6. LA CUANTÍA DE LAS MULTAS

El artículo 377 CP[556] se encarga de establecer las pautas para determinar la cuantía de las multas a imponer en los delitos relacionados con drogas o estupefacientes, dado que las mismas se rigen por el sistema de multa proporcional[557], en relación con el valor del objeto del delito o el beneficio reportado por el mismo, conforme a lo previsto en el artículo 52 CP[558]. El literal del artículo 377 solo especifica en base a qué va a calcularse lo anterior: el tanto corresponderá al precio final del producto o a la recompensa o ganancia obtenida por el reo, o que hubiera podido obtener, dependiendo del caso.

En todos los delitos relativos al tráfico de drogas se plantean penas proporcionales al valor de la mercancia o a los beneficios obtenidos (el doble, el cuádruple…) salvo para el caso de las personas jurídicas, para las que se prevén alternativamente los sistemas de multa por cuotas y proporcional. En cualquier caso, será necesario tener en cuenta lo establecido por el Acuerdo del Pleno no Jurisdiccional de la Sala Segunda del Tribunal Supremo de 24 de mayo de 2017, que reafirmó que el valor de la droga es elemento indispensable para la fijación de la consecuencia jurídica en el delito contra la salud pública y, por lo tanto, dicho valor debe declararse en el relato fáctico

---

556 Este artículo conserva la redacción original, y abarca solo los delitos relativos a drogas y no a todos los tipos relativos a la salud pública.

557 Vid. STS 812/2021, 26-10 *(Tol 8643083)*: "En materia de tráfico de drogas, la multa prevista se rige, precisamente, por el sistema secundario de multa proporcional, y así en el art. 368 y ss. se establece que la multa viene impuesta en relación "al valor de la droga" en una proporción variable que puede llegar del tanto del séxtuplo. Se contiene, además una norma específica en el art. 377 para la determinación del valor de la multa o imponer en relación a estos delitos, según la cual, para la determinación del valor de la droga, que actúa como presupuesto indispensable para la imposición de la multa "sería el precio final del producto o, en su caso, la recompensa o ganancia obtenida por el reo, o que hubiera podido obtener (…)".

558 Precepto del que deben tenerse en cuenta el resto de precisiones que realiza: así, por ejemplo, el art. 52.2 CP establece que los jueces y tribunales deberán considerar "para determinar en cada caso su cuantía, no sólo las circunstancias atenuantes y agravantes del hecho, sino principalmente la situación económica del culpable".

de la sentencia, pues de lo contrario no podrá imponerse la pena de multa[559].

Por otra parte, el Tribunal Supremo también ha recordado en sus pronunciamientos que las disminuciones penológicas que prevén algunos tipos privilegiados (v. gr., art. 368 párrafo segundo, o art. 376) se hacen con referencia a todas las penas, lo que debe incluir a la de multa[560].

---

559 El mismo Acuerdo también establece que "para su acreditación deberán valorarse los informes periciales o cualesquiera otros medios que reflejen el valor de la droga o el beneficio que con las mismas se ha obtenido o se pretendía obtener". Asimismo cfr. la STS 812/2021, 26-10 *(Tol 8643083)*: "Debe recordarse la consolidada doctrina de esta Sala que tiene declarado presupuesto indispensable para la imposición de la pena de multa, la determinación del valor de la droga, de suerte que si no consta tal dato en los hechos probados, no procederá la imposición de la pena de multa, al no existir en el vigente Código Penal, un precepto como el art. 74 del Código derogado de 1973, que fijaba un límite mínimo a la multa como sanción pecuniaria por el delito, SSTS. 26.10.2000, 461/2002, de 11.3, 92/2003, de 29.1, 394/2004, de 22.3, 1463/2004, de 2.12, que expresamente señalan que "la determinación del valor de la droga como hecho declarado probado en la sentencia, es un elemento imprescindible para la cuantificación de la pena de multa, hasta el extremo de que debe prescindirse de esta pena en el caso de que tal valor no haya sido determinado y tampoco se hayan hecho constar los elementos fácticos que permitirían acudir a las previsiones del artículo 377 del Código Penal".

560 Así, STS 754/2009, 13-7 *(Tol 1577910)*, que hace la misma previsión para la pena de inhabilitación: "Cuando se sube o baja la pena en uno o dos grados las nuevas magnitudes dosimétricas encierran como en un compartimento todas las penas previstas por la ley al mismo nivel de gravedad o intensidad (véase por todas STS nº 591/2003 de 15 abril)". Vid. así la STS 90/2021, 3-2 *(Tol 8310559)*: "procederemos a reducir la pena de multa que viene impuesta desde la sentencia de instancia, por no haber sido aplicado a la misma la reducción contemplada en el pf. II del art. 368 CP". En cualquier caso basta con que las "dosis de pena" sean parejas. Cfr. la STS 140/2021, 17-2: "Y en aplicación de dicho precepto se considera procedente imponer, a todos ellos, la pena de prisión de tres años y cuatro meses (la pena abstracta prevista para el delito cometido se extiende entre los tres y los seis años de prisión). Sin embargo, con respecto a la pena de multa (del tanto al triplo del valor de la droga objeto del delito), se fija en 70.000 euros (algo menos del doble del valor de aquella, tasada en 38.334,60 euros). (…) "está dentro del límite legal, que no existe ninguna norma que obligue a una correspondencia exacta con la individualización de la pena privativa de libertad y porque consideraciones de obvia trascendencia de cada pena obligan a moderar de manera acentuada la más grave y a ser más estricta la aplicación de una pena pecuniaria vinculada al lucro ilícito derivado del tráfico por el que se han impuesto las condenas". De similar tenor, la STS 22/2020, 28-1 *(Tol 7736624)*.

Con respecto al precio final del producto, la Jurisprudencia ha establecido que cuando no pueda probarse su exacta cuantía en los hechos enjuiciados, podrá utilizarse el precio que habitualmente alcance la misma mercancía[561], atendiendo a los que marca la Oficina Central Nacional de Estupefacientes (OCNE) en relación con el mercado ilegal[562], si bien dicho precio podrá ser impugnado en cualquier caso por la defensa[563].

7. LA IMPUTACIÓN DE PAGOS

El artículo 378 CP impone una prelación de pagos específica para los delitos contenidos en los artículos 361 a 372[564], si bien el orden que establece es igual al genérico que se recoge en el artículo 126 CP, con la única salvedad de anteponer el pago de la multa al de las costas. MOLINA MANSILLA ofrece como explicación de esta pequeña diferencia en el orden de prelación de pagos el hecho de que el legislador ha pretendido evitar que se eleven artificialmente los honorarios de la defensa para eludir el pago de la multa[565]. Por otra parte, la Doctrina, no sin razón, ha puesto de manifiesto el sinsentido que

561 Vid. por ejemplo STS 797/2006, 20-7 (*Tol 1019330*).

562 Vid. MOLINA MANSILLA, M. C., *El delito de tráfico de drogas: análisis detallado y nueva perspectiva. Adaptado a las últimas reformas legislativas y resoluciones del Tribunal Supremo y de la Fiscalía General del Estado*, cit., p. 222: "La determinación del precio final de la droga es competencia de la Oficina Central Nacional de Estupefacientes (OCNE), de la Dirección General de Policía, dependiente del Ministerio del Interior, en colaboración con la Delegación del Gobierno para el Plan Nacional sobre Drogas, que elabora un informe no vinculante de carácter semestral que contiene una relación sobre los precios y purezas de las drogas en el mercado ilegal, mediante el análisis de los datos suministrados por las jefaturas superiores de cada región policial, y de los datos obtenidos a través de los laboratorios de la Dirección General de Farmacia de organismos provinciales competentes".

563 Vid. así las SSTS 33/2021, 20-1 (*Tol 8301553*) y 349/2021, 28-4 (*Tol 8422183*).

564 El art. 378 CP ha sido únicamente modificado por la LO 1/2015, para extender su aplicación al resto de los delitos contra la salud pública, pues antes de dicha reforma el precepto solo hacía referencia a los delitos relacionados con drogas y precursores.

565 MOLINA MANSILLA, M. C., *El delito de tráfico de drogas: análisis detallado y nueva perspectiva. Adaptado a las últimas reformas legislativas y resoluciones del Tribunal Supremo y de la Fiscalía General del Estado*, cit., p. 224.

supone referirse, como lo hace el apartado 4º del artículo 378 CP, a las costas del "acusador particular o privado", difícilmente viable en estos delitos, y olvidarse sin embargo de la acusación popular[566].

[566] MANJÓN-CABEZA OLMEDA, A., "Tráfico de drogas: (III)", cit., p. 1374; MARTÍNEZ PARDO, V. J., cit., p. 365-366. También cuestionan el hecho de haber dejado en primer lugar la reparación del daño, prácticamente impracticable en estos delitos que protegen bienes jurídicos colectivos.

BIBLIOGRAFÍA

ABEL SOUTO, M., "Luces y sombras en la reforma penal española sobre drogas de 2010", *Revista Penal México*, núm. 2 (2011), pp. 9-29.

ACALE SÁNCHEZ, M., *Salud pública y drogas tóxicas*, Tirant lo Blanch, Valencia, 2002.

AGUADO CORREA, T., "Embargo preventivo y comiso en los delitos de tráfico de drogas y otros delitos relacionados: presente y ¿futuro?", *Estudios Penales y Criminológicos*, vol. XXXIII (2013), pp. 265-320.

ÁLVAREZ GARCÍA, F. J., "2.2.1. El culpable fuere autoridad, funcionario público, facultativo, trabajador social, docente o educador y obrase en el ejercicio de su cargo, profesión u oficio" en F. J. ÁLVAREZ GARCÍA, (dir.), *El delito de tráfico de drogas*, Tirant lo Blanch, Valencia, 2009.

- "2.2.3. El culpable participare en otras actividades organizadas o cuya ejecución se vea facilitada por la comisión del delito" en F. J. ÁLVAREZ GARCÍA, (dir.), *El delito de tráfico de drogas*, Tirant lo Blanch, Valencia, 2009.
- "2.2.4., Los hechos fueren realizados en establecimientos abiertos al público por los responsables o empleados de los mismos" en F. J. ÁLVAREZ GARCÍA, (dir.), *El delito de tráfico de drogas*, Tirant lo Blanch, Valencia, 2009.
- "2.2.5. Las sustancias a que se refiere el artículo anterior se faciliten a menores de 18 años, a disminuidos psíquicos o a personas sometidas a tratamiento de deshabituación o rehabilitación" en F. J. ÁLVAREZ GARCÍA, (dir.), *El delito de tráfico de drogas*, Tirant lo Blanch, Valencia, 2009.
- "La necesidad de un cambio de paradigmas en el tráfico de drogas: la urgencia de su legalización", *Cuadernos de Política Criminal*, núm. 105, diciembre 2011, pp. 199-245.

ÁLVAREZ GARCÍA, F. J., VENTURA PÜSCHEL, A., "Violencia e impunidad: examen al Estado", en P. DE LA CUESTA AGUADO, *et al.* (Coords.), *Liber Amicorum: estudios jurídicos en homenaje al profesor doctor Juan M. Terradillos Basoco*, Tirant lo Blanch, 2018, pp. 525-566.

ANDRÉS DOMÍNGUEZ, A. C., "El castigo de los actos preparatorios (artículo 373 CP)" en F. J. ÁLVAREZ GARCÍA, (dir.), *El delito de tráfico de drogas*, Tirant lo Blanch, Valencia, 2009.

- "El comiso (artículo 374 CP)" en F. J. ÁLVAREZ GARCÍA, (dir.), *El delito de tráfico de drogas*, Tirant lo Blanch, Valencia, 2009.
- "La reincidencia internacional (artículo 375 CP)" en F. J. ÁLVAREZ GARCÍA, (dir.), *El delito de tráfico de drogas*, Tirant lo Blanch, Valencia, 2009.
- "Penas de inhabilitación especial y absoluta (artículo 372 CP)" en F. J. ÁLVAREZ GARCÍA, (dir.), *El delito de tráfico de drogas*, Tirant lo Blanch, Valencia, 2009.

BARATTA, A., "Introducción a la criminología de la droga", *Nuevo Foro Penal*, núm. 41 (1988), pp. 329-346.

BARDAVÍO ANTÓN, C., "Fundamento de punibilidad de la tentativa: A la vez consideraciones sobre la punibilidad de la tentativa inidónea", *ADPCP*, Vol. LXXV (2022), pp. 450-457.

BOCANEGRA MÁRQUEZ, J., La asociación ilícita de finalidad delictiva: ¿una figura condenada al "ostracismo"?, *Revista Electrónica de Ciencia Penal y Criminología*, 25-01 (2023).

BOCANEGRA MÁRQUEZ, J. "El concepto de "grupo criminal" del art. 570 ter.1.II CP. La necesidad de su interpretación restrictiva", en A. GALÁN MUÑOZ, S. MENDOZA CALDERÓN (Dirs.), *Globalización y lucha contra las nuevas formas de criminalidad transnacional*, Tirant lo Blanch, Valencia, 2019, pp. 527-546.

BORJA JIMÉNEZ, E., *La aplicación de las circunstancias del delito*, Tirant lo Blanch, 2015.

BRANDARIZ, J. Á., "El lento declive del populismo penal en materia de drogas", en M. ABEL SOUTO, *et al.* (Coords.), *Estudios penales en homenaje al profesor José Manuel Lorenzo Salgado*, Tirant lo Blanch, Valencia, 2021.

BRETONES ALCARAZ, F. J., *El delito de tráfico de drogas cometido por personas que pertenecen a una organización delictiva*, Dykinson, Madrid, 2020.

CANCIO MELIÁ, M., "Delitos de organización: criminalidad organizada común y delitos de terrorismo", en Díaz-Maroto Y Villarejo (Dir.): *Estudios sobre las reformas del Código Penal (operadas por las LO 5/2010, de 22 de junio, y 3/2011, de 28 de enero)*, Navarra, 2011, pp. 643-670

CANTILLO ARCÓN, J. C., "Mirada retrospectiva a la aportación de Diego-Manuel Luzón Peña en el debate de los años 80 sobre el tráfico de drogas" en J. DE VICENTE REMESAL, M. DÍAZ Y GARCÍA CONLLEDO, *et al.*, (dirs.). *Libro homenaje al profesor Diego-Manuel Luzón Peña con motivo de su 70° aniversario*, vol. II, Reus editorial, Madrid, 2020, pp. 1507-1517.

CASTELLVÍ MONTSERRAT, C., *Provocar y castigar: el agente provocador y la impunidad del sujeto provocado*, Tirant lo Blanch, Valencia, 2020.

– *El delito provocado, el agente provocador y la impunidad del sujeto provocado.* Tesis doctoral, Universidad de Barcelona, 2019. Disponible en: https://www.tesisenred.net/bitstream/handle/10803/667783/CCM_TESIS.pdf?sequence=1&isAllowed=y.

CASTRO MORENO, A., "2.2.2. El culpable perteneciere a una organización o asociación, incluso de carácter transitorio, que tuviese como finalidad difundir tales sustancias o productos aun de modo ocasional" en ÁLVAREZ GARCÍA, F. (dir.), "El delito de tráfico de drogas", Tirant lo Blanch, Valencia, 2009.

– "2.2.6. Fuere de notoria importancia la cantidad de las citadas sustancias objeto de las conductas a que se refiere el artículo anterior" en F. J. ÁLVAREZ GARCÍA, (dir.), *El delito de tráfico de drogas*, Tirant lo Blanch, Valencia, 2009.

– "2.2.7. Las referidas sustancias se adulteren, manipulen o mezclen entre sí o con otras, incrementando el posible daño a la salud" en F. J. ÁLVAREZ GARCÍA, (dir.), *El delito de tráfico de drogas*, Tirant lo Blanch, Valencia, 2009.

CARUSO FONTÁN, V., Problemas concursales en relación a los delitos de tráfico de drogas cometidos en el seno de organizaciones criminales, *Revista General de Derecho Penal*, núm. 23 (2015).

CENTRO DE INTELIGENCIA CONTRA EL TERRORISMO Y EL CRIMEN ORGANIZADO, *Estadística Anual sobre Drogas*, Ministerio del Interior, 2020.

COMISIÓN DE ESTUPEFACIENTES, *Aplicación de los tratados de fiscalización internacional de drogas*, 2020. Disponible en: https://documents-dds-ny.un.org/doc/UNDOC/LTD/V20/071/98/PDF/V2007198.pdf?OpenElement

CONSEJO DE LA UNIÓN EUROPEA, *Plan de acción de la UE sobre drogas 2021-2025*, Secretaría General del Consejo, Oficina de Publicaciones de la Unión Europea, 2022.

DE LA FUENTE, L., BRUGAL, M. T., DOMINGO-SALVANY, A., BRAVO, M. J., NEIRA-LEÓN, M., BARRIO, G., Más de treinta años de drogas ilegales en España: una amarga historia con algunos consejos para el futuro, *Revista Española de Salud Pública*, núm. 5 (2006).

DEL CARPIO DELGADO, J., "Las consecuencias de la reclasificación del cánnabis en los tratados internacionales" en A. I. PÉREZ MACHÍO, J. L. DE LA CUESTA ARZAMENDI (dirs.), *Contra la política criminal de la tolerancia cero. Libro-Homenaje al Profesor Dr. Ignacio Muñagorri Laguía*, Aranzadi, Pamplona, 2021, pp. 147-175.

DEPARTAMENTO DE SEGURIDAD NACIONAL DEL GABINETE DE LA PRESIDENCIA DEL GOBIERNO, *Informe Anual de Seguridad Nacional 2022*, Ministerio de la Presidencia, Relaciones con las Cortes y Memoria Democrática, 2023.

DÍAZ CORTÉS, L. M., Las razones de la legitimidad de las políticas criminales frente a las drogas ilícitas: análisis a partir de los modelos de control jurídico, en ZÚÑIGA RODRÍGUEZ, L., BALLESTEROS SÁNCHEZ, J., Criminalidad organizada trasnacional: una amenaza a la seguridad de los Estados democráticos, Tirant lo Blanch, Valencia, 2017, p. 380 y ss.

DÍEZ RIPOLLÉS, J. L., "El bien jurídico protegido en un Derecho penal garantista", *Jueces para la democracia*, núm. 30 (1997), pp. 10-19.

– *Los delitos relativos a drogas tóxicas, estupefacientes y sustancias psicotrópicas. Estudio de las modificaciones introducidas por la Ley Orgánica 1/1988, de 24 de marzo*, Tecnos, Madrid, 1989.

DÍEZ RIPOLLÉS, J. L., MUÑOZ SÁNCHEZ, J., "Licitud de la autoorganización para el consumo de drogas", *Jueces para la Democracia*, núm. 75 (2012) pp. 49-77.

DOPICO GÓMEZ-ALLER, J., *Transmisiones atípicas de drogas. Crítica a la jurisprudencia de la excepcionalidad*, Tirant lo Blanch, Valencia, 2013.

– "1.9. Los supuestos de atipicidad", en F. J. ÁLVAREZ GARCÍA, (dir.), *El delito de tráfico de drogas*, Tirant lo Blanch, Valencia, 2009.

ESCOHOTADO, A., *Historia elemental de las drogas*, La Emboscadura Editorial, Madrid, 2018.

ESQUIVIAS JARAMILLO, J. I., "Confesión. Decomiso de vehículo en el tráfico de drogas. Reincidencia", *Revista CEF Legal*, núm. 149 (2008), pp. 171-174.

FAKHOURI GÓMEZ, Y., CORREA FLÓREZ, C., "Sección 4. Tráfico de drogas", en F. MOLINA FERNÁNDEZ (Coord.), *Memento práctico Francis Lefebvre: Penal*, Madrid, 2023.

FARALDO CABANA, P. *Asociaciones ilícitas y organizaciones criminales en el código penal español*, Tirant lo Blanch, Valencia, 2012.

FARALDO CABANA, P., Organizaciones criminales y asociaciones ilícitas en el Código Penal español, *Revista de estudios de la justicia*, núm. 19 (2013), pp. 13-45.

FERNÁNDEZ BAUTISTA, S., *Los clubes sociales del cannabis. Antijuricidad e imputación personal*, Tirant lo Blanch, Valencia, 2021.

FERRAJOLI, L., *Derecho y Razón. Teoría del garantismo penal*, Madrid, Trotta, 2000.

FISCALÍA GENERAL DEL ESTADO, *Circular 2/2005*, de 31 de marzo.

FISCALÍA GENERAL DEL ESTADO, *Circular 3/2011*, de 11 de octubre.

FLÁVIO GOMES, L., "Infracciones de bagatela y principio de insignificancia", en L. RODRÍGUEZ RAMOS, F. BUENO ARÚS, *Derecho penal y criminología como fundamento de la política criminal*, Dykinson, Madrid, 2008, pp. 753-765.

FRIEYRO ELÍCEGUI, S., *El delito de tráfico de drogas*, Tirant lo Blanch, Valencia, 2017.

GARCÍA ALBERO, R., "De los delitos contra la salud pública" en G. QUINTERO OLIVARES, (dir.), *Comentarios al Código Penal Español. Tomo II*, Thomson Reuters Aranzadi, Navarra, 2016.

GERMÁN MANCEBO, I., "La realización del tipo penal del artículo 368 CP por las asociaciones de cannabis: expectativas sociales versus aplicación del Derecho", en A. I. PÉREZ MACHÍO, J. L. DE LA CUESTA ARZAMENDI, (dirs.), *Contra la política criminal de la tolerancia cero. Libro-Homenaje al Profesor Dr. Ignacio Muñagorri Laguía*, Aranzadi, Navarra, 2021, pp. 607-620,

GIL GIL, A., "El tratamiento jurisprudencial de los clubes cannábicos en España: contadicciones y problemas", en K. AMBOS, E. MALARINO, M.-C. FUCHS (eds.), *Drogas ilícitas y narcotráfico. Nuevos desarrollos en América Latina*, Fundación Konrad Adenauer, Madrid, 2017, pp. 379-401.

GIL NOBAJAS, M. S., "Tráfico de drogas y estado de necesidad: análisis y revisión de la doctrina jurisprudencial en relación con los correos de la droga", en D. BENITO SÁNCHEZ, M. S. GIL NOBAJAS (coord.), *Alternativas político-criminales frente al Derecho Penal de la aporofobia*, vol. 14, Tirant lo Blanch, Valencia, 2022, pp. 457-497.

– "La interpretación jurisprudencial de los requisitos de la aplicación del estado de necesidad a los correos de la droga", en D. BENITO SÁNCHEZ, A. I. PÉREZ CEPEDA, (coords.), *Propuestas al legislador y a los operadores de la justicia para el diseño y la aplicación del Derecho penal en clave anti-aporófoba*, Ratio Legis, Salamanca, 2022, pp. 61-66.

GISBERT POMATA, M., "Los controvertidos requisitos del decomiso ampliado: indicios objetivos fundados del origen ilícito de los bienes", *Ius et Praxis*, núm. 28-3 (2022), pp. 274-286.

GÓMEZ MARTÍN, V., "El delito de fabricación, puesta en circulación y tenencia de medios destinados a la neutralización de dispositivos protectores de programas informáticos (art. 270, párr. 3º CP). A la vez, un estudio sobre los delitos de emprendimiento o preparación en el CP de 1995", *Revista Electrónica de Ciencia Penal y Criminología*, 4-16 (2002), pp. 2-46.

GRUPO DE ESTUDIOS DE POLÍTICA CRIMINAL (GEPC), *Una alternativa a la actual política criminal sobre drogas*, Tirant lo Blanch, Valencia, 1991.

GUTIÉRREZ CASTAÑEDA, A., "3.2. Utilización de menores o disminuidos psíquicos" en F. J. ÁLVAREZ GARCÍA, (dir.), *El delito de tráfico de drogas*, Tirant lo Blanch, Valencia, 2009.

HAVA GARCÍA, E., *El control penal de las armas. Análisis del Capítulo V del Título XXII del Código Penal*, Tirant lo Blanch, Valencia, 2019.

HEIN VAN KEMPEN, P., FEDOROVA, M., "Cannabis regulation thorough the 'without right' clause in article 2(1) of EU Framework Decision 2004/757/JHA on illicit drug trafficking", *European Journal of Crime, Criminal Law and Criminal Justice*, núm. 31 (2023), pp. 73-101.

JOSHI JUBERT, U., *Los delitos de tráfico de drogas I: un estudio analítico del art. 368 CP: (grupos de casos y tratamientos jurisprudenciales)*, JM Bosch, Barcelona, 1999.

KHAN, D.-E., LANDWEHR, O., "'Legalize It!?' - Opportunities and Challenges for the Regulation of Cannabis under European Law. Is legalization legal?", *EUCRIM*, núm. 1 (2023), pp. 89-99. Disponible en: https://doi.org/10.30709/eucrim-2023-004

LAMARCA PÉREZ, C., "Atenuación por abandono y colaboración. Requisitos (art. 371.1 CP). Delimitación con la atenuante 4ª del artículo 21 CP", en F. J. ÁLVAREZ GARCÍA, (dir.), *El delito de tráfico de drogas*, Tirant lo Blanch, Valencia, 2009.

– "Atenuación por arrepentimiento en el delito de tráfico de drogas", *La Ley Penal*, núm. 86 (2000).

LORENZO SALGADO, J. M., "El tipo atenuado 'en atención a la escasa entidad del hecho y a las circunstancias personales del culpable' previsto en el párr. 2º; del art. 368 del Código penal", en J. M. SUÁREZ LÓPEZ, *et al.* (Coords.), *Estudios jurídico penales y criminológicos: en homenaje a Lorenzo Morillas Cueva*, Vol. II, Dykinson, 2018.

MAGALDI PATERNOSTRO, M. J., "Art. 372", en J. CÓRDOBA RODA, M. GARCÍA ARÁN (dirs.), *Comentarios al Código Penal. Parte especial, T. II*, Marcial Pons, Madrid, 2004.

MAGRO SERVET, V., *Guía práctica de la casuística existente en los delitos contra la salud pública*, La Ley, Madrid, 2004.

MANJÓN-CABEZA OLMEDA, A., *El tráfico de precursores: fiscalización internacional y delito del artículo 371 del Código Penal español*, Tirant lo Blanch, Valencia, 2022.

– *La solución. La legalización de las drogas*, Debate, Barcelona, 2012.

– "Tráfico de drogas: (I)" en F. J. ÁLVAREZ GARCÍA, (Dir.), *Derecho Penal español. Parte Especial. Parte Especial (II),* Tirant lo Blanch, 2011.
– "Tráfico de drogas: (II)" en F. J. ÁLVAREZ GARCÍA, (Dir.), *Derecho Penal español. Parte Especial. Parte Especial (II),* Tirant lo Blanch, 2011.
– "Tráfico de drogas: (III)" en F. J. ÁLVAREZ GARCÍA, (Dir.), *Derecho Penal español. Parte Especial. Parte Especial (II),* Tirant lo Blanch, 2011.
– "11. 1. La venta de una pequeña cantidad de droga. La dosis mínima psicoactiva", F. J. ÁLVAREZ GARCÍA, (dir.), *El delito de tráfico de drogas,* Tirant lo Blanch, Valencia, 2009.
– "3.4. Extrema gravedad. Las distintas modalidades de la extrema gravedad", en F. J. ÁLVAREZ GARCÍA, (dir.), *El delito de tráfico de drogas,* Tirant lo Blanch, Valencia, 2009.

MARTÍN LOREZO, M., "Sobre la perpetuación de una interpretación jurisprudencial insostenible del miedo insuperable. Análisis de su aplicación por la Audiencia Provincial de Madrid en los delitos de tráfico de drogas", *Revista de Derecho Penal y Criminología,* 2ª época, núm. 16 (2005), pp. 303-343.

MARTÍNEZ PARDO, V. J., *Los delitos de tráfico de drogas: estudio jurisprudencial,* Edisofer, Madrid, 2013.

MÉNDEZ RODRÍGUEZ, C., "Los delitos de pertenencia a organización criminal y a grupo criminal y el delito de tráfico de drogas cometido por persona que pertenece a una organización delictiva", *Estudios penales y criminológicos,* vol. XXXIV (2014), pp. 511-560.

MINISTERIO DE SANIDAD, Encuesta sobre alcohol y otras drogas en España (EDADES) 1995-2022. Delegación del Gobierno para el Plan Nacional sobre Drogas, 2022. Disponible en: https://pnsd.sanidad.gob.es/profesionales/sistemasInformacion/sistemaInformacion/pdf/2022_Informe_EDADES.pdf.

MOLINA MANSILLA, M. C., *El delito de tráfico de drogas: análisis detallado y nueva perspectiva. Adaptado a las últimas reformas legislativas y resoluciones del Tribunal Supremo y de la Fiscalía General del Estado,* Editorial Jurídica Sepín, Madrid, 2021.
– "Evolución histórica del consumo de drogas. Concepto, clasificación e implicaciones del consumo prolongado", *International e-Journal of Criminal Sciences,* núm. 2 (2008).

MONTERO LA RUBIA, F. J., *Delitos contra la salud pública, Estudio práctico de la jurisprudencia del TS sobre el tráfico de drogas tóxicas,* Bosch, Barcelona, 2007.

MUÑOZ CONDE, F., *Derecho penal. Parte especial,* 23ª ed., Tirant lo Blanch, Valencia, 2021.

MUÑOZ SÁCHEZ, J., "La relevancia penal de los clubes sociales de cannabis. Reflexiones sobre la política de cannabis y análisis jurisprudencial", *Revista electrónica de Ciencia Penal y Criminología,* núm. 17-22 (2015).

MUÑOZ SÁNCHEZ, J., SOTO NAVARRO, S., "Uso terapéutico del cannabis y creación de establecimientos para su adquisición y consumo: viabilidad legal", *Boletín Criminológico,* núm. 1/2000, 45.

NÚÑEZ PAZ, M. A., GUILLÉN LÓPEZ, G., "Moderna revisión del delito de tráfico de drogas: estudio actual del art. 368 del Código Penal", *Revista penal*, núm. 22, (2008), pp. 80-108.

OBSERVATORIO ESPAÑOL DE LAS DROGAS Y LAS ADICCIONES, *Monografía Cannabis 2022. Consumo y consecuencias,* Ministerio de Sanidad/Delegación del Gobierno para el Plan Nacional sobre Drogas, Madrid, 2022. Disponible en: https://pnsd.sanidad.gob.es/profesionales/publicaciones/catalogo/catalogoPNSD/publicaciones/pdf/2022_OEDA_Monografia_Cannabis.pdf

OBSERVATORIO EUROPEO DE LAS DROGAS Y TOXICOMANÍAS, *Informe Europeo sobre Drogas. Tendencias y novedades,* Oficina de Publicaciones de la Unión Europea, Luxemburgo, 2022.

OBSERVATORIO EUROPEO DE LAS DROGAS Y TOXICOMANÍAS, *Informe Europeo sobre Drogas. Tendencias y novedades,* Oficina de Publicaciones de la Unión Europea, Luxemburgo, 2023.

OBSERVATORIO URUGUAYO DE DROGAS, *VII Encuesta Nacional sobre Consumo de Drogas en Población General, Informe de Investigación,* Junta Nacional de Drogas, 2019. Disponible en: https://www.gub.uy/junta-nacional-drogas/sites/junta-nacional-drogas/files/documentos/publicaciones/VII_ENCUESTA_NACIONAL_DROGAS_POBLACIoN_GENERAL_2019.pdf

ORTS BERENGER, E., "Delitos relativos a las drogas tóxicas, estupefacientes y sustancias psicotrópicas", en J. L. GONZÁLEZ CUSSAC, (coord.), *Derecho penal. Parte especial,* 6ª ed., Tirant lo Blanch, Valencia, 2019.

OTERO GONZÁLEZ, P., "Atenuación por deshabituación (artículo 376.2 CP)" en F. J. ÁLVAREZ GARCÍA, (dir.), *El delito de tráfico de drogas,* Tirant lo Blanch, Valencia, 2009.

PEDREIRA GONZÁLEZ, F., "Capítulo I", en F. J. ÁLVAREZ GARCÍA, (dir.), *El delito de tráfico de drogas,* Tirant lo Blanch, Valencia, 2009.

PENA GONZÁLEZ, W., "La problemática de los clubes de cannabis: ¿error de tipo o error de prohibición?", *Revista Aranzadi Doctrinal,* núm. 3 (2019).

PÉREZ-SAUQUILLO MUÑOZ, C., "Una teoría sobre los bienes jurídicos colectivos: reflexiones al hilo del ejemplo de la salud pública", *Revista de la Fundación Internacional de Ciencias Penales,* núm. 11 (2022), pp. 304- 323.

QUINTERO OLIVARES, G., *Compendio de la Parte Especial del Derecho Penal,* Cizur Menor, Lex Nova, Madrid, 2016.

RAMÓN RIBAS, E., "Artículo 368" en G. QUINTERO OLIVARES (dir.), *Comentarios al Código Penal Español. Tomo II,* Thomson Reuters Aranzadi, Navarra, 2016.

REAL ACADEMIA NACIONAL DE MEDICINA DE ESPAÑA, *Diccionario de Términos Médicos,* Madrid, 2012.

ROSSI F., "Un'introduzione al problema dell' 'ignoranza deliberata' nella teoria dell'elemento soggettivo del reato", *La legislazione penale,* 27 de septiembre 2022. Disponible en: https://www.lalegislazionepenale.eu/unintroduzione-al-problema-dellignoranza-deliberata-nella-teoria-dellelemento-soggettivo-del-reato-francesco-rossi/

SÁNCHEZ LÁZARO, F. G., "Deconstruyendo el riesgo permitido. Delitos contra la salud pública, principio de precaución, delitos contra la seguridad vial", *Revista penal*, núm. 25 (2010).

SÁNCHEZ TOMÁS, J. M., "Análisis crítico de la transposición al Derecho español de las actualizaciones de los listados de estupefacientes y psicotrópicos a efectos penales", en E. CONDE PÉREZ (coord.), *Ensayos para un nuevo paradigma en la política de drogas*, Occasional Papers ICEI, Madrid, 2020, pp. 49-54. Disponible en: https://www.ucm.es/icei/file/op0420

– *Derecho de las drogas y las drogodependencias*, Fundación de Ayuda contra la Drogadicción (FAD), 2002.

SEGARRA MONFERRER, J., NÚÑEZ MIRÓ, A., "Los clubes cannábicos: eventual responsabilidad penal de la persona jurídica y de las personas físicas responsables o gestoras de su actividad", *Revista Aranzadi Doctrinal*, núm. 4 (2020).

SEQUEROS SAZATORNIL, F., *El tráfico de drogas ante el ordenamiento jurídico: (evolución normativa, doctrinal y jurisprudencial)*, Wolters Kluwer España, Madrid, 2000.

SERRANO MAÍLLO, A., *Teoría criminológica. La explicación del delito en la sociedad contemporánea*, 2ª ed., Dykinson, Madrid, 2021.

SILVA FORNÉ, D., *Regulación de la marihuana. Drogas y Estado de Derecho. El modelo regulatorio de Uruguay. La situación en España*, Dykinson, Madrid, 2018.

SUÁREZ-MIRA RODRÍGUEZ, C. (Dir./Coord.), *Manual de Derecho penal. Tomo II. Parte especial*, Thomson Reuters, Navarra, 2020.

TERRADILLOS BASOCO, J. M., "Protección penal de Derechos Humanos: pobreza, vulnerabilidad, exclusión", en D. BENITO SÁNCHEZ, A. I. PÉREZ CEPEDA, (coords.), *Propuestas al legislador y a los operadores de la justicia para el diseño y la aplicación del Derecho penal en clave anti-aporófoba*, Ratio Legis, Salamanca, 2022, pp. 15-40.

– "La satisfacción de necesidades como criterio de determinación del objeto de tutela jurídico-penal", *Revista de Derecho penal*, núm. 25 (2017), pp. 663-684.

– "Peligro abstracto y garantías penales", *Nuevo Foro Penal*, núm. 62 (1999), pp. 85-92.

– "AIDS in Prisons in Spain", en Thomas, Ph, y Moerings, M., (edit.), *AIDS in Prison*, Dartmouth Publishing, Aldershot 1994, págs. 99 a 105.

UNODC, *Declaración Ministerial de 2019*, Viena, Comisión de estupefacientes de Viena, 2019. Disponible en: https://www.unodc.org/documents/commissions/CND/Subsidiary_Bodies/HONLAC/2019/Ministerial_Declaration_2019/Declaracion_Ministerial_2019_V1906702.pdf

UNODC, *Documento final del período extraordinario de sesiones de la Asamblea General de las Naciones Unidas sobre el problema mundial de las drogas celebrado en 2016*, Nueva York, 19-21 de abril de 2016. Resolución S-30/1 de la Asamblea General, anexo. Aprobada el 19 de abril de 2016. Disponible en: https://www.unodc.org/documents/postungass2016/outcome/V1603304-S.pdf

UNODC, *World Drug Report,* 2021. Disponible en: https://www.unodc.org/unodc/en/data-and-analysis/wdr2021.html

UNODC, *World Drug Report,* 2022. Disponible en: https://www.unodc.org/unodc/en/data-and-analysis/world-drug-report-2022.html

UNODC, *World Drug Report,* 2023. Disponible en: https://www.unodc.org/unodc/en/data-and-analysis/world-drug-report-2023.html.

VALLE MUÑIZ, J. M., FERNÁNDEZ PALMA, M. R., "Tráfico de drogas", en G. QUINTERO OLIVARES, J. M. VALLE MUÑIZ (Coords.), *Comentarios a la Parte Especial del Derecho Penal,* Thomson Reuters, Barcelona, 1996.

VIDALES RODRÍGUEZ, C., "Tipo atenuado del delito de tráfico de drogas y pertenencia al grupo criminal" en M. ABEL SOUTO, *et al.* (coords.), *Estudios penales en homenaje al profesor José Manuel Lorenzo Salgado,* Valencia, Tirant lo Blanch, 2021.

ÍNDICE DE JURISPRUDENCIA UTILIZADA

Sentencias Tribunal Constitucional

STC 24/2004, 24-2 *(Tol 351791)*
STC 144/2017,14-12 *(Tol 6988018)*
STC 100/2018, 19-9 *(Tol 6816187)*

Sentencias Tribunal Supremo

STS 573/2023, 10-7 (*Tol 9652222*)
STS 497/2023, 22-6 (*Tol 9635994*)
STS 231/2023, 30-3 *(Tol 9513427)*
STS 947/2022, 13-12 *(Tol 9334687)*
STS 3990/2022, 27-10 (*Tol 9291632*)
STS 848/2022, 27-10 *(Tol 9284247)*
STS 782/2022, 22-9 *(Tol 9251986)*
STS 695/2022, 8-7 *(Tol 9124094)*
STS 598/2022, 15-6 *(Tol 9045462)*
STS 664/2022, 30-6 *(Tol 9114556)*
STS 2216/2022, 26-5 (*Tol 9002511*)
STS 362/2022, 7-4 (*Tol 8916618*)
STS 200/2022, 3-3 *(Tol 8871902)*
STS 306/2022, 25-3 *(Tol 8905660)*
STS 854/2022, 3-3 (*Tol 8871902*)
STS 1013/2022, 12-1 (*Tol 9391060*)
STS 945/2021, 1-12 *(Tol 8690167)*
STS 855/2021, 10-11 *(Tol 8649712)*
STS 816/2021, 27-10 *(Tol 8644780)*
STS 528/2021, 17-6 (*Tol 8484966)*
STS 534/2021, 17-6 *(Tol 8493843)*
STS 375/2021, 5-5 *(Tol 8422142)*
STS 313/2021, 14-4 *(Tol 8408805)*
STS 90/2021, 3-2 *(Tol 8310559)*
STS 722/2020, 30-12 *(Tol 8280489)*
STS 617/2020, 18-11 *(Tol 8217357)*
STS 501/2020, 9-10 *(Tol 8142572)*
STS 468/2020, 23-9 *(Tol 8096526)*
STS 380/2020, 8-7 *(Tol 8080179)*
STS 597/2023, 13-7 (*Tol 9647921*)
STS 264/2023, 19-4 *(Tol 9524238)*
STS 2054/2022, 9-12 (*Tol 8905660*)
STS 931/2022, 30-11 *(Tol 9307128)*
STS 851/2022, 27-10 *(Tol 9291632)*
STS 3508/2022, 22-9
STS 746/2022, 21-7 *(Tol 9149906)*
STS 2588/2022, 22-6
STS 619/2022, 22-6 *(Tol 9111722)*
STS 660/2022, 30-6 *(Tol 9140684)*
STS 520/2022, 26-5 *(Tol 9002511)*
STS 1339/2022, 31-3 (*Tol 8909018*)
STS 228/2022, 10-3 *(Tol 8897360)*
STS 219/2022, 9-3 (*Tol 8871716*)
STS 115/2022, 10-2 *(Tol 8810288)*
STS 1001/2021, 16-12 *(Tol 8713069)*
STS 2215/2021, 23-11
STS 812/2021, 26-10 *(Tol 8643083)*
STS 720/2021, 24-9 *(Tol 8624715)*
STS 508/2021, 10-6 *(Tol 8485099)*
STS 459/2021, 27-5 *(Tol 8454601)*
STS 349/2021, 28-4 *(Tol 8422183)*
STS 887/2021, 11-3 (*Tol 8630553*)
STS 33/2021, 20-1 (*Tol 8301553*)
STS 468/2020, 23-11 *(Tol 8096526)*
STS 599/2020, 12-11 (*Tol 8213888)*
STS 2987/2020, 23-9 (*Tol 8096526*)
STS 454/2020, 17-9 *(Tol 8091084)*
STS 199/2020, 20-5 *(Tol 7960878)*

STS 205/2020, 21-5 *(Tol 7952878)*
STS 22/2020, 28-1 *(Tol 7736624)*
STS 635/2019, 20-12 *(Tol 7673748)*
STS 491/2019, 16-10 *(Tol 7564536)*
STS 132/2019, 12-3 *(Tol 7227592)*
STS 171/2019, 28-3 *(Tol 7239204)*
STS 87/2019, 19-2 *(Tol 7083450)*
STS 389/2018, 25-7 *(Tol 6718698)*
STS 373/2018, 19-7 *(Tol 6677654)*
STS 336/2018, 4-7 *(Tol 6672252)*
STS 91/2018, 21-2 *(Tol 6517660)*
STS 538/2017, 19-2 (*Tol 6525968*)
STS 769/2017, 28-11 *(Tol 6449458)*
STS 524/2017, 7-7 *(Tol 6206744)*
STS 288/2017, 20-4 *(Tol 6067132)*
STS 68/2017, 8-2 *(Tol 5963547)*
STS 877/2016, 22-11 *(Tol 5892505)*
STS 812/2016, 28-10 *(Tol 5860840)*
STS 77/2016, 10-2 *(Tol 5645361)*
STS 296/2016, 11-4 (*Tol 5691593*)
STS 782/2015, 14-12 *(Tol 5596256)*
STS 637/2015, 29-10 *(Tol 5558052)*
STS 484/2015, 7-9 *(Tol 5496760)*
STS 360/2015, 10-6 *(Tol 5185902)*
STS 495/2015, 29-6 (*Tol 5391333*)
STS 279/2015, 11-5 *(Tol 5003649)*
STS 265/2015, 29-4 *(Tol 4988931)*
STS 104/2015, 25-2 *(Tol 4777040)*
STS 665/2014, 16-10 *(Tol 4530265)*
STS 209/2014, 12-7 (*Tol 4177365*)
STS 328/2014, 28-4 *(Tol 4280978)*
STS 112/2014, 3-2 *(Tol 4122919)*
STS 649/2014, 11-6 (*Tol 4639603*)
STS 254/2014, 25-3 *(Tol 4224380)*
STS 945/2013, 16-12 *(Tol 4075432)*
STS 713/2013, 24-9 *(Tol 3963527)*
STS 631/2013, 7-6 *(Tol 3887953)*
STS 450/2013, 29-5 *(Tol 3773876)*
STS 732/2012, 1-10 *(Tol 2670784)*
STS 676/2012, 26-7 *(Tol 2651604)*
STS 29/2020, 4-2 *(Tol 7734572)*
STS 4/2020, 16-1 *(Tol 7805379)*
STS 491/2019, 16-10 *(Tol 7564536)*
STS 302/2019, 7-6 *(Tol 7278727)*
STS 171/2019, 28-3 *(Tol 7239204)*
STS 692/2019, 11-3 (*Tol 7995941*)
STS 671/2018, 19-12 *(Tol 6977339)*
STS 355/2018, 16-7 *(Tol 6677079)*
STS 376/2018, 23-7 *(Tol 6793443)*
STS 760/2018, 28-5 (*Tol 7263556*)
STS 86/2018, 19-2 *(Tol 6525968)*
STS 723/2017, 7-11 *(Tol 6436360)*
STS 773/2017, 30-11 *(Tol 6454970)*
STS 352/2017, 17-5 *(Tol 6113439)*
STS 200/2017, 27-3 *(Tol 6010231)*
STS 916/2016, 2-12 *(Tol 5912784)*
STS 904/2016, 30-11 *(Tol 5904712)*
STS 631/2016, 14-7 *(Tol 5784327)*
STS 990/2016, 12-1 (*Tol 5939255*)
STS 859/2015, 28-12 (*Tol 5641271*)
STS 596/2015, 5-10 *(Tol 5579452)*
STS 709/2015, 16-10 *(Tol 5579436)*
STS 462/2015, 6-7 *(Tol 5390927)*
STS 469/2015, 30-6 *(Tol 5391081)*
STS 343/2015, 9-6 *(Tol 5185891)*
STS 253/2015, 24-4 *(Tol 5000682)*
STS 109/2015, 3-3 *(Tol 4788822)*
STS 724/2014, 13-11 *(Tol 4550872)*
STS 689/2014, 21-10 *(Tol 4567291)*
STS 395/2014, 13-5 *(Tol 4358170)*
STS 173/2014, 4-3 *(Tol 4151316)*
STS 40/2014, 24-1 *(Tol 4103076)*
STS 81/2014, 13-2 *(Tol 4129202)*
STS 181/2014, 11-3 *(Tol 4151386)*
STS 484/2013, 7-9 (*Tol 3988460*)
STS 512/2013, 13-6 8 *(Tol 3842280)*
STS 409/2013, 21-5 *(Tol 3752972)*
STS 823/2012, 30-10 *(Tol 2689503)*
STS 730/2012, 26-9 *(Tol 2659936)*
STS 669/2012, 25-7 *(Tol 2641543)*

STS 668/2012, 23-7 *(Tol 2603744)*
STS 506/2012, 11-6 *(Tol 2581372)*
STS 334/2012, 25-4 *(Tol 2540105)*
STS 188/2012, 16-3 *(Tol 2498832)*
STS 87/2012, 17-2 *(Tol 2480833)*
STS 1115/2011, 17-11 *(Tol 2341934)*
STS 1002/2011, 4-10 *(Tol 2268293)*
STS 851/2011, 22-7 *(Tol 2235534)*
STS 1140/2011, 14-6 (*Tol 2296669*)
STS 362/2011, 6-5 *(Tol 2124044)*
STS 465/2011, 31-5 *(Tol 2151628)*
STS 362/2011, 6-5 *(Tol 2124044)*
STS 292/2011, 12-4 *(Tol 2094031)*
STS 129/2011, 10-3 *(Tol 2066921)*
STS 15/2011, 28-1 *(Tol 2039191)*
STS 853/2010, 15-10 *(Tol 1975055)*
STS 594/2010, 18-6 *(Tol 1898959)*
STS 473/2010, 27-4 (*Tol 1878817*)
STS 111/2010, 24-2 *(Tol 1798229)*
STS 4/2010, 28-1 *(Tol 1790701)*
STS 1276/2009, 21-12 *(Tol 1762105)*
STS 1153/2009, 12-11 *(Tol 1747822)*
STS 915/2009, 19-10 *(Tol 1649724)*
STS 754/2009, 13-7 *(Tol 1577910)*
STS 380/2009, 16-4 *(Tol 1509893)*
STS 176/2009, 12-3 (*Tol 1490797*)
STS 925/2008, 26-12 *(Tol 1432505)*
STS 609/2008, 10-10 *(Tol 1401647)*
STS 397/2008, 1-7 *(Tol 1343763)*
STS 1110/2007, 19-12 *(Tol 1245313)*
STS 589/2007, 29-6 *(Tol 1113057)*
STS 353/2007, 7-5 *(Tol 1075992)*
STS 357/2007, 3-5 *(Tol 1075986)*
STS 77/2007, 7-2 *(Tol 1038004)*
STS 783/2006, 29-6 *(Tol 979516)*
STS 1312/2005, 7-11 (*Tol 765938*)
STS 808/2005, 23-6 (*Tol 738285*)
STS 1103/2005, 29-9 *(Tol 725609)*
STS 427/2005, 6-4 *(Tol 633176)*
STS 305/2005, 8-3 *(Tol 619622)*
STS 600/2012, 12-7 *(Tol 2603202)*
STS 379/2012, 21-5 *(Tol 2546738)*
STS 239/2012, 23-3 *(Tol 2514498)*
STS 207/2012, 12-3 *(Tol 2507802)*
STS 38/2012, 2-2 *(Tol 2438697)*
STS 1049/2011, 18-10 *(Tol 2269322)*
STS 1071/2011, 11-10 *(Tol 2269638)*
STS 750/2011, 11-7 *(Tol 2205541)*
STS 354/2011, 6-5 *(Tol 2181644)*
STS 371/2011, 13-5 *(Tol 2124745)*
STS 754/2011, 26-5 *(Tol 2239652)*
STS 312/2011, 29-4 *(Tol 2132883)*
STS 199/2011, 30-3 *(Tol 087983)*
STS 104/2011, 1-3 *(Tol 2065578)*
STS 891/2010, 28-11
STS 589/2010, 24-6 *(Tol 1898921)*
STS 561/2010, 14-6 *(Tol 1893393)*
STS 376/2010, 27-4 *(Tol 1860784)*
STS 115/2010, 18-2 *(Tol 1788401)*
STS 55/2010, 26-1 *(Tol 1808655)*
STS 1274/2009, 18-12 *(Tol 1762120)*
STS 1154/2009, 11-11 *(Tol 1747817)*
STS 960/2009, 16-10
STS 464/2009, 28-4 *(Tol 1525332)*
STS 241/2009, 13-3 *(Tol 1486844)*
STS 176/2009, 12-3 *(Tol 1490797)*
STS 817/2008, 11-12 *(Tol 1432517)*
STS 464/2008, 2-7 *(Tol 1353120)*
STS 25/2008, 29-1 *(Tol 1292773)*
STS 784/2007, 2-10 *(Tol 1177295)*
STS 413/2007, 9-5 *(Tol 1081771)*
STS 457/2007, 29-5 *(Tol 1081774)*
STS 145/2007, 28-2 *(Tol 1049909)*
STS 9/2007, 18-1 *(Tol 1040260)*
STS 165/2006, 22-2 *(Tol 846371)*
STS 1201/2005, 27-10 (*Tol 765924*)
STS 1214/2005, 6-10 *(Tol 731556)*
STS 524/2005, 27-4 *(Tol 648772)*
STS 340/2005, 8-3 *(Tol 622959)*
STS 384/2005, 11-3 *(Tol 622926)*

STS 255/2005, 28-2 *(Tol 614377)*
STS 93/2005, 31-1 *(Tol 591061)*
STS 1106/2004, 22-10 *(Tol 525676)*
STS 1039/2004, 27-9 (*Tol 506937*)
STS 836/2004, 5-7 (*Tol 483621*)
STS 778/2004, 17-6 *(Tol 483677)*
STS 154/2004, 13-2 (*Tol 4970582*)
STS 1610/2003, 29-12 (*Tol 345085*)
STS 763/2003, 30-5 *(Tol 293914)*
STS 1483/2003, 13-11 *(Tol 352300)*
STS 207/2003, 10-7 *(Tol 4921202)*
STS 900/2003, 17-6 *(Tol 4926558)*
STS 747/2003, 21-5 *(Tol 4926560)*
STS 1850/2002, 3-12 *(Tol 1551735)*
STS 1905/2002, 14-11 *(Tol 4922154)*
STS 669/2002, 15-4 *(Tol 4921935)*
STS 1886/2001, 9-12 *(Tol 3309519)*
STS 2215/2001, 23-11 *(Tol 4976330)*
STS 340/2001, 30-7 *(Tol 4914112)*
STS 363/2001, 7-3 *(Tol 4925890)*
STS 1997/2000, 28-12 *(Tol 4924644)*
STS 1462/2000, 23-10
STS 211/2000, 17-7 *(Tol 4922592)*
STS 500/2000, 15-3 *(Tol 48608)*
STS 935/1999, 12-6 *(Tol 5151016)*
STS 1637/1999, 10-1 (*Tol 4924826*)
STS 1321/1997, 4-11 *(Tol 5136791)*
STS 223/1997, 18-3 *(Tol 408349)*
STS 381/1996, 3-5 *(Tol 406671)*
STS 849/1995, 7-7
STS 7385/1995, 27-2 *(Tol 5103798)*
STS 273/1994, 8-6 *(Tol 403869)*
STS 1471/1991, 29-5 *(Tol 400873)*
STS 188/1991, 16-10 *(Tol 2427996)*
STS 210/2005, 22-2 *(Tol 603663)*
STS 1426/2004, 13-12 *(Tol 564829)*
STS 1207/2004, 11-10 *(Tol 514592)*
STS 977/2004, 24-7 *(Tol 483701)*
STS 824/2004, 2-7 *(Tol 490112)*
STS 632/2004, 13-5 (*Tol 449332*)
STS 12/2004, 20-1 (*Tol 341555*)
STS 831/2003, 9-6 (*Tol 4926542)*
STS 711/2003, 16-5 *(Tol 275698)*
STS 1036/2003, 2-9 *(Tol 452884)*
STS 873/2003, 13-6 *(Tol 4926586)*
STS 722/2003, 12-5 *(Tol 275623)*
STS 129/2003, 8-2
STS 1911/2002, 18-11 *(Tol 4922171)*
STS 1318/2002, 15-7 *(Tol 4922381)*
STS 231/2002, 15-2 *(Tol 4921869)*
STS 2371/2001, 5-12 *(Tol 4976049)*
STS 1576/2001, 29-11 *(Tol 4976103)*
STS 372/2001, 30-4 *(Tol 4925364)*
STS 2341/2001, 11-2 (*Tol 4921899*)
STS 1837/2000, 28-11 *(Tol 4924934)*
STS 1441/2000, 22-9 *(Tol 4920360)*
STS 474/2000, 24-3 *(Tol 4923770)*
STS 1184/1999, 16-7 *(Tol 5134240)*
STS 492/1999, 26-3 *(Tol 5134510)*
STS 139/1998, 18-5 *(Tol 5134059)*
STS 945/1997, 30-6 *(Tol 5140405)*
STS 18/1997, 15-1 *(Tol 408535)*
STS 72/1996, 29-1
STS 523/1995, 3-5
STS 2133/1994, 9-12
STS 811/1994, 21-4 (*Tol 5012915*)
STS 715/1993, 25-3 (*Tol 5155921*)

Autos Tribunal Supremo

ATS 237/2023, 23-2 *(Tol 9460679)*
ATS 349/2022, 3-3 *(Tol 8908578)*
ATS 838/2021, 23-9 *(Tol 8623956)*
ATS 930/2019, 12-9 *(Tol 7571561)*
ATS 289/2018, 1-2 *(Tol 6538359)*

Sentencias Audiencia Nacional

SAN 10/2019, 5-4 *(Tol 7167636)*
SAN 13/2021, 21-6 *(Tol 8501526)*

Sentencia Tribunal Superior de Justicia

STSJ Valencia 346/2021, 22-12 *(Tol 8822027)*

Sentencias Audiencias Provinciales

SAP A Coruña 110/2018, 28-9 *(Tol 6917331)*
SAP Guipúzcoa 229/2019, 8-11 *(Tol 7791467)*
SAP Albacete 78/2020, 14-2 *(Tol 7956062)*
SAP Guipúzcoa 245/2018, 24-10 *(Tol 7068403)*
SAP Barcelona 276/2021, 21-4 *(Tol 8513753)*
SAP Lugo 52/2014, 26-3 *(Tol 4689434)*
SAP Barcelona 462/2016, 30-6 *(Tol 5814776)*
SAP Madrid 522/2018, 10-7 *(Tol 6777147)*
SAP Barcelona 86/2015, 10-3 *(Tol 4853640)*
SAP Madrid, 747/2011, 13-7 *(Tol 2225292)*
SAP Barcelona 868/2015, 20-11 *(Tol 5618541)*
SAP Madrid 16/2003, 15-1 *(Tol 304984)*
SAP Barcelona 241/2008, 21-4 *(Tol 1321399)*
SAP Murcia 324/2021, 14-10 *(Tol 8704564)*
SAP Barcelona 97/2001, 6-3
SAP Santa Cruz de Tenerife 11/2013, 9-1 *(Tol 3947162)*
SAP Cádiz 325/2017, de 27-11 *(Tol 6659655)*
SAP Valencia 440/2022, 1-9 *(Tol 9223100)*
SAP Cádiz, 40/2005, 8-2 *(Tol 6127650)*
SAP Valencia, 535/2005, 23-9 *(Tol 791256)*
SAP Castellón 274/2021, 1-10 *(Tol 9139640)*
SAP Vizcaya 42/2014, 16-6 *(Tol 4479280)*
SAP Granada 119/2019, 14-3 *(Tol 7366467)*
SAP Vizcaya, 65/2010, 17-9 *(Tol 2004491)*